LES REINES DE FRANCE
AU TEMPS DES VALOIS

DU MÊME AUTEUR

LA VIE DU CARDINAL DE RETZ, Éditions de Fallois, 1990.

LES REINES DE FRANCE AU TEMPS DES VALOIS. 1. « Le beau XVIᵉ siècle », Éditions de Fallois, 1994.

SIMONE BERTIÈRE

LES REINES DE FRANCE
AU TEMPS DES VALOIS

★ ★

« Les années sanglantes »

Éditions de Fallois

PARIS

© Éditions de Fallois, 1994
22, rue La Boétie, 75008 Paris

ISBN 2-87706-224-4

FR/9,311 X

PROLOGUE

LE TOURNANT DU SIÈCLE

Le 10 juillet 1559, Henri II, blessé à mort dans une des joutes organisées pour célébrer le traité du Cateau-Cambrésis, rend le dernier soupir. Il n'a que quarante ans. Catherine de Médicis se retrouve veuve, avant d'avoir pu conquérir à ses côtés la place qu'elle espérait.

Douze ans de règne, dix jours d'agonie. La disparition du roi est à la fois trop précoce et trop brutale. Certes il a un héritier en la personne de son fils aîné François, âgé de quinze ans et donc pleinement majeur, selon les lois du royaume. Mais il n'a pas eu le loisir de toucher les dividendes de la paix qu'il vient de signer et qui fait bien des mécontents, quoiqu'elle mette fin à des décennies d'affrontements franco-espagnols. Aurait-il dû prolonger les hostilités jusqu'à une très hypothétique victoire finale ? Il a choisi d'arrêter les frais, pour tenter de remettre de l'ordre chez lui, notamment en matière religieuse. Car les progrès incessants de la Réforme lui paraissaient menacer les fondements mêmes de son pouvoir.

Aurait-il réussi, lui un monarque solide, en pleine force de l'âge, à ramener au catholicisme les « mal sentants » de la foi ? On ne le saura jamais. Il léguait en tout cas à un successeur dépourvu d'expérience une véritable bombe à retardement dont les déflagrations successives se poursuivront pendant un grand tiers de siècle. Rétrospectivement, dans la mémoire collective, les ravages opérés par les guerres de religion teintèrent les règnes antérieurs d'une coloration idyllique. Les années sanglantes donnent ainsi à ce qu'on surnomma le « beau XVIe siècle » l'aspect d'un paradis perdu. Et nous sommes tentés, avec le recul, de déchiffrer le pronostic le plus noir dans l'héritage que laissait Henri II à ses fils.

Mais les contemporains purent croire, sur le moment, la continuité assurée.

Passation de pouvoirs

Les funérailles du défunt se prolongèrent plus d'un mois. Jamais, sauf peut-être pour François Ier, on n'avait déployé pareille pompe pour associer le royaume tout entier à la déploration d'un roi disparu et à l'intronisation de son successeur.

Du 10 juillet, date de sa mort, au 13 août, lorsque la crypte de Saint-Denis se referme sur son cercueil, se déroule un rituel minutieusement réglé dans un cadre fastueux. La personne du roi est pour ainsi dire démultipliée. On prélève sur son cadavre le cœur et les entrailles, qui reçoivent une sépulture à part, puis on l'embaume avant de le mettre en bière. Dans les vapeurs de l'encens et à la lueur des cierges, prêtres et moines de haut rang se relaient pour prier et célébrer les six messes quotidiennes requises, imités en écho par la France entière. Un masque funèbre moulé en creux sur son visage a permis d'obtenir une effigie en cire, une tête à sa ressemblance qu'on a coiffée de sa couronne et placée sur une carcasse de bois habillée comme lui, en chemise de toile fine, tunique de satin fleurdelisé et manteau d'hermine. Une semaine durant, on installe ce simulacre dans une salle d'apparat ouverte au public et on lui sert à dîner et à souper comme de son vivant. Le cercueil et le lit de parade où repose ce mannequin sont ensuite transportés à Notre-Dame, d'où, après deux jours de cérémonies, on les convoie vers la nécropole de Saint-Denis. L'effigie est alors détruite et le cercueil prend dans la tombe sa place définitive.

« Le roi est mort. Vive le roi François, deuxième de ce nom, par la grâce de Dieu Roi de France Très Chrétien ! » Le connétable de Montmorency, grand maître de la maison royale, prononce la formule consacrée. Il a brisé le bâton que lui avait confié Henri II comme insigne de ses fonctions. C'est au successeur qu'il appartient de nommer de nouveaux dignitaires.

Le souverain peut mourir, la monarchie est immortelle, elle renaît de ses cendres à chaque transmission de pouvoirs. Tel est le sens d'un rituel destiné à mettre en évidence cette continuité, d'essence surnaturelle. Le nouveau roi est venu une seule fois, tout de noir vêtu, saluer le corps de son père et l'asperger d'eau bénite. Il lui faut se tenir à l'écart des rites mortuaires, puisqu'il incarne la vie. C'est à son frère cadet qu'incombe la tâche de mener le deuil. Quant à Catherine de Médicis, la veuve, elle devrait observer une réclusion de quarante jours dans l'obscurité de ses appartements bien clos, au fond du palais des Tournelles, à proximité du corps de son époux. Mais elle a préféré se transporter au Louvre, à la suite de son fils et de sa bru, pour surveiller la mise en place du nouveau gouvernement. Seule concession à l'usage : elle a drapé sa chambre de noir et y a regroupé divers objets symboliques évocateurs de son chagrin. Les fenêtres, selon la tradition, ne laissent pas passer la moindre lueur, mais la porte est largement ouverte aux visiteurs et aux échos du monde extérieur.

Que peut-elle craindre ? La France a un roi et une reine. Une reine prestigieuse : Marie Stuart apporte dans sa corbeille la couronne d'Écosse. Ils sont jeunes. Ils n'ont pas d'enfants, pas encore, ils ne sont unis que depuis quinze mois. Tous les espoirs leur sont permis. Et même, à supposer qu'il leur arrive malheur, la dynastie n'est pas en danger. Trois frères puînés sont là pour assurer la relève. Rarement souverain put se flatter de laisser en mourant une progéniture aussi abondante. Six ans après le nouveau roi est né Charles, suivi à un an de distance par Alexandre-Édouard, qu'on rebaptisera Henri, et enfin quatre ans plus tard, par Hercule, qui reprendra le prénom de François. Les deux filles aînées, Élisabeth et Claude, sont déjà mariées, l'une très brillamment, avec le roi d'Espagne, l'autre avec le duc de Lorraine. Reste la petite dernière, Marguerite, familièrement appelée Margot, qui n'a pas encore six ans.

Les seules tâches de la reine mère devraient être de diriger l'éducation de sa fille et de veiller à l'édification de monuments commémoratifs. Elle s'y attelle avec un succès inégal. Avec Marguerite, elle connaîtra bien des déboires. Lorsqu'il s'agit de célébrer le roi défunt, en revanche, elle allie au sens de la grandeur un goût artistique très sûr. Pour recevoir l'urne contenant son cœur, elle commanda à Germain Pilon l'admirable groupe des Trois Grâces destiné à l'église des Célestins et qu'on peut voir maintenant au Louvre. Et elle fit appel, pour la vaste rotonde destinée à abriter les tombes royales de Saint-Denis, aux plus grands architectes du temps, Le Primatice, Pierre Lescot, Bullant et Androuet du Cerceau. L'édifice est aujourd'hui détruit, mais on peut encore admirer le monument funéraire de marbre qui l'associe à Henri II sous la double forme d'un couple de gisants et d'orants, dans la nudité dépouillée de la mort ou dans l'agenouillement de la prière, mains tendues, regard clair.

L'Antiquité était à la mode. Catherine se plaça sous le patronage de l'illustre Artémise, veuve du roi Mausole, qui fit bâtir à sa mémoire une des sept merveilles du monde — à la suite de quoi le terme de *mausolée* devint un nom commun. L'histoire de cette reine de Carie, thème de soixante-quatorze cartons de tapisseries commandés à Niccolo dell'Abbate et à Antoine Caron*, se voulait une métaphore transparente de la sienne.

La piété conjugale n'est pas seule à inspirer le culte rendu à son époux dans un grand déploiement de faste. En grandissant Henri, elle se grandit, elle s'approprie une part du prestige qui s'attachait à lui et accroît sa propre légitimité. Elle sait qu'elle en aura grand besoin. Car elle est trop avertie pour ne pas mesurer que l'avenir est lourd de menaces.

Des ombres au tableau

Tous ceux qui ont approché François II le savent incapable de gouverner, pour le moment du moins. Le pouvoir appartiendra à celui qui exercera sur lui la plus forte emprise. La mieux placée n'est pas sa mère, mais sa femme, Marie Stuart, elle-même manœuvrée par ses oncles de Guise. La chose ne plaît pas à tout le monde. Les autres grandes familles acceptent mal cette prééminence. On peut donc craindre le retour des révoltes nobiliaires telles qu'en ont connu les siècles précédents, chaque fois que fléchissait l'autorité royale.

---

* Seuls quelques tissages, aujourd'hui perdus, furent exécutés du temps de Catherine. Mais certains dessins furent réutilisés sous Henri IV et Marie de Médicis.

Il y a plus redoutable encore.

Tandis que serpente longuement à travers Paris le cortège accompagnant le cercueil royal, au fond d'une prison Anne Du Bourg, conseiller au parlement de Paris — le plus haut tribunal du royaume —, attend de savoir s'il sera brûlé vif. Son crime ? Non seulement il s'est refusé à poursuivre les « hérétiques », mais il a osé, en présence du roi, déclarer qu'il partageait leur croyance. Celui-ci a vu rouge : où irait-on si les magistrats refusaient d'appliquer ses édits ? Il a fait rendre sa sentence : le bûcher. Mais sa mort a suspendu l'exécution.

Le cas d'Anne Du Bourg avait pour Henri II valeur d'exemple. Pour son successeur, il fait figure de test. Diverses interventions — notamment celle de Catherine de Médicis — sauveront d'autres coupables moins voyants. Mais le sort du magistrat parisien, chacun le sait, signifiera la paix ou la guerre avec les réformés.

De son grand-père et de son père, François II a hérité tout un arsenal de mesures répressives contre les tenants de la foi nouvelle. Ni François Ier, ni Henri II n'étaient pourtant des fanatiques. Ils ne souhaitaient pas a priori sévir contre des hommes et des femmes habités par d'indiscutables exigences spirituelles et morales. Mais les progrès de la Réforme s'accompagnèrent de provocations malencontreuses. Des statues de la Vierge et des saints brisées, des insultes proférées à l'adresse des catholiques, des placards grossièrement injurieux contre la messe affichés un peu partout, jusque dans les appartements du roi, avaient décidé François Ier à sévir, pour rétablir l'ordre public.

De plus, à partir des années 1540, le luthéranisme fut supplanté en France par le calvinisme, plus radical encore dans sa rupture avec le dogme romain, et qui refusait aux souverains toute autorité sur l'organisation ecclésiale. C'est par elle-même, de façon démocratique, que la communauté des fidèles prétendait s'administrer : la fondation à Genève d'une république théocratique vint renforcer les appréhensions du roi. La république en question se montrait d'ailleurs aussi intolérante que les pires autocrates. Ni le catholicisme ni les diverses déviations doctrinales n'avaient droit de cité à Genève : le médecin philosophe et théologien Michel Servet y fut brûlé en 1553 pour thèses subversives et son sort découragea les dissidents de s'y aventurer.

Il y avait trop de réformés en France pour que les persécutions pussent en venir à bout. Le courage des martyrs était contagieux, les supplices inopérants pour enrayer le flot des conversions. Sous chacun des deux règnes précédents, une centaine d'exécutions avaient ensanglanté le pays sans résultat. L'adhésion d'un certain nombre de grands seigneurs, dont quelques-uns de très haut rang, laissait présager que la rébellion nobiliaire allait puiser dans les conflits religieux une force neuve. Toutes les conditions étaient réunies pour une guerre civile d'une violence sans précédent.

Le nouveau visage de Catherine de Médicis

Les guerres de religion ne font pas exception à la règle qui veut que les temps de troubles offrent aux femmes un champ d'action élargi.

Ce sont elles qui, les premières, ont été séduites par les doctrines nouvelles, entraînant à leur suite un époux et des fils que retenait parfois le souci de leur carrière. Les réformées sont nombreuses dans l'entourage des souverains, parmi les plus grandes dames, les filles d'honneur, les suivantes. Marguerite de Navarre, sœur de François Ier, avait protégé les novateurs. Renée de France, fille de Louis XII, s'était convertie. Et Catherine de Médicis elle-même, pour des motifs politiques, semble avoir songé un instant à virer de bord.

Dans une société où dominent les hommes, les femmes se comprennent, se sentent souvent solidaires, les divergences confessionnelles ne font pas chez elles obstacle à l'amitié et il arrive qu'elles maintiennent un contact utile entre des familles dont les représentants masculins s'affrontent sur le champ de bataille. Elles peuvent aussi, inversement, jouer le rôle de pasionarias.

Mais leur influence ne va pas de soi. Elle est conquête sans cesse renouvelée. Et on ne leur pardonne rien. Il ne faut pas l'oublier quand on évoque la figure très controversée de Catherine de Médicis, qui domine l'histoire de cette période. Parce qu'elle a vécu très longtemps, qu'elle a pesé de tout son poids sur les trente dernières années du règne des Valois, nous avons tendance à penser que le pouvoir lui échut tout naturellement, alors que son ascension fut lente et difficile. Rien ne semblait la destiner à un rôle politique prééminent. Elle n'était à la mort de Henri II, on ne le répétera jamais assez, que la descendante de banquiers florentins jadis épousée par un cadet non destiné au trône et qui ne devint reine que par hasard. Une reine ostensiblement tenue à l'écart des affaires par son époux qu'accaparait la trop belle Diane de Poitiers. Une femme certes pas sotte, mais sans éclat, faite pour l'obéissance et l'obscurité, qui, si elle était morte avant son veuvage, aurait laissé à peine une ride à la surface de l'histoire de France.

Sa montée aux affaires est un miracle de volonté, d'intelligence, de persévérance. Mais à la différence d'un roi, elle n'y est pas libre de son action. Rien n'est jamais acquis, tout est toujours à refaire. Ce n'est pas à elle qu'appartient le pouvoir, mais à ses fils. Elle n'en détient que la délégation, la plupart du temps sans mandat officiel. Elle se trouve au centre d'une vaste constellation familiale — fils, fille, brus — traversée de tensions ou même de violences. Elle doit compter avec eux tous, autant qu'avec les princes du sang et les grands seigneurs du royaume.

Dans la première moitié du XVIᵉ siècle, l'histoire privée de la famille royale restait distincte de l'histoire tout court. Seul le mariage des reines avait d'importantes incidences politiques. Elles menaient ensuite une vie à part, rythmée presque uniquement par les maternités et les entrées solennelles dans les bonnes villes du royaume. Dans la seconde moitié au contraire, les deux domaines se confondent. Conflits familiaux et conflits politiques s'y enchevêtrent tragiquement, autour de la figure centrale de Catherine de Médicis.

La place écrasante qu'elle occupe durant cette période complique la tâche de l'historien, qui se heurte notamment à deux difficultés.

La première concerne l'organisation de la matière. Pas question de consacrer ici un ou même deux chapitres à chaque reine. Il serait absurde de refaire une biographie de Catherine — une de plus — en lui adjoignant une sorte d'appendice sur chacune des autres. Les épouses de ses fils, Marie Stuart,

Élisabeth d'Autriche et Louise de Lorraine, ainsi que sa fille Marguerite, première femme de Henri IV, sont indissociables d'elle, avec qui elles ont coexisté, cohabité. Aucune ne conquit sa pleine autonomie face à cette *materfamilias* impérieuse. Elle fut en conflit avec la première de ses trois brus, domina complètement la seconde et trouva dans la troisième une alliée inattendue. Et elle eut avec sa fille des relations en dents de scie, où l'affection le dispute à l'incompréhension. En tout état de cause, elle est omniprésente. La solution retenue est donc de proposer un récit continu, épousant en gros la chronologie, une sorte de trame de fond organisée autour de Catherine, dans laquelle viennent s'inscrire, le moment venu, les chapitres consacrés aux quatre autres.

La seconde difficulté tient à la surabondance des matériaux concernant Catherine et à leur caractère controversé. Sur certaines reines, nous en savons trop peu. Sur elle, trop. Trop de choses contradictoires surtout. Car elle est à la fois un personnage historique et un mythe. Elle a concentré sur sa personne l'essentiel de l'horreur qu'inspirent les conflits qui ensanglantèrent le pays à la fin du XVIe siècle.

À son nom est attaché dans l'histoire, comme une tache indélébile, le souvenir de la Saint-Barthélemy. Avec raison : le massacre est impardonnable. Mais la tache, de proche en proche, s'est étendue comme par capillarité, et même rétroactivement, à l'ensemble de son image et a fini par la recouvrir tout entière d'une coloration uniformément sinistre. Elle est devenue la « reine noire », entourée de sa cohorte d'astrologues experts en sorcellerie et de parfumeurs empoisonneurs, vivante incarnation du mal, émanation femelle du démon.

Le parti protestant avait à son service d'excellentes plumes et l'indignation vengeresse est plus propre que l'éloge à stimuler la fureur poétique. Les louanges de Ronsard ne pèsent pas lourd face aux invectives de d'Aubigné et Brantôme a bien de la peine à répondre aux griefs entassés pêle-mêle dans l'anonyme *Discours merveilleux de la vie, actions et déportements de Catherine de Médicis*. On la charge de tous les péchés, même les moins vraisemblables, comme d'avoir collectionné les amants et donné au cardinal de Bourbon cinq ou six bâtards bien qu'elle eût largement dépassé la quarantaine.

Duplicité, machiavélisme — n'est-elle pas Florentine*? —, cruauté, cynisme, au service d'une ambition démesurée, d'une inextinguible volonté de puissance à laquelle elle aurait tout sacrifié, même ses enfants : une athée, croyant au diable mais pas à Dieu, une semeuse de discorde, une « salamandre » ne se plaisant qu'au cœur des flammes et de l'incendie, un sphinx au regard impénétrable et glacé, avide de voluptés et de mort. Pas une guerre qui ne soit née de sa volonté perverse, pas une mort subite qui ne fût son œuvre, par le poison ou par la magie.

Historiens et romanciers du XIXe siècle ont puisé à pleines mains dans cette littérature polémique pour dresser d'elle un portrait haut en couleur, fortement gauchi par leurs propres convictions ou par leurs fantasmes. À l'apologie passionnée de Balzac répond le réquisitoire au vitriol de Michelet. Elle devient sous la plume d'Alexandre Dumas une héroïne de mélodrame. Le XXe siècle, fort d'une érudition maîtrisée, attentif à l'évolution des mentalités, a peu à peu démantelé cette légende noire et rendu à Catherine figure plus humaine. Mais il n'est pas toujours facile d'y voir clair et de parler avec sérénité de son rôle dans une des époques les plus brûlantes de notre histoire.

Ce n'est pas sans appréhension que le narrateur s'aventure ici sur le terrain miné des guerres de religion. Il s'y résout avec crainte et tremblement, armé de sa seule bonne foi et de sa volonté de comprendre. Au nom de quoi il espère qu'il lui sera beaucoup pardonné.

---

* Les historiens ultérieurs, tout autant que ses contemporains, ont tendance à oublier que sa mère, Madeleine de la Tour d'Auvergne, était française.

CHAPITRE PREMIER

LES TROIS COURONNES
DE MARIE STUART

La mort de Henri II, reléguant sa veuve au second plan, projeta d'abord en pleine lumière Marie Stuart, reine de France aux côtés du falot François II.

Jamais aucune femme ne se sentit plus qu'elle vocation royale. Vivante antithèse de sa belle-mère, qui la détesta, elle est reine jusqu'au bout des ongles par la naissance, par la fierté, par la beauté. Deux couronnes lui furent acquises de très bonne heure. L'une lui échut dans son berceau, celle d'Écosse. L'autre, celle de France, lui fut promise par mariage quand elle avait cinq ans et lui vint en effet à l'âge de dix-sept à peine. Elle prétendit à une troisième, celle d'Angleterre ★, et cette revendication causa sa perte. Elle ne régna effectivement que très peu de temps — dix-huit mois en France, six ans en Écosse — et ne parvint jamais à se faire reconnaître comme successeur par sa cousine Élisabeth.

Elle est en grande partie responsable de ses malheurs. Les circonstances le sont aussi. Tout au long de sa destinée agitée, elle subit, directement ou indirectement, le contrecoup de ses origines françaises. Son sort fut tributaire des péripéties qui rapprochèrent ou opposèrent la France et l'Angleterre et des conflits religieux qui déchirèrent alors toute l'Europe. Sa fin tragique, faisant oublier les désordres de sa vie, lui conféra finalement l'auréole du martyre chez les catholiques et un énorme

---

★ Ne parlons que pour mémoire d'une quatrième couronne, celle d'Irlande, qui figure aussi dans les armoiries de Marie Stuart. Car, bien que l'Irlande ait été rattachée à l'Angleterre depuis longtemps, l'autorité des Anglais y restait très contestée.

capital de sympathie chez les romanciers, les dramaturges et les historiens épris de romanesque.

Entre l'histoire et la légende, on tentera ici de se frayer un chemin.

Les Guise et l'alliance franco-écossaise

Depuis toujours l'Angleterre convoitait l'Écosse, prolongement naturel de son territoire vers le nord, et se heurtait à la résistance farouche des seigneurs locaux, très jaloux de leur indépendance. Ceux-ci cherchèrent un appui du côté de la France, engagée aux XIVe et XVe siècles dans l'interminable guerre de Cent Ans. Des traités, régulièrement renouvelés, consacrèrent une alliance qui avait pour nous l'avantage d'immobiliser sur un second front, à l'arrière, une partie des troupes adverses. Cette alliance survécut aux vicissitudes des combats : les défaites françaises, rendant l'Angleterre plus redoutable encore, en démontraient l'impérieuse nécessité. Sans se borner à se battre chez eux, les Écossais avaient envoyé des contingents sur le continent, des liens s'étaient tissés entre les hommes, entre les familles, les enfants de l'aristocratie venaient achever leur éducation en France. Pour tous, l'amitié des deux pays allait de soi.

Mais à certaines conditions.

Anglais et Écossais se posaient depuis des siècles en frères ennemis, dressés les uns contre les autres dans de féroces affrontements, plus ou moins conscients cependant que leur intérêt commun les invitait à s'entendre. Entre les deux pays, la partie n'est pas égale : l'Angleterre est plus vaste, infiniment plus riche et plus peuplée que sa voisine, qui ne dépasse guère au début du XVIe siècle le demi-million d'habitants. Lorsqu'elle est puissante et dirigée par des souverains agressifs, elle tente par la force la conquête pure et simple, rejetant aussitôt l'Écosse dans les bras de l'allié français. Elle ne parvient qu'à ravager les plaines très vulnérables qui jouxtent la frontière, mais le reste du pays, coupé de montagnes, de cours d'eau, de lacs, de fjords, offre aux combattants un refuge inexpugnable et ses nombreuses victoires militaires sont sans lendemain.

Lorsqu'elle est faible, l'Écosse moins menacée s'écarte de la France, elle prête l'oreille aux offres anglaises de non-agression : la diplomatie matrimoniale prend alors le pas sur les armes, avec l'espoir secret que l'union dynastique pourra garantir la paix tout en préservant l'autonomie des deux royaumes. Dans les deux cas, l'Angleterre, à toutes fins utiles, encourage chez ses turbulents voisins les divisions entre clans rivaux.

La fin du XVe siècle avait vu se distendre l'alliance franco-écossaise. Les Anglais avaient perdu la guerre de Cent Ans. Ils émergeaient à peine de la guerre civile meurtrière dite des Deux Roses. Bien que leur souverain se prétendît encore roi de France, personne, pas même eux, ne prenait au sérieux cette revendication anachronique. La possession de Calais, qu'ils avaient réussi à conserver, mettait un peu de baume sur leur orgueil national, mais ils ne tarderaient pas à en mesurer la fragilité. Affaiblis, ils ne constituaient un danger ni pour la France, ni pour l'Écosse. Charles VIII et Louis XII, tournés vers l'Italie, n'avaient aucun besoin de leur partenaire septentrional. De son côté le roi d'Écosse, Jacques IV, rassuré, put traiter d'égal à égal avec les Anglais et épousa en gage de paix une Tudor, Marguerite, la sœur aînée du futur Henri VIII.

Puis au fil des années, le jeu politique européen se modifia, désormais dominé par la rivalité entre la France et la monarchie austro-espagnole, dans laquelle intervient en position d'arbitre une Angleterre de nouveau forte, dont on se dispute les princesses. Henri VIII, grand bénéficiaire du conflit, opte provisoirement pour Charles Quint, redevient une menace pour l'Écosse comme pour la France, avec pour effet immédiat de resserrer les liens entre les deux pays : Jacques V cherche une épouse à Paris.

François Ier hésitait à lui accorder la main de sa fille Madeleine, dont l'état de santé inquiétait. On lui proposa Marie de Bourbon-Vendôme, sœur du premier prince du sang, Antoine de Bourbon. Mais Jacques V, ayant vu la jeune Madeleine, s'éprit de sa grâce fragile et insista : devenue reine d'Écosse le 1er janvier 1537, elle partit pour Édimbourg moribonde et y expira quelques mois plus tard. Lorsqu'il voulut la remplacer, la candidate précédente était également malade, au bord de la mort. Il se rabattit alors sur une autre Française, une jeune veuve de vingt-deux ans, de moins haute naissance, mais fort bien portante, et qui avait déjà prouvé qu'elle était apte à la maternité : Marie de Guise.

Ce mariage était pour l'ambitieuse maison de Guise un pas de plus vers la conquête pacifique du pouvoir, bien avant que le plus illustre de ses membres ne le dispute à Henri III les armes à la main.

Le fondateur de cette maison, Claude, un fils puîné du duc René II de Lorraine, quitta le duché paternel pour aller chercher fortune en France, où il possédait divers fiefs. Il sollicita et obtint en 1506 la nationalité française, se conduisit héroïquement à Marignan où François Ier le distingua et il participa à toutes les campagnes qui suivirent. En 1527, sa terre de Guise fut érigée en duché-pairie et il en prit le nom. Il coulait dans ses veines quelques gouttes, à vrai dire fort diluées, du sang de Charlemagne. Il tenta de se rapprocher de la dynastie régnante par des mariages judicieux. Il épousa en 1513 une princesse, Antoinette de Bourbon-Vendôme, qui lui donna douze enfants. Le fait n'est pas exceptionnel pour l'époque. Ce qui l'est en revanche, c'est leur taux de survie : deux moururent en bas âge, mais les dix autres vécurent en moyenne près d'une cinquantaine d'années. La moitié — trois garçons sur six et deux filles sur quatre — entra dans l'Église. Les autres se marièrent. L'aîné, François, obtint la main de la très belle Anne d'Este, petite-fille de Louis XII par sa mère Renée de France, qui fit preuve d'une fécondité comparable. Leur nombre faisait leur force, leurs remarquables qualités aussi.

Ils étaient beaux, sains, vigoureux, intelligents, énergiques — et arrogants à proportion. Dépourvus de tares congénitales, ils échappaient comme par miracle aux infections et se remettaient de blessures qui en auraient conduit d'autres au tombeau : cruel repoussoir pour les enfants royaux rongés de maux variés. Longtemps favorisés par François Ier et Henri II pour les services rendus sur les champs de bataille, ils apparurent ensuite comme des sujets trop grands pour ne pas porter ombrage à leur souverain, et d'autant plus redoutables qu'une solidarité sans faille les unissait et qu'ils se partageaient habilement le terrain, aux aînés les responsabilités militaires, aux

cadets, hauts dignitaires de l'Église, les finances et la diplomatie. La duchesse Antoinette, veuve en 1550, continua jusqu'à sa
mort en 1583 de régenter tout son clan avec intelligence,
fermeté, réalisme : un esprit libre, dont l'orgueil était tempéré
d'humour, une de ces remarquables douairières qui sont le
ciment des familles.

Les Guise jouaient adroitement de leur double appartenance,
un pied en Lorraine, un pied en France, pour joindre aux
prérogatives de princes étrangers celles que leur valait leur rang
à la cour. Non sans éveiller de nombreuses jalousies. Catholiques convaincus, ils prirent discrètement d'abord, puis ouvertement sous Henri II, le parti de Diane de Poitiers, dont ils se
disputaient la confiance avec le connétable de Montmorency.

À la date ici concernée, leur fortune à venir commence tout
juste à se dessiner. Le duc Claude et la duchesse Antoinette —
le couple fondateur — sont en quête de mariages brillants pour
leurs enfants. Ils avaient pu espérer un instant substituer la
seconde de leurs filles, la très belle Louise, à Catherine de
Médicis menacée de répudiation. Le mariage de Marie avec le
roi d'Écosse, sans être aussi prometteur, était tout de même
très honorable. Certes la jeune femme aurait pu avoir mieux :
elle avait, dit-on, attiré par sa prestance l'attention de
Henri VIII, veuf de sa troisième épouse ; mais, redoutant le sort
d'Anne Boleyn, elle avait décliné ses offres, murmurant que,
bien qu'elle fût de grande taille, elle avait le cou trop court. Le
Barbe-Bleue couronné n'était pas un prétendant enviable.
Mieux valait Jacques V, qu'elle accepta de bonne grâce : contrat
signé en janvier 1538, mariage célébré par procuration le
18 mai. Elle partit aussitôt pour Édimbourg, où l'accueil
empressé de son époux lui donna quelque courage pour affronter les épreuves qui l'attendaient dans son lointain royaume.

Ingouvernable Écosse

En demandant sa main, Jacques V n'avait pas cherché à la
leurrer. Ce qui l'attendait n'était pas une partie de plaisir.

Les voyageurs venus du sud faisaient de l'Écosse des descrip-
tions terrifiantes. Un pays triste, humide et venteux, fait de

vastes landes si dénudées que Judas n'y aurait pas trouvé un
seul arbre pour s'y pendre, de montagnes tourmentées, de lacs
mélancoliques emprisonnant dans leurs roseaux des écharpes
de brouillard. Un pays de sauvages, secoué de surcroît par une
crise intérieure aiguë. Les brumes et les froidures tant redou-
tées par les poètes du Val de Loire n'étaient rien en effet à côté
du climat qui régnait à l'intérieur du palais de Holyrood.
Jacques avoua à sa future femme que sa situation était quasi
désespérée.

Face aux familles dominantes, la dynastie des Stuarts était
fragile. Pas de droit divin, comme en France. Pas de légitimité
bien établie. Leur nom disait clairement leurs origines : les
Stewart* étaient intendants des rois d'Écosse avant que l'un
d'entre eux ne fonde une nouvelle lignée en épousant l'héritière
du trône. Jamais les grands barons n'avaient vraiment accepté
l'autorité de ces parvenus, souvent moins bien pourvus qu'eux-
mêmes en clientèle, et qu'avait affaiblis une longue suite de
minorités accompagnées de régences. Barricadés dans leurs
châteaux suspendus comme des nids d'aigle au sommet d'un
rocher ou baignés de tous côtés par les flots d'un lac ou d'un
fleuve, ils jouissaient d'une très large autonomie. Ceux des
Lowlands, la fertile plaine du sud, consentaient parfois à tenir
compte du roi ; ceux des Highlands, les zones montagneuses du
nord et de l'est, étaient entièrement maîtres chez eux. Les uns
et les autres condescendaient à prendre les armes, par haine des
Anglais et par goût de la guerre. Imprévisibles, ils étaient
capables de déployer une folle bravoure, mais de quitter le
champ de bataille sur un coup de tête pour peu qu'un ordre
leur ait déplu. Orgueilleux, primitifs et cruels, minés par d'éter-
nelles discordes, toujours à court d'argent et toujours disposés
à se vendre au plus offrant, ils constituaient une proie facile
pour les agents provocateurs.

Le roi ne pouvait compter sur aucun d'eux. Les mariages
consanguins avaient créé entre eux de complexes cousinages

---

* *Stewart* est la forme primitive de leur nom. Ce sont les membres de
la famille installés en Angleterre qui ont adopté la graphie *Stuart,* également passée dans l'usage français, et que nous utiliserons désormais.

qui, loin de renforcer la solidarité familiale, engendraient à l'infini rivalités et revendications. La moitié de la noblesse écossaise était apparentée aux Stuarts. Elle s'en autorisait pour réclamer des avantages que le roi eût été bien en peine de donner. Le malheureux gouvernait tant bien que mal en louvoyant entre les clans. Il tirait le plus clair de ses revenus de son clergé et des subsides français.

L'Angleterre ne cessait de lui compliquer la tâche en fomentant des troubles, elle versait à pleines mains gratifications et pensions. Elle disposait en outre, depuis quelque temps, d'un nouveau moyen d'attiser le désordre : les querelles religieuses venaient désormais interférer avec les antagonismes traditionnels. Henri VIII, qui avait rompu avec Rome et instauré en Angleterre une Église à sa convenance, prit des contacts avec les tenants écossais de la Réforme, dont le nombre croissait rapidement, et les utilisa contre le roi, resté catholique. Jacques V, voyant se liguer contre lui noblesse et clergé, se demandait combien de temps il pourrait tenir.

Tel était l'avenir bien sombre qu'il avait laissé prévoir à celle qui devait partager son sort. Encore ne lui avait-il pas tout dit. Il avait longtemps mené une vie fort dissolue. Il avait eu d'une femme de grande famille toute une nichée de bâtards qui réclameraient plus tard leur place au soleil. Il continuait d'entretenir une maîtresse. Mais à côté du reste, ces désagréments inséparables de la condition de reine étaient somme toute un moindre mal. Bref Marie de Guise comprit vite que son mariage avait eu pour seul but d'amener la France à prendre en charge et à dénouer l'inextricable imbroglio écossais : tâche surhumaine.

Elle fit front, assuma ses fonctions de reine, apprit à connaître et à comprendre sa nouvelle patrie, choisit de ne s'étonner de rien, de ne se choquer de rien, tenta de se concilier la sympathie de ses sujets à force d'égards et de flatteries : elle y réussit assez bien et apporta à son mari un soutien efficace. Hélas, ce que lui préparait le sort fut pire que tout ce qu'elle avait pu craindre.

Après deux ans d'impatience, elle mit au monde un fils, bientôt suivi d'un second. Joie éphémère. Le nouveau-né mourut au bout de deux jours, et son aîné ne tarda pas à succomber. Tandis que courait le bruit d'un empoisonnement, les prédicateurs calvinistes, à grand renfort de citations bibliques, rendaient grâces à la fureur vengeresse de Dieu qui punissait les péchés du père à travers sa descendance. La guerre éclata avec l'Angleterre alors qu'elle attendait un troisième enfant. Le 24 novembre 1542, les troupes écossaises subirent à Solway Moss une écrasante défaite. Le roi eut alors un comportement étrange. À ceux qui voulaient le réconforter, il soutint qu'il mourrait dans la quinzaine. Ses serviteurs lui demandèrent où il désirait passer Noël, il répondit : « Je n'en sais rien ; c'est à vous d'en choisir le lieu. Mais tout ce que je peux vous dire c'est que, le jour de Noël, vous n'aurez plus de maître et que le royaume n'aura plus de roi. »

Il s'en alla à Linlithgow rendre visite à sa femme, qui approchait du terme de sa grossesse. Nul ne sait ce qu'il put lui dire. Mais au lieu de rester à ses côtés, il se retira dans son palais de Falkland, où il s'alita, dans un état de prostration presque complète. Il accueillit avec une sombre ironie l'annonce qu'une fille lui était née : « Adieu, *fare well* », la dynastie, qui avait commencé par une fille, finirait par une fille *. Puis il se replia sur lui-même et attendit la mort. Respectant à quelques jours près les délais qu'il avait fixés, il expira le 14 décembre. La petite Marie, née le 8, avait exactement six jours. Elle était reine d'Écosse. Reine de plein droit, puisque les femmes n'y sont pas exclues du pouvoir.

On songea aussitôt à la marier. Non, ce n'est pas une plaisanterie, mais le fruit d'un calcul politique.

La mort de son père et sa naissance eurent pour effet premier d'arrêter net les opérations militaires. Apparemment par décence : l'Angleterre se donnait le beau rôle. En réalité la guerre ne lui était plus nécessaire. Elle comptait installer au pouvoir un homme à sa dévotion. Et puisque Henri VIII avait un fils âgé de cinq ans, le jeune Édouard, il suffirait de marier les deux enfants pour assurer pacifiquement l'union des deux couronnes. La faction pro-anglaise prit le dessus à Édimbourg,

---

* Allusion au mariage de l'intendant fondateur de la dynastie avec la fille de son maître.

un protégé de l'Angleterre, dépourvu d'intelligence et de caractère, fut nommé régent et la petite Marie fut promise à Édouard par un traité en bonne et due forme.

Les relations se gâtèrent lorsque Henri VIII réclama la fillette pour la faire élever à Londres avec son fiancé. Les Écossais ne voulurent pas la lâcher. Une clause annexe prévoyait que leur pays serait rattaché à la couronne d'Angleterre au cas où elle mourrait prématurément. Les plus solides partisans de l'alliance anglaise furent pour une fois d'accord avec le parti pro-français : il ne fallait pas tenter le diable. On la garda donc jalousement.

On confirma ses droits au trône d'Écosse en la couronnant solennellement, le 9 septembre 1543, dans la chapelle du château de Stirling. Elle avait neuf mois, il n'était pas question de placer sur sa tête le pesant symbole de son pouvoir. C'est son cousin le régent qui le porta à sa place, tandis que deux autres grands seigneurs tenaient en main le sceptre et l'épée. Fâcheux augures.

Les quatre premières années de sa vie furent marquées par le déchaînement des luttes religieuses et politiques, accompagnées de violences et de renversements de pouvoir. L'impérieux souverain anglais, irrité des tergiversations de ses nouveaux alliés, reprit l'offensive, décidé à s'emparer par la force de la petite reine. L'enfant fut donc séparée de sa mère et déplacée de château en château pour parer à un enlèvement éventuel. Son itinéraire est aujourd'hui pèlerinage touristique et le souvenir des quelques semaines qu'elle passa à Inchmahone, sur le lac de Menteith, auréole encore de légende l'île voilée de brume tapie au ras des eaux.

Henri VIII faisait alors à la fiancée de son fils une « cour brutale ». Les ravages qu'il opéra sur la frontière, puis la sanglante victoire qu'il remporta à Pinkie Cleugh, conduisirent les vaincus à implorer le secours de la France. Entre-temps, Henri II et Catherine de Médicis avaient eu un fils : une chance. On proposa la main de Marie au petit François et en juin 1548, un contingent français débarqua sous le commandement d'un capitaine bien aguerri. Deux conditions : les garnisons françaises occuperaient, pour mieux les défendre, les forteresses stratégiques et la petite fille se rendrait en France immédiatement. Les Écossais n'étaient pas en état de discuter. On prépara donc son transfert.

On redoutait une attaque de la flotte anglaise. Aussi décidat-on d'éviter la mer du Nord et le Pas-de-Calais, où celle-ci régnait sans partage. Des bâtiments français vinrent chercher l'enfant à Dumbarton, sur la côte ouest de l'Écosse. Henri II avait envoyé, pour honorer sa future bru, la galère réale qui lui était d'ordinaire réservée. À sa suite partaient les quatre *Marie*, quatre demoiselles d'honneur de son âge, portant le même prénom et appelées à partager sa destinée, ainsi que sa gouvernante, la fameuse lady Fleming, qui tournera la tête au roi de France pendant quelques semaines. L'embarquement eut lieu le 29 juillet, dans l'estuaire de la Clyde, mais le mauvais temps empêcha la flottille d'appareiller avant le 7 août. Pas d'Anglais en vue, mais une mer agitée, qui permit à Marie de montrer qu'elle avait le pied marin. Après avoir contourné Irlande et Cornouailles, elle débarqua sur la côte bretonne, dans le petit port de Roscoff, où une chapelle prétend marquer l'emplacement de ses premiers pas sur la terre de France.

Sa mère était restée sur le rivage, dévorée de chagrin, avec pour seule consolation de savoir l'enfant en sécurité. Elle n'avait pas le choix. Sa fille, elle le savait bien, n'avait de prix sur le marché du mariage que parce qu'elle détenait la couronne d'Écosse. Qu'elle vînt à la perdre et la France aurait tôt fait de dénoncer ses engagements pour procurer au dauphin une union plus profitable. Elle resta sur place pour lui garder son royaume.

La tâche n'était pas facile pour une femme, une étrangère, une catholique : triple handicap qu'elle surmonta difficilement. D'abord mise à l'écart par les seigneurs protestants pro-anglais, elle parvint à peser sur les conflits ultérieurs et réussit à se faire attribuer la régence après l'intervention française. À l'énergie elle alliait un sens très sûr de la diplomatie. Ses qualités lui valurent l'admiration de ses adversaires, les Anglais, qui craignaient son habileté et sa « royale intelligence » et qui la créditaient d'un « courage de guerrier ». Elle se voulait aussi écossaise que française et rêvait d'inculquer peu à peu à son pays d'adoption l'esprit d'ordre, de justice, de tolérance. Mais elle se heurta à l'égoïsme des grands barons et au fanatisme haineux du prédicateur John Knox. Elle dut, pour leur faire pièce, renforcer le rôle des Français dans l'administration et l'armée, sans parvenir à tempérer chez ses compatriotes le mépris que leur inspiraient les autochtones. L'aide se transformait en un protectorat qui paraissait d'autant plus insupportable que l'intendance suivait mal : Henri II, en proie à des difficultés financières chroniques, faisait la sourde oreille aux demandes de subsides. En 1550-1551, Marie de Guise fit en France un long séjour, qui lui valut la joie de retrouver sa fille : mais elle importuna de ses plaintes le Conseil royal et on la vit repartir avec soulagement.

Elle tint bon et conserva la régence assez longtemps pour voir sa fille épouser le dauphin, puis monter sur le trône de France. Mission accomplie. En 1559 elle dut, pour faire face à une insurrection, recourir à l'aide de troupes fournies par son gendre. Mais elle savait le remède pire que le mal. Elle ne tarda pas à mourir, en 1560, désespérée. Elle laissait l'Écosse au bord de l'anarchie. Il n'y avait guère qu'un sentiment capable d'unir les clans qui s'entre-déchiraient : la haine du catholicisme et des Français.

Le vert paradis...

Un accueil enthousiaste attendait la fillette arrachée aux griffes de ses méchants sujets et expédiée en France à la barbe des Anglais. On la traita en héroïne de roman.

Tout au long du trajet qui la mena de Roscoff à Saint-Germain et qui dura deux mois, ce ne furent que fêtes, cérémonies, acclamations. À son entrée les villes lui offraient des spectacles sur mesure, une féerie en miniature où les oripeaux mythologiques et allégoriques revêtaient non pas des adultes mais des enfants de son âge.

Antoinette de Guise, venue à sa rencontre à mi-parcours, acheva de la rassurer, si tant est qu'elle en eût besoin. Marie marchait d'enchantement en enchantement. Ballottée entre les partis écossais dont elle était l'otage, elle avait peu connu sa mère. Cette grand-mère qui lui tombait du ciel eut la sagesse de lui parler d'elle et de la lui faire aimer. Elle lui raconta sa famille, lui vanta ses oncles, ses cousins, lui donna pour la première fois le sentiment d'appartenir à un groupe uni, solide. Ce mariage marquait une nouvelle étape dans l'ascension des Guise. Ils étaient bien décidés à faire de la future reine de France une des leurs.

Ils se gardèrent cependant de se l'approprier. Rien ne pouvait mieux servir leurs ambitions que le projet de Henri II, qui avait prévu pour elle une place dans la nursery royale. À Saint-Germain elle rejoignit donc son futur mari, le petit dauphin, et ses futures belles-sœurs. Elle fut intégrée à la joyeuse troupe de bambins qui s'accroissait à chaque naissance. Elle partagea la chambre de l'aînée des filles, Élisabeth, de quatre ans sa cadette, qui lui voua admiration et affection.

Elle fit au premier coup d'œil la conquête du roi : « La petite reine d'Écosse est l'enfant le plus accompli que j'aie jamais vu », s'exclama-t-il, ravi. Elle était charmante en effet, avec ses cheveux blonds, ses yeux couleur de châtaigne dorée, son vaste front bombé, son teint éclatant, sa démarche souple et gracieuse. Grande pour son âge et d'une intelligence précoce, elle apparaissait vive, enjouée, coquette, déjà experte en l'art de séduire. Elle fut la coqueluche de toute la France.

Elle reçut une éducation excellente et néanmoins désastreuse. On fit d'elle une parfaite petite poupée de la Renaissance, ornement d'une cour raffinée. Elle avait de la facilité, du goût, se montrait réceptive et docile. Elle abandonna son écossais * rocailleux pour le français, qu'elle maîtrisa sans peine. Le latin, un peu de grec, l'italien, l'espagnol : elle assimilait les langues avec aisance. Elle apprit à chanter, à jouer du luth, à danser, à faire des vers, à dessiner, à peindre, à broder. Bientôt elle monta à cheval, suivit la chasse où son endurance étonna. On l'admirait, on s'enchantait de son babil, de ses dons pour la conversation, de sa précoce aisance d'épistolière dans ses lettres à sa mère, qu'elle signait Marie **, à la française, en

---

* On parlait alors dans les basses terres d'Écosse un dialecte cousin de l'anglais, mais sensiblement différent. Dans les Highlands, on parlait le gaélique, que Marie ne savait pas.

** Elle conserva cette graphie toute sa vie, même après son retour en Écosse.

fermes caractères majuscules tous d'égale hauteur. À treize ans, elle débita devant la cour un discours latin de son cru, sans doute revu et corrigé par son oncle le cardinal de Lorraine : et l'on s'extasia un peu vite de cet exploit de bonne élève, haussée au rang de petit prodige. Sa vie se déroulait de château en château, de fête en fête, de jeux en jeux, au gré des déplacements royaux, et les échos des troubles extérieurs ne franchissaient pas l'enclos du cocon où elle s'épanouissait dans un climat d'irréelle euphorie, tout bruissant de murmures flatteurs.

Elle passait pour fragile. On lui donna les meilleurs médecins et Fernel lui évita d'être défigurée par la petite vérole. Mais elle restait sujette, comme son père, à des malaises inexplicables d'origine nerveuse : on la ménagea. La moindre contrariété la mettait hors d'elle : on s'appliqua à les lui épargner. Quelques heurts domestiques n'eurent qu'à peine le temps de révéler son caractère impérieux et la rapidité avec laquelle elle passait des éclats de violence à la prostration : déjà l'on cédait et sa vie redevenait un conte de fées.

Rien dans cette éducation d'enfant gâtée ne la préparait donc à affronter difficultés et épreuves. Conformément aux vœux de sa mère, elle pratiquait un strict catholicisme, mettant à suivre la messe quotidienne la même application sage qu'on lui voyait dans ses études. Les fruits n'en apparaîtront que plus tard. Pour l'instant, l'enseignement reçu à l'église ne vient nullement contrecarrer son orgueil, encouragé par les honneurs que lui prodigue le roi. Lorsqu'il fut question du rang qu'elle occuperait à la cour, Henri II avait tranché : « sa fille la reine d'Écosse » aurait la préséance sur les princesses royales elles-mêmes. Ne détenait-elle pas la couronne d'un pays indépendant, en attendant de recevoir celle de France ? « Je veux qu'elle soit honorée et servie en reine », avait-il ajouté. À cinq ans, on avait déjà pour elle les égards dus à une souveraine. À treize ans, elle eut sa propre maison, une nuée de serviteurs à ses ordres, une garde-robe somptueuse, une petite cour où l'on venait lui rendre hommage. De quoi tourner les têtes les plus solides. Celle de la petite fille y résista mal.

On eut d'autre part le tort, dans cette double royauté, de tenir l'Écosse pour quantité négligeable — la vraie Écosse, avec ses habitants, ses coutumes, ses problèmes. Tout contribua à déraciner la fillette, à couper les liens qui l'unissaient à une patrie où l'on pensait, il est vrai, qu'elle ne remettrait jamais les pieds. Lorsque ses oncles, alertés par leur sœur, commencèrent à l'instruire des affaires de son royaume, il était un peu tard. À demi-française par le sang, toute française par l'éducation, Marie ne tenait plus à la lointaine Écosse que par un titre fragile. On avait oublié, en la francisant à outrance, combien la mort pouvait frapper tôt et vite.

Amours enfantines

On comptait sur cette vivante merveille pour dégourdir le dauphin.

Il n'avait que treize mois de moins que Marie, mais la différence d'âge semblait bien plus grande, tant le contraste entre eux était flagrant. Se ressentait-il des drogues hétéroclites ingurgitées par sa mère pour lutter contre la stérilité ? Il était malingre, rachitique, une probable malformation du pharynx entravait sa croissance : il ne pouvait respirer que la bouche ouverte et éprouvait les plus grandes difficultés à se moucher. Exposé à toutes les infections, il était souvent malade et son caractère s'en ressentait. On s'aperçut vite que son intelligence n'était guère plus brillante : aucune curiosité, aucun goût pour les études ou les arts. Replié sur lui-même, il s'enfermait dans un égocentrisme buté.

L'arrivée de sa petite fiancée fut pour lui un rayon de soleil. On la lui jeta littéralement dans les bras et, autour de leurs amours enfantines, on créa un climat d'affectueuse complicité. La correspondance familiale des Guise est pleine d'allusions aux sentiments supposés des deux enfants, dûment entretenus par leur entourage. Avec le mimétisme propre à leur âge, ils entrèrent dans le jeu, endossèrent les rôles de soupirant et de *mie* dont on leur soufflait les répliques. On leur ménagea de touchants entretiens et l'on couvait du regard, à distance, leurs chuchotements et leurs baisers maladroits. Au mariage de François de Guise, en 1548, on les fit danser ensemble et l'on désigna le beau couple qu'ils formaient à l'ambassadeur d'Angleterre, sarcastique : elle avait déjà près d'une tête de plus que lui — avance qu'elle conservera. À six ans, le jeune François parlait d'affronter sur la lice son oncle de Guise pour les beaux yeux d'une *dame belle et honnête,* qui n'était autre que Marie. À treize ans, il était surnommé *l'amoureux.* Il y a dans cette obstination à leur faire jouer cette comédie d'amour quelque chose de malsain, de malhonnête, qui nous met mal à l'aise, tant la démarche nous paraît lourde d'arrière-pensées.

Les effets thérapeutiques de cette idylle précoce sur le dauphin furent contradictoires. Il s'éprit passionnément de Marie et s'efforça, pour lui plaire, de sortir de sa réserve. Il resta pâle et bouffi, mais finit par grandir et par s'adonner à des activités conformes à son rang. Mais il abusa des sports et de la chasse, seuls domaines où il pouvait espérer la suivre, voire la dépasser. Et il s'y épuisa dangereusement. Sur le plan intellectuel en revanche, elle l'éclipsait si fort qu'il en conçut des complexes, choisit de se taire et resta donc bilieux et taciturne, confit dans le sentiment de sa propre importance. Il serait roi : nul autre mérite ne lui était nécessaire pour se faire aimer de celle qui lui était promise.

Marie se complaisait dans cette adoration si évidemment sincère. L'habitude aidant, et les jeux partagés, elle s'attacha à ce gentil compagnon, instrument désigné de sa grandeur future. Et les sourires encourageants qui saluaient ses démonstrations d'affection envers lui la poussèrent dans le sens de ce qu'on attendait d'elle. Ils s'aimèrent donc à leur manière, d'un amour fabriqué, artificiellement cultivé, plante de serre chaude dont on ne savait comment elle supporterait le grand air.

Les années passaient. Marie était largement nubile. François, majeur, atteignait ses quatorze ans. Qu'attendait-on pour les marier ?

L'engagement jadis souscrit pouvait à chaque instant être dénoncé, tant qu'il ne s'était pas transformé en union solennellement consacrée par l'Église. Or les ennemis des Guise, et notamment le connétable de Montmorency, faisaient tout pour rompre une alliance qui consacrerait leur triomphe. Henri VIII n'avait pas renoncé à solliciter pour son fils la main de Marie. On avançait d'autres noms. Henri II refusait sans ménagements, il tenait la fillette et ne risquait rien à attendre. Mais il se demandait parfois si une infante ne constituerait pas pour le dauphin un parti plus avantageux. Il gardait deux fers au feu. Cependant les raisons politiques n'étaient pas seules à expliquer qu'on hésitât. Si le père, à quatorze ans, avait été capable de faire de Catherine de Médicis sa femme, il n'en était pas de même du fils. Un mariage prématuré risquait d'attirer fâcheusement l'attention sur le retard qui affectait son développement physiologique. Le jeune François, apparemment, n'était pas encore un homme.

À la fin de 1557, on changea d'avis. À ce revirement, plusieurs causes. La mort de Henri VIII, puis celle de son fils et successeur Édouard, a amené sur le trône sa fille aînée, Marie Tudor, qui épouse l'infant d'Espagne, futur Philippe II : en 1557, elle déclare la guerre à la France, rendant ainsi tout son prix à l'alliance écossaise. Sur le plan intérieur, d'autre part, le roi n'a plus grand-chose à refuser aux Guise, après l'héroïque défense de Metz et la prise de Calais et de Thionville. Enfin, la santé du dauphin commence à donner des inquiétudes. Plutôt que d'attendre une croissance problématique, ne vaut-il pas mieux lui lier au plus vite Marie Stuart, en ménageant par un contrat approprié les intérêts futurs de la France en Écosse ?

On engagea donc les pourparlers. Le parlement d'Édimbourg accorda son consentement. On fiança officiellement les jeunes gens le 19 avril 1558. Le dimanche suivant, 24 avril, on les maria, dans le grand déploiement de faste qui convenait à leur très haute fortune.

La cérémonie nuptiale fut, selon le titre du compte rendu qu'on en publia, un *Grand et magnifique Triomphe,* celui de Marie Stuart.

Dans Notre-Dame constellée de fleurs de lis, son oncle François de Guise faisait office de grand ordonnateur. Elle y entra au son des trompettes, conduite par le roi Henri II et par son cousin le duc de Lorraine. Elle avait choisi, contrairement à la tradition*, une robe immaculée dont la blancheur faisait ressortir la limpidité de son teint de neige. « Plus belle qu'une

---

* Le blanc, rappelons-le, était pour les reines de France la couleur du deuil.

déesse au ciel », elle s'avançait majestueuse, s'élevant par sa
haute stature au-dessus de la commune humanité. Sur sa tête
étincelait une couronne rehaussée de perles et de pierres
précieuses. Deux petites filles portaient son interminable traîne.
On s'écrasait dans la nef, on se battit sur le parvis, pour tenter
d'attraper quelques-unes des pièces d'or que sa famille faisait
jeter à la volée. « Mgr de Guise avait veillé à tout », rivalisant en
magnificence avec le roi de France.

Bal, festin, procession à travers la ville pour le plaisir du bon
peuple, puis bal à nouveau. On ne savait plus qu'inventer pour
renchérir sur les précédentes fêtes. Le clou du dernier spectacle
fut une flottille de bateaux aux voiles d'argent, munis d'invi-
sibles roues, où les danseurs purent faire monter pour un tour
de piste une cavalière de leur choix. Et chacun choisit sa
chacune, en prenant grand soin de respecter les hiérarchies
imposées par l'étiquette.

Jamais Marie Stuart n'avait été aussi belle. Les éloges dont
sont prodigues les thuriféraires patentés ne nous permettent
guère de nous en faire une idée : qu'elle ressemble à Vénus
sortant de l'onde, à l'Aurore ou à l'étoile de l'Amour ne nous
renseigne que sur l'enthousiasme de ses adorateurs. Auprès de
pareilles comparaisons, ses portraits, même flattés, nous déçoi-
vent un peu. Ce n'est pas une beauté régulière, au sens classique. Son visage d'un ovale assez pur est maintenant gâté par
un nez trop long, que la venue de l'âge rendra aquilin. La
bouche, étroite, est boudeuse. Mais elle avait de beaux yeux
lumineux, en harmonie avec ses cheveux devenus auburn. Elle
était anormalement grande — plus d'un mètre soixante-
quinze —, mais sa tête petite, son cou long et gracile, sa
silhouette élancée la faisaient ressembler aux modèles proposés
par les peintres et les sculpteurs. On reconnaissait en elle la
grâce des nymphes de Jean Goujon.

Elle avait surtout du charme, un sourire ensorcelant, une
voix harmonieuse aux sonorités profondes, une présence, une
vie jaillissante, et sur le tout, une fragilité profonde affleurant
sous la gaieté, qui donnait aux hommes l'irrésistible envie de la
prendre dans leurs bras, de la protéger, de la sauver du monde
extérieur et de ses propres hantises. Une arme redoutable, dont
elle ne soupçonnait pas encore, au jour radieux de ses noces, le

pouvoir ravageur. Elle dansait, insouciante, heureuse, et toute la cour dansait avec elle.

Sur un volcan. Le trésor était vide, Paris avait failli, quelques mois plus tôt, être la proie des troupes espagnoles, et la guerre religieuse couvait.

Dans la coulisse, les négociateurs s'étaient efforcés d'assurer à la France les dividendes de ce mariage. On flatta beaucoup les envoyés écossais, on prit grand soin de les traiter sur un pied d'égalité avec les Français. Le jeune marié fut gratifié de la « couronne matrimoniale » d'Écosse, qui lui permettait de partager le pouvoir avec son épouse. En échange de quoi, les deux pays s'accordaient réciproquement la double nationalité, chacun de leurs ressortissants pouvant se déclarer à leur gré français et écossais. On est allié ou on ne l'est pas.

Mais au traité officiel était joint un avenant secret, qu'on se garda de montrer aux représentants du parlement d'Édimbourg. Dans le cas où elle mourrait sans enfant, Marie Stuart y léguait à la France — et non pas à François, dont le sort était ainsi dissocié de ce contrat — son royaume d'Écosse, ainsi que ses droits éventuels sur l'Angleterre et l'Irlande. Comme si elle possédait ces biens à titre personnel et non dynastique. De plus une clause financière ordonnait la cession à la France de tous les revenus du royaume tant que les sommes dépensées pour sa défense n'auraient pas été remboursées : ce qui n'était pas pour demain. Enfin une disposition particulière stipulait que, par anticipation, Marie s'interdisait de prendre la moindre mesure susceptible de remettre en cause l'accord en question : toute tentative pour se libérer serait donc frappée de nullité. Du beau travail de juristes. Pas très honnête : face à eux, nul n'était là pour conseiller la jeune femme. Elle signa les yeux fermés. Et le destin se chargea de rendre vaines ces tortueuses précautions.

Une couronne de trop

Quelques mois plus tard intervenait sur l'échiquier européen un événement grave, qui devait peser très lourd dans la destinée de Marie Stuart. Le 17 novembre 1558, Marie Tudor mourait sans postérité. La succession d'Angleterre s'ouvrait. Le trône ne resta pas longtemps vacant. Sa sœur cadette, Élisabeth, s'y installa aussitôt. Mais cet avènement prêtait à des contestations, dans lesquelles s'engagèrent aussitôt les diverses forces en présence.

Henri VIII ne laissait derrière lui que trois enfants survivants, deux filles et un fils. La dévolution du trône était en principe réglée par l'usage : le fils d'abord, puis les filles, par ordre de primogéniture. Mais le roi s'était ingénié à compliquer ces données d'apparence si simple.

Lorsqu'il voulait changer d'épouse, Henri VIII, affichant un louable souci de légalité, sollicitait l'annulation de son mariage antérieur. Le refus opposé par le pape à la répudiation de Catherine d'Aragon, qui avait partagé sa vie pendant seize ans★, entraîna l'Angleterre dans un schisme : le roi, se décrétant « chef suprême » de l'Église nationale, fit trancher le cas par des évêques locaux et rompit avec Rome. Sa fille aînée, Marie, se trouvait donc, rétroactivement, bâtarde ; mais elle restait légitime aux yeux des catholiques, et le second mariage du roi nul et non avenu. Tout à la joie de ses amours avec Anne Boleyn, Henri fit d'abord de la fille que celle-ci lui donna, Élisabeth, la seule héritière du trône au détriment de sa sœur. Puis, lorsqu'il se lassa de la mère et s'en débarrassa en l'envoyant à l'échafaud, il déchut l'enfant de ses droits à la couronne. Mais il ne réhabilita pas pour autant Marie.

Seul le fils né de son épouse suivante jouissait d'une légitimité incontestable. Catherine d'Aragon étant morte avant ce troisième mariage, le veuf pouvait convoler derechef. De plus la nouvelle élue, Jeanne Seymour, mourut en couches, épargnant au jeune Édouard les contrecoups toujours à craindre de la vie conjugale paternelle.

Les trois autres mariages de Henri VIII restèrent stériles. À la veille de sa mort, il se décida à régler par testament le problème de sa succession. Après Édouard, et dans le cas où celui-ci n'aurait pas d'enfants, le trône irait à Marie, puis à Élisabeth. Mais comme le décret déclarant ses deux filles bâtardes n'avait pas été annulé, il y avait matière à d'autres

---

★ Elle lui avait donné cinq enfants, dont seule survivait une fille, Marie.

revendications de la part des descendantes de ses deux sœurs, parfaitement légitimes celles-là*.

En fait, l'opinion n'avait jamais admis la bâtardise rétroactive de Marie, qui eut peu de peine, lorsque mourut son frère à peine sorti de l'enfance, à évincer Jeanne Grey. Mais lorsqu'elle disparut à son tour prématurément, les droits d'Élisabeth paraissaient plus fragiles : conçue dans la bigamie, doublement bâtarde comme fruit d'un mariage illégal d'abord, annulé ensuite, née d'une mère condamnée à mort pour adultère peu après, elle ne dut de succéder à sa sœur qu'aux enjeux politiques et religieux attachés à la succession.

Les fluctuations de Henri VIII, puis les changements de règne trop rapprochés avaient soumis l'Angleterre à des revirements brutaux en matière confessionnelle. Henri, féru de théologie mais rebelle à l'autorité pontificale, avait, par le schisme, ouvert la porte à la Réforme. Édouard, sous l'influence de son entourage, y inclinait fortement. En revanche Marie Tudor, qui professait comme sa mère et comme son époux Philippe II d'Espagne un catholicisme intransigeant, essaya de ramener le pays à la foi romaine avec des méthodes dont la cruauté lui valut son surnom de Marie la Sanglante. Élisabeth au contraire choisit de s'appuyer sur les protestants, pour qui elle élabora une religion d'État originale, l'anglicanisme. Car les catholiques se refusaient à la reconnaître.

Or il se trouve que Marie Stuart, si l'on prenait en compte les seuls liens de parenté, figurait immédiatement après Élisabeth dans l'ordre de succession. Sa grand-mère Marguerite Tudor était la sœur aînée de Henri VIII, père d'Élisabeth. Les deux reines étaient cousines avec une génération de décalage.

Marie avait la sympathie de tous les adversaires de la Réforme. Sa légitimité était indiscutable. Un obstacle lui fermait pourtant l'accès au trône : le testament de Henri VIII spécifiait qu'aucun étranger ne pouvait y accéder. Mais on n'en était pas dans cette affaire à une annulation près** et il y avait toujours moyen

---

* Voir le tableau généalogique placé à la fin du volume.

** Le jeune Édouard VI, notamment, avait à sa mort légué le trône à sa cousine Jeanne Grey, mais sa décision avait été cassée en faveur de Marie Tudor.

d'ergoter sur la notion d'étranger. Marie Stuart se trouvait donc en mesure de disputer à Élisabeth le trône d'Angleterre.

Devant cet imbroglio successoral gros de conflits à venir, des juristes anglais rêvaient mélancoliquement à ce qui aurait pu être si la nature s'était montrée prévoyante en donnant à la dynastie deux descendants de sexe opposé : il aurait suffi de les marier. Hélas, elles étaient femmes toutes deux, aussi différentes que possible de corps, de cœur, d'esprit et de religion. Il y aurait bien eu une solution, dont on entendra beaucoup reparler. Élisabeth n'était plus toute jeune, on commençait à soupçonner qu'elle ne se marierait pas et, en tout cas, n'aurait pas d'enfants. Marie, de neuf ans sa cadette, aurait pu s'effacer devant elle en obtenant l'assurance de lui succéder. Mais cette façon élégante de résoudre la difficulté ne lui vint à l'esprit que trop tard, à une date où ses prétentions immédiates au trône d'Angleterre avaient déjà exaspéré sa cousine, qui voyait en elle une menace insupportable, à éliminer à tout prix.

Car la France, à la mort de Marie Tudor, fit aussitôt valoir les droits de la dauphine. Tandis qu'Élisabeth montait effectivement sur le trône à Londres, à Paris on proclamait Marie Stuart reine d'Angleterre et d'Irlande et elle ajoutait à ses propres armoiries les armes de ces deux royaumes. L'Angleterre échappant à l'emprise espagnole et formant avec la France une entité politique puissante : il y avait de quoi enthousiasmer Henri II et inspirer les poètes de cour. « Sans meurtre et sans guerre, la France et l'Écosse seront unies à l'Angleterre », chantait Baïf. Ronsard voyait déjà Marie partageant l'année, telle Proserpine, entre ses trois royaumes : celui de France aurait la plus belle part, six mois, les deux autres se contentant d'un trimestre chacun. Et un émule de la Pléiade se livrait sur l'union du lis de France et de la rose anglaise à de brillantes compositions florales.

L'Angleterre ne courait dans l'immédiat aucun risque réel. Cette belle fédération n'existait que sur le papier, sur les écussons armoriés, sur les couverts d'argent, sur les dais et bannières déployés en grand apparat. Élisabeth commençait à gouverner, avec une intelligence, un sang-froid, un discernement politique qui perçaient sous les caprices et la coquetterie affectée. Mais à Londres on se sentit insulté. Et le nationalisme anglais, toutes confessions religieuses confondues, se hérissait de colère devant cette volonté d'annexion étrangère. La France continuait de prendre ses désirs pour des réalités, claironnait imprudemment dans le vide une revendication qu'elle n'avait pas les moyens de soutenir par les armes, pour le plus grand malheur à venir de la petite reine d'Écosse qui en était le prétexte et l'instrument.

L'inanité de ces prétentions éclata au grand jour, tragiquement, à la mort de Henri II. La couronne de France était trop lourde pour son fils aîné, un adolescent immature, pris de terreur à la seule idée des responsabilités qui l'attendaient. On eut beau frapper un grand sceau à l'effigie du jeune couple, entouré de l'inscription : « François et Marie, roi et reine des Français, des Écossais, des Anglais et des Irlandais », il apparut, à l'évidence, que le nouveau souverain était incapable de gouverner qui que ce fût.

À quinze ans et demi, il était légalement majeur. Il n'y avait donc pas lieu, en principe, d'instaurer une régence. Mais dans la pratique, il fallait bien que quelqu'un dirige le pays. Le pouvoir réel appartiendrait à celui qui dominerait l'esprit malléable de ce roi débile ou qui parviendrait à faire proclamer officiellement son incapacité. Une âpre lutte se déchaîna aussitôt.

La lutte pour le pouvoir

La faiblesse d'un roi de France, qu'elle soit due à son âge ou à sa personnalité, ou aux deux comme c'est alors le cas, éveille aussitôt les ambitions des grands, qui tentent de reconquérir l'indépendance dont ils jouissaient au temps de la féodalité ou de se tailler une place de choix dans le nouveau règne. Mais à l'avènement de François II, le danger est beaucoup plus grave, car les habituelles rivalités aristocratiques se doublent, on l'a dit, d'antagonismes religieux. Les grandes familles tirent de leur fidélité au catholicisme ou de leur adhésion à la Réforme des appuis nouveaux, de l'argent, des troupes, des alliances étrangères. Dans chaque camp, les chefs de file sont les champions de la cause de Dieu. Le fanatisme aidant, leur lutte pour le pouvoir se transformera en une ravageuse guerre civile généralisée.

Certains des acteurs du drame occupent depuis longtemps le devant de la scène, où nous les avons rencontrés au passage. D'autres y font maintenant leur apparition. Avant qu'ils ne s'affrontent, faisons le point.

La compétition la plus vive oppose Anne de Montmorency et les Guise. Ils étaient amis autrefois, ils sont maintenant rivaux. L'étoile de l'un descend, celle des autres monte. Entre eux, une génération de différence : Montmorency est un compagnon d'enfance de François Ier, que celui-ci combla de faveurs avant de le sacrifier à l'animosité de la duchesse d'Étampes. Il s'attacha alors à son fils, dont il devint le mentor. Dans son sillage et par la grâce de Diane de Poitiers se glissent François et Charles de Guise qui, eux, sont de l'âge de Henri II. Tous se posent en défenseurs du catholicisme, mais divergent sur l'attitude à adopter à l'égard de l'Espagne : Montmorency préconise la paix, les Guise veulent poursuivre la guerre. Bien que le connétable ait convaincu le roi de signer le traité du Cateau-Cambrésis, il est personnellement discrédité, à la fin du règne, par sa défaite militaire à Saint-Quentin, suivie de sa captivité. La gloire et la popularité vont aux Guise.

En face d'eux, qui, appuyés sur un vaste réseau de fidélités, dans l'armée comme dans l'Église, régentent, par leurs fiefs familiaux dans le nord-est et par le gouvernement de Normandie, une grande part du royaume, Montmorency, bien qu'il soit grand maître de la maison du roi, connétable, c'est-à-dire chef suprême des armées, et gouverneur du Languedoc, ne fait pas le poids. Il est trop vieux et ses quatre fils sont trop jeunes. Pour lui la partie semble perdue d'avance.

Mais il a des neveux, les fils de sa sœur veuve, Louise de Châtillon-Coligny, dame d'honneur de la reine Éléonore. Ils sont trois, Odet, Gaspard et François, unis par une affection puissante. Nés en 1517, 1519 et 1521, ils ont à peu de chose près l'âge de Henri II et de Catherine de Médicis, et celui de François de Guise*, avec qui ils ont fait les quatre cents coups,

---

* Henri II, Catherine de Médicis et François de Guise sont tous trois de 1519. Charles de Guise, cardinal de Lorraine, né en 1524, est un peu plus jeune.

lors de leur turbulente adolescence, en compagnie de Pierre Strozzi et du futur maréchal de Tavannes. Leur mère, à la fois libérale et ferme, confia leur éducation à un humaniste pénétré des idées nouvelles, Bérault, proche de l'Évangélisme du groupe de Meaux. Elle et son frère eurent l'esprit assez large pour tenir compte de leurs goûts quand il fallut leur donner un emploi. En dépit de l'usage, c'est l'aîné, Odet, « d'un naturel paresseux et grand ami de son repos », peu porté vers « les fatigues de la guerre », qu'on fit entrer dans l'Église : en 1533, il reçut à seize ans l'un des chapeaux cardinalices offerts par le pape Clément VII en l'honneur du mariage de sa nièce Catherine. Il est connu sous le nom de cardinal de Châtillon. Le second, Gaspard, rebelle à l'état ecclésiastique, choisit les armes et les hautes fonctions de l'État : il est colonel, puis, en charge de la marine, il entrera dans l'histoire sous le nom d'amiral de Coligny. Le plus jeune, François d'Andelot, l'imita, sans jamais l'égaler en prestige ni en influence.

Louise de Montmorency-Châtillon avait à son lit de mort manifesté quelques réserves face au catholicisme. Le premier de ses fils à passer à la Réforme fut d'Andelot. L'inaction est pour les hommes de guerre une épreuve qui entraîne parfois des remises en question. Fait prisonnier à Milan en 1551 par les troupes impériales et tenu éloigné de France pendant cinq ans, D'Andelot entra en relations avec les calvinistes genevois. En rentrant à Paris, il était converti. Il se joignit aux réformés réunis dans le Pré-aux-Clercs pour chanter des psaumes, fut arrêté en 1558 et ne s'en tira que de justesse. Lorsque Coligny dut à son tour subir la captivité, après Saint-Quentin, il reçut de son jeune frère une Bible, « ouvrage plein de consolation », et de Calvin une lettre qui disait : « Dieu, en vous envoyant cette affliction, vous a voulu retirer à l'écart pour être mieux écouté de lui. » Deux ans plus tard, Coligny était publiquement rallié à la Réforme, dont il allait être un des plus ardents défenseurs. Quant au cardinal de Châtillon, archevêque de Toulouse, évêque et comte de Beauvais et titulaire d'un nombre considérable d'abbayes, il se trouva en situation très inconfortable, louvoya longtemps, sans doute dans l'espoir de voir basculer la France entière avec tout son clergé dans la nouvelle confession, avant de rompre, de se marier et de s'enfuir en Angleterre où il mourra.

Derrière eux, un tissu familial compact, sans cesse resserré par des mariages intra-confessionnels, renforce l'adhésion collective au protestantisme. Et dans la défense de leur foi, les femmes ne sont pas les moins ardentes, au contraire.

En 1559 cependant, si bien pourvus qu'ils soient en charges, fiefs et dignités, les Coligny ne sauraient disputer seuls la prééminence aux Guise. Leur fortune est liée à celle du vieux Montmorency, mal en cour, et d'autant moins à l'aise pour défendre ses neveux qu'il est resté un catholique convaincu.

Mais il existe une autre famille qui n'est pas disposée à laisser les Lorrains coloniser à leur gré l'État, ce sont les Bourbons. Depuis la trahison du connétable de ce nom, ils ont cessé d'être persona grata dans le royaume. Mais la branche aînée est morte avec l'illustre félon. Les survivants restés étrangers à l'affaire ne peuvent être indéfiniment tenus en suspicion à l'écart. Ils sont tout de même des princes du sang, descendants de saint Louis. C'est à l'aîné d'entre eux que la tradition accorde, en cas de minorité royale, la régence ou au moins la lieutenance générale du royaume — autrement dit la maîtrise du pouvoir. Ils voient dans la faiblesse de François II une occasion de réclamer leur retour au premier plan.

Or les Bourbons* sont réformés. Les convictions de l'aîné, Antoine, roi de Navarre par son mariage, sont assez tièdes. Mais son frère cadet Louis, prince de Condé, a l'âme aussi énergique que le corps malingre. Il est petit, rabougri, bossu, mais l'intelligence et l'intrépidité font de lui un personnage redoutable. Fervent huguenot, comme sa femme, il peut, s'il se joint aux Coligny, apporter au parti l'appui d'un prince à qui sa haute naissance assurerait une manière de légitimité.

Et Catherine de Médicis dans tout cela? L'aurions-nous oubliée? Non, bien sûr. Mais on s'expose aux plus lourdes erreurs si on la crédite dès 1559 du pouvoir qu'elle eut ensuite. La mort brutale de son mari l'a prise de court. Elle ne peut rien. Autour d'elle, pas de famille puissante. Elle ne dispose

---

* Du moins les chefs de ceux qui forment désormais la branche aînée. Leur plus jeune frère, le cardinal de Bourbon, est resté catholique, comme les membres de la branche dite de Bourbon-Montpensier.

que d'un petit noyau de serviteurs italiens, d'extraction modeste. Il lui faudrait des alliés, une clientèle : elle n'en a pas. Pour en avoir, il lui faudrait avoir fait ses preuves, mais on ne lui en a jamais donné les moyens. Qui songerait à attacher son char à la fortune d'une reine mère qu'on suppose effacée, dépourvue de goût pour la politique ? Qui serait assez fou pour miser sur elle ? Elle ne peut espérer avoir accès aux affaires que par son fils. Hélas, son influence sur François II est contrebalancée par celle de Marie Stuart.

Catherine, Marie Stuart et les Guise

Les historiens se sont appesantis sur les relations des deux femmes, soit pour expliquer leur antipathie réciproque, soit pour tenter d'y apporter des correctifs. Pour les contemporains, aucun doute, elles se détestaient. Pour de multiples raisons.

L'animosité naturelle d'une belle-mère possessive pour une belle-fille brillante et volontaire, qui lui prend son fils, fut renforcée par les circonstances. Si fort qu'il respecte et aime sa mère, l'adolescent mal grandi qu'est François II se sent rattaché par elle à l'enfance dont il voudrait tant sortir. Ses efforts pour s'affirmer, pour se montrer un homme le poussent vers l'épouse dont il est éperdument amoureux, et qui se montre avec lui douce, patiente, compréhensive. Entre les deux, il penche vers celle-ci. Marie Stuart a-t-elle aggravé son cas par des paroles imprudentes ? A-t-elle vraiment traité Catherine de « fille de marchands » en face, ou assez haut pour qu'elle pût entendre ? On ne sait. Il est certain en tout cas que son comportement respire le mépris pour quiconque n'est pas né, comme elle, avec une couronne sur la tête.

Mais il y a beaucoup plus grave. Marie Stuart est auprès du roi l'agent docile de ses oncles, la courroie de transmission de leurs volontés. Dans le vide créé par la disparition brutale de Henri II, François et Charles de Guise se sont engouffrés. Dès le dernier soupir de son père, ils ont pris en main le jeune roi, l'ont soutenu, entouré, choyé, chambré, isolé, écartant de son entourage tous ceux qui n'étaient pas leurs créatures. Sans soupçonner l'ampleur des ambitions de Catherine — qui le pourrait alors ? —, ils n'ont pas manqué de remarquer qu'elle avait choisi de suivre au Louvre son fils vivant plutôt que de veiller aux Tournelles son mari mort. Il leur faudra la surveiller.

Qui peut le faire mieux que sa bru, constamment associée à elle par les usages de la vie de cour ? De son côté Catherine s'attache aux pas de Marie Stuart, car c'est pour elle la meilleure source d'informations : la reine d'Écosse sait mal mentir et cacher ses sentiments. On les voit donc sans cesse ensemble et leur apparente familiarité peut faire illusion. Il n'est pas faux que Catherine épaule Marie dans l'accomplissement de ses devoirs d'apparat. Mais elles se « marquent » l'une l'autre, comme on dirait aujourd'hui en parlant d'une compétition sportive. Marie reste aux aguets, épiant les relations de sa belle-mère avec les uns ou les autres, prêtant l'oreille aux conversations, lisant les lettres par-dessus son épaule. Catherine, exaspérée par ce regard inquisiteur, se tait, observe, écoute, enregistre. Elle attend son heure, tout en remâchant sa colère contre cette bru qui l'empêche d'être la conseillère naturelle de son fils. En une phrase, le mémorialiste Tavannes résume la situation : « Elle haïssait la reine sa fille, qui l'éloignait des affaires et portait l'amitié du roi son fils à MM. de Guise, lesquels ne lui départaient du gouvernement qu'en ce qu'ils connaissaient qu'elle ne pouvait nuire*, lui donnant crédit en apparence sans effet. »

Les Guise furent effectivement assez habiles pour ne pas lui infliger une mise à l'écart brutale, qui aurait indigné son fils. Elle siège donc au Conseil, tout comme Marie Stuart, mais perdue dans le nombre : la même faveur, purement honorifique, a été accordée à une trentaine de personnes. Les vraies décisions se prennent ailleurs, en petit comité, et elle y est rarement associée. Elle laisse faire, mi par impuissance, mi par stratégie. Les oncles de la reine manipulent le petit roi comme une marionnette dont ils tirent les ficelles et à qui ils dictent chaque mot. Ils font le ménage, organisent la distribution des responsabilités, la grande valse des faveurs et des places, mais avec un

---

* Ils ne lui donnaient part au gouvernement que dans les domaines où ils savaient qu'elle ne pouvait pas leur nuire.

souci d'économie où se reconnaît la main du cardinal de Lorraine. Ils remettent de l'ordre dans les finances, négligées par Henri II, coupent des crédits, suppriment des pensions. Travail utile, mais dont l'impopularité retombe sur eux.

Ils ont congédié Diane, leur ancienne alliée, la sacrifiant d'autant plus volontiers à la rancune de Catherine qu'ils savent éliminer en elle le meilleur soutien d'Anne de Montmorency. Celui-ci est convoqué à la cour pour s'entendre dire, de la bouche même du jeune monarque, qu'il a l'âge de se reposer. On lui laisse la connétablie et le gouvernement du lointain Languedoc, mais il doit céder à François de Guise les fonctions de grand maître de la maison du roi et lui remettre les clefs qui en ouvrent toutes les portes. Il se retire la rage au cœur. Catherine jubile. Elle n'a digéré ni le compliment maladroit fait devant elle sur la fille naturelle de Henri II, ressemblant plus à son père que les enfants légitimes, ni surtout la brutalité avec laquelle il l'a renvoyée à ses tâches féminines lorsqu'elle tentait d'exercer la régence que lui avait confiée son époux. Quant à Antoine de Bourbon, on s'est débarrassé de lui en le chargeant de convoyer jusqu'en Espagne la petite Élisabeth, que vient d'épouser par procuration Philippe II : de quoi le bercer de l'espoir qu'il pourrait un jour négocier à l'amiable avec le souverain voisin la restitution de la partie espagnole de son royaume. Il n'est pas interdit de rêver.

Catherine laissa également se poursuivre les persécutions décrétées contre les « hérétiques ». Elle se contenta d'en protéger individuellement quelques-uns, mais ne fit rien pour sauver du bûcher le fameux magistrat Anne Du Bourg, condamné par Henri II, qui fut exécuté au début du règne de son fils : un martyr dont le souvenir galvanisera les énergies contre ses bourreaux.

Les Guise gagnent la première manche. On dit, par manière de plaisanterie, que la mort de Henri II a été « la vigile de la fête des trois rois, un roi qui n'a de roi que le nom et deux rois de Lorraine ». Ils disposent entièrement des affaires du royaume, par « la volonté et consentement du roi ». Lorsque les députés du parlement de Paris vinrent féliciter celui-ci de son heureux avènement et lui demandèrent, selon la coutume, « à qui il lui plaisait que dès lors en avant l'on s'adressât pour savoir sa volonté, et recevoir ses commandements », il répondit qu'il « avait donné la charge entière de toutes choses au cardinal de Lorraine et au duc de Guise, ses oncles ».

Catherine, qui a pris à leurs côtés le train — ou plutôt le carrosse — en marche, feint de posséder une influence qu'elle n'a pas. Auprès d'eux, elle adopte une politique de présence, tout en marquant ses distances, pour éviter d'être entraînée dans l'affrontement qu'elle pressent. Elle affiche une modération, un esprit conciliant, contrastant avec leur autoritarisme brutal, qui leur aliène des mécontents de tous bords. En sous-main, elle établit des contacts discrets avec leurs adversaires, dont elle écoute complaisamment les doléances. Elle espère s'assurer ainsi l'enviable position d'arbitre et de recours.

La colère qui couvait contre les nouveaux maîtres de l'État éclate brusquement lors de la conjuration d'Amboise. Catherine y assiste en spectatrice, impassible, elle compte les coups et tente au dénouement de marquer des points.

Le « tumulte » d'Amboise

L'histoire de ce que les contemporains nommèrent le « tumulte »* d'Amboise est bien connue. Au départ, une tentative de coup d'État militaire. Au dénouement, une abominable boucherie. L'échec de l'entreprise ne doit pas faire oublier cependant qu'elle marque l'entrée de la Réforme sur le terrain de la lutte armée : religion et politique sont désormais inséparables.

Pour détourner les menaces qui s'amoncelaient sur eux, les réformés décidèrent de lancer une grande offensive, avant qu'il fût trop tard, non pas contre le roi, mais contre ceux qui s'appropriaient son autorité : ils sauveraient en même temps l'État et la Réforme. On reconnaît là un argument qui a beaucoup servi, et servira beaucoup par la suite. La France n'était pas encore en guerre civile et les conjurés, bien qu'ils eussent fait appel à l'aide étrangère, répugnaient à s'avouer à eux-

---

* De *tumultus* en latin, qui veut dire *levée en armes*.

mêmes qu'ils préparaient un coup de force militaire. Férus de légalité, ils affichaient un but honorable : soustraire le roi aux griffes des Guise, accusés de vouloir le détrôner, et le placer sous la tutelle de ses protecteurs naturels, les princes du sang ses cousins — huguenots comme par hasard. Surtout pas d'effusion de sang : ils se saisiraient de la personne des Lorrains pour les traduire en justice et les faire condamner dans les formes.

Mais le projet paraissait si aventureux que les candidats ne se bousculaient pas pour « attacher la sonnette », c'est-à-dire prendre le risque initial. Tous étaient d'accord sur un point : il n'était pas question de hasarder dans l'affaire les principaux chefs du parti, qu'on ne devait compromettre à aucun prix. Ce fut donc un comparse qui se chargea de monter l'opération : un gentilhomme périgourdin du nom de La Renaudie, protestant convaincu mais tête folle, manquant à la fois de prudence et de sens de l'organisation.

Trop de monde dans le secret, des délais trop longs, des reports de date, il n'en fallait pas plus pour que le projet fût éventé. Les Guise en furent avertis de divers côtés et transportèrent la cour de Blois, très vulnérable, à Amboise, dont le site était aisé à défendre. Inquiets, ils recherchèrent le soutien de Catherine, qui fut chargée de convoquer les trois frères Châtillon. Coligny, informé du complot et le désapprouvant, suggéra des mesures de tolérance propres à désamorcer le conflit. La reine mère l'appuya. Mais l'édit qu'elle fit élaborer et qui fut promulgué précipitamment n'était pas de nature à satisfaire les réformés. D'ailleurs, la machine était en marche, nul ne pouvait plus l'arrêter. Dans la ville en état de siège, les Châtillon faisaient figure d'otages. Quant à Condé, commanditaire supposé de l'entreprise, on l'avait paralysé en le chargeant de la garde du roi. Les Guise ne souhaitaient pas prendre en flagrant délit d'aussi puissants seigneurs : ils voulaient les intimider en sévissant contre les comparses.

À Amboise, on attendait de pied ferme les conjurés, dont on connaissait le plan dans les moindres détails. Les gens du peuple, paysans et artisans, qu'on trouva sur les routes, ne furent pas inquiétés : on les renvoya chez eux. Mais contre la gentilhommerie en armes, les cavaliers royaux chargèrent, se

livrant à une chasse à l'homme meurtrière. Ceux qui échappè-
rent à la mort furent traînés au château, torturés, suppliciés,
leur exécution offerte en pâture à toute la cour assemblée aux
fenêtres pour les voir décapiter et pendre. Les rues de la ville
ruisselaient de sang, aux arbres et aux créneaux des remparts
se balançaient des grappes de cadavres. Les têtes coupées
servaient d'enseignes aux carrefours, dans une puanteur irrespirable. Une répression aussi féroce manqua son but, souleva
même l'indignation de beaucoup de catholiques. Et les vers
d'Agrippa d'Aubigné en ont immortalisé à jamais l'horreur.

Parmi les spectateurs installés aux premières loges figuraient
côte à côte Catherine de Médicis et Marie Stuart. La vieille
reine se domina, dissimula son dégoût, plaida sans succès la
cause de quelques-uns des malheureux. Marie Stuart, confron-
tée pour une fois avec la réalité de la politique dont elle était
l'instrument, se débattait contre la nausée, blême, au bord de
l'évanouissement. Et sa belle-mère constatait sans déplaisir que
son arrogante bru n'avait pas dans l'épreuve les nerfs assez
solides. Louis de Condé regarda mourir les siens, qui, dit-on,
vinrent tour à tour s'incliner devant lui avant d'offrir leur tête
au bourreau. Il était de cœur avec eux. Cependant on ne sut
jamais quel rôle exact il avait joué et les Guise, incapables de
prouver quoi que ce fût contre lui, durent le laisser s'en aller,
libre. Mais il y avait de la vengeance dans l'air et le parti des
réformés était désormais doté d'un chef.

Le rôle ambigu de Catherine de Médicis dans l'affaire a
donné lieu à bien des suppositions. Parmi les contemporains,
seul Tavannes affirme qu'elle fut de mèche avec les conjurés et
les encouragea, mais la chose est peu probable. Elle réprouve
toute forme de rébellion, quelle qu'elle soit. D'autre part, si elle
éprouve de la sympathie pour certains adeptes de la nouvelle
foi, elle s'indigne que des prédicants réformés voient dans la
mort de Henri II le juste châtiment de leur persécuteur et
jettent l'anathème sur toute sa descendance. Les princes du
sang ne lui plaisent pas davantage. Pour remédier à l'incapacité
du roi, ils revendiquent la totalité du pouvoir, en oubliant les
droits traditionnels des reines mères en matière de régence. Pas
plus que les Guise, les Bourbon n'envisagent de lui faire une
place à leurs côtés.

Cette place, elle comprend qu'elle ne l'obtiendra que le jour
où les uns et les autres, usés par des combats épuisants, se trouveront en position de faiblesse. Plus les Guise seront haïs, plus
ils seront prêts à lui faire des concessions. Plus les Bourbon
seront compromis, plus ils auront besoin d'elle. Politique à
courte vue et périlleuse, que celle qui consiste à naviguer à vue
au milieu des écueils. Mais elle n'a de choix qu'entre s'effacer
et diviser pour régner. Et son effacement risquerait de coûter
son trône au malheureux François II et de compromettre à
jamais l'avenir de ses quatre autres enfants. Le jeu de bascule
qu'elle commence à pratiquer entre les deux partis est un pis-
aller, auquel elle n'aurait pas besoin de recourir si elle était
dotée, légalement, d'une autorité véritable. Encore n'est-il pas
certain, dans ce cas, qu'elle s'en tirerait. Gouverner un État en
proie aux haines religieuses est une tâche quasi insurmontable.

La fin de François II

Le reste de l'année 1560 fut sinistre pour tout le monde.
Entre les deux partis, Catherine est devenue l'indispensable
médiatrice. Elle est désormais associée aux décisions et ses
appartements fournissent un terrain neutre aux entrevues entre
les antagonistes. Coligny revendique pour les réformés non
seulement la liberté de conscience, mais celle de culte, d'enseignement, de prédication ; le cardinal de Lorraine rétorque
qu'accorder une pareille concession serait pour un catholique
concourir à la diffusion de l'hérésie, autant dire se damner.
L'édit de Romorantin, un de ces innombrables textes qui ne
satisfont ni les uns ni les autres et restent lettre morte, n'apaise
pas l'agitation, qui se répand dans les provinces. Heurts,
pillages d'églises, coups de mains sur des villes : les réformés
essaient d'obtenir par la force ce qu'on refuse à leurs sollicita-
tions. Ils faillirent même s'implanter à Lyon, mais l'énormité
des risques fit reculer leurs chefs.

Catherine, par son attitude conciliante, s'est rendue suspecte
aux Guise. Ils ont besoin d'elle, mais s'en méfient. La
surveillance exercée par Marie Stuart se fait donc plus étroite.
Au mois de mai, celle-ci la surprend en train de lire un docu-

ment que vient de lui remettre le fils de son pelletier attitré *.
Ce n'est pas une facture de fournisseur, mais un long mémoire
justificatif rédigé par un ministre réformé pour la défense de la
nouvelle Église. Catherine ne peut que laisser arrêter sous ses
yeux le messager, qui sera incarcéré à Loches. Un peu plus
tard, autre incident humiliant : elle est contrainte de se prêter
à une pénible comédie où sa conversation avec un envoyé
huguenot est écoutée par le cardinal de Guise caché derrière
une tenture. Elle veille, bien sûr, à ce que rien de comprome-
ttant ne soit dit et son interlocuteur pourra quitter la cour, libre,
au bout de quatre jours. Mais elle enrage d'être réduite à ces
bassesses, en veut à sa bru et aux Guise, qui les lui imposent.
Lâcheté, certes, mais que faire d'autre ?

Les nouvelles qui arrivent alors d'Écosse la réjouiraient si
Marie Stuart était seule en cause. Elles sont hélas très
mauvaises aussi pour la France. Marie de Guise à peine enterrée, le parlement écossais, où domine le parti favorable à
l'Angleterre, signe avec celle-ci le traité d'Édimbourg qui met
fin à la guerre, reconnaît la légitimité de la reine Élisabeth et
stipule le départ de toutes les troupes étrangères. Les Anglais
n'ont que quelques miles à parcourir pour être chez eux, à
l'affût de la suite des événements, prêts à repasser le fleuve
frontalier. Les Français, dont la mission n'a plus d'objet, se
rembarquent : c'est la fin d'une alliance séculaire.

Le parlement écossais prend d'autre part une décision très
grave. La religion officielle du pays sera désormais le protestantisme. La célébration du culte catholique est interdite. La
démonstration est faite que la nouvelle religion, dès qu'elle est
la plus forte, tend, non point à coexister avec sa rivale, mais à
la supplanter.

De quoi durcir en France la position des uns et des autres.
Tandis que montent les tensions, que chaque parti se compte
et espère que la réunion des États Généraux, prévue pour la
mi-décembre, lui permettra de prendre le dessus, que les Guise
attirent dans un piège le prince de Condé, le font arrêter et

---

* Balzac en a tiré les éléments d'un de ses récits, *Sur Catherine de
Médicis*.

condamner à mort, tout est soudain suspendu par l'aggravation de l'état de santé du roi.

L'accession aux responsabilités n'a fait qu'accroître son mal-être, ses inhibitions, ses angoisses. Sujet à de brusques sautes d'humeur, il passe d'une violente agitation à un abattement profond. Il a des colères inexplicables, un besoin frénétique de se dépenser physiquement, d'outrepasser ses forces. Marie Stuart se montra parfaite de bonté, de patience, d'affection pour cet époux qui n'en était pas un, mais bien plutôt un grand enfant à apaiser, à rassurer, à materner. Elle était plus âgée, plus intelligente, beaucoup plus mûre : elle s'accommoda de ce rôle qui lui donnait barre sur lui. On est d'accord aujourd'hui pour penser qu'il n'avait pas achevé sa puberté et ne put consommer qu'imparfaitement son mariage.

Le 16 novembre, il alla à la chasse malgré un froid très vif. Au retour il se plaignit de violentes douleurs à l'oreille et le lendemain, à l'église, au cours des vêpres, il s'évanouit. Son haleine se fit plus fétide encore que d'habitude et l'on vit s'aviver sur ses joues livides les taches rouges qui depuis long-temps alimentaient des rumeurs macabres : on disait dans les campagnes qu'il avait la lèpre et devait pour guérir se baigner dans le sang de jeunes enfants. Il s'agissait sans doute d'un eczéma, consécutif à l'infection chronique des voies respira-toires. Au soir du dimanche 17 novembre, une très forte enflure apparut derrière l'oreille gauche, terrifiant sa mère et sa femme, pour une fois rapprochées par un même sentiment vrai. Aux étrangers on tenta de dissimuler son état.

C'est alors que Catherine eut recours aux sciences occultes, si l'on en croit une légende controversée. Elle alla rejoindre au château de Chaumont Nostradamus qui, devant un miroir magique, prononça des incantations. Peu à peu des figures indécises s'y dessinèrent. Soudain, la reine reconnut son fils François, qui se mit en marche et fit un tour*, signe qu'il régnerait un an : or c'était chose accomplie. Puis vint son frère Charles, qui fit quatorze tours. Le troisième fils de Catherine,

---

* La présence, dans l'image du miroir, d'un rouet marquant les années par autant de tours a été introduite plus tard dans le récit de cet épisode.

Henri, eut droit à quinze tours. Quant au dernier, qu'elle attendait, il n'apparut pas. À sa place surgit Henri de Navarre, gratifié de vingt-deux tours. Effondrée, horrifiée à l'idée que la dynastie des Valois céderait la place à celle des Bourbons, elle interrogea le miroir sur sa propre fin, mais il resta muet, et l'astrologue se contenta de lui dire qu'elle ait à se méfier de *Saint-Germain :* un lieu ? un homme ? à l'avenir de le dire. En ce qui concerne le règne de ses fils, la prédiction est certainement apocryphe : une telle précision n'est possible qu'après coup. Mais il n'est pas exclu que la reine ait consulté quelque mage lors de la maladie de François II et le moins expert d'entre eux pouvait alors pronostiquer une mort prochaine.

Des bruits contradictoires couraient à Paris. Tantôt l'on chuchotait que le roi était empoisonné, tantôt l'on parlait de maladie diplomatique, prétexte pour écarter les interventions en faveur de Condé. Il fallut donc donner sur la santé du malheureux des détails circonstanciés, que nous ont transmis les ambassadeurs vénitiens. Les Guise ne savaient à quel saint se vouer, menaçaient de faire pendre les médecins, envoyaient des serviteurs en quête de la pierre philosophale. Marie et Catherine ne quittaient pas le chevet du moribond, sinon pour s'associer aux processions faites pour son salut. La jeune femme acceptait vaillamment d'être enfermée avec lui dans cette chambre nauséabonde, aux rideaux fermés parce qu'il ne supportait plus la lumière. Purgations et saignées ne venaient pas à bout de la fièvre tenace ni des maux de tête qui le tourmentaient. Parti de l'oreille, l'abcès gonflait, envahissait le cerveau ; il perça, s'écoula en partie par le nez et la bouche, amenant une brève rémission, annonciatrice de la fin. François perdit connaissance et expira le 5 décembre, à un mois de son dix-septième anniversaire.

Et, de Genève, Calvin écrivit triomphalement à un coreligionnaire : « Avez-vous jamais lu quelque chose, ou avez-vous jamais entendu parler d'un événement arrivant plus à propos que la mort du petit roi ? Les pires maux restaient sans remède — allusion à l'arrestation et à la condamnation de Condé —, c'est alors que Dieu se révéla brusquement du ciel, et Lui qui avait transpercé l'œil du père trancha l'oreille du fils. » Décidément, en ce terrible XVIᵉ siècle, on n'était pas tendre pour ses ennemis, et on n'avait pas de scrupule à embrigader dans ses troupes le Seigneur en personne.

Condé était sauvé, en effet, la prééminence des Guise compromise, Catherine accédait enfin au pouvoir.

Marie, à bout de forces et de nerfs, pleura beaucoup et rien ne permet de penser que ses larmes ne furent pas sincères. Avec le pauvre petit roi, c'est toute son enfance insouciante et heureuse qui s'en allait. Veuve à dix-huit ans, elle n'était plus reine régnante de France, mais reine douairière : un titre affreux, pour vieille dame. Il lui restait la couronne d'Écosse, garnie de plus d'épines que de pierres précieuses. Elle avait peur de l'avenir.

« Adieu, France !... »

Elle ne pouvait, à son âge, s'ensevelir à jamais dans les voiles de veuve. Elle chercha très vite à se remarier. Ne nous indignons pas, c'était dans l'ordre. Et si elle n'y avait pas pensé, d'autres y auraient pensé pour elle : ses oncles, frustrés du pouvoir et du prestige liés à leur parenté avec le roi de France, s'occupaient de la recaser le plus brillamment possible.

Le meilleur candidat était alors l'infant don Carlos, fils de Philippe II. Le meilleur du point de vue politique, s'entend. Car, pour ce qui est de l'homme, la pauvre Marie serait avec lui tombée de Charybde en Scylla. Celui dont Schiller, puis Verdi ont fait un beau héros romantique généreux et libéral, victime d'un père odieux, était un garçon mal grandi et chétif, épileptique et psychopathe, affecté d'un bégaiement très marqué, et qui était sujet, depuis une trépanation malencontreuse, à des accès de violence meurtrière. L'Espagne dissimulait son état, espérant encore le voir s'améliorer. Marie ne savait donc pas tout, ses oncles non plus. Mais la perspective du trône d'Espagne les aurait fait passer sur beaucoup de tares. À la fin de janvier, un envoyé de Madrid eut avec elle, en présence des deux frères de Guise, des conversations confidentielles et l'ambassadeur d'Angleterre en conclut qu'il « avait pleins pouvoirs pour traiter un mariage entre Sa Majesté et le prince d'Espagne ».

Aussitôt terminés les quarante jours de claustration rituelle, elle avait quitté Paris pour rejoindre sa grand-mère à Orléans, d'où elle entreprit ensuite une tournée de visites à sa famille, qui la conduisit jusqu'à Nancy, chez le duc de Lorraine. Elle se trouvait mal à l'aise dans une cour dont elle n'était plus le centre. Catherine de Médicis, quoi qu'on en ait dit, ne la força pas à s'en éloigner, mais elle la traita en quantité négligeable et lui fit sentir que désormais la reine, c'était elle. De plus, Marie, occupée à négocier le mariage espagnol, préférait soustraire ses démarches à l'attention de sa belle-mère, qu'elle supposait à juste titre y être hostile.

Celle-ci, en effet, peu désireuse de voir les Guise acquérir auprès de Philippe II l'influence qu'ils perdaient en France, avait mis discrètement son veto. Les lettres qu'elle écrit alors à sa fille la reine d'Espagne fourmillent d'instructions précises sur la nécessité de torpiller ce projet et sur les moyens pour ce faire. Une solution toute trouvée : si don Carlos épousait Marguerite, la plus jeune des princesses de France, la jeune femme aurait pour bru sa propre sœur, au lieu de l'orgueilleuse Écossaise. Rien n'aboutit. Philippe II restait réticent.

De son côté Marie Stuart, déçue, répugnait à accepter la main d'un des innombrables prétendants qu'on envisageait pour elle, pratiquement tous les hommes d'âge et de situation appropriés : un archiduc d'Autriche, les rois de Suède et de Danemark, divers grands seigneurs écossais, ou même son petit beau-frère, le nouveau roi de France, Charles IX, qui n'avait que onze ans — on imagine aisément le point de vue de la reine mère sur cette dernière suggestion ! Ces noms jetés en l'air dans les correspondances diplomatiques ne recouvraient que du vide.

Marie Stuart, mûrie par l'épreuve, témoigna « d'une grande sagesse pour son âge et [...] d'un grand jugement ». Elle regarda la situation en face. Son principal atout, aux yeux des éventuels conjoints princiers, était le trône d'Écosse. Mais à Édimbourg, depuis la mort de la régente Marie de Guise, elle n'était plus reine que de nom. Partie à l'âge de cinq ans, élevée en France dans la religion catholique, elle n'était plus pour ses sujets qu'une étrangère présumée hostile, dont ils ne souhaitaient pas le retour. La première démarche qui s'imposerait à son futur époux serait la reconquête militaire d'un pays devenu chasse gardée de l'Angleterre. C'est ce qui avait fait hésiter Philippe II, jugeant que le jeu n'en valait pas la chandelle. Marie se voyait prise dans un cercle vicieux. Pour trouver un mari de haut rang, il lui fallait rétablir son autorité en Écosse, mais pour rétablir son autorité en Écosse, elle avait besoin d'un mari de haut rang. En somme, et du fait même de cette couronne qui faisait d'elle, parmi les princesses à marier, le plus précieux des partis, elle n'était pas mariable — sauf à choisir un grand seigneur quelconque et à renoncer au trône. Mais elle tenait à ce trône auquel elle s'identifiait depuis toujours.

Elle prit elle-même une décision hardie, que personne ne pouvait prendre à sa place, tant elle était périlleuse. Elle choisit de rentrer en Écosse, seule, et de reconquérir seule son royaume, par la douceur. Elle ne renonçait pas pour autant à un remariage. Au contraire. Si elle réussissait, elle n'en aurait que plus de prix et peut-être l'Espagne se laisserait-elle tenter par la perspective de s'implanter dans une Écosse fermement gouvernée : à l'évidence elle continuait de songer à don Carlos.

Elle ne se lança pas à l'aveuglette, elle prit des contacts. Les catholiques écossais lui envoyèrent un émissaire, et d'autre part son demi-frère bâtard, lord James Stuart, comte de Moray, qui tenait la régence au nom du parti protestant, vint la voir. Elle se refusait à entériner le traité d'Édimbourg, ne voulant pas renoncer sans compensation à ses droits sur la couronne d'Angleterre. Mais elle garantit à tous ses sujets la liberté de conscience et de culte et promit de respecter leurs lois et leurs coutumes. Elle désirait « que tous les hommes vivent comme ils l'entendent ». Accord conclu, elle fixa la date de son départ.

Une maladie l'empêcha d'assister au couronnement de Charles IX, mais elle se rendit à la cour aussitôt après pour prendre congé. Du moment qu'elle allait partir, elle y fut bien accueillie : Catherine ne souhaitait que cela. Il est faux que sa belle-mère l'ait chassée de France, ou même qu'elle l'ait indirectement poussée au départ par sa froideur et ses mépris. Même entourée d'une affection chaleureuse, Marie n'était pas femme à se laisser aller à la douceur de vivre dans un riche douaire du Val de Loire. Elle s'en alla de son plein gré. Ce qui est vrai en revanche, c'est que Catherine ne fit rien, par la suite, pour l'aider à sortir du piège dans lequel elle s'enferma. Chaque chose en son temps : on y reviendra.

Un incident grave faillit compromettre le voyage. Elle avait fait demander à Élisabeth un sauf-conduit lui permettant de passer par l'Angleterre, où elle envisageait de la rencontrer. Or la reine, furieuse qu'elle s'obstine à ne pas ratifier le traité d'Édimbourg, le lui refusa. Marie accusa durement le coup, eut un accès de fièvre, puis se reprit et fit face crânement. On pouvait gagner l'Écosse en bateau sans mettre le pied sur le territoire anglais. N'était-elle pas venue par mer jadis, en dépit du roi Henri VIII ? « Si mes préparatifs n'étaient pas aussi avancés qu'ils le sont, dit-elle à l'ambassadeur de sa cousine, il se pourrait que l'incivilité de la reine votre maîtresse ajourne mon voyage, mais je suis maintenant décidée à risquer la chose, quoi qu'il puisse en advenir. J'espère que le vent me sera favorable et que je n'aurai pas besoin d'aborder sur les côtes d'Angleterre ; si cela m'arrive, la reine, votre maîtresse, me tiendra entre ses mains et pourra faire de moi ce qu'elle voudra. Et si elle est aussi cruelle que de vouloir ma mort, ajouta-t-elle d'un ton mélodramatique, qu'elle fasse ce qui lui plaira et qu'elle me sacrifie. Une telle éventualité serait peut-être préférable pour moi à la vie. » Paroles prophétiques, auxquelles l'avenir se chargera de donner tout leur sens.

Il n'était question pour l'instant que de franchir la mer du Nord en échappant aux navires anglais. On les craignait si peu qu'on ne prit pas la peine de faire, comme à l'aller, le grand tour par l'ouest. Élisabeth, purgée de sa mauvaise humeur, avait d'ailleurs donné, mais trop tard, l'autorisation demandée et elle ne fit pas obstacle à la traversée.

Après quatre jours de festivités à Saint-Germain, Marie quitta la cour et les plus grands seigneurs l'accompagnèrent cérémonieusement jusqu'à Marly. À son oncle le cardinal de Lorraine, qui lui conseillait de laisser ses bijoux en France par prudence, elle avait répondu spirituellement que si l'on ne craignait pas la traversée pour sa personne, il n'y avait pas de raison de la craindre pour ses joyaux. Elle prit la route de Calais, accompagnée de quelques-uns de ses parents, de ses quatre suivantes Marie, du poète Châtelard, qui lui vouait une admiration passionnée, et du reste de sa suite.

Elle s'embarqua le 14 août, par un temps triste et brumeux, au moment même où un bateau de pêche faisait naufrage près du port, et l'on vit là un mauvais présage. En regardant s'éloigner le rivage de son pays d'adoption, où elle avait été si heureuse, Marie sentit son courage l'abandonner. Elle resta accoudée au bastingage arrière de la galère royale aussi longtemps qu'elle put apercevoir la côte et on l'entendait murmurer entre ses larmes : « Adieu France ! Adieu donc, ma chère France ! Je pense ne vous revoir jamais plus. »

De leur côté les poètes, par la bouche de Ronsard, pleuraient le départ de celle qui avait été leur inspiratrice :

> *Le jour que votre voile aux zéphyrs se courba,*
> *Et de nos yeux pleurants les vôtres déroba,*
> *Ce jour, la même voile emporta loin de France*
> *Les Muses, qui soulaient* y faire demeurance [...]*
> *Comment pourraient chanter les bouches des poètes,*
> *Quand par votre départ les Muses sont muettes ?*

Sur le navire qui l'emportait en Écosse, une autre Marie Stuart était en train de naître : l'émouvante petite princesse de contes de fées se muait en héroïne de roman, avant de devenir enfin une reine de tragédie.

---

* Avaient coutume de...

CHAPITRE DEUX

CATHERINE AU POUVOIR

Une femme — Catherine de Médicis — fut portée à la tête de l'État pendant une des périodes les plus tragiques de notre histoire. Coïncidence ou lien de cause à effet ? Ils sont nombreux, ceux qui croient que l'accès des femmes au pouvoir, contraire à l'ordre de la nature, ne peut qu'être source de calamités sans nombre. Mais cette conviction peut, à elle seule, créer ces calamités. Et elle contribue assurément à compliquer la tâche de celle à qui les responsabilités sont si chichement mesurées. La marge de manœuvre de Catherine fut presque toujours très étroite. Quant aux moyens, il lui fut rarement permis de les choisir.

Elle en fit l'expérience dès son entrée en politique.

Un pouvoir précaire

La prise en main du gouvernement par Catherine de Médicis fut un extraordinaire tour de passe-passe politique.

Personne, absolument personne, n'envisageait de lui confier le pouvoir, au cas où la disparition de François II amènerait sur le trône un roi mineur. Certes il y avait, pour l'attribution de la régence à une reine mère, divers précédents, notamment celui de Blanche de Castille. Mais ils étaient anciens. Et les prétentions d'une Italienne de naissance médiocre étaient peu de chose en face de celles des princes du sang, dans un royaume qu'opposait depuis un demi-siècle un conflit ouvert ou larvé contre la maison de Habsbourg et que menaçait la guerre civile : à la tête du pays, on préférait un homme, un soldat, un Français, un descendant de saint Louis.

Bien qu'elle se fût ménagé des atouts longtemps à l'avance, Catherine dut s'y reprendre à trois fois avant de parvenir à ses fins. Encore n'eut-elle jamais qu'un pouvoir précaire.

Lorsque l'évidente incapacité de François II avait mis à l'ordre du jour l'éventualité d'une régence, Catherine avait manœuvré sous main. Lorsqu'on le sut condamné, elle n'eut pas de peine à recueillir le fruit de ses travaux. Contre les Guise, oncles de la jeune reine, dont seule la force fondait l'autorité, elle avait joué les princes du sang, à qui la tradition accordait aux côtés d'un roi frappé d'incapacité une fonction légitime : c'est une des raisons de ses complaisances secrètes pour le parti protestant, à la tête duquel se trouvait l'aîné d'entre eux, Antoine de Bourbon. Cependant, elle avait vu sans déplaisir les Guise convaincre de menées subversives le frère de celui-ci : Louis de Condé, incarcéré, hâtivement jugé, avait été condamné à mort. Catherine incita les magistrats les plus modérés à retarder son exécution et profita de cette épée de Damoclès suspendue sur sa tête. Tandis que le roi agonisait, elle mit en main le marché à Antoine : la vie de son frère contre sa renonciation à la régence.

L'un et l'autre tinrent parole : Condé fut sauvé et Catherine momentanément débarrassée de son principal compétiteur. À peine François II avait-il expiré qu'elle se voyait confier la direction des affaires. De fait, pas de droit. Sur l'attribution officielle de la régence, les États Généraux, qui venaient tout juste de se réunir, avaient leur mot à dire.

Les députés, désignés du vivant du feu roi, commençaient de murmurer que leur mandat était caduc et qu'il leur fallait retourner devant leurs électeurs. Catherine examina la composition de l'assemblée, conclut que de nouvelles élections risquaient d'amplifier le nombre des réformés et de leurs amis, entraînant un vote favorable aux princes du sang. Elle réussit à convaincre les élus de la validité de leur mandat. Mais désespérant d'obtenir directement d'eux sa désignation, elle fit régler par le Conseil privé un partage des responsabilités qui lui assurait toute la substance du pouvoir : présidence des conseils, haute main sur la politique intérieure et extérieure, nominations à tous les offices et bénéfices. À Antoine de Bourbon, réduit à lui servir de second, n'étaient accordées que des prérogatives honorifiques. « Il est très obéissant, [...] il n'a nul commandement que celui que je lui permets », écrit-elle à sa fille la reine d'Espagne.

Les États, mis devant le fait accompli, entérinèrent avant de se séparer la décision du Conseil. Nulle part, cependant, on ne se risque à la qualifier du nom controversé de *régente*. On la nomme *gouvernante de France*. Signe de fragilité. Elle fait fonction de régente — pleinement —, mais elle n'en porte pas le titre*. Le lui donner, comme le font souvent les historiens, c'est négliger le fait qu'il manque à son pouvoir l'assentiment de tous ceux qui comptent dans le royaume. Son autorité est mal acceptée, mal assurée.

Les catholiques se consolent difficilement de la mise à l'écart des Guise et des faveurs accordées aux protestants. Les plus radicaux de ceux-ci, de leur côté, reprochent amèrement à Antoine de Bourbon de s'être laissé souffler un pouvoir qui lui revenait. Le malheureux découvrait chaque jour, à l'usage, l'étroitesse du champ d'action qui lui était imparti et ne décolérait pas. Il faillit quitter la cour en claquant la porte. C'eût été donner à la rébellion un prétexte légal en même temps qu'un chef. Catherine prit les devants, le fit cajoler par le petit roi et parvint à le retenir, moyennant le retour en grâce de Condé, jusque-là assigné à résidence. Ils eurent un entretien orageux. Comme elle lui faisait de la morale, il contre-attaqua : si l'on s'agitait un peu partout en sa faveur, n'était-ce pas la preuve que le droit était de son côté ? Et de faire sonner très haut le sacrifice qu'il lui avait fait en s'effaçant à son profit. Elle répliqua qu'elle « ne lui avait nulle obligation d'un pouvoir qu'elle pensait lui appartenir ». Il était faible, elle était diplomate : ils transigèrent. Elle lui concéda la lieutenance générale du royaume, impliquant le commandement des forces armées, et il renonça à revendiquer la régence. Catherine triomphante put écrire à sa fille : « Le principal est que, Dieu merci, j'ai tout le commandement. »

---

* Au cours de ses vingt-huit ans de vie politique, elle ne portera officiellement le titre de régente que pendant trois mois (31 mai - 6 septembre 1574), entre la mort de Charles IX et le retour en France de Henri III qui dut abandonner le trône de Pologne.

Mais elle sait ce que valent les promesses d'Antoine de Bourbon, si malléable, ce que peuvent l'influence conjuguée de son frère et des huguenots, la fièvre des mouvements populaires. Elle ne se sent pas tranquille tant que la minorité de son fils autorise les princes du sang et les délégués des États à se mêler du gouvernement. Aussi s'emploie-t-elle à faire interpréter à sa convenance l'ordonnance de Charles V fixant à quatorze ans la majorité des rois. En faisant proclamer celle de Charles IX lors de son entrée dans sa quatorzième année, c'est-à-dire à treize ans tout juste révolus, c'est son propre pouvoir qu'elle consolide et soustrait à tout contrôle extérieur. Lors de la cérémonie, le chancelier se fit le porte-parole du jeune roi : « Je ne craindrai point à dire en la présence de Sa Majesté (car il le nous a dit ainsi) qu'il veut être réputé majeur en tout et partout, et à l'endroit de tous, fors et excepté vers la reine sa mère, à laquelle il réserve la puissance de commander. » Et l'enfant, descendant de son trône et ôtant son bonnet en signe de respect, fit une révérence à celle-ci et lui donna un baiser, en lui confirmant « qu'elle gouvernera[it] et commandera[it] autant ou plus que jamais ». On ne saurait être plus clair.

Catherine est aux commandes. Elle y restera jusqu'à la mort de Charles IX et elle partagera ensuite le pouvoir avec Henri III. Peu de femmes, dans l'histoire de France, ont eu sur les destinées de notre pays une action aussi forte et aussi longue. Mais jamais elle n'eut la plénitude du pouvoir royal, fondé sur le droit dynastique et l'onction sacrée. C'est au nom de ses fils et par leur intermédiaire qu'elle exerce une autorité qu'ils peuvent à tout instant remettre en question. La relation passionnelle qui l'unit à eux est donc une donnée essentielle de l'histoire du temps.

Catherine et ses enfants

Lorsque Catherine se hisse au pouvoir, « elle n'est plus mère », a dit Balzac, « elle est toute reine ». Une telle opposition aurait indigné l'intéressée. Être reine et être mère sont pour elle une seule et même chose. Au tout début du règne de Charles IX, elle se fit graver un grand sceau. Le revers regorge

d'armoiries attestant de ses ascendances françaises et floren-
tines. À l'avers, sous un arc triomphal rehaussé de symboles,
s'inscrit son image, en costume de veuve, sceptre en main, un
doigt impérieux dressé pour le commandement. Sur le pour-
tour, une inscription sans précédent dans les annales la désigne
comme « Catherine par la grâce de Dieu, Royne de France,
Mère du Roy ». Non pas « Gouvernante », titre octroyé, mais
« Mère du Roi », titre non révocable, qui lui appartient en
propre, à jamais.

Pourquoi lui refuser ce mérite, si mérite il y a ? Catherine est
profondément, viscéralement, mère. Tigresse. Une longue et
angoissante stérilité, une vie conjugale difficile ont exacerbé en
elle l'amour maternel. L'instinct de possession, si puissant chez
elle et toujours contrarié, a trouvé dans ses enfants un objet
privilégié.

Du sang-froid qu'elle montra à la mort de François II, on a
conclu un peu vite qu'elle souhaitait cette mort, qu'elle l'avait
provoquée même, directement, en le faisant empoisonner, ou
indirectement, en interdisant à Ambroise Paré une trépanation
salvatrice. Hypothèses toutes gratuites inspirées par la haine ou
l'admiration mal placée*. Le pauvre enfant n'avait pas besoin
qu'on l'aide à mourir : il n'eut jamais qu'un souffle de vie. Il
est certain, en revanche, que Catherine a accepté aisément
l'idée de le voir disparaître et s'est consolée très vite. On était
moins attaché aux enfants qu'aujourd'hui, en ces temps cruels
où il était normal d'en perdre un sur deux. Et peut-être aimait-
elle un peu moins les autres cet aîné qui ne lui avait jamais
appartenu pleinement. Très tôt, il lui avait été volé : par Diane
de Poitiers, qui régenta sa petite enfance et décida de son
mariage, par Marie Stuart surtout, qui accapara son cœur.
Entre la mère et le fils, le courant, dévié par la bru, n'est jamais
très bien passé. Catherine a-t-elle pris, d'autre part, la mesure
de ses déficiences physiques et intellectuelles ? Le contraire eût
été difficile, tant elles étaient évidentes.

Tout cela a dû jouer, mais l'essentiel est plus simple. Dès

---

* Voir chez Balzac, fasciné par sa grandeur tragique, la scène qui
l'oppose au célèbre chirurgien.

qu'elle le sent, le sait condamné, elle se détourne de lui pour s'occuper des autres : ils sont, eux, l'avenir. Ainsi font les femelles d'animaux face à un de leurs petits qui se meurt. Pour Catherine, comme pour elles, seule compte la survie de l'espèce, en l'occurrence la dynastie, la race des Valois. La preuve ? Nul n'a jamais mis en doute l'attachement qui la lie à ses deux filles mariées : leur mort prématurée est un déchirement. Lorsque disparaissent tour à tour Élisabeth, puis Claude, toutes deux victimes de maternités trop précoces et trop rapprochées, son entourage hésite à lui annoncer la nouvelle, la diffère d'un jour, choisit son moment, tant on redoute la violence de son chagrin. Elle ne profère pas une plainte, s'isole dans son oratoire pour que nul ne la voie pleurer, puis elle reparaît, glacée, et reprend d'une main qui ne tremble pas la conduite de l'État. Son affection se reporte sur leurs enfants : ses deux petites-filles espagnoles qu'elle se plaint de ne pas connaître — elle ne les connaîtra jamais —, son petit-fils lorrain, le marquis de Pont-à-Mousson, qu'elle verrait bien, à défaut des fils de ses fils, occuper le trône de France, et la jeune Christine, qui, élevée auprès d'elle, sera la joie de ses vieux jours, et qui, mariée par ses soins au grand-duc de Florence, fera souche chez les Médicis. La continuité est assurée. Au XVIe siècle plus encore qu'au temps de Lamartine, la famille est « collective immortalité ».

C'est dans cette perspective qu'il faut placer l'acharnement de Catherine à procurer à tous les établissements les plus prestigieux — des trônes si possible, pour ne pas faire mentir les horoscopes. Elle connaît sur le bout du doigt les partis disponibles dans toutes les cours d'Europe, tisse inlassablement sa toile, jamais à court d'un projet de rechange, tenant en même temps sur le métier deux ou trois négociations distinctes. Chasse aux couronnes presque indécente, entêtement de vieille marieuse prête à associer, pour peu que miroite l'or d'un sceptre, un gamin de seize ans et une vieille fille défraîchie frisant la quarantaine, tirant de son sac, à la moindre entrevue politique, des propositions plus mirobolantes les unes que les autres : il est facile de se gausser, tant il est vrai qu'elle surclasse en ce domaine tous ses contemporains, pourtant bien entraînés au petit jeu des mariages politiques. Elle serait tout à fait ridicule, si elle n'était émouvante. On sent chez cette fille de négociants florentins comme un souci bourgeois de « caser » au mieux ses enfants, et en même temps un obscur sentiment d'indignité qui fait qu'elle vénère en eux le sang royal, sacré, dont ses veines à elle sont dépourvues. Rien ne peut être trop beau pour les héritiers de la maison de France.

Cette perception collective de l'entité familiale a pour corollaire une indispensable solidarité. Avant de dénoncer en Catherine une *mamma* méditerranéenne, impérieuse, dominatrice, imposant à son clan subjugué une autorité tyrannique, on se souviendra que cette solidarité est un trait d'époque. La famille est alors une unité organique, un corps dont les membres, regroupés autour d'une figure paternelle ou maternelle selon les cas, participent à une destinée commune. Qu'elle retienne auprès d'elle sa fille Claude, qui passe plus de temps à Paris qu'à Nancy, qu'elle tente de faire de son autre fille Élisabeth, reine d'Espagne, l'auxiliaire — hélas ! inefficace — de sa politique auprès de Philippe II, il n'y a là rien que de très naturel pour les contemporains. Et l'attitude de Catherine n'entraîne chez ses filles adultes aucune perturbation. Les vrais problèmes se posent avec les autres, lorsqu'ils atteignent l'adolescence, aggravés chez les garçons par la fascination du trône. Catherine n'était peut-être pas une *mamma* au départ : elle le devient, sous la pression des circonstances.

Laissons de côté la dernière fille, Marguerite, dont il sera question plus loin. En 1660, il reste à Catherine trois fils. Ils ont entre dix et six ans. À elle de les protéger. La mise en tutelle de François II par les Guise lui a montré ce qui attend son frêle successeur, si elle ne s'interpose. Elle se sait capable de gouverner et elle pense que personne ne défendra mieux qu'elle les intérêts de ses enfants, « n'y ayant un seul homme à qui [elle se] puisse du tout fier, qui n'ait quelque passion particulière ». Sur ces deux points, on ne saurait lui donner tort. « Mon principal but, écrit-elle à Élisabeth, est d'avoir l'honneur de Dieu en tout devant les yeux et conserver mon autorité non pour moi, mais pour servir à la conservation de ce royaume et pour le bien de vos frères. » Elle gouvernera en leur nom, en attendant qu'ils grandissent, dira-t-elle aussi.

L'ennui, c'est qu'ils ne grandiront jamais. Ils vieilliront

parfois, mais sans atteindre à la pleine autonomie psychologique qui ferait d'eux des adultes. L'âge ne change rien à la
relation de dépendance qui les lie à leur mère, dans une
soumission aveugle ou une révolte irraisonnée, tandis qu'en elle
s'accroissent le goût de l'autorité et la capacité à l'exercer, au
point qu'elle est de moins en moins disposée à y renoncer. La
passation de pouvoirs n'aura jamais lieu.

Quelle est la part de responsabilité de Catherine ? La question a été cent fois posée. Après avoir voulu le pouvoir pour
servir ses fils, s'est-elle servie d'eux pour le garder ? les a-t-elle
sciemment sacrifiés à sa volonté de puissance ? a-t-elle encouragé chez eux cette sujétion qui les lui asservissait ?

Reconnaissons-lui au moins des circonstances atténuantes.
La personnalité de ses fils est ingrate. Elle est plus intelligente
qu'eux — Henri III excepté —, elle a un caractère mieux
trempé et, nécessairement, beaucoup plus d'expérience. Tous
sont instables, de santé fragile, minés de tuberculose, sujets à
des accès de fièvre, à des explosions de violence. Ils restent
pour elle des enfants à protéger, contre les autres et aussi
contre eux-mêmes. Les former ? Elle n'en a pas le loisir. Il
faudrait leur permettre de tâtonner, prendre le risque de
quelques sottises. Mais l'état du royaume, déchiré par l'agitation nobiliaire et les conflits religieux, exige une main ferme :
ce n'est pas le moment de laisser un jeune roi apprendre son
métier sur le tas. Elle court au plus pressé, décide à leur place,
leur prépare leurs discours, leur souffle leurs répliques, se
substitue à eux en tout et partout. Elle fait d'eux des cires
molles entre ses mains.

« Ils sont si obéissants qu'on ne leur dit rien qu'ils ne [me]
redisent », déclare-t-elle en 1661. C'est prendre ses désirs pour
des réalités, tenter de conjurer des velléités d'insubordination
qu'elle pressent. Dominés par l'écrasante personnalité de leur
mère d'un côté, effrayés par la difficulté de la tâche qui les
attend de l'autre, convaincus de leur incapacité mais accoutumés à un état de dépendance, ils sont prêts à subir l'influence
de quiconque offrira de les servir, tout en leur donnant le sentiment d'exister par eux-mêmes. Plus elle sent son autorité
menacée, plus elle les tient en lisière, plus ils donnent de
saccades, par à-coups, sans parvenir à se soustraire à une tutelle

sous laquelle chaque rébellion manquée les fait retomber davantage. Cercle vicieux.

De cette relation névrotique qui se répète, moyennant quelques variantes, avec Charles IX, Henri III et le jeune François d'Alençon, on n'ose guère incriminer Catherine. Elle ne pouvait pas leur donner la santé, l'intelligence, l'énergie, l'équilibre. Leur abandonner le pouvoir ? l'eût-elle voulu qu'elle n'aurait pu le faire sans mettre le trône en danger, elle avait les meilleures raisons de le croire. Comme ce trône fut toujours menacé, on ne peut savoir si elle aurait consenti, au moment opportun, à le laisser à son détenteur légitime. Car ce moment n'est jamais venu.

Sa responsabilité la plus lourde est ailleurs. Elle n'a pas su arbitrer les inévitables tensions qu'introduit entre un roi et ses frères la disparité de condition. Elle a fait pis : elle les a envenimées. Très vite en effet, elle marque une prédilection évidente pour Henri, plus beau, plus intelligent, plus vif que ses deux autres fils. Elle retrouve en lui son propre goût pour les arts, la musique, la décoration, les fêtes. Elle n'est pas la seule à succomber à la séduction de cet enjôleur : tous l'admirent, les ambassadeurs ne tarissent pas d'éloges sur cet enfant charmant qui éclipse le roi. Contre le préféré, les deux frères et leur plus jeune sœur éprouvent une de ces jalousies violentes dont l'histoire et la légende sont pleines. Les Valois ne sont pas les fils d'Atrée ou d'Œdipe : les frères ennemis n'iront pas jusqu'au meurtre. Mais leur rivalité contribuera à empoisonner encore davantage le climat du royaume, qui n'avait vraiment pas besoin de cela. Et la faute en incombe, pleine et entière, à Catherine.

Avoir trop de fils n'est pas nécessairement, pour une reine, une bénédiction du ciel.

La quadrature du cercle

« Les régences sont toujours et partout fécondes en troubles et désastres », dira le chancelier Michel de l'Hôpital pour justifier qu'on avançât la majorité de Charles IX. Il n'a pas tort. Mais le tour de prestidigitation qui donne à celui-ci une autorité toute théorique ne change rien aux faits, ni aux mentalités. C'est sa mère qui régnera. On s'attend à des désastres, ce qui est le meilleur moyen de les susciter. La méfiance est générale. Tous les traîneurs d'épée ruminent leurs griefs contre le gouvernement des femmes : « Leurs entreprises sont presque toujours défectueuses, pour être* vindicatives, craintives, de légère créance, irrésolues, soudaines, indiscrètes, glorieuses, ambitieuses, plus que les hommes : à peine se résolvent-elles, si elles ne sont assistées, à la continuation des entreprises hasardeuses, auxquelles n'étant tenues de près, elles en sortent, s'en échappent et se ravisent en un instant.» Aux préventions de Tavannes, catholique convaincu, font écho celles des ministres protestants, toujours prêtes à resurgir du fond des temps bibliques : « C'est le dernier des malheurs que celui d'un peuple soumis à l'empire d'une femme. » « Et d'une femme de cette sorte », ajoutera Théodore de Bèze, lorsqu'elle l'aura cruellement déçu.

Catherine s'irrite de ces procès d'intention, se rebiffe : « Si l'on ne m'empêche encore**, l'on connaîtra que les femmes ont meilleure volonté de conserver le royaume que ceux qui l'ont mis en l'état en quoi il est. [...] C'est la vérité dite par la mère du roi qui n'aime que lui et la conservation du royaume et de ses sujets » (19 avril 1563).

Car elle sait parfaitement ce qu'elle veut et son objectif restera le même jusqu'à son dernier souffle : préserver l'héritage de ses fils et maintenir intacte l'autorité royale. Ne prononçons pas le mot trop moderne de territoire national, ne parlons pas de patriotisme. Elle défend le patrimoine familial. Mais dans la pratique, cela revient au même, puisque ce patrimoine, c'est la France.

Et elle veut la paix, la paix civile d'abord, parce que la survie du royaume en dépend. Elle veut aussi, chose plus insolite à l'époque, la paix étrangère. Mais les raisons qui l'y conduisent ne recoupent que partiellement les motivations de ce que nous appelons le pacifisme.

---

* Parce qu'elles sont...

** Si l'on n'entrave plus mon action...

Elle n'aime pas la guerre, en tant que femme si l'on y tient, parce que la brutalité lui répugne, qu'elle n'a aucun goût pour le sang, que l'ivresse des assauts meurtriers lui est inconnue. Et puis, la guerre est ruineuse à tous égards et le trésor toujours vide. Plus encore que la guerre étrangère, la guerre civile, qui cause aux villes et aux campagnes des dommages irréparables, lui paraît une horreur. Mais elle n'hésite pas à faire l'une et l'autre quand il le faut. Elle ne manque personnellement ni d'endurance, ni d'intrépidité. Au siège de Rouen, en 1562, elle tint à inspecter les premières lignes, montrant qu'elle avait « le courage aussi bon que les hommes », car « les canonnades et arquebusades pleuvaient autour d'elle qu'elle s'en souciait autant que rien ». Elle n'était pas mécontente de donner une leçon à tous les contempteurs de sa féminité. Mais elle sait bien que, si elle peut présider chaque jour le Conseil, elle ne saurait prétendre à la conduite d'une armée. Elle redoute l'orgueil et l'arrogance des militaires, tous ces grands seigneurs qui la tiennent pour quantité négligeable et rêvent de l'écarter. En temps de paix, ils ne peuvent se prétendre indispensables et ils n'ont pas de troupes à leurs ordres — en principe du moins.

Elle connaît assurément la règle d'or qui conseille de détourner vers des cibles plus lointaines l'agressivité endémique, quasi professionnelle, de la noblesse. « Les Français ont tant accoutumé, s'il n'est guerre, de s'exercer*, que si on ne le leur fait faire, ils s'emploient à d'autres choses plus dangereuses. » Une bonne guerre étrangère comme antidote aux désordres intérieurs : le remède était bien connu. Hélas, la situation ne s'y prête pas. Il y a deux ennemis potentiels contre lesquels envoyer la noblesse française user ses griffes : l'Espagne et l'Angleterre, l'une catholique, l'autre protestante. Un conflit avec l'une ou avec l'autre aurait pour résultat immédiat — sauf miracle** — de renforcer en France les antagonismes confessionnels et d'attiser la discorde.

Sans compter que combattre l'une, ce serait attirer aussitôt

---

* C'est-à-dire de pratiquer le métier des armes, de se battre.

** Un miracle de ce genre aura lieu, en 1563, avec la reprise du Havre aux Anglais. Mais il ne se reproduira pas. Voir plus loin, page 92.

les offres amicalement intéressées de l'autre, avec toutes les ingérences que cela implique dans la politique intérieure française. Or Catherine tient très fort à l'indépendance nationale, élément essentiel des prérogatives du roi : celui-ci doit rester maître chez lui. Les pressions insistantes de Philippe II, les admonestations du pape, les suggestions mielleuses de l'ambassadeur d'Angleterre ne font que l'exaspérer. À l'envoyé madrilène qui, en 1562, la pressait d'expulser les ministres* huguenots et lui offrait pour ce faire l'aide de son maître, elle répondit « qu'elle ne voulait point voir d'étrangers dans ce royaume ni aussi pas allumer une guerre qui la contraignît de les y appeler ». La convoitise de ses puissants voisins, tout autant que celle des grands féodaux, a tout à gagner à la guerre, civile ou étrangère. Catherine veut donc la paix, à tout prix, pour préserver l'intégrité du royaume.

En politique, le plus court chemin d'un point à un autre n'est pas forcément la ligne droite. Au service de ces objectifs très clairs, elle dut mettre des moyens détournés, tortueux. Elle ne le fit pas de gaieté de cœur.

« Vouloir maintenir la paix par la division, gronde Tavannes, c'est vouloir faire du blanc avec du noir. » Certes. Mais la division est là, ce n'est pas Catherine qui l'a créée. Elle ne peut envisager de réduire les partis à l'obéissance par une guerre sans merci : où prendrait-elle les capitaines ? ils sont aussi chefs de parti. La légalité a beau être de son côté, elle n'a pas besoin d'avoir lu Machiavel pour savoir que les lois sans les armes sont impuissantes. On ne lui obéit pas. Des parlements refusent d'enregistrer ses édits. Les plus fidèles serviteurs du royaume — ou qui se croient tels — discutent ses ordres, les jugent à leur aune, les contrecarrent ou s'y soustraient. En 1568 par exemple, elle ordonnera au dévoué Tavannes d'arrêter Condé chez lui, à Noyers. Mais il juge qu'elle « s'embarque sans biscuit », voit là une « entreprise mal dressée de quenouille et de plume » ; il envoie donc un écuyer traîner ostensiblement sous les remparts du château avec mission de se faire prendre, porteur d'un billet révélateur — « Le cerf est aux toiles, la

---

* On se souviendra que les *ministres* réformés, au XVIᵉ siècle, sont les pasteurs.

chasse est préparée » — : voici Condé opportunément envolé et
le maréchal se félicite d'être ainsi dispensé d'une tâche qui lui
déplaisait. Partout et en tout, princes du sang, grands officiers
de la couronne, gouverneurs de province et autres détenteurs
d'une autorité déléguée, trouvent excusable et même normal de
n'en faire qu'à leur tête.

Dans les premières années de son gouvernement pourtant,
elle pense pouvoir rester au-dessus de la mêlée, en position
d'arbitre et de recours. Aussi s'applique-t-elle à maintenir
l'équilibre entre les adversaires pour les contraindre à accepter
un modus vivendi. D'où l'octroi de faveurs et de concessions
mesurées, qui s'annulent les unes les autres. Elle ne réussit qu'à
exaspérer à la fois les bénéficiaires et leurs rivaux : pour ceux-
ci elle donne trop, pour ceux-là, pas assez. On l'accuse de ne
pas savoir ce qu'elle veut d'une part, de tromper tout le monde
d'autre part.

Versatile, Catherine ? sûrement pas. Elle tend par ces
chemins sinueux à un seul et même but. Mais sa duplicité est
certaine. Nul ne peut compter sur son appui. Toutes ses
concessions sont tactiques, ses affirmations révisables, les édits
qu'elle promulgue s'accompagnent, au coup par coup, de
recommandations laxistes ou rigoureuses. Elle ment, elle biaise,
elle endort les gens de bonnes paroles creuses et de promesses
ambiguës : armes de faible, armes de femme, dit-on. Mais sa
faiblesse ne tient-elle pas davantage aux circonstances qu'à son
propre tempérament ? Elle fait ce qu'elle peut.

Elle joue de son âge, qu'elle se garde de dissimuler, de ses
voiles de veuve, de son embonpoint, de ses rondeurs rassurantes. Elle cultive son personnage de matrone expérimentée et
sage, de mère tutélaire du royaume en même temps que du roi.
Respectable, imposante, intimidante, elle rayonne d'un prestige
qui impressionne les plus hardis. Elle parvient à faire accepter
ses leçons de morale, à arracher des engagements pacifiques à
des fauves prêts à s'entr'égorger. Inégalable organisatrice de
rapprochements forcés, elle leur impose des accolades illusoires.

Est-elle dupe ? Pas totalement, sans doute. Mais elle a besoin,
pour tenir, de ne pas désespérer. La méthode Coué a du bon,
même si l'on est conscient de ses limites. Et puis, ces réconciliations menteuses, précaires, ont au moins un mérite : elles

permettent de reculer les échéances les plus inquiétantes, « d'échapper le temps », comme elle dit, d'en gagner. Ne jamais rompre, « ne rien laisser gâter irrémédiablement ». En attendant quoi ? Tout d'abord que ses fils la relaient, usent de la plénitude de leur pouvoir pour rétablir la paix. Et puis, plus modestement, comme tous les condamnés à vivre au jour le jour, elle finit par penser qu'un an, qu'un mois sans affrontements sont bons à prendre, que le moindre sursis est précieux, que demain peut apporter le salut. Et le temps, à défaut de miracle, lui fait quelques menus cadeaux. Au printemps de 1563, deux des chefs de parti sont prisonniers de leurs ennemis respectifs, trois autres sont morts. Cela lui vaut quatre longues années de paix, pendant lesquelles elle a cru la partie gagnée. Hélas ! le temps travaille aussi contre elle : les fils des disparus grandissent, prêts à assurer la relève. Les affrontements majeurs n'ont été que différés.

Très vite, il devient difficile de faire la part, dans l'action de Catherine, entre l'art de brouiller les cartes et l'improvisation hâtive. La sage politique de bascule se mue souvent en navigation à vue au milieu des écueils, à la godille, un coup à droite, un coup à gauche, pour parer au plus pressé. Elle multiplie entrevues, démarches, négociations, rencontres, paie de sa personne, s'humilie et se cabre tour à tour. On la voit frapper un jour et pardonner le lendemain, rendre charges et faveurs au condamné de la veille, faire à l'un des concessions forcées aussitôt compensées par des avances à l'autre, plus que jamais attentive à ne laisser succomber aucun des deux partis. Car ce serait se mettre à la merci de l'autre, pieds et poings liés.

Ce n'est pas là une formule de style. La menace pèse sur elle, très concrète, terrifiante : la reine mère et ses fils sont des proies à saisir. Qui tient le roi tient le pouvoir, tous les grands féodaux le savent. Et à défaut du roi, il est précieux de détenir l'un de ses frères. Catherine découvre par hasard, à l'automne de 1561, que le parti de Guise échafaude, avec le petit Henri consentant, un projet d'enlèvement : il vivrait libre et heureux en Lorraine ou en Savoie et le plus brillant avenir s'ouvrirait devant lui. Qui sait ? un roi de rechange ? L'affaire s'ébruita et l'enfant avoua tout à sa mère en pleurant. On ne l'y prendra plus. Mais un peu plus tard, le dernier frère, François d'Alençon, devancera les désirs des comploteurs.

Des risques encore plus sérieux menacent la personne même du roi. Deux coups de force faillirent réussir, l'un à Fontainebleau en 1562, l'autre à Meaux en 1567 : on en reparlera. À deux reprises Catherine fut à deux doigts de se voir prisonnière, écartée du pouvoir, mise à mort peut-être, en tout cas séparée de Charles IX devenu le jouet d'un clan. Elle en trembla rétrospectivement et cette peur, qui lui reste chevillée au corps, est une des clefs de son comportement ultérieur.

Il est aussi d'autres moyens que la force brutale pour éloigner d'elle le roi : gagner la confiance de l'adolescent, flatter son désir d'indépendance, le circonvenir. Pour la mère, contrainte de ne pas lui faire sentir trop lourdement son joug, la parade est encore plus difficile : elle ne peut le couper du monde. Alors, elle veille, attentive, soupçonneuse, jalouse, prête à tout pour empêcher l'inacceptable. Plus grave que les avanies, les refus d'obéissance, les prises d'armes, la rébellion ouverte, le crime auquel elle est prête à répondre par un crime, c'est qu'on lui aliène son fils.

Tels sont en gros les buts, les ressources, les règles d'action, les craintes de Catherine. Il reste à la voir à l'œuvre, sur le terrain. En 1660, l'Europe retient son souffle. Le conflit religieux est crucial. Il n'est pas indifférent, pour l'Angleterre protestante, ni pour la très catholique Espagne, dont les provinces flamandes commencent à s'agiter, que la France choisisse l'un ou l'autre camp. Or la situation à laquelle doit faire face la reine mère aurait de quoi terrifier l'homme politique le plus chevronné.

Le printemps des huguenots

« Le printemps de l'Église* et l'été sont passés », gémira, beaucoup plus tard, Agrippa d'Aubigné. Ils ont duré une année

---

* L'Église réformée, bien sûr. C'est dans ce passage des *Tragiques* (IV, *Feux*, 1227-1234) que se trouve également le vers célèbre : « Une rose d'automne est plus qu'une autre exquise », souvent séparé du suivant, qui s'adresse aux derniers martyrs : « Vous avez éjoui l'automne de l'Église. »

environ, l'année cruciale de 1561, pendant laquelle on a pu croire que la Réforme allait triompher en France.

Catherine n'aurait jamais accédé au pouvoir sans l'appui du parti protestant, qui, de son côté, avait besoin d'elle pour écarter les Guise. Mais cette alliance de nature politique est confortée par ce qu'on peut prendre pour des sympathies. La reine mère n'a pas à se forcer pour se montrer aimable envers les réformés. Elle n'a jamais partagé à leur égard la sévérité de son défunt époux. Au contraire elle se sentait d'autant plus portée vers eux que Diane de Poitiers leur était plus hostile. Elle les connaît bien, il y en a partout, jusque dans son entourage le plus proche : ce sont souvent des serviteurs, des amies qu'elle estime et qu'elle aime. Assurément croyante, d'une foi superstitieuse, en un Dieu dont elle implore la protection, elle est fermée aux subtilités théologiques, elle ne voit pas pourquoi des hommes et des femmes si proches, si semblables, qui se côtoient dans la vie, souvent à l'intérieur d'une même famille, ne pourraient pas, pour peu qu'on écarte les extrémistes, pratiquer leurs deux cultes en paix dans un royaume réconcilié.

Mais sa politique de tolérance, faite pour une part d'indifférence au dogme, ignore les motivations éthiques indissociables pour nous de ce terme : respect de la personne d'autrui, de la liberté individuelle. Elle est d'inspiration réaliste, pratique : on tolère ce qu'on n'a pas les moyens d'empêcher, on agit au mieux de l'intérêt du moment. Comme toute politique, elle est provisoire, révisable. L'acceptation du pluralisme religieux est avant tout destinée, dans son esprit, à rétablir l'ordre public et l'autorité royale.

Depuis le règne de Henri II, des édits sont toujours en vigueur, qui frappent impitoyablement les hérétiques, les vouant à la prison et au bûcher. Persécutions inefficaces : les martyrs font de nouveaux convertis. Le « cautère » est impuissant à enrayer l'hérésie, explique la reine à son gendre Philippe d'Espagne, « le couteau vaut peu contre l'esprit », proclame son porte-parole, le chancelier Michel de l'Hôpital, à l'ouverture des États, et il invite les frères séparés à renoncer à la haine : « Ôtons ces mots diaboliques, noms de partis, factions et séditions, luthériens, huguenots, papistes ; ne changeons le nom de chrétien ! » En suspendant les mesures qui frappaient les réformés pour simple délit de croyance, en libérant les prisonniers, en invitant les tribunaux à faire preuve d'indulgence, c'est la liberté de conscience qu'elle leur accordait. Une véritable révolution, eu égard aux idées régnantes. Elle ne pouvait qu'être mal comprise.

Tout en prônant la tolérance, Catherine tentait de distinguer les simples fidèles qui ne demandent qu'à pratiquer leur religion paisiblement, en silence, des séditieux pour qui elle est un prétexte à rébellion. Elle s'aperçut vite que cette distinction était illusoire. Les réformés ne veulent pas se contenter de prier en silence. La liberté de conscience ne leur suffit pas, ils réclament celle de culte. Ils comptent sur les prêches, notamment, pour opérer des conversions. Leur but ultime est d'éliminer de France le catholicisme — Calvin et Bèze disent *L'Antéchrist,* en toute simplicité.

Personne à l'époque ne croit possible une coexistence pacifique, le partage entre les deux confessions paraît inimaginable. Si l'une est vraie, l'autre est fausse, et d'autant plus diabolique qu'elle se pare des apparences d'un christianisme authentique : au catholicisme, fort de la tradition ininterrompue qui le rattache à saint Pierre, s'oppose le protestantisme, qui accuse son rival d'avoir trahi le message de l'Évangile et se propose d'y revenir. Dans leurs croyances, leurs cultes respectifs, les frères ennemis aperçoivent l'action du démon. La Messe ou la Cène sont tour à tour traitées de cérémonies sacrilèges. Or un État laïc est alors inconcevable. La religion est partie intégrante des institutions, elle rythme la vie quotidienne des hommes, elle imprègne leurs façons de penser et de sentir. Elle a part au pouvoir, elle est le fondement de la légitimité monarchique en même temps que de l'ordre social. À l'arrière-plan du conflit se profilent les biens du clergé, richesse colossale présumée mal employée, que les députés de la noblesse et du tiers-état proposent de confisquer pour régler les problèmes financiers. Une rupture avec Rome permettrait de s'approprier le trésor, pour créer en France un État théocratique, terrestre réalisation de la Jérusalem nouvelle. On voit l'importance et l'ambiguïté des enjeux.

Chez les réformés, la mise à l'écart des Guise, les mesures indulgentes de Catherine ont donné le signal d'un grand déploiement de prosélytisme. Le mot d'ordre est alors à la conquête pacifique. Ils comptent sur l'éminente qualité de leurs prédicants, formés à Genève, pour séduire les hésitants. La famille royale est l'objet d'attentions particulières : sa conversion faciliterait grandement la prise en main du royaume. À Saint-Germain, où la cour passe l'été, on chante des psaumes chez les grands seigneurs réformés, on prononce des prêches, en oubliant souvent, malgré les édits, de fermer la porte. Le bruit en arrive jusqu'à la reine mère, qui les écoute avec plaisir — les psaumes, pas les prêches ! —, en connaisseur éclairé, grand amateur de poésie chantée. Jusqu'au début de 1562 règne autour d'elle un laisser-aller que blâme avec virulence l'ambassadeur d'Espagne. Elle ne rougit pas de posséder une Bible en français, ses fils aussi en ont une et en font leur lecture favorite. Le jeune Henri, dix ans, se targue d'être « bon huguenot », à la grande indignation de sa sœur, huit ans, qui défend l'orthodoxie romaine. Devant une mascarade costumée où ses quatre bambins parodient le rituel sacré de l'Église, la mère indulgente sourit, répond aux bonnes âmes scandalisées qu'il faut bien que les enfants s'amusent et que jeunesse se passe.

Sur ses intentions profondes pendant cette période de flottement, on en est réduit aux conjectures. Les réformés furent persuadés par la suite qu'elle leur avait menti de bout en bout, délibérément. Et ils lui en tinrent d'autant plus rigueur qu'ils avaient mis davantage d'espoirs en elle. Le plus probable est qu'elle a hésité. Cette année-là, la Réforme a le vent en poupe : ne vaut-il pas mieux se laisser porter par la vague, plutôt que d'être englouti ? Si, après tout, la France s'y ralliait, comme bon nombre de principautés allemandes, serait-ce un désastre ? la tutelle du pape y a toujours paru pesante et, en cas de rupture, les biens de l'Église viendraient très opportunément, comme ce fut le cas en Angleterre, renflouer les finances royales. Catherine s'est sans doute posé la question, mais elle ne veut s'engager qu'à coup sûr. Elle est bien décidée à être du côté des vainqueurs. Depuis plusieurs années elle s'est informée, dès le règne de François II elle a noué des contacts, tenté d'apprécier l'ampleur du mouvement et ses chances de succès. Ses mesures d'indulgence, menées à petits pas, au coup par coup, lui permettent d'évaluer les exigences des réformés et en même temps de tester l'éventuelle résistance des catholiques. À l'automne de

1561, elle est prête à miser sur les premiers. Elle aura changé
d'avis, et donc de politique, dès le printemps de 1562.

Mais aux mutations aventureuses, elle préférerait encore le
statu quo. Avant de choisir son camp, elle tente désespérément
de concilier les inconciliables. Sa foi dans les vertus de la négociation est telle qu'elle croit les théologiens des deux bords tout
disposés, pour peu qu'ils puissent débattre sereinement, à
tomber d'accord sur des croyances communes.

Le colloque de Poissy

Depuis 1545, les plus hauts dignitaires de l'Église réunis à
Trente cherchaient, sans parvenir à s'entendre, les moyens de
remédier aux abus qui avaient suscité la révolte des réformés. Il
fallut à Catherine une bonne dose d'optimisme, ou plutôt
d'inconscience, pour oser convoquer et présider une rencontre
interconfessionnelle, avec l'espoir de réussir là où ils avaient
échoué. Il est vrai que la France, traditionnellement, conservait
par rapport aux décisions doctrinales de Rome une certaine
autonomie. Une solution proprement française, rétablissant la
paix religieuse dans le royaume, pourrait être proposée ensuite
au pape comme un exemple à suivre.

La reine n'était pas seule à croire un accord possible. La
Réforme, en France, n'avait pas été importée de l'extérieur, elle
avait germé et grandi sur le vieux terreau catholique. C'est
presque par hasard que Calvin, originaire de Picardie, s'est fixé
à Genève, cité francophone : il garde les yeux tournés vers son
pays natal. Mais il paraît à certains trop radical. On n'a pas
oublié qu'il y a eu, au temps des Évangélistes et du groupe de
Meaux, des positions intermédiaires : continuité implique
compatibilité. Ainsi pensaient les modérés attachés à la tradition catholique, mais passionnément désireux que l'Église fût
capable de se réformer elle-même, de l'intérieur.

On évita les termes dangereux de concile national ou de
synode. C'est le nom de Colloque de Poissy qui est resté à
l'assemblée de la Chambre ecclésiastique réunie en cette ville,
du 9 septembre au 9 octobre 1561. Mais il s'agissait bien d'y
débattre des divergences doctrinales entre les deux confessions.

Les réformés français ont dissuadé Calvin de venir en personne : sa raideur, sa pugnacité abrupte feraient peur. Il délégua son bras droit, Théodore de Bèze. Issu d'une famille noble de Vézelay, celui-ci n'a rien d'un prédicant rébarbatif. Élégant, séduisant, il connaît le monde, il est à la cour comme chez lui. Au château de Saint-Germain, où ses coreligionnaires l'accueillent chaleureusement, il a en présence de la reine une discussion théologique courtoise avec le cardinal de Lorraine. Et Catherine de se réjouir : au fond, les prétendus adversaires sont très proches ; qu'ils fassent chacun un pas et leur différend sera réglé.

Hélas ! le lendemain elle dut en rabattre. La session s'ouvrit dans le grand réfectoire du couvent des Dominicaines. La disposition de la salle en disait long sur les intentions de chacun. Aux côtés du roi et de la reine, le ban et l'arrière-ban de la noblesse huguenote, venue soutenir les siens. Mais les hauts dignitaires catholiques, groupés sur des sièges latéraux autour des cardinaux de Tournon et de Lorraine, comptaient bien se poser en grands inquisiteurs. Les ministres protestants comparurent debout, derrière une barre, en posture d'accusés. Ils y virent un affront, tandis que leurs adversaires trouvaient scandaleux le simple fait de donner la parole à des hérétiques. Bèze était accompagné du plus subtil théologien de Genève, Pierre Vermigli, dit Pierre Martyr, et d'un groupe de ministres en robe noire et rabat blanc, dont l'austérité tranchait avec l'or et la pourpre catholiques. Deux conceptions du monde s'affrontaient.

L'exposé de Théodore de Bèze, très brillant orateur, parut d'autant plus dangereux qu'il était plus séduisant. On l'attendait sur trois points litigieux, le culte des saints, l'importance respective de la foi et des œuvres, et surtout la présence réelle du Christ dans l'Eucharistie. Ce dernier point était le plus sensible : le refus de la messe avait pris chez les calvinistes français une forme violente, souvent agressive*. Lorsqu'il soutint

---

* Les théologiens étaient en principe plus modérés : ils niaient la transsubstantiation, mais admettaient une forme de présence du Christ dans l'hostie, la consubstantiation. Mais beaucoup de leurs disciples étaient très radicaux. La haine de la messe était d'autant plus vive chez les huguenots français que l'on voulait les contraindre à y assister.

que le salut, subordonné à la volonté de Dieu seul, ne devait rien aux bonnes œuvres, on gronda. Lorsqu'il nia la présence réelle du Christ dans l'hostie, on cria au blasphème et les correctifs qu'il tenta d'y apporter n'arrangèrent rien. Il fallut recourir au huis-clos pour la suite des débats.

Elle ne fit que confirmer l'incompatibilité des points de vue. On avait invité des luthériens allemands, moins éloignés de l'orthodoxie romaine, soit pour aider à prouver que des solutions moyennes étaient possibles, soit pour déconsidérer les réformés dans leur ensemble en soulignant leurs divisions. Mais il parut inutile de les attendre, tant l'échec était patent. Lorsque le colloque se sépara, Catherine dut se rendre à l'évidence : on ne discute pas des points de dogme comme des clauses d'un traité. Elle fit un dernier effort quelques mois plus tard sur le culte des saints, parce que les réformés, en brisant leurs images dans les églises, provoquaient la colère du menu peuple catholique. Sans plus de résultat.

Le colloque de Poissy marque la fin des chimères œcuméniques. Loin d'amorcer une réconciliation, il a même envenimé les choses. Car il a raidi les positions de part et d'autre. Les réformés apparaissent comme les grands gagnants : en leur offrant une occasion officielle de se faire entendre, la reine leur a octroyé un statut légal, qui fait d'eux les compétiteurs autorisés du catholicisme. Mais la vague de conversions se ralentit, beaucoup de leurs sympathisants hésitant désormais à faire le grand saut. Et les catholiques, eux, ont pris conscience du danger, ils se préparent à résister. Les jésuites, que la France vient tout juste d'accueillir, savent répondre aux aspirations d'un peuple chrétien avide d'enseignement, que l'incompétence du bas clergé traditionnel rejetait vers les prédicants. Ils s'appliquent non sans succès à le reconquérir.

D'autres découvrent qu'à la différence du luthéranisme, qui s'accommode du pouvoir des princes, le calvinisme contient pour la monarchie une menace mortelle. Le vieux connétable de Montmorency n'a pas attendu, pour le comprendre, de voir s'organiser dans Lyon tenue par les huguenots une république théocratique autogérée, à la mode genevoise. À Pâques 1651, dès avant le colloque de Poissy, il s'était résigné, la mort dans l'âme, à faire les premiers pas vers son vieil ennemi le duc de

Guise. Avec un comparse, le maréchal de Saint-André, ils formèrent ce qu'on appela le *Triumvirat*. À son fils qui s'étonnait d'une pareille alliance, Montmorency répondit qu'il ne pouvait se faire « mutation de religion sans changement d'État et qu'il était bon serviteur du roi et de ses petits maîtres » : entendez du roi légitime et de ses frères, héritiers potentiels du royaume — pas de la reine mère. Il est fidèle à un principe. Dans les affrontements qu'il pressent, c'est le loyalisme monarchique qui le guidera. La leçon, pour ses fils, ne sera pas perdue.

Le massacre de Vassy et ses suites

En déchaînant chez les réformés des espérances déraisonnables, Catherine a joué les apprentis sorciers. Dans le climat d'impossible neutralité qui prévalait alors, quiconque n'était pas contre eux passait pour leur être favorable. Ils crurent qu'elle leur était acquise et saluèrent en elle la « nouvelle Esther », qui n'attendait pour se déclarer que d'avoir désarmé l'opposition catholique.

Qui sont-ils et combien, ces huguenots trop confiants qui prétendent entraîner à leur suite tout le royaume ? Quelques paysans, dans des régions bien délimitées comme les vallées alpines ou les Cévennes, des artisans, des commerçants, des gens de loi, des clercs, beaucoup de nobles, surtout dans les provinces pauvres où ils se sentent mal aimés du pouvoir, ruinés par la crise économique. Une minorité à coup sûr*, mais une minorité instruite, énergique, organisée, soulevée d'une foi ardente, prête au martyre. Dans le conflit, ils pèsent donc d'un poids sans commune mesure avec leur nombre, face aux masses populaires, habitants illettrés des villes et des campagnes, très attachés aux croyances ancestrales, mais pris

---

* Il est très difficile de connaître leur nombre, qui a varié selon les dates et sur lequel divergent les informations. Les chiffres extrêmes cités par les historiens sont respectivement de cinq et trente pour cent ! La vérité se situe entre les deux, probablement autour de dix à douze pour cent, quinze au maximum, selon des sources protestantes.

de court par des attaques dont ils ne comprennent pas le sens. « Un dixième des Français, mais cinquante pour cent de la noblesse, écrit P. Chaunu, contrôlent pendant plus d'un quart de siècle près de la moitié du royaume. »

Au lieu de patienter, de laisser le temps travailler pour eux, les tenants de la nouvelle foi montraient après des années d'exclusion une hâte bien compréhensible, mais maladroite ; ils exigeaient des temples, réclamaient haut et fort l'égalité de traitement avec les catholiques, sûrs qu'ils étaient de les supplanter sans tarder. Dans la maison de Coligny, le perroquet familier lui-même avait été dressé à chanter : « Vie, vie, la messe est abolie. » Or la reine, même si elle l'avait voulu, ne pouvait pas les satisfaire sans danger. Car les premières mesures de tolérance avaient entraîné aussitôt, un peu partout, des incidents très graves.

La pratique du culte réformé, autorisée ou « sauvage », comme nous dirions aujourd'hui, était perçue par les catholiques comme une agression et ils attaquaient parfois les premiers, exaspérés par le ton de défi qui résonnait dans le chant public des psaumes, par les paroles outrageuses que proféraient certains prédicants contre les prêtres, les moines, les saints, la messe. D'où des injures, des affrontements, des bagarres, qui firent parfois des blessés et des morts des deux côtés. D'où le processus infernal des représailles et des vengeances. Dans le Sud-Ouest notamment, forts de l'appui de leurs seigneurs, les huguenots tentaient, comme l'avaient fait leurs frères à Genève ou à Édimbourg, d'éliminer la religion traditionnelle. Ailleurs, ce sont les catholiques qui se livraient férocement à la chasse aux hérétiques.

La reine essaya, avant tout, de supprimer les occasions de heurts. Elle promulgua une série d'édits qui limitaient l'exercice du culte réformé, le cantonnant hors des villes, à deux cents pas des murailles, ou dans les maisons de quelques grands seigneurs. On n'entrera pas ici dans le détail de ces édits, qui se suivent et se ressemblent, malgré quelques variantes liées à la position de force ou de faiblesse relative des intéressés. Car tous sont aussitôt dénoncés par les deux partis, comme insuffisamment ou comme trop libéraux, et aucun n'est appliqué, Catherine elle-même donnant à cet égard des consignes contradictoires, selon qu'elle s'adresse aux uns ou aux autres. Ils jalonnent de leurs transactions boiteuses les points marqués dans une impitoyable guerre civile.

Les guerres de religion ont commencé, sous forme sporadique, bien avant le massacre de Vassy, que les historiens leur assignent comme point de départ. Mais il est vrai que ce massacre marque la naissance d'un parti catholique décidé à s'opposer par la force aux innovations hardies de Catherine.

Ce jour-là, dimanche 1er mars 1562, le duc de Guise, fortement accompagné, venait de quitter son château de Joinville, entre Chaumont et Saint-Dizier. Il s'arrêta à une dizaine de lieues de là pour entendre la messe dans le village de Vassy*. Des huguenots s'y trouvaient réunis, nombreux, pour célébrer la cène dans une grange. On ne sait si la grange était à l'intérieur ou au-dehors de l'enceinte, ni qui eut l'initiative de la bagarre. Mais il est certain que le duc vit un défi dans ce rassemblement sur ses terres**. Il voulut l'interdire, se porta lui-même sur les lieux. Lorsqu'un coup de pierre l'atteignit, le blessant légèrement, ses hommes se déchaînèrent. Bilan, cinquante à soixante morts dans la grange, dont des femmes et des enfants. Guise a-t-il cherché délibérément l'incident grave pour torpiller la politique de tolérance ? a-t-il simplement cédé à la colère ? Il put se griser, en arrivant à Paris, des acclamations de la foule, mais la nouvelle de la tuerie donna chez les protestants le signal de la levée en armes. De part et d'autre, on se préparait à la guerre.

Catherine fut consternée. Ses efforts d'apaisement étaient réduits à néant, au moment même où se rompait l'équilibre entre les deux camps. Car le roi de Navarre Antoine de Bourbon, premier prince du sang, loin de partager la ferveur huguenote de son épouse Jeanne d'Albret, s'était laissé prendre aux charmes d'une dame de la cour et enjôler par le roi d'Espagne qui lui promettait la Sardaigne en échange de sa Navarre perdue : il était revenu à sa foi première et marchait la

---

* Aujourd'hui Wassy-sur-Blaise (Haute-Marne).

** Plus exactement, Wassy faisait partie du douaire de sa nièce, Marie Stuart.

main dans la main avec les Guise et Montmorency. Le parti catholique se renforçait dangereusement.

Catherine s'inquiéta. De Montceaux-en-Brie, elle se rendit non pas à Paris, que tenait le Triumvirat, mais à Fontainebleau. Et là, elle fit une démarche singulière, qui fut diversement interprétée. Elle écrivit à Condé, chef du parti réformé, pour solliciter son appui et le prier de la rejoindre au plus vite : « Je vois tant de choses qui me déplaisent, que si ce n'était la fiance que j'ai en Dieu et assurance en vous que m'aiderez à conserver ce royaume et le service du Roi mon fils, en dépit de ceux qui veulent tout perdre, je serais encore plus fâchée ; mais j'espère que nous remédierons bien à tout avec votre bon conseil et aide... » Après coup, les protestants voulurent voir là un pressant appel au secours, qui justifiait leur prise d'armes ultérieure. Mais le plus probable est que Catherine souhaite seulement la présence de Condé auprès d'elle à titre dissuasif : s'il est là, les Guise n'oseront pas s'emparer du roi. C'est bien ainsi que Coligny, sur le moment, comprit son message. Il conseilla au prince de n'y pas répondre et mit la reine au pied du mur, l'invitant, puisqu'elle se sentait menacée par les catholiques, à se réfugier dans Orléans, ville solidement fortifiée où les siens faisaient la loi. C'était lui demander de passer ouvertement à la Réforme : ce à quoi elle ne songeait nullement. Envisagea-t-il de l'y forcer ? Il battit en tout cas le rappel de ses soldats, ce dont elle lui fit de très vifs reproches.

Entre-temps les triumvirs, avertis des mouvements de troupes adverses, prirent la menace au sérieux. Ils accoururent à Fontainebleau et contraignirent la cour à regagner Paris, malgré les protestations de Catherine, qui en pleurait de colère, tant elle redoutait qu'on ne la sépare de son fils. « Un bien », qu'il vienne d'amour ou de force, « ne laisse pas d'être toujours un bien », répliqua Guise. Les protestants crièrent à l'enlèvement, déclarèrent se soulever pour délivrer le roi, « détenu captif » avec sa mère et ses frères. Mais à Paris, on traitait la reine avec égards, on ne faisait pas mine de l'écarter du pouvoir. Les protestants l'avaient déçue par leurs exigences. Si elle avait fait appel à eux, c'était précisément pour se dispenser de choisir son camp. Puisqu'on l'y obligeait, elle opta pour le parti dominant. Dès janvier déjà, elle avait ramené ses enfants et ses dames d'honneur au strict respect des pratiques religieuses catholiques. Elle sentait refluer la vague réformée. La France profonde restait attachée à la religion de ses pères, les grands corps et les principaux personnages du royaume également. Si guerre il y avait, il fallait tenter de la gagner, pour imposer aux protestants le statut de dissidents minoritaires. Catherine n'avait pas d'états d'âme quand la survie de l'autorité royale était en jeu. Elle proclama qu'elle n'était nullement captive et elle le prouva en quittant Paris pour regagner son château de Monceaux. Mais la leçon ne fut pas perdue : elle se promit, dès qu'elle le pourrait et quel qu'en fût le coût, d'entretenir auprès du roi une garde permanente.

Entre elle et ses protégés d'hier, le malentendu est complet. Elle les trouve ingrats et arrogants. Eux, qui la voyaient déjà convertie, s'estiment trahis : Esther est devenue Jézabel.

Une guerre affreuse, qui finit bien

Catherine fit à deux reprises d'ultimes tentatives de conciliation, acceptant de se déplacer elle-même pour aller rencontrer sur leur terrain les chefs huguenots armés jusqu'aux dents. Mais comme elle s'obstinait, malgré leur colère, à réglementer plus strictement l'exercice de leur culte — moins par brimade que pour éviter les heurts avec les catholiques —, elle n'avait aucune chance d'être entendue.

La coexistence paraît impossible. Un peu partout, des massacres. Prêtres, moines et religieuses d'un côté, pasteurs de l'autre sont des cibles privilégiées. La grande fureur iconoclaste qui a ravagé l'Allemagne s'empare de la France. Plus encore qu'aux personnes, les réformés s'en prennent aux symboles visibles de la religion rivale : ils brisent les statues des saints, déclarées « idoles », souillent les églises en y logeant leurs chevaux, piétinent des hosties consacrées, dérobent pour les fondre ciboires, calices et reliquaires, violent les tombes, avec une prédilection marquée pour celles des rois et des princes. À Orléans, le cœur de François II, à Bourges le corps de Jeanne de France partent en fumée, le tombeau de Louis XI est saccagé à Cléry et Jeanne d'Albret ne fait pas un geste pour sauver celui des Bourbons, à Vendôme : il est vrai qu'ils ne sont que ses beaux-parents et que leur fils Antoine vient de retomber dans l'erreur papiste.

Pour les contemporains, ces profanations sont infiniment plus graves que le meurtre de simples particuliers. Elles ébranlent l'ordre du monde. Un village privé de la statue familière de son saint patron se sent livré aux forces du mal. Laisser outrager le Christ dans l'hostie, c'est se faire complice d'un crime qui attirera sur le pays la vengeance divine. Dans les viols de sépulture, c'est le lien sacré avec les ancêtres qui est brisé. Derrière la violence huguenote, le peuple aperçoit l'ombre noire, menaçante de Satan. Ainsi s'explique l'horreur des représailles. Non contents de tuer hommes, femmes et enfants, les catholiques s'acharnent sur les cadavres, auxquels ils font subir des traitements ignominieux. C'est leur manière à eux de rendre sacrilège pour sacrilège.

Calvin, prévoyant le désastre, avait tenté de retenir les siens. En vain. La colère des prédicants contre Ronsard après la publication, en 1562, de ses deux *Discours sur les misères de ce temps* prouve que le poète a frappé juste : un « Christ empistolé tout noirci de fumée » rebute plus qu'il n'attire. Le déchaînement de la violence a mis fin aux conversions et il a exaspéré les masses populaires catéchisées par des prédicateurs catholiques parfois exaltés.

Il est trop tard pour ramener les uns et les autres à la raison. Catherine se résigne donc à l'épreuve de force. Comme elle sait que les ressources ordinaires ne suffiront pas à financer la guerre, elle se livre à un étonnant exercice de prestidigitation financière, elle parvient à tirer de l'argent des grands dignitaires de la cour, du clergé, du pape, du duc de Savoie, du roi d'Espagne. Ces deux derniers promettent aussi d'envoyer des troupes qui se joindront aux mercenaires levés à prix d'or en Allemagne. Elle ne souhaitait pas en venir là, on l'a dit. Mais les réformés se sont assuré, eux, le soutien de la reine Élisabeth.

On ne reproduira pas ici la liste de toutes les villes prises et reprises par les uns et les autres. Les royaux se sont emparés de Poitiers et de Bourges. Mais les huguenots, avec pour capitale Orléans, tiennent toute la moyenne vallée de la Loire. Et ils occupent Rouen, qu'il est urgent de leur enlever pour couper la route aux Anglais débarqués au Havre. Catherine tint à surveiller elle-même le siège de la ville, qui se termina heureusement le 26 octobre 1562. Antoine de Bourbon y fut blessé accidentellement et en mourut peu après.

Mais l'armée protestante, sortie d'Orléans, se regroupait sous les murs de la capitale. Faute de pouvoir payer leurs reîtres, les généraux les laissèrent « vivre sur les papistes », leur promirent même « le sac de Paris ». Quand ils se rendirent compte qu'ils n'étaient pas en mesure de prendre la ville, ils tentèrent de rejoindre les Anglais en Normandie. Le connétable de Montmorency leur barra la route à Dreux. Il aurait perdu cette bataille décisive, le 19 décembre, sans l'habileté tactique du duc de Guise, qui avait su garder en réserve des troupes fraîches. Et Catherine put se frotter les mains : à l'issue du combat, les deux généraux en chef, Condé d'un côté, Montmorency de l'autre, étaient respectivement prisonniers du camp ennemi.

Guise mit aussitôt le cap sur Orléans. Dans la cité qui se préparait à soutenir un siège, la haine pour le vainqueur de Dreux faisait rage. Un espion huguenot se mêla à ses troupes, un petit homme basané d'extraction modeste, dont nul ne se méfiait, Poltrot de Méré. La veille de l'assaut, il s'embusqua dans un buisson et tira dans le dos de François de Guise une arquebusade presque à bout portant. Le duc, pour cette tournée d'inspection, avait omis de revêtir sa cotte de mailles. Grièvement atteint, il mourut au bout d'une semaine. L'assassin, arrêté, fit sous la torture des aveux contradictoires, accusant et innocentant tour à tour Coligny d'avoir commandité l'attentat. L'amiral reconnut lui avoir fourni vingt écus pour espionner Guise et cent pour acheter le cheval qu'il montait ce jour-là. Mais il nia avoir donné l'ordre fatal : il avait tenu « pour chose toute frivole » les vantardises de Poltrot projetant de tuer le duc et il n'y avait pas prêté attention. Et il ajouta, avec une franchise arrogante : « Ne pensez pas que ce que j'en dis soit pour regret que j'aie à la mort de M. de Guise ; car j'estime que ce soit le plus grand bien qui pouvait advenir au Royaume et à l'Église, et particulièrement à moi et à toute ma Maison. »

On comprend que cette casuistique n'ait pas convaincu la famille de la victime, qui cria vengeance. Mais la reine mère se satisfit d'une réponse qui lui permettait de ne pas poursuivre

Coligny : évitant de pousser trop loin l'enquête, elle hâta la conclusion du procès et le supplice de l'assassin. Elle avait toujours redouté François de Guise. Pas assez certes pour avoir trempé secrètement dans l'attentat, comme tentèrent de le faire croire ses adversaires. Mais puisque d'autres avaient fait la sale besogne, elle n'en était pas mécontente. Du côté catholique, il n'y avait plus personne pour mener la guerre. L'autre parti était militairement en médiocre posture et Coligny suspect. Elle allait pouvoir traiter.

Les deux généraux captifs s'en chargèrent. Le vieux connétable eut à cœur de compenser sa défaillance sur le terrain par son talent de négociateur. Condé, plus jeune, supportait impatiemment sa captivité. Il consentit pour en sortir à signer le 19 mars l'édit d'Amboise, qui dissociait les très grands seigneurs, autorisés à pratiquer leur religion chez eux, des simples fidèles, à qui les lieux de culte étaient chichement mesurés, limités à une seule ville par bailliage, hors des remparts. Rien dans la capitale, farouchement catholique il est vrai. Cette discrimination sociale fut désastreuse pour l'avenir de la religion réformée, qui passa pour un privilège de la noblesse. Calvin traita le prince de « misérable qui avait trahi Dieu en sa vanité ». Catherine, elle, avait atteint son but.

La fin du conflit lui offrit soudain une chance dont elle sut aussitôt tirer profit.

Les réformés, on l'a dit, avaient bénéficié de secours anglais. Ils se sentirent très gênés lorsqu'on sut de quel prix ils les avaient payés. L'Angleterre avait été longtemps chez nous l'ennemi héréditaire. Le souvenir restait vif du temps où ses troupes déferlaient sur notre territoire et la place forte de Calais, dernier vestige de cette invasion, faisait figure de symbole tant pour les Anglais que pour les Français. François de Guise l'avait conquise peu avant le traité du Cateau-Cambrésis. Une des clauses de ce traité stipulait que la France paierait une indemnité de 500 000 couronnes si elle ne la restituait pas au bout de huit ans : moyen élégant de déguiser une cession définitive. Il était également précisé que si Londres reprenait les hostilités, la ville nous serait acquise gratuitement. Or Élisabeth, misant sur nos luttes intérieures, avait cru pouvoir récupérer « sa » ville. En échange de ses secours, les chefs huguenots s'étaient engagés secrètement, par le traité d'Hampton-Court le 20 septembre 1562, à la lui faire restituer. Et en attendant, ils lui abandonnaient à titre de garantie le port du Havre.

La paix civile était revenue, les Anglais occupaient toujours Le Havre, qu'Élisabeth ne voulait lâcher que contre Calais. Coligny et Condé n'avaient pas de quoi être fiers. De quel droit avaient-ils négocié ce qui ne leur appartenait pas et à quoi la France tenait très fort ? Catherine les laissa discuter en vain avec leur encombrante alliée, puis elle expédia à Londres un envoyé chargé de parler haut et fort. Élisabeth se fâcha et dit imprudemment qu'elle s'était emparée du Havre « non pour le motif de la religion », mais pour se venger des torts que lui avait faits la France et compenser la perte de Calais, « qui était son droit ». On imagine sans peine la fureur des huguenots français qu'elle avait pris pour dupes.

Catherine eut alors la joie de réunir sous les mêmes drapeaux les adversaires de la veille *, qui s'en allèrent ensemble reconquérir Le Havre. Victoire facile : la place capitula aussitôt. Pendant ce temps, le chancelier proclamait que, l'agression injustifiée des Anglais rendant caduques leurs prétentions sur Calais, ils ne pouvaient prétendre à aucune indemnité. Après quelques semaines d'âpres marchandages, la France offrit à Élisabeth 120 000 couronnes, « à titre d'honnêteté et de courtoisie » et non comme un dû, prit-on bien soin de préciser. Calais était définitivement française.

Du bien beau travail, à porter au crédit de Catherine.

À la proclamation solennelle de la majorité de Charles IX, à Rouen, le 17 août 1563, fut jointe une confirmation de l'édit d'Amboise. Nouveauté inouïe : monarchie et pluralisme religieux se trouvaient officiellement liés. Le jeune roi ordonna aux habitants des villes et des campagnes qui détenaient des armes de les déposer. Il ne pouvait en priver les grands seigneurs,

---

* Sauf Coligny, qui se retira chez lui, à Châtillon.

mais il leur interdisait de se faire accompagner par des serviteurs armés. Seul désormais il aurait le droit d'avoir des troupes
à son service. Défense était faite à tous ses sujets de faire des
collectes d'argent et de nouer intelligence avec des souverains
étrangers. L'autorité royale, en théorie du moins, était rétablie.

Quelques mois plus tard, il évoqua devant son Conseil la
plainte déposée par les Guise contre Coligny pour l'assassinat
du duc et arrêta que le jugement de cette affaire serait remis à
trois ans, sans que les parties pussent d'ici là recourir ni à la
justice ni aux armes. C'était au moins suspendre la vendetta, à
défaut d'y couper court. La reine mère avait de quoi être satisfaite. Tout cela était son œuvre, et Ronsard croyait pouvoir
s'exclamer, en style bucolique :

> *Si nous voyons le siècle d'or refait,*
> *C'est du bienfait*
> *De la Bergère Catherine.*

Le siècle d'or ? On en était encore loin. La « bergère » ronsar-
dienne savait que la paix ne se décrète pas d'un coup de
baguette magique, cette baguette fût-elle un sceptre royal. Il lui
fallait maintenant la faire passer dans les faits.

CHAPITRE TROIS

LA PACIFICATION MANQUÉE

Charles IX est majeur, les armes se sont tues, officiellement du moins. Sa mère a les mains libres enfin. Il faut recoller les morceaux d'un royaume éclaté. La condition : faire cohabiter sans trop de heurts catholiques et huguenots. Elle croit la chose possible, elle y travaille de toutes ses forces et, durant quatre ans, elle y réussit.

Sous prétexte qu'ensuite la guerre a repris, plus féroce que jamais, les historiens dénoncent parfois la duplicité de Catherine, dont la politique de tolérance ne serait qu'un leurre avant l'hallali. Mais la modération avec laquelle elle exploite sa victoire sur le terrain, les efforts qu'elle déploie pour désamorcer les vengeances privées montrent qu'elle ne cherche pas à éliminer les réformés, mais seulement à contenir leur expansion, qui lui paraît une menace pour le royaume. Devant la portion congrue qu'elle leur offre, proportionnée à leur nombre réel, on se demande parfois s'ils ne regrettent pas le temps de la persécution, plus gratifiante et génératrice d'enthousiasme contagieux. Ils ont cru, l'espace d'une année, que leur foi triompherait en France. Un grand espoir déçu, une profonde rancœur les animent contre la reine mère, qu'ils rendent seule responsable de ce désastre. Les plus résolus guettent l'occasion de reprendre leur marche conquérante. Mais ils ont maintenant face à eux un parti catholique organisé.

Faut-il donc avoir, avec d'autres historiens, un sourire de pitié pour la suffisance ou la naïveté de Catherine, qui croit amadouer les grands fauves avec des sourires et prend ses désirs pour des réalités, la pauvre ? Ils se trompent. Elle est trop intelligente, trop bien informée aussi. Il ne suffit pas, en ce monde, de dire « *Fiat pax* » pour que la paix soit : elle ne se prend pas pour Dieu le père. L'autosatisfaction qu'elle affiche dans ses lettres à sa fille Élisabeth est à usage externe ; il lui faut rassurer Philippe II qui ne cesse de la harceler, l'invitant à mettre les réformés hors la loi. Elle n'est pas dupe de sa propre rhétorique. Elle sait bien que les combattants ont consenti seulement à une pause, dont ils profiteront pour se refaire une santé. Non, elle n'a pas d'illusions. Mais elle a beaucoup de courage. Elle en aura grand besoin.

Supposer le problème résolu aide parfois à le résoudre. En feignant de prendre pour une vraie paix ce qui n'est qu'une trêve, elle impose à ses partenaires un comportement pacifique. En traitant les belligérants comme si elle les croyait réconciliés, elle les oblige eux aussi à faire semblant de le croire. Et c'est déjà quelque chose qu'ils consentent à se rencontrer, à se parler, à s'embrasser, même s'ils sont pleins d'arrière-pensées. Ils s'accoutument à vivre ensemble et c'est énorme. Elle compte sur le temps pour les réapprivoiser à une vie normale. Elle compte aussi sur les liens familiaux ou féodaux qui interfèrent avec les antagonismes religieux. N'a-t-elle pas vu de ses yeux, lors de ses essais de conciliation, fraterniser sa suite avec celle de Coligny ? Parents, amis, s'émouvaient de ces retrouvailles avant le combat. Elle espère les faire se retrouver à nouveau sur un terrain moins dangereux.

A-t-elle pleinement partagé, en son for intérieur, le rêve humaniste d'une monarchie d'inspiration néoplatonicienne, faisant du roi un thaumaturge participant à l'harmonie universelle et chargé de réaliser ici-bas, dans le microcosme qu'est son royaume, la mystérieuse union des contraires qui régit le macrocosme ? A-t-elle vraiment cru que catholiques et huguenots consentiraient à être, comme l'eau et le feu, le chaud et le froid, les composantes d'une France pacifiée ? C'est possible. Le réalisme n'exclut pas chez elle, au contraire, la foi dans les influences surnaturelles. Qu'elle ait mesuré l'impact que pouvaient avoir sur les esprits de pareils thèmes, magnifiés par la littérature et les arts, est certain.

C'est pourquoi, tout en prenant une série de mesures administratives destinées à remettre de l'ordre dans le royaume, elle s'efforça aussi, par la magie des fêtes et célébrations collectives,

de rendre à la monarchie cohésion et rayonnement et d'en
inscrire la légitimité dans l'ordre même du monde.

Catherine fait le ménage

Elle commence par réorganiser le Conseil. Un Conseil élargi,
représentatif de l'ordre nouveau, où elle fait entrer, aux côtés
d'une douzaine de catholiques purs et durs, les six plus
notables réformés, dont Coligny, ce même Coligny que le
parlement de Paris avait déclaré rebelle et condamné à mort par
contumace quelques mois plus tôt. Elle le peuple surtout
d'un bon nombre de modérés, qui, nettement majoritaires, y
soutiendront sa politique de tolérance — le plus illustre d'entre
eux étant le chancelier Michel de L'Hôpital.

À l'égard de Rome, elle met les points sur les i. Elle avait
renvoyé à Trente les cardinaux français munis de propositions
conformes aux vœux d'une partie de l'opinion catholique :
chants liturgiques en français et communion sous les deux
espèces. Moyennant quoi elle s'engageait à lutter contre les
superstitions liées au culte des saints et à l'usage des indulgences. Ils lui revinrent avec l'injonction impérative de faire
appliquer en toute rigueur les décisions du concile. Pie IV la
rappelait à l'ordre en proposant, au lieu d'une réforme de
l'Église, la « réformation des princes », un ensemble de mesures
soumettant étroitement ceux-ci à son autorité. Il menaçait de
faire déposer la reine de Navarre pour hérésie. Solidarité
monarchique oblige : Catherine vola au secours de sa cousine
en répliquant vertement au pape qu'il « n'avait nulle autorité et
juridiction sur ceux qui portent le titre de roi ou de reine ». En
la remerciant, Jeanne d'Albret, qui ne manquait pas d'esprit, se
déclara impatiente d'aller « lui baiser les pieds de meilleure
affection qu'au pape ». L'Église gallicane, solide appui du trône,
restait fidèle à ses traditions d'indépendance.

Pour lutter contre la désobéissance généralisée, la montée de
l'anarchie, Catherine entreprend de faire respecter les édits. Si
imparfaits qu'ils soient, ils proposent des règles précises, déli-
mitent un cadre dans lequel doit s'exercer la légalité. Il est bien
fini le temps où elle engageait les magistrats à ne pas les appli-

quer. Tous sont invités à s'y plier, les catholiques comme les protestants, les juges comme leurs justiciables. Le roi est prêt à accueillir les plaintes de part et d'autre et promet de sévir équitablement contre tous les coupables. Dans la pratique, la chose n'est pas toujours facile et l'on citera sans peine des cas concrets où la réalité ne répond pas aux intentions proclamées. Mais il est capital que le désir d'impartialité existe et qu'il s'affirme dans la loi. Très sagement, Catherine donne l'exemple, commence par mettre chez elle l'ordre qu'elle prétend imposer aux autres. Les grands seigneurs huguenots sont priés de s'abstenir de psaumes et de prêches dans l'entourage immédiat du roi. Renée de France elle-même, la fille de Louis XII, dut obtempérer. Au laxisme d'antan fait place une tolérance soigneusement réglementée.

La reine tente de s'attaquer également aux racines du mal. Ses juristes élaborent toute une série de réformes destinées à réduire les divers abus qui entretiennent le mécontentement. Travail de longue haleine, dans le détail duquel on n'entrera pas ici, mais qui fait apercevoir en elle de remarquables qualités d'administratrice. Elle eût été fort bonne « ménagère » comme on disait alors, si le temps et les moyens ne lui avaient manqué.

Et elle réorganise la cour.

La cour, « vrai Paradis » ou « nouvelle Babylone » ?

Avouons-le, la cour de Catherine de Médicis a très mauvaise réputation. Ce ne fut pourtant pas le lieu de perdition évoqué avec une indignation scandalisée ou une complaisance gourmande, où dames et demoiselles composant le trop fameux « escadron volant » payaient gaillardement de leur personne pour détourner du devoir les gentilshommes des deux camps : entreprise de proxénétisme officiel placée sous le patronage cynique de la reine mère. La vérité est beaucoup plus nuancée.

Catherine a gardé de la cour sous François Ier et Henri II un souvenir ébloui, en même temps que la conviction qu'elle constitue pour la royauté un incomparable instrument de prestige et de pouvoir. Dès que les circonstances le lui permettent, elle renoue avec la tradition. La cour, ce sont d'abord des femmes, un essaim de dames et de demoiselles de qualité qu'elle a choisies pour leur beauté, leur charme, leur talent à deviser, à chanter, à danser. Un honneur pour les familles des élues, qu'elle nourrit, habille, dont elle assure l'entretien et souvent l'avenir. Un ornement pour la cour qu'elles égaient de leur élégance et de leur grâce. Incarnant la féminité à laquelle elle-même a renoncé, elles soulignent par contraste la singularité de cette reine à l'austère tenue de veuve. Écrin de soie et d'or pour une pierre noire, elles font de Catherine un être à part, quasi sacré, beaucoup plus reine que si elle prétendait rivaliser avec elles en essayant de réparer des ans et de la nature l'irréparable outrage. De ses handicaps — sa laideur, son âge —, Catherine est experte à faire des atouts.

Qu'elle ait vu dans la séduction exercée par les dames de sa suite sur les gentilshommes un moyen d'action politique est évident. Le repos du guerrier invite au divertissement. Dans les cités et les châteaux régis à la genevoise sous la rude férule des ministres réformés, le climat est à l'austérité. Lorsque les armes sont au râtelier et qu'ils n'ont plus que psaumes et prêches pour agrémenter le quotidien, certains s'ennuient. Ils n'ont pas tous pour la culture de leurs vignes les mêmes penchants que Coligny. La cour reconstituée exerce sur eux un attrait puissant, qui fait tempêter Calvin et trembler pour son fils la reine de Navarre. Mais les admonestations sont sans prise sur un Louis de Condé, « Ce petit homme tant joli, / Qui toujours chante, toujours rit / Et toujours baise sa mignonne... », comme dit une chanson. Pendant qu'il lui « fait l'amour », il ne fait pas la guerre, et c'est tant mieux pour le royaume.

Attention, « baiser » signifie alors embrasser et « faire l'amour » veut dire courtiser, rien de plus — du moins en principe. Loin de jeter ses filles d'honneur, comme on l'a dit, dans le lit des grands seigneurs, elle veille strictement à la bonne tenue générale, limite l'accès à la chambre des dames, interdit les conversations en tête-à-tête sans chaperon, réglemente les privautés permises avec une parcimonie qui ferait sourire une gamine d'aujourd'hui : « Assises sur une chaise, elles peuvent, sans choquer la décence, inviter leurs compagnons à s'asseoir à leurs côtés. Assises au sol, elles acceptent qu'ils posent un genou en terre. Mais s'allonger auprès d'elles, comme cela était naguère la mode, est réprouvé.» On est loin de ce que se permettait en public Henri II avec sa belle favorite.

Sur les faiblesses de celles qui avaient l'imprudence de s'abandonner, on fermait les yeux : elles étaient libres « d'être religieuses aussi bien de Vénus que de Diane », mais il leur fallait se garder de « l'enflure du ventre ». Malheur à celles dont le déshonneur éclatait. Elles étaient bonnes pour le couvent, comme Isabelle de Limeuil qui cacha sa grossesse jusqu'au bout, accoucha en catastrophe dans l'antichambre de la reine et expédia à Condé dans un panier le fils qu'elle avait eu de lui. Brantôme s'est complu à relater des scandales dont il reconnaît qu'ils furent peu nombreux. Il qualifie lui-même la cour de Catherine d'école de vertu et bonnes mœurs et de « vrai Paradis » sur terre.

Le souci tout extérieur des convenances n'est pas seul en cause dans le soin mis par la reine à faire régner la décence autour d'elle. Il y a un vieux fonds de moralisme chez celle qui fut toujours la victime des écarts amoureux masculins : pour ce qui lui fut refusé, elle éprouve peu d'indulgence. Il y a aussi un sens psychologique et politique très sûr.

Catherine veut fixer durablement les guerriers à la cour. Ce n'est pas en laissant ses filles succomber trop vite qu'elle y parviendra : désirables et longuement désirées, elles seront beaucoup plus efficaces. Elle tente de rétablir, comme au bon vieux temps, le « service de courtoisie », qui astreint l'amoureux à d'interminables épreuves probatoires. Elle sait pour l'avoir vu à travers son mari ce que peuvent auprès d'un jeune homme les faveurs savamment distillées d'une femme plus expérimentée, qui le dégrossira, le formera, le polira, et le tiendra longtemps sous sa coupe. Jeanne d'Albret n'a pas tout à fait tort quand elle signale que l'initiative vient souvent des femmes : ce sont elles « qui prient les hommes », et non l'inverse. La chose n'a rien d'une invitation à la débauche, au contraire. Le duc de Bouillon, un huguenot lui aussi, évoque avec nostalgie dans ses *Mémoires* son entrée à la cour en 1568 — il avait treize ans — lorsque son oncle lui donna pour maîtresse Mlle de Château-neuf : « laquelle je servais fort soigneusement autant que ma liberté et mon âge me le pouvaient permettre. [...] Elle se rendit très soigneuse de moi, me reprenant de tout ce qui lui semblait que je faisais de malséant, d'indiscret ou d'incivil. [...] Je ne saurais désapprouver cette coutume d'autant qu'il ne s'y voyait, oyait, ni faisait que choses honnêtes... » Et de blâmer l'immodestie et la vulgarité des mœurs sous le règne de Henri IV. Ce satisfecit rétrospectif est la preuve du succès de Catherine.

Mais le rétablissement de la cour avait bien d'autres buts que de retenir auprès du roi les gentilshommes indisciplinés. Il prétendait marquer un retour au passé, au temps où toute la noblesse communiait dans un même amour de la monarchie, de ses pompes, de son faste. Un retour à un avant-guerre qui faisait figure d'âge d'or. C'était signifier au pays tout entier ainsi qu'aux souverains étrangers que la France redevenait elle-même.

Une initiative audacieuse : le Grand Tour de France

C'est une signification analogue que revêt le grand tour du royaume, organisé par Catherine, qui jeta le roi, sa famille, ses serviteurs et sa cour sur les routes pendant plus de deux ans, du 24 janvier 1564 au 1er mai 1566.

Ce voyage s'inscrit dans la tradition des grandes parades itinérantes que François Ier avait naguère érigées en moyen de gouvernement. Le roi rend visite à « ses peuples » — le pluriel respectant ici la diversité du tissu provincial —, à ses grands vassaux, à ses bonnes villes : occasion de festins, de fêtes, de tournois, d'entrées solennelles qui rendent sensible à tous leur appartenance à une même communauté. Il s'y ajoute, dans le cas de Catherine, un programme de visites familiales et diplomatiques à la fois : en allant voir sa fille Claude en Lorraine, sa belle-sœur Marguerite à Lyon*, sa fille Élisabeth à Bayonne, elle cherche des appuis pour sa politique. C'est aussi, pour le jeune roi et ses frères, le moyen de découvrir le royaume, dans la diversité de ses paysages et de ses hommes.

---

* Lyon était alors ville frontalière de la Savoie, dont Marguerite était duchesse.

Mais dans les circonstances où il intervient, ce voyage si conforme à la tradition est une démarche politique d'une extraordinaire audace, un acte de foi dans le loyalisme monarchique d'un pays déchiré, encore secoué de violences.

À Paris, cité très catholique, Catherine a failli déclencher une émeute en se montrant dans les rues aux côtés du prince de Condé. Un garde de la princesse a été tué à la portière même du carrosse où se trouvait celle-ci, terrifiée. Peu après Charry, mestre de camp des troupes royales et homme lige de la reine mère, est attaqué et abattu en pleine rue. Accidents, provocations, vendettas ? comment savoir ? Le « motif de religion » couvre bien d'autres crimes. En province, les villes abritées de remparts sont autant de petites places fortes que l'on se dispute et où se retranchent les vainqueurs, qui les administrent en toute indépendance. Les désordres ont renforcé sur place le rôle des nobles, dont la population recherche comme jadis la protection : multiplication des potentats locaux, retour à la féodalité. À tous ceux-là, qui bafouent l'autorité du roi ou ont tout simplement cessé de croire en elle et choisi de l'ignorer, il faut montrer qu'elle existe et qu'elle est porteuse de paix. C'est un pari hasardeux. Il faut feindre de croire la pacification acquise si l'on veut la faire progresser, faire confiance à ceux dont on a toutes raisons de se défier, pour les contraindre à y répondre par la confiance.

Le seul fait d'entreprendre ce voyage comporte un message très clair et très fort. Le roi existe, on peut le voir, lui parler. Il est là, auréolé de la pompe qui convient à sa personne sacrée. Le roi n'a pas peur de ses peuples, il les aime, il va vers eux, il les associe comme autrefois à la célébration de sa grandeur.

À cette restauration des fastes monarchiques participe toute la haute noblesse : et c'est là encore un trait traditionnel. Mais la nouveauté est qu'on montre au peuple une cour où se côtoient des gentilshommes des deux religions, membres dirigeants des factions rivales, et où les liens du sang prévalent sur les antagonismes confessionnels. Le prince de Condé et le duc de Nemours se mesurent à la paume, dansent et coquettent de conserve, se jurant mutuellement « d'être toujours joyeux et bons amis et de ne pas chercher à troubler la conscience de l'autre » : vivante image de la pacification et de la réconciliation tant désirées.

Catherine compte sur le voyage pour faire de cette image une réalité. Après la victoire du Havre, il ne faut pas laisser se défaire la fraternité un instant renouée entre les grands par la guerre étrangère en les renvoyant chez eux, libres pour l'agitation subversive. Le grand tour de France sera pour eux un substitut d'expédition militaire. À la guerre, on ne se bat pas toujours. Il y a d'agréables à-côtés, qu'un voyage pacifique peut également fournir. Tout est affaire d'intendance. Catherine s'y entend.

Un programme bien conçu

À quarante-cinq ans, elle est dans la pleine force de l'âge. Elle porte allégrement un embonpoint « très riche », qui inquiète ses médecins et lui joue parfois des tours imprévus, comme le jour où l'escalier se révéla trop étroit pour la laisser accéder à l'étage de la maison qui devait l'héberger. Mais elle marche « si lestement que personne de la cour ne la saurait suivre ». Elle a toujours aimé chasser, accompagnant son fils à la poursuite des cerfs jusque dans les fourrés les plus épais, « esquivant les taillis et les rameaux des arbres » comme un cavalier émérite. Une grave chute de cheval qui, à la fin de l'été 1563, entraîna une trépanation, ne l'a pas découragée : tout au plus apporte-t-elle davantage de soin au choix de ses montures, de fortes et placides haquenées. Elle joue au palet, tire à l'arbalète, pratique tous les « honnêtes exercices », même les plus masculins. L'activité physique aiguise son appétit, qu'elle a naturellement énorme : elle faillit crever d'indigestion, dit-on, pour « avoir trop mangé de culs d'artichauts et de crêtes [et] de rognons de coq ». Le soir, parmi les dames de la cour, la voici redevenue femme, occupée à des travaux d'aiguille où « elle était toute parfaite », si réputée qu'un dessinateur vénitien lui dédia son recueil de motifs pour broderies. Elle aime la conversation, les bons mots, même gaillards, le théâtre, les joyeuses facéties de la comédie italienne. Elle n'est pas « mélancolique » : c'est à ses yeux une force. Malgré des rhumatismes, des

« catarrhes » et divers maux qui l'obligent parfois à s'aliter, elle déborde de vie et de vitalité. Elle veut tout savoir, tout voir, tout diriger.

Le grand tour de France est son œuvre, jusque dans les moindres détails. À peine réglée la question de Calais, elle met sur pied son projet de voyage. Il faut faire vite. La saison est déjà avancée ? qu'importe ? On quitte Paris en plein mois de janvier. Brève halte à Saint-Maur, un château encore rustique, qu'elle fera trois ans plus tard transformer et décorer par Bullant. Le 31 janvier, la cour est à Fontainebleau, où est fixé le rendez-vous général. Une halte de six semaines donne aux participants un avant-goût des plaisirs qui les attendent, s'ils acceptent de jouer le jeu : une sorte de banc d'essai, destiné à tester la viabilité de l'entreprise. Résultats concluants : comédies, joutes, bals, festins ont rapproché les ennemis de la veille. Ronsard avait écrit pour les enfants princiers une *Bergerie* où Orléantin et Navarrin — entendez le futur Henri III et le futur Henri IV — papillonnent autour de la séduisante Margot, sœur du roi. On lui préfère une tragédie qu'un adaptateur anonyme a tirée de l'Arioste, *La belle Genièvre :* les acteurs en sont également, non des professionnels, mais les plus grands personnages de la cour. Puis, lors d'un tournoi de fantaisie, des chevaliers prennent d'assaut un château fort de carton-pâte et enlèvent à ses défenseurs six belles dames en costume de nymphes. On est en période de carnaval : il est permis de s'amuser.

Le 13 mars, le lourd cortège se met en route. Pour le roi et pour sa mère, d'énormes coches traînés par six chevaux, qui amplifient le moindre cahot, et des litières de voyage portées par des mules, dont le balancement donne le mal de mer. Il est prévu aussi des litières de parade découvertes, pour les entrées dans les villes. Les écuries regorgent de montures splendides, dont une haquenée blanche destinée à la reine d'Espagne. Le personnel domestique suit, médecins, cuisiniers, musiciens, poètes, parmi lesquels Ronsard. Et les fous et les nains, qui ont leur propre « maison » en miniature autour de la naine préférée de Catherine, nommée Folle-en-pied. Et la ménagerie : on a laissé à Amboise les lions offerts par Côme de Médicis, mais les ours sont là, tenus en laisse par un anneau qui leur traverse le nez. Il y a également une guenon, un perroquet, des faucons, une nuée de chiens de toutes races. Une longue théorie de chariots et de bêtes de somme transporte les vêtements d'apparat, la literie, la vaisselle, plus les costumes et accessoires nécessaires aux ballets et aux comédies. Dans cette « capitale ambulante », la présence de quelques soldats se fait discrète. Ce n'est pas une expédition militaire : le grand cirque royal apporte la paix.

Dans ses bagages, Catherine traîne le Conseil, les secrétaires, les juristes, les ambassadeurs étrangers, tout ce qui est nécessaire à l'exercice du gouvernement. Jamais sa capacité de travail n'a été aussi grande. Elle ne cessera, pendant les deux ans que dure le voyage, de suivre par elle-même, de très près, l'administration du royaume et de diriger l'activité diplomatique. Elle continue d'écrire chaque jour des dizaines de lettres, de lire toutes celles qu'on lui envoie, de recueillir les informations, d'écouter les doléances. Infatigable, elle veille à tout. Si elle est parfois tendue, aux aguets, inquiète, c'est qu'elle est consciente des risques courus. Elle sait que ses fils sont prompts à faire des sottises, que les grands féodaux ne sont pas sûrs, que la haine religieuse couve et que le moindre incident peut mettre le feu aux poudres. Les divertissements qu'elle organise ne la divertissent pas toujours : elle est bien trop occupée à en supputer l'efficacité. La fête est pour les autres.

Elle est très réussie.

Le voyage est par lui-même distraction. Il occupe le corps et l'esprit. Il rapproche les hommes, surtout les plus jeunes, dans les péripéties de la route, la promiscuité des gîtes de fortune, les intempéries, les accidents. Ils chevauchent, festoient, dansent, dorment ensemble. Les adolescents, moins surveillés qu'à l'ordinaire, complètent leur éducation sexuelle. Dans les villes, tous défilent aux côtés du souverain, prennent leur part des honneurs qui lui sont prodigués, s'éblouissent des spectacles offerts. Les joutes amicales, remplaçant les affrontements sanglants, proposent à leur agressivité un exutoire inoffensif. Ils miment sur scène « le théâtre commun du monde », où les hommes sont les acteurs, et la fortune toujours maîtresse : invitation à se soumettre à ses décrets, qui sont ceux de la providence.

On ne s'en va pas au hasard. L'itinéraire a été très étudié. Inutile de retourner en Normandie : la province vient d'être pacifiée et honorée de la présence du roi, pour la proclamation de sa majorité. On choisit d'aller d'abord vers l'Est, une région où dominent les catholiques, qu'il faut ramener à la modération. Un détour par Sens, qui a égorgé deux ans plus tôt ses huguenots et se confond en louanges, puis l'on s'en va passer à Troyes les fêtes de Pâques. Le roi y touche les écrouelles, il lave les pieds à treize pauvres et sa mère en fait autant à treize jeunes filles méritantes, tandis que les membres réformés de la cour s'en vont célébrer la cène sans encombre à quatre milles des remparts. C'est dans cette ville que Catherine a choisi, symboliquement, de signer avec l'Angleterre le traité qui consacre la récupération de Calais, effaçant celui qui, cent quarante ans plus tôt, au même endroit, avait livré la France aux Anglais. À Bar-le-Duc, Catherine est la marraine de son premier petit-fils, l'enfant de sa fille Claude et du duc de Lorraine, qu'on baptise en grande pompe. Et Ronsard, dans la mascarade qui suit, prête sa voix aux quatre éléments et à quatre des planètes pour célébrer la gloire du « plus grand roi du monde ».

De là, on met le cap sur la Bourgogne, où le gouverneur, Tavannes, fait régner l'ordre sans ménagements excessifs. Les réjouissances organisées par le vieux soldat sont brutales et l'assaut fictif d'un fort artificiel, accompagné de vraies canonnades, jette la terreur parmi les femmes de l'assistance. À Châlon, on prend le bateau pour descendre la Saône jusqu'à Mâcon. On entre alors, non sans quelque appréhension, dans les provinces à forte concentration huguenote. Est-ce un hasard ? c'est là que la reine de Navarre a choisi de se porter à la rencontre du cortège. Le moment est venu de présenter un portrait de cette femme hors du commun, que nous n'avons fait jusqu'ici qu'entrevoir de profil.

Jeanne d'Albret

Née en 1528, elle est la seule survivante des enfants de Henri d'Albret et de Marguerite d'Angoulême, sœur de François Ier.

La loi salique n'a pas cours dans la petite Navarre française, dont elle est l'héritière de plein droit. Elle est reine.

Elle tient de ses parents une énergie peu commune, ainsi qu'une haute conscience de son rang et de ses droits. Elle partageait les brillantes espérances matrimoniales qu'ils nourrissaient pour elle : son père songeait à la donner au fils de Charles Quint, sa mère souhaitait au moins un parti de sang royal. Mais François Ier, se réservant de la faire servir à ses desseins politiques, la leur retira, la séquestra quasiment et la proposa au duc de Clèves pour prix de son alliance. Elle avait treize ans, une volonté bien arrêtée et le sentiment d'être trahie par sa mère. Elle osa, elle, dire en face au roi qu'elle ne voulait pas d'un tel époux. Cette rébellion aggrava son cas : il n'était pas admis que les enfants de son âge désobéissent. On recourut à la force : une bonne fessée lui fut administrée par sa gouvernante. Il fallut la porter jusqu'à l'autel, engoncée dans une robe alourdie d'or sous laquelle elle se débattit en vain, et on dut faire semblant de prendre pour consentement les protestations qu'elle marmonnait.

Par bonheur, le marié n'était pas là en personne, il chargea son ambassadeur d'un simulacre de consommation — une jambe nue dans la couche nuptiale —, et il eut la bonne idée de se faire battre à plate couture par l'empereur. Du coup, François Ier, qui n'a plus besoin de lui, consent à une annulation. C'est chose facile : la fameuse fessée, dont Marguerite assume la responsabilité pour les besoins de la cause, est là pour faire la preuve du défaut de consentement. Mais, pas découragé pour autant, le roi lui impose un autre mari et les plaintes de sa sœur sont impuissantes à le fléchir. Pas de souverain étranger, qui risquerait d'intriguer en Navarre. On songea un instant — ironie du sort — à François de Guise en qui elle verra plus tard son pire ennemi. Elle est finalement donnée au premier prince du sang, Antoine de Bourbon : un parti honorable certes, mais que sa famille juge indigne d'elle.

Est-ce l'épithalame de Ronsard qui lui a porté bonheur ? À la stupéfaction générale, l'intraitable fillette tombe éperdument amoureuse de lui. « Je ne vis jamais mariée plus joyeuse que celle-ci ; et ne fit jamais que rire », s'exclama Henri II aussi satisfait que surpris. On avait tort de s'étonner : pour un carac-

tère entier comme celui de Jeanne, c'est toujours tout ou rien.
Avec Antoine, la lune de miel va durer quelques années,
comme en témoigne une tendre correspondance qui est parvenue jusqu'à nous : « Ma mie [...], je n'eusse jamais pensé vous
aimer tant que je fais. Je délibère * bien, une autre fois, quand
je ferai long voyage, de vous avoir toujours avec moi, car tout
seul je m'ennuie », lui écrit son très charmant époux, qui se
plaint, dans une autre lettre, de « cette nuit passée au lit sans
[elle] ». Lorsque la guerre les sépare, Jeanne le rejoint en
cachette, à l'arrière du front, le temps de quelques rencontres,
d'où naîtront leurs premiers enfants. En 1552, il attend la prise
d'Hesdin, où il vient de s'illustrer, pour aller la retrouver, « avec
aussi bonne dévotion de faire bonne chère, lui dit-il, que j'eus
jamais en ma vie... »

Hélas, les épreuves surviennent, et les affectent différem-
ment. La mort accidentelle de leur premier-né, étouffé dit-on
par des langes trop serrés, marque beaucoup Jeanne qui se sent
obscurément coupable. Antoine tente de la consoler : ils sont
jeunes, Dieu peut leur en donner une douzaine d'autres. Et
déjà il lui reproche son tempérament inquiet, qui la conduit à
tracasser ceux qu'elle aime. Dès avant son mariage se sont
manifestés chez elle les premiers signes d'une tuberculose qui
couve lentement : les écrouelles ont laissé des marques sur son
cou. Elle se fatigue vite et sa gaieté de jeune mariée n'est plus
qu'un lointain souvenir.

On ne sait quand la désunion s'est glissée dans le couple : il
n'était pas d'usage, chez les maris de ce temps, de garder longtemps fidélité à leur femme. Les séparations étaient trop
fréquentes, les tentations trop nombreuses et le très séduisant
Antoine trop léger pour résister au plaisir qui s'offrait. La
déconvenue fut d'autant plus rude pour Jeanne qu'elle l'avait
davantage aimé.

On ignore aussi quel chemin les conduisit tous deux à la
Réforme. L'adhésion d'Antoine, qui se déclara le premier, fut
peu solide et la politique y eut autant de part que la religion.
Jeanne, au contraire, attendit la Noël de 1560, à Pau, pour

---

* J'ai bien l'intention...

abjurer solennellement et définitivement le catholicisme, au terme d'une maturation profonde. Plus intellectuelle que son mari, dotée par sa mère d'une forte culture humaniste et initiée très tôt par elle à l'Évangélisme, elle a une exigence de spiritualité que renforcent les épreuves — déceptions conjugales, mort accidentelle d'un autre fils, puis d'une fille à la naissance —, elle se tourne vers Dieu avec l'appétit d'absolu qui l'habite et trouve dans le calvinisme, en même temps que des certitudes rassurantes, la confirmation de son propre pessimisme : le monde corrompu, miné par les forces du mal, est haïssable, mais la foi sauve les justes et leur promet le ciel.

Le conflit entre les époux prend un tour aigu lorsqu'Antoine, revenu au catholicisme, presse sa femme d'en faire autant : « Plutôt que d'aller à la messe, si elle avait son royaume et son fils en la main, elle les jetterait tous deux au fond de la mer. » Au printemps de 1562, après le massacre de Vassy, elle quitte Paris : sa fille l'accompagne, mais elle doit laisser Henri, huit ans, aux côtés de son père, qui s'applique à le ramener à la foi romaine.

L'abjuration, puis la mort d'Antoine renforcent ses convictions. Sa qualité de reine la désigne comme porte-parole des réformés, lorsqu'il s'agit d'exiger la liberté de culte : « Nous mourrons tous plutôt que de quitter Dieu et notre religion, laquelle nous ne pouvons tenir sans exercice, non plus qu'un corps ne saurait vivre sans boire et manger. » Formule superbe, dont on regrette qu'elle soit à sens unique : Jeanne omet de prêter à ses sujets catholiques les mêmes besoins et leur refuse la messe. Intolérante, comme tous les intégristes, elle n'hésite pas à imposer par la force à ses Béarnais rétifs une existence tout entière régie par des prescriptions religieuses rigides. Plus de cérémonies fastueuses, plus de fêtes, plus d'images ni de statues, plus de théâtre, l'austérité dans le costume, le langage, les occupations, les mœurs : tout le contraire de ce qu'offre Catherine à la cour reconstituée. Deux veuves, toutes deux drapées de noir — Catherine laisse le luxe aux autres —, toutes deux intelligentes et volontaires, qui se font toutes deux la plus haute idée de la fonction de roi, sont la vivante incarnation de deux civilisations incompatibles.

Que faisait donc Jeanne à Mâcon, à attendre la cour ? Cette

forte femme a un seul faible : son ambition maternelle. La place du jeune Henri, premier prince du sang depuis la mort de son père, est à la cour : elle ne peut l'en arracher sans déclarer la guerre au roi et donc compromettre l'avenir de l'enfant. Dans un esprit de conciliation, Catherine lui a rendu la haute main sur l'éducation du garçon, qui a vu ses maîtres catholiques remplacés par des huguenots et qui a repris le chemin de la cène, aux lieu et place de la messe. Mais Jeanne craint la contagion d'une société dissolue. En venant remercier la reine de son soutien contre les anathèmes pontificaux, elle s'assurera de la bonne santé spirituelle de son fils.

À Mâcon, son arrivée n'est pas passée inaperçue, c'est le moins qu'on puisse dire. Et Catherine en profite pour marquer clairement, face aux protestants, les limites à ne pas dépasser.

Voyage en pays huguenot

Jeanne entra dans Mâcon flanquée de huit ministres tout de noir vêtus, escortée d'une troupe de trois cents cavaliers : on n'est jamais trop prudent. Dans les rues déjà décorées en vue de la Fête-Dieu, ces funèbres figures avaient l'air très incongru. Plus on les regardait de travers, plus elle était satisfaite : elle aimait assez la provocation, quand c'était pour la bonne cause.

Le lendemain, tandis que la procession conduite par son beau-frère, le cardinal de Bourbon, serpentait dans les rues de la ville en liesse, elle laissa ses serviteurs, le chapeau vissé sur la tête, proférer des insultes à l'adresse du Saint Sacrement. Le scandale n'était pas encore apaisé lorsque Catherine débarqua à Mâcon deux jours plus tard. Réplique immédiate : la reine organisa une nouvelle procession et Jeanne, sommée d'y assister respectueusement avec tous ses Béarnais la tête dûment découverte, obtempéra.

Pas d'incident, Catherine en était quitte pour cette fois. Mais le voyage à travers les provinces qui avaient vécu un temps sous la loi huguenote ne s'annonçait pas de tout repos. Elle décida de prendre les devants.

Le culte réformé fut interdit dans les villes traversées par le roi, pour la durée de son séjour. Par elle-même, la mesure est de peu de conséquence tant ses visites sont rares ; mais elle suscite l'indignation des réformés parce qu'ils en perçoivent la forte signification symbolique. Depuis saint Louis, le roi de France s'engageait, par le serment du sacre, à défendre le catholicisme et à chasser de ses terres les hérétiques. Et le petit Charles IX n'avait pu retenir ses larmes lorsque le cardinal de Lorraine lui avait dit en recevant sa parole : « Quiconque conseillerait à Votre Majesté de changer de religion lui arracherait en même temps la couronne de la tête. » L'interdiction récente lève toute ambiguïté sur la foi du souverain : il restera fidèle à la religion de ses ancêtres.

Mais il ne fera pas sienne la seconde partie du programme. Pas question de persécuter les « hérétiques », au contraire. Il a promis à tous bonne justice. Son voyage le rapproche des plaignants, catholiques et réformés, encouragés à lui faire part directement de leurs doléances. En invitant son fils à remplir cette fonction de roi justicier intervenant en personne pour régler les litiges, Catherine se place dans le droit fil de la tradition. Elle, une femme, une étrangère, a compris que la monarchie française repose sur un lien personnel, organique, vital entre le roi et ses sujets. Et elle a tout mis en œuvre pour revivifier ce lien.

À Lyon l'église des Cordeliers, transformée en temple, vient d'être rendue au culte catholique. Mais le climat est tendu : le terrible baron des Adrets, de sanglante réputation, se fait le porte-parole des réformés spoliés. L'éclat des fêtes cependant couvre les rumeurs. Le roi a été accueilli par un cortège où marchaient deux par deux, côte à côte, des enfants des deux religions, aisément identifiables à leurs insignes. Les défilés des communautés étrangères, Florentins, Milanais, Allemands, en costume national ont presque éclipsé les allégories et les divinités mythologiques. Lyon, ville cosmopolite qui vit du grand commerce et de la banque, ne peut se permettre d'être intolérante : en dépit de la proximité de Genève, le calvinisme, quoique très puissant, n'y fera pas la loi. Dans ses riches boutiques, Catherine fait des achats. Elle revoit un portrait qu'avait fait d'elle en 1548 le peintre Corneille de Lyon et la robe qu'elle portait alors, « à grandes manches de taille d'argent fourrée de loups-cerviers », lui arrache un sourire.

Une épidémie de peste se déclare, la cour s'enfuit, descendant la vallée du Rhône. Une halte à Roussillon, le temps de légiférer. Non content de spécifier les modalités d'application des édits, le roi prend une mesure d'ordre général, fort sage : l'année débutera non plus à Pâques, fête mobile, mais à date fixe, le 1er janvier. C'est à Catherine que nous sommes redevables de cette simplification.

La suite du voyage promène la caravane en Provence, puis en Languedoc. Le cortège aborde des villes à majorité réformée, qui, il y a peu de mois encore, menaçaient de « faire voir aux envoyés du roi les clous de leurs portes ». Elles les entrouvrent et c'est déjà un succès que de les traverser sans encombre, au milieu de quelques maigres acclamations. Orange, « mère de l'hérésie », a fait les frais d'une entrée et le roi l'en récompense en réglant le différend qui l'oppose à la cité pontificale d'Avignon, sa voisine. À la trop catholique ville d'Aix, dont les magistrats se sont tristement illustrés en massacrant les Vaudois du Lubéron quelques années plus tôt, Catherine donne une leçon de tolérance : elle fait abattre le fameux pin d'Éguilles, qui servit de potence à tant de victimes, et promet que des juges parisiens viendront punir les exactions de leurs collègues à l'égard des protestants.

Entre-temps, elle avait poussé une pointe à Salon, pour rendre visite à Nostradamus. Le vieux mage perclus de rhumatismes lui fit quelques prédictions rassurantes : son fils Charles vivrait aussi vieux que le connétable de Montmorency. En quoi il se trompa : l'un mourut à soixante-quinze ans et l'autre trois fois plus jeune. Il ne connaissait pas Henri de Navarre, il voulut le voir. Il demanda à être introduit dans la chambre de l'enfant à son lever, le contempla longuement, tout nu, et dit à son gouverneur qu'il aurait « tout l'héritage » : « Si Dieu vous fait grâce de vivre jusque-là, vous aurez pour maître un roi de France et de Navarre. » Mais cette prédiction-là, il se garda bien de la communiquer à Catherine...

Par petites étapes et sauts de puces, on atteignit la côte à Hyères. Ce fut un enchantement. Les jeunes princes voient pour la première fois la Méditerranée, découvrent une végétation inconnue, orangers, oliviers, poivriers, palmiers. Dans la fidèle Marseille, Catherine se sent enfin en sécurité et peut se livrer au plaisir teinté de mélancolie des souvenirs : elle s'y est mariée, trente et un ans plus tôt. Sur une galère dont elle est la marraine, la cour s'embarque pour le château d'If. Mais on est en novembre : la mer trop forte empêche d'aborder. Tous se consolent avec un combat naval simulé, auquel l'ambassadeur d'Espagne s'indigne de voir participer des Français déguisés en Turcs. Près d'Arles, où une crue du Rhône les retient trois semaines, ils découvrent la Camargue, les taureaux sauvages que les hommes combattent à mains nues. On remonte le long du fleuve pour le passer à Tarascon, sur un pont de bateaux, on hâte le pas dans Beaucaire, toute huguenote, en feignant de ne pas entendre les injures. Nîmes, également huguenote, réserve à la cour un accueil d'une chaleur inattendue. La ville a fait un effort d'imagination : les flancs d'une montagne vomissent un énorme crocodile, tandis qu'éclatent les feux d'artifice et que coulent les fontaines de vin. La reine promet, c'est bien le moins, d'examiner favorablement les requêtes des habitants, qui se plaignent de leur gouverneur. Climat médiocre à Montpellier, brutalement rendue à la pluralité religieuse après une période toute réformée. Tensions à Béziers. De Narbonne la catholique, Catherine pousse une pointe à Salses, en territoire espagnol, chez sa fille Élisabeth, se plaît-elle à dire. À Carcassonne, qui fut un peu plus tôt le théâtre d'affreux massacres, la neige se charge de faire diversion : sous les arcs de triomphe déliquescents, les festivités d'usage sont remplacées par des batailles de boules de neige.

Long arrêt à Toulouse. Catherine prépare l'entrevue qu'elle espère avoir à Bayonne avec son gendre Philippe II. La politique extérieure prend le pas sur les démonstrations à usage interne. Et les huguenots ont l'impression, pas fausse, qu'on fait la sourde oreille à leurs doléances. Il est vrai qu'ils ont beaucoup perdu à la pacification dans cette région où ils avaient beaucoup conquis : il n'est pas facile de leur faire restituer les biens dont ils se sont emparés. Pour apaiser les rancœurs, les Toulousains furent gratifiés d'une cérémonie de choix : c'est dans la cathédrale Saint-Sernin que le troisième fils de Catherine reçut la confirmation, ainsi que sa sœur Marguerite, et qu'il échangea son prénom d'Alexandre-Édouard contre celui de son père, Henri, sous lequel il devint roi. Son plus jeune frère, lui, sera débarrassé quelques mois plus tard, à Moulins, de son ridicule prénom d'Hercule : il se nommera désormais François.

Au sortir de Toulouse, le cortège descendit la Garonne. À Montauban, on frôla le drame : la cité, toute huguenote, avait chassé son évêque et transformé les églises en temples. Il fallut la menacer d'une intervention du terrible Monluc et de ses soudards pour la décider à ouvrir ses portes et à détruire ses défenses. À Bordeaux, l'accueil fut meilleur, bien qu'une pluie torrentielle vînt détremper la décoration des bateaux convoyant la cour. Lors du « lit de justice » qui fut tenu au parlement, le chancelier Michel de L'Hôpital morigéna les magistrats tant pour les fautes commises contre les édits que pour le relâchement des mœurs, et le jeune roi leur recommanda de ménager les réformés. Dans la suite du roi figurait Ronsard. Dans la salle, parmi ses collègues en robe rouge, se tenait probablement Montaigne, que cette mercuriale dut réjouir.

Au début de mai, tout est prêt pour la rencontre de Bayonne, dont Catherine espère beaucoup.

L'entrevue de Bayonne

Cette entrevue si désirée, préparée avec tant de soin, est d'abord une opération de prestige destinée à impressionner l'Espagne : en somme l'équivalent, sur le plan extérieur, de ce qu'est le Grand Tour sur le plan intérieur.

Oh, bien sûr, Catherine a dans sa besace, comme toujours, un lot de projets matrimoniaux. Pour la petite Marguerite — douze ans déjà —, les prétendants possibles sont rares : l'infant don Carlos, qui en a dix-sept, est une occasion à saisir. Quant à Henri, sa mère lui cherche un trône ou au moins une principauté. Elle songe à doña Juana, la sœur de Philippe II, veuve du roi de Portugal. Il a quatorze ans, elle en a le double, mais une dot appropriée pourrait faire oublier cette fâcheuse disparité.

Certes la réussite de ces projets comblerait d'aise Catherine, mais elle n'est pas prête, pour les faire aboutir, à toutes les concessions. Et ils ne sont pas, quoi qu'on en ait dit, son objectif exclusif. Elle veut d'abord démontrer à son gendre le bien-fondé de sa politique religieuse.

Depuis longtemps il l'agace, avec ses reproches et ses conseils qui ressemblent à des ordres. Ses ambassadeurs épient toutes ses démarches, recueillent les commérages et les amplifient, accréditant à Madrid l'idée que la France se compromet fâcheusement avec l'hérésie : Alava, le remplaçant du haineux Granvelle, est plus diplomate mais non moins malveillant que son collègue. Catherine voudrait à Bayonne montrer à son gendre une France riche et non pas au bord de la faillite, comme on le murmure, une France forte de la pacification en cours, indépendante, capable de parler d'égale à égale avec sa puissante voisine.

Elle craint Philippe II et ne souhaite pas un affrontement. Ni François Ier, ni Henri II, avec toutes les forces du royaume, ne sont parvenus à vaincre l'Espagne, adossée à un empire colonial immense dont l'or débarque dans ses ports à pleins galions. Ce n'est pas un pays affaibli par la guerre civile qui pourra se mesurer à elle. Mais Catherine pense qu'on ne doit pas se laisser insulter et qu'il faut montrer les dents quand on le peut. Or son redoutable gendre a des ennuis, elle le sait. De graves ennuis. Son dévouement à la cause catholique n'est pas désintéressé. S'il insiste tant pour que Catherine expulse de France les prédicants genevois, c'est que ceux-ci, par la frontière du Nord, infiltrent les Pays-Bas. En se combinant avec le vif esprit d'indépendance qui a toujours animé les Flamands, le calvinisme risque de former un mélange explosif. Catherine n'arrive donc pas à la négociation sans aucun atout : il a besoin d'elle.

Mais dans son orgueil d'homme et d'Espagnol, il se refuse à en convenir. Il croit pouvoir tout exiger, sans contrepartie. Et il appréhende une entrevue où il craint d'être piégé. Accepter l'invitation de sa belle-mère, ce serait s'aventurer sur son terrain, consentir à voir en elle une partenaire de même rang. Ce serait lui laisser le choix des armes, s'exposer à ses cajoleries, à ses embrassades, à ses propos lénifiants, toutes choses qu'il a en horreur. Philippe « aux pieds de plomb » est aussi lent qu'elle est vive, aussi rigide qu'elle est souple, aussi réservé et glacial qu'elle sait, quand elle le veut, être chaleureuse. Les décisions, il aime les prendre sur pièces, dans la solitude de son cabinet. En l'occurrence, c'est tout vu : il ne fera aucune concession. Il consent à envoyer à Bayonne sa femme : c'est donner à la rencontre un caractère familial, privé, non officiel. Et pour plus de sûreté Élisabeth, munie d'instructions très strictes, sera flanquée de l'intraitable duc d'Albe.

Catherine a laissé au vestiaire les plus voyants des huguenots de sa suite. Inutile d'agiter un chiffon rouge sous le nez des Espagnols. Ni Jeanne d'Albret, confinée depuis quelques semaines à Vendôme, ni Louis de Condé ne sont là. Mais le jeune Henri de Navarre est présent lors de l'entrée de sa cousine, il participe aux joutes à la tête d'une compagnie de chevaliers dont le costume de velours orange n'est rien moins que discret et il assiste, semble-t-il, à certaines conversations diplomatiques.

Les fêtes de Bayonne, du 15 juin au 2 juillet 1565, l'emportèrent en éclat, si la chose est possible, sur celles de Fontainebleau. On épargnera au lecteur le détail des entrées, tournois, courses de bague, carrousels, processions et divertissements champêtres. Le clou des réjouissances fut un festin, le 23 juin, dans l'île d'Aiguemeau au milieu de l'Adour. Montés sur des embarcations « somptueusement accoutrées » en forme de châteaux, les participants purent admirer une baleine artificielle que harponnèrent de vrais marins, une tortue géante montée par six musiciens costumés en tritons, qui jouaient du cornet, ils virent passer Neptune et Arion sur leurs chars et trois sirènes les charmèrent de leurs chants. Dans l'île des groupes de danseurs folkloriques attendaient les convives qu'égayèrent tout au long du repas des ballets de satyres et de nymphes. Le ciel se mit de la partie : un violent orage suivit le feu d'artifice et tous se dispersèrent à deux heures du matin sous des trombes d'eau, qui ne réussirent pas à gâter pour eux le souvenir de cette mémorable journée.

Catherine est heureuse. Elle n'a pas vu depuis presque six ans sa fille aînée, la douce Élisabeth pour qui elle nourrit une préférence secrète. Elle n'a cessé dans ses lettres de lui prodiguer des conseils de tous ordres, sur sa santé notamment. Les voici dans les bras l'une de l'autre. Si la mère s'attendrit beaucoup, la fille n'est pas à l'unisson. Elle a changé. Ce n'est plus l'enfant fragile qui contemplait interdite le visage de celui qui allait être son mari — «Vous regardez si j'ai des cheveux blancs ? » avait-il demandé — et qui s'évanouit en entendant l'évêque de Burgos prononcer en latin la formule rituelle l'invitant à « oublier son peuple et la maison de son père ». C'est une jeune femme brune aux yeux noirs, grande et mince encore, avant que le manque d'exercice et les maternités n'en fassent très vite une obèse incapable de se mouvoir. La petite vérole, soignée au moyen de « sueurs d'œufs frais », n'a pas marqué son teint. Elle relevait tout juste d'une maladie qui l'avait pâlie tout en affinant ses traits. Si l'on en croit Brantôme, qui a la louange facile, il est vrai, «elle était belle, sage, vertueuse, habile, spirituelle et bonne».

Sa mort prématurée, des suites d'une fausse couche, donna lieu peu après à un roman, dont Saint-Réal et surtout Schiller et Verdi ont assuré la notoriété. On lui prêta pour son beau-fils don Carlos, à qui elle avait été d'abord promise, un amour coupable qu'aurait sanctionné férocement le mari jaloux, en la faisant empoisonner et en faisant périr en prison l'infant rebelle. Rien de tout cela ne semble vrai. Philippe II, sincèrement attaché à son épouse, la traitait bien et si elle force peut-être un peu la note, dans ses lettres à sa mère, lorsqu'elle se déclare extrêmement heureuse, elle lui fut en tout cas fidèle et se montra en tout solidaire de lui.

Catherine a en face d'elle une étrangère. C'est avec étonnement qu'elle l'entend soutenir les thèses politiques de son époux et appuyer les arguments du duc d'Albe. «Ma fille, comme vous êtes devenue espagnole ! » s'exclama-t-elle avec mélancolie.

Les entretiens tournaient mal en effet. Pour Philippe II, pas question de mariages : c'est non, Élisabeth est chargée de le dire très clairement. Le duc d'Albe, lui, présente à Catherine des exigences en forme d'ultimatum : va-t-elle se décider, oui ou non, à user de la force contre les hérétiques ? Il l'invite à supprimer toute liberté de culte, à donner un mois aux ministres pour quitter le pays, à casser tous les gouverneurs, officiers, magistrats, convertis à la nouvelle foi, ce qui équivaut à les priver de leurs revenus en même temps que de leurs pouvoirs, et à se plier aux décrets du concile de Trente.

Catherine se cabra. Elle avait marqué son indépendance en laissant entendre que son fils Henri était également candidat à la main de la reine d'Angleterre et en recevant, aux portes de Bayonne, trois jours après l'ouverture des réjouissances, un envoyé du sultan Soliman le Magnifique, ennemi numéro un de l'Espagne, qui sollicitait l'accès d'un port provençal pour « rafraîchir ses soldats ». Elle n'était pas disposée à réveiller en France la guerre civile pour les beaux yeux de son gendre. Au duc d'Albe qui insistait, elle demanda ce qu'il ferait, s'il était à sa place. — Il exterminerait les huguenots. — Ah, oui ! Et comment s'y prendrait-il, dans la pratique ? L'autre restant sans réponse, elle suggéra de créer, pour combattre l'hérésie, une ligue de toutes les puissances catholiques. Elle savait bien que l'empereur ne pouvait y adhérer sans compromettre la paix dans une Allemagne divisée entre plusieurs confessions. Albe le savait aussi et ne releva pas la proposition.

Certes, des catholiques zélés avaient murmuré qu'il suffisait, pour ruiner le parti réformé, de mettre hors de nuire ses principaux chefs, soit en les exilant, soit en « leur coupant la tête ». Si Albe risqua une allusion métaphorique à cette solution, parlant de « pêcher les gros poissons sans s'amuser aux grenouilles », Catherine fit celle qui n'entend pas. Elle ne transigea pas, remit à plus tard l'examen de la question religieuse, se borna à des promesses en l'air, toujours subordonnées à l'acceptation des mariages.

Et Philippe II s'empressa de lui donner une sanglante leçon.

Dès la fin du règne de Henri II, des colons français avaient tenté de s'implanter dans le Nouveau Monde. L'initiative venait de Coligny, qui y voyait un moyen de sauver ses coreligionnaires persécutés et de propager sa foi. Des catholiques s'étaient d'ailleurs joints aux émigrants. L'Espagne, menacée dans sa chasse gardée d'Amérique du Sud, détruisit la fondation brésilienne en 1560. Deux ans plus tard, Coligny récidiva, encouragé par Catherine : c'est en Floride, cette fois, que les colons s'installèrent. Philippe II n'accepta pas davantage cette nouvelle implantation, pourtant éloignée de ses propres possessions. À l'automne de 1565, il fit massacrer tous les défenseurs de Fort-Caroline, comme hérétiques, prit-il soin de préciser, et non comme Français. Les victimes ne seront vengées qu'en

1567, par les soins d'un gentilhomme catholique, Dominique de Gourgues. Si celui-ci ne reçut de Catherine, l'année suivante, qu'un accueil fort tiède, c'est qu'il s'était passé entre-temps des choses graves, qui avaient réduit à néant sa politique de pacification, bien qu'elle ait cru la partie gagnée.

La fin du voyage

Catherine quitta Bayonne déçue, mais pas vraiment surprise de l'intransigeance de son gendre. Au moins les choses, entre eux, sont claires. À quelque chose malheur est bon. Elle ne lui doit rien et reste libre de poursuivre sa politique de réconcilia-tion nationale, qu'elle voit sur le point de réussir.

Est-il possible que les réformés aient cru alors à un projet concerté entre elle et lui pour les détruire ? Qu'ils se soient inquiétés avant la rencontre, rien de plus normal : ils pouvaient redouter la conclusion d'une alliance scellée par des mariages. Mais après ? ils ne manquaient pas d'informateurs, dans l'entourage du roi, pour savoir ce qui en était. Et ils ne purent pas ne pas voir que les relations franco-espagnoles ne cessèrent, dans les mois qui suivirent, de se détériorer. C'est la Saint-Barthélemy qui jettera rétrospectivement sur l'entrevue de Bayonne une lueur sinistre : l'on voudra voir dans les conver-sations de Catherine avec le duc d'Albe la preuve d'une prémé-ditation supposée. À tort.

La reine mère maintient sa ligne de conduite. Rien n'est changé, lors du voyage de retour, dans le climat de la cour vagabonde. On rentre à Paris sans hâte, à petites étapes : il y faudra neuf mois. Lors d'une halte à Nérac, où la reine de Navarre remplit sans mauvaise grâce son rôle d'hôtesse, Cathe-rine demanda à celle-ci d'autoriser le culte catholique dans ses États. En vain : l'intransigeante Jeanne ne voulut rien savoir. La traversée des pays de l'Ouest, Angoumois, Saintonge, à forte dominante réformée, se passa sans incidents. À Cognac a lieu un bal « où tout danse, huguenots et papistes ensemble », au grand scandale de Genève et de Rome, pour une fois d'accord. Et Catherine de pavoiser. Le roi se risque même dans La Rochelle, citadelle de la nouvelle religion, très jalouse aussi de ses anciens privilèges municipaux*. Montmorency fit sauter d'un coup d'épée le traditionnel cordon de soie que le souverain ne devait franchir qu'après avoir promis de respecter les privilèges en question. Charles IX se contenta de déclarer aux Rochelais : « Soyez fidèles et loyaux serviteurs et je vous serai bon roi. » Il eut droit cependant à des festivités et put se payer le luxe de faire exiler, pour assurer le respect des édits, le lieutenant général, un ministre et six bourgeois particulièrement intolérants.

En Poitou, en Bretagne, en Val de Loire, même souci d'équité et de paix. Cinq jours de détente dans l'abbaye de Bourgueil, une visite à Ronsard, dans son prieuré de Saint-Côme, aux portes de Tours, puis l'on gagne Moulins, dernière étape de ce très long périple. Le roi y a convoqué une vaste assemblée de grands seigneurs et de notables, invités à approuver un ensemble de mesures administratives, d'inspiration centralisatrice, connues sous le nom d'ordonnances de Moulins. On reconnaît la main de sa mère dans ce monument juridique considérable, à forte portée symbolique : c'est pour un royaume pacifié que le souverain légifère, régentant jusque dans le détail la vie quotidienne de ses sujets au travail. Catherine en a profité pour déclarer close l'action intentée contre Coligny à la suite du meurtre de François de Guise et pour obliger les Lorrains et les Châtillon à s'embrasser et à enterrer par serment la hache de guerre.

Il ne restait plus qu'à regagner Paris. La famille royale y fut reçue à dîner le 1er mai 1566 par Marie-Catherine de Gondi, dame Du Perron, trésorière de la reine et intendante de ses bâtiments. En l'absence de sa maîtresse, celle-ci a bien travaillé, mis en route notamment le chantier des Tuileries, vaste palais destiné à désengorger le vieux Louvre.

Catherine peut écrire à son ambassadeur à Madrid, en se moquant du duc d'Albe : « Quant à ce que vous me mandez du malheur qu'il nous prédit pour la diversité de religion qui est en ce royaume, je crois véritablement qu'il y en a qui sont bien

---

* Aucun souverain n'entrera plus dans la ville avant Louis XIII, à la fin du siège, en 1628.

marris d'y voir tant de pacification qu'il y a et de quoi nous avons été si sages de mettre fin aux troubles qui y avaient trop longuement duré ; mais, Dieu merci, l'union est telle et l'obéissance de tous les sujets du roi, mondit seigneur et fils, si assurée, et il la veut tant maintenir qu'il est mal aisé qu'elle puisse être troublée, ni que par persuasion ils puissent être induits à y vouloir rentrer. »

L'histoire allait très vite se charger de lui donner tort.

La « surprise de Meaux »

Ce n'est pas en France même, mais à l'étranger, qu'intervint l'événement qui servit de détonateur. Et Catherine n'y était pour rien. Certes les réformés français s'indignaient d'une politique qui circonscrivait leur influence et bridait leur force d'expansion. Ils s'irritaient de trouver désormais en face d'eux des catholiques décidés. Le feu couvait sous la cendre. Il y eut des heurts, des incidents graves, mais sporadiques. La reine comptait sur le temps pour calmer les passions.

Hélas, peu après son retour à Paris, l'explosion tant redoutée par Philippe II se produisit aux Pays-Bas. Au mois d'août 1566, les haines accumulées se déchaînèrent, le peuple se rua dans les églises, dispersa les objets du culte, lacéra les tableaux et brisa les statues. Une grande vague iconoclaste déferla sur toutes les grandes villes de Flandres.

Catherine commence par triompher : les Espagnols vont être obligés à leur tour de composer. « [Je] suis merveilleusement aise, écrit-elle à son ambassadeur à Madrid, que maintenant ils louent et approuvent en leur fait ce que autrefois l'on a tant voulu blâmer au nôtre. » Et elle conseille à son gendre de « prendre exemple sur nous, qui avons à nos dépens assez montré aux autres comme se doivent gouverner ». Chacun son tour d'être en proie aux conflits religieux ! Bientôt pourtant, elle s'inquiète. Visiblement, Philippe II ne croit pas aux vertus de la modération, il met sur pied une expédition pour châtier les rebelles et demande même l'autorisation de la faire transiter par la vallée du Rhône. Inutile de dire que la reine refusa.

En France, chez les réformés bouleversés, la crainte le

dispute à l'espoir. Émus par le sort qui attend leurs coreligionnaires, ils redoutent également que les plus radicaux des catholiques, inféodés à l'Espagne, n'en profitent pour tenter un coup
de force contre eux-mêmes. Aussi se réjouissent-ils lorsqu'ils
voient Catherine prendre des mesures pour protéger la frontière
du Nord. Ils la poussent à lever des soldats à cet effet, notamment 6 000 mercenaires suisses : au début de 1567, c'est chose
faite. Ils caressent alors en secret un rêve plus ambitieux. La
seule évocation des bataillons de *tercios* a ranimé chez nous des
souvenirs. L'Espagne, c'est l'ennemi d'hier, celui contre lequel
on s'est battu en vain durant un demi-siècle, c'est un trop puissant voisin qui tient notre pays en tenailles, c'est un souverain
arrogant qui prétend nous dicter sa loi. Chez le très catholique
Montmorency se réveille l'animosité ancestrale. Pourquoi ne
pas renouveler contre l'Espagne l'opération qui a si bien réussi
au Havre contre l'Angleterre : réconcilier les Français, toutes
confessions confondues, contre l'ennemi commun ? Coligny se
prend à espérer.

Mais Catherine ne veut pas d'une telle guerre. Ce serait,
pense-t-elle, courir au désastre. Et une victoire ne vaudrait pas
mieux, puisqu'elle assurerait le triomphe du calvinisme, non
seulement aux Pays-Bas, mais en France. Elle veille donc à se
tenir en dehors du conflit. Elle va jusqu'à ravitailler l'armée
espagnole en Savoie et en Franche-Comté, pour lui ôter tout
prétexte à incursions sur notre territoire et elle bloque les frontières dans les deux sens, interdisant aux huguenots français
d'aller aider, même à titre privé, leurs frères néerlandais. Les
rapides succès de la répression en Flandres, l'arrestation,
bientôt suivie d'exécution, des comtes d'Egmont et de Horn,
qui dirigeaient la révolte, vinrent renforcer, s'il en était besoin,
sa décision de rester neutre.

Elle croyait en être quitte. Elle comptait sans la terrible
déception des réformés français, sans leur méfiance, sans les
faux bruits alarmistes qui couraient parmi eux. Une fois la
menace espagnole passée, elle n'a pas renvoyé les Suisses.
Condé et Coligny la harcelèrent : oubliant qu'ils en avaient
eux-mêmes réclamé la levée, ils y voyaient maintenant une
menace dirigée contre eux. Catherine répliqua, en bonne
ménagère, qu'il fallait bien les employer, puisqu'ils avaient été

payés d'avance, et elle les fit venir pour que le roi pût les voir
« et que pour le moins il [eût] ce passe-temps-là pour son
argent ». Mais les chefs huguenots n'avaient pas le sens de
l'humour et ces considérations économiques incongrues ne
firent que les inquiéter davantage.

La cour passait à la campagne, dans le château de Montceaux-en-Brie, la fin de l'été 1567. Elle se livrait aux joies de la
promenade et de la chasse, jouissant sans souci des derniers
beaux jours. Lorsque l'avis lui parvint qu'un vaste rassemblement de huguenots sur pied de guerre s'opérait dans les environs, la première réaction fut d'incrédulité. Montmorency
affirma qu'aucun mouvement de troupes ne pouvait se faire
sans qu'il le sût. Michel de L'Hôpital déclara que c'était un
« crime capital » de donner ainsi de faux avis au roi pour le
dresser contre ses sujets.

C'était pourtant la vérité : les réformés avaient monté,
comme jadis à Amboise, un vaste complot pour s'emparer de
la personne du roi. Ils avaient fait des progrès depuis. L'entreprise, mise au point par le frère de Coligny, d'Andelot, était
beaucoup mieux conçue. Les diverses communautés avaient
réuni l'argent, transmis les mots d'ordre en messages codés,
prévu des relais, du ravitaillement, des gîtes. De toute la France
convergeaient en ordre dispersé vers Rosoy-en-Brie, lieu du
rendez-vous, de petits groupes de gentilshommes en armes qui
marchaient de nuit et évitaient les grandes routes. Le secret fut
bien gardé. Pour plus de précaution, Coligny était resté chez lui
et l'émissaire envoyé par la reine à la première nouvelle alar-
mante le trouva benoîtement occupé à surveiller ses vendanges.

Pourtant, les informations se faisant plus précises, il fallut se
rendre à l'évidence : l'encerclement du château, dépourvu de
toute protection, était imminent. Le 26 septembre, la cour le
quitta en hâte pour se réfugier derrière les remparts de Meaux.
Catherine s'indigna de cette « infamie », « la plus grande
méchanceté du monde », « une pure trahison ». Le jeune
Charles IX, très irascible, était hors de lui. Heureusement, les
fameux Suisses étaient cantonnés tout près, à Château-Thierry.
On les manda et on décida, sans attendre que l'armée huguenote vînt bloquer Meaux, de rentrer à Paris.

Le 28 septembre, à trois heures du matin, toute la cour se

mit en route. Au centre d'un carré compact de Suisses, le roi, la reine, les dames et les bagages. La plupart étaient à pied, on marchait au pas. Soudain apparut Condé, à la tête de six cents chevaux. Il s'approcha, demanda à parler au roi, qui refusa. Comme ses compagnons s'apprêtaient à charger, les Suisses leur firent face, piques baissées, et les assaillants, dépourvus d'artillerie, reculèrent devant ce hérisson compact, impénétrable. Les adversaires, marchant en parallèle, s'observèrent quelque temps, menaçants. La nuit promettait d'être dangereuse. On prit quelques risques. On mit le roi et la reine dans des voitures et ils devancèrent le gros de la troupe, protégés par un rideau de Suisses qui fit illusion : heureusement, car « si les ennemis l'avaient su, il leur aurait suffi d'envoyer en avant deux cents chevaux seulement et leurs majestés étaient perdues ». Au Bourget, les fugitifs respirèrent. À quatre heures du matin, ils faisaient leur entrée dans Paris, fourbus, au milieu des acclamations des habitants en larmes.

Catherine n'oublia jamais et ne pardonna pas. C'était la ruine de la politique qu'elle menait depuis quatre ans, seule contre tous. Ce qu'elle avait fait pour assurer aux réformés la sécurité ne leur suffisait pas. Ils voulaient le pouvoir. Elle aurait été la première victime de ce coup de force, elle le savait. Contre ceux qui avaient tenté de l'éliminer, elle mènera désormais une lutte à outrance. La preuve ? Deux jours avant l'agression, elle recommandait au lieutenant du roi en Dauphiné de faire vivre ses sujets « en toute douceur et tranquillité », à l'abri des édits. Dix jours après, elle lui fait dire de tailler en pièces les huguenots à la moindre velléité de révolte, « car tant plus de morts, moins d'ennemis ».

Mais elle s'aperçoit rapidement qu'elle n'est pas en mesure d'imiter les méthodes énergiques de son gendre. Elle doit faire face à des adversaires nombreux, puissants, plus résolus que jamais. Depuis l'épisode de l'enfant expédié dans un panier par Isabelle de Limeuil, Condé se méfie des dames de la cour. Il a regagné le camp réformé, aux côtés des frères Châtillon.

La France à feu et à sang

Les trois années qui suivent, connues dans l'histoire sous le nom de seconde et troisième guerres de religion, inspirent à qui les considère avec quelque recul une poignante impression d'absurdité : tant de ravages, de souffrances, de sang, pour rien. Un sentiment d'horreur aussi devant un tel déferlement de haine.

Plus question d'aménager une coexistence plus ou moins conflictuelle. Le chancelier Michel de L'Hôpital, principal agent de la politique de tolérance, est écarté. La lutte se radicalise. Ce sera tout ou rien. On le croit, du moins.

Afin que le coup de force manqué ne parût pas inspiré par les seuls intérêts huguenots, Coligny, non content d'exiger pour eux la liberté de culte, crut bon de réclamer la réunion des États Généraux afin d'en finir avec une politique ruineuse qui écrasait d'impôts le pauvre peuple. Quoique fondée, une telle revendication était une atteinte caractérisée au principe même de l'autorité monarchique, qu'il prétendait ainsi brider.

Catherine marqua un point. Elle prit soin, avant d'engager la guerre, de mettre les chefs adverses dans leur tort. Selon les rites de l'ancien droit féodal, un héraut vint de la part du roi les sommer un à un, nommément, de se rendre auprès de lui sans armes, sous peine d'être déclarés rebelles. Impressionnés, ils firent marche arrière pour les États Généraux, mais s'obstinèrent à exiger que l'édit d'Amboise fût déclaré à jamais intangible. Et sur la réponse que le roi ne pouvait sans renoncer à une prérogative essentielle s'interdire de modifier ou d'annuler ses propres édits, ils rompirent les pourparlers. Le Rubicon était franchi. Ils entraient en rébellion.

Le premier affrontement leur fut défavorable. De Meaux, Condé a rejoint les alentours de Paris, il ravage les champs, les villages, les moulins, dans l'espoir d'affamer la capitale. L'armée royale, commandée par Montmorency, lui livre à Saint-Denis un combat victorieux, mais la blessure mortelle du vieux connétable interrompt les opérations et permet au prince de se retirer en bon ordre à Orléans. Catherine, toujours prête à négocier, signe avec lui à Longjumeau, le 23 mars 1568, un accord précaire. Les uns et les autres se préparent à un affrontement qui se voudrait décisif.

Il ne le sera pas, malgré les moyens mis en œuvre.

Le roi d'un côté, les huguenots de l'autre font appel au secours de leurs voisins, tout disposés à intervenir dans un conflit qui les concerne. La France devient un champ de bataille international. La Bavière calviniste envoie des reîtres et des lansquenets. Catherine sollicite Philippe II et le duc de Savoie, dont les contingents arriveront bien tard, mais elle obtient des subsides pontificaux pour lever des Suisses. Les deux camps parviennent à aligner plusieurs dizaines de milliers d'hommes. Il en résulte pour eux d'insolubles difficultés financières. Ces hommes, il faut les nourrir, tous et si possible bien, si l'on veut qu'ils se battent. Et quand ce sont non pas des volontaires, mais des mercenaires venus de l'étranger, il faut les payer. Leurs habitudes, leurs exigences pèsent très lourd sur leurs commanditaires.

Les mercenaires sont des professionnels de la guerre. Ils en vivent et s'efforcent de ne pas en mourir. Et comme elle est leur gagne-pain, ils s'entendent à la faire durer. Ils préfèrent les longues marches ou les sièges aux combats — fâcheuse servitude du métier — auxquels ils savent à merveille se dérober. Leurs déplacements sont lents, ils traînent avec eux des chariots chargés de butin qu'ils ne veulent pas quitter de l'œil. Ils ne consentent à affronter l'ennemi que si leur soldes sont réglées et leur ventre bien rempli. Leur client a droit à une seule charge offensive, à moins de leur verser un supplément. Ils restent ensuite en position de défense. Un peu de passion se mêle tout de même chez eux à la routine. Ils ont parfois de vieux comptes à régler avec leurs homologues d'en face : les Suisses détestent traditionnellement les Allemands. À cette animosité ancienne s'ajoutent depuis peu les antagonismes religieux : les uns sont catholiques, les autres protestants. Mais il en faudrait davantage pour les conduire à une lutte sans merci. Leurs victimes privilégiées, ce sont les civils, citadins ou paysans livrés à leur colère, lorsque l'intendance se montre défaillante. « Picorage » au long des routes ou pillage autorisé, lors de la prise d'une ville, laissent partout où ils passent des « plaies purulentes ».

Entre les gentilshommes français qui s'affrontent, au

contraire, la haine s'exacerbe à mesure qu'ils découvrent, de visu, les atrocités commises sur leurs fidèles respectifs. Balayées, les lois traditionnelles de la guerre. Finis les prisonniers fraternisant avec leur vainqueur en attendant le paiement de leur rançon. On se bat pour tuer. À Saint-Denis, Montmorency lit son arrêt de mort dans les yeux de l'Écossais qui lui a tiré une balle dans le dos et à qui il a le temps de casser trois dents avant de s'effondrer. À Jarnac, Condé blessé, qui venait de se rendre, est abattu froidement et son cadavre juché sur un âne livré aux insultes des soldats. Partout on massacre des prisonniers. Tous succombent à la contagion de la férocité vengeresse.

Les campagnes militaires n'en sont pas plus efficaces, au contraire. Beaucoup de batailles sont si incertaines qu'on ne peut désigner ni vainqueur ni vaincu. Celui qui reste maître du terrain fanfaronne, mais n'est pas en mesure de poursuivre l'autre, qui s'en va s'enfermer derrière les remparts de quelque ville forte dont il ne reste plus qu'à faire le siège, jusqu'à la prochaine fois. L'Ouest et le Midi de la France ressemblent alors à un échiquier où les pions changeraient de couleur au hasard des combats dans une partie sans fin. Il devient impossible de suivre sur la carte les itinéraires inextricables des diverses armées, à qui il arrive d'ailleurs de s'égarer. Les huguenots se sont regroupés à La Rochelle, en un exode qu'ils assimilent à la fuite des Hébreux hors d'Égypte. La grande cité portuaire offre une base logistique solide sur laquelle règne Jeanne d'Albret, qui veille fermement à l'intendance et au respect des prescriptions morales et religieuses. Chez les royaux, le désordre s'installe. Les chefs se jalousent, se disputent, se tirent dans les jambes depuis que Catherine, qui se méfie toujours des grands féodaux, a nommé comme lieutenant général son cadet, Henri, qui n'a que seize ans. Elle arpente le royaume en tous sens, vient en personne en Limousin discuter avec les mercenaires et examiner le terrain, qu'elle trouve détestable : « Vous ne sauriez mettre dix hommes en bataille en ce pays, qui ne fussent en pente. » Elle inspecte en personne des troupes italiennes fraîchement débarquées. Son fils chéri, flanqué du très expérimenté Tavannes, remporte à Jarnac et à Moncontour deux victoires qu'elle fait sonner très haut. Avantage précaire, qui ne saurait suffire. Mais elle dispose d'un atout non négligeable, elle sait à merveille se procurer de l'argent : Rome l'autorise libéralement à aliéner des biens du clergé.

Il faut porter à son crédit l'usage qu'elle en faisait.

Les mercenaires non payés étaient un terrible fléau. Aussi avait-elle grand soin de verser aux siens une solde régulière. Elle était même prête à payer ceux de l'adversaire, soit dès leur arrivée pour les débaucher — c'était de bonne guerre —, soit au moment de la paix, pour les défrayer de leur voyage de retour chez eux*. Mère du royaume, elle se sentait responsable de ses sujets fidèles, maîtresse de la maison France, elle aimait les campagnes prospères, les troupeaux gras, les demeures solides. Le sens de la propriété l'emportait chez elle sur l'esprit humanitaire, tel que nous l'entendons. Peu importe : l'essentiel est qu'elle était sensible aux misères de son peuple.

Coligny le savait, et il n'avait pas toujours les mêmes scrupules : beaucoup de paysans étaient catholiques. Lorsque la bourse de ses fidèles fut vide, que les églises et couvents rencontrés n'eurent plus une pièce d'argenterie à fondre et que la reine d'Angleterre l'eut convaincu de sa pingrerie, il n'hésita pas à laisser ses soldats vivre sur l'habitant et à leur promettre quelque bonne ville à saccager — saccage si possible sélectif. La mort de Condé l'a indigné, celle de son frère d'Andelot, qu'on affirme due au poison, l'a soulevé de rage. Après la défaite de Moncontour, malade, aux abois, il devint féroce et misa sur la terreur pour sauver ce qui pouvait l'être. À la tête d'une troupe de reîtres appâtés par l'espoir de fructueuses prises, il remonta en une chevauchée effrénée la vallée de la Garonne, puis celle du Rhône. Ils allaient pillant, ravageant, détruisant pour l'exemple les récoltes sur pied, coupant à la racine les arbres fruitiers, brûlant les fermes, abattant le bétail, violant les femmes et massacrant les habitants qui n'avaient pu fuir. Ils n'avaient ni charrettes, ni bagages, ni artillerie. Ils faisaient dix

---

* Les arriérés de solde restèrent à la charge des huguenots et Coligny dut imposer une taxe aux siens pendant plusieurs années pour s'en acquitter.

lieues par jour, le double de l'armée royale. Ils se heurtèrent à celle-ci aux approches de La Charité-sur-Loire, la balayèrent, traversèrent la Beauce comme une trombe et se trouvèrent bientôt en vue de Paris. Les Rochelais, entre-temps, s'étaient rendus maîtres de tout le trafic maritime sur la côte atlantique.

D'un strict point de vue militaire, cette « anabase » de Coligny est un exploit aussi remarquable que celle qu'avait menée à bien des siècles plus tôt Xénophon, à laquelle on la compara. Du point de vue humain, c'est une autre affaire. Politiquement, elle paya : Catherine proposa aussitôt de traiter.

Les huguenots, malgré leurs défaites antérieures, se trouvent à nouveau en position de force. Le 8 août 1570, la paix de Saint-Germain leur accorde la liberté de culte dans tous les endroits où il était pratiqué avant la guerre, dans le logis des seigneurs hauts justiciers et dans les faubourgs de deux villes par gouvernement, Paris excepté. Retour à la case départ ? Pas tout à fait. Car pour la première fois on leur concède des « places de sûreté » : ils conserveront deux ans durant La Rochelle, Montauban, Cognac et La Charité, comme refuges provisoires contre les violences catholiques, en attendant les effets de la pacification promise. C'était jeter les bases d'un État huguenot semi-indépendant, à l'intérieur de l'État : il en sera beaucoup reparlé.

Cette paix paraissait lourde de menaces. Parce qu'un des négociateurs boitait et que l'autre était le seigneur de Malassis, on l'appela ironiquement la paix « boiteuse et malassise », la bien nommée. Les catholiques les plus résolus, comme Monluc, admettent mal d'être battus « sur le papier », après l'avoir emporté si souvent sur le terrain. La reine mère a cédé provisoirement, par nécessité, mais elle est décidée à en finir avec un parti qui menace ouvertement l'autorité royale et elle en veut personnellement à Coligny, responsable du naufrage de sa politique. Celui-ci, prisonnier de sa fuite en avant, est condamné à poursuivre la lutte. Pour l'instant, on se hâte de casser l'arrêt qui mettait sa tête à prix pour crime de lèse-majesté et de décrocher de la potence le mannequin sur lequel s'était exercée son exécution « en effigie » : ses fonctions lui seront rendues et il est invité à reprendre sa place au Conseil. Beaucoup n'en croient pas leurs oreilles. Pourtant ce n'est pas une pure abdication de la part de Catherine : de près, il lui sera plus facile de le surveiller et, quand l'occasion s'en présentera, de l'abattre.

Tous les éléments sont en place pour le troisième acte de la tragédie, qui va maintenant s'ouvrir. Mais attention : la distribution a changé. Catherine s'est réjouie trop vite des cadeaux que lui faisait la mort : « Voyez, mon fils, comme Dieu vous aide plus que les hommes, il vous les fait mourir sans coup frapper », écrivait-elle à Charles IX après le coup de sang qui emporta le chef des huguenots bavarois à la suite d'un repas trop richement arrosé de vin d'Avallon. Disparus également Montmorency, Condé et d'Andelot. Des anciens protagonistes, il ne reste plus en face d'elle que Coligny. Mais déjà celui-ci forme et pousse en avant les héritiers, Henri de Navarre, dix-sept ans, et Henri de Condé, dix-huit. Dans l'autre camp, Henri de Guise, vingt ans, s'est montré digne de son père en défendant victorieusement Poitiers. Et les propres frères de Charles IX, sortant de l'adolescence, s'apprêtent à entrer en lice pour de bon. La guerre civile à venir ne manquera pas de champions.

Quant à Catherine, elle ne croit plus guère aux vertus de la méthode douce. Le drame que vient de vivre la reine d'Écosse a pu achever de la convaincre que les appétits des grands féodaux joints aux excès du fanatisme religieux font courir aux rois un danger mortel.

CHAPITRE QUATRE

LA CHUTE DE MARIE STUART
OU COMMENT ON PERD UN TRÔNE

Après le départ de Marie Stuart, Paris avait suivi avec beaucoup d'attention ses efforts pour raffermir son pouvoir.

Une reine, même douairière, tient toujours par quelques fibres au pays sur lequel elle a régné. La France ne pouvait se désintéresser du sort de Marie, liée par des liens d'intérêt et d'affection à sa famille lorraine et peut-être susceptible de défendre encore, malgré les obstacles, les intérêts français en Écosse. Catherine de Médicis la vit sombrer, avec un mélange de consternation et de lâche soulagement, et elle se promit de tirer de ses malheurs un enseignement.

Revenons ici de quelques années en arrière.

Retour au pays natal

Marie débarqua le 19 août 1561 dans le pays qu'elle avait quitté treize ans plus tôt et dont elle ne gardait aucun souvenir. Depuis la veille, la côte hérissée d'écueils était baignée d'un épais brouillard, dans lequel certains de ses compagnons voulurent voir, après coup, un fâcheux augure : « Elle prenait terre dans un royaume brouillé, brouillon et mal plaisant. »

Pour l'accueillir, personne : les vents favorables la conduisaient au port plus tôt qu'on ne s'y attendait. Aucun hébergement n'avait été prévu. Pas de chevaux non plus : la flotte anglaise avait intercepté le navire qui les transportait. La suite royale dut s'arrêter pour déjeuner dans la maison d'un simple bourgeois et se contenter pour gagner la capitale de « haque-

nées guilledines*» au harnachement sommaire. Marie en
pleura de dépit, gémit qu'il lui fallait « changer son paradis en
enfer ». Mais elle se reprit vite et, réflexion faite, elle résolut de
faire contre mauvaise fortune bon cœur.

Peu à peu les choses s'arrangeaient. On remeubla rapidement
pour la recevoir le château de Holyrood situé à deux pas
d'Édimbourg, en pleine campagne, au pied d'un éperon
rocheux. C'était certes le plus beau d'Écosse, très supérieur
pour le confort aux nids d'aigle dont se contentaient les
seigneurs locaux, mais il ne valait pas, et de très loin, le plus
modeste de ses homologues français. La reine chassa de sa
mémoire l'image enchanteresse de Fontainebleau et de Chambord et sourit aux feux de joie qui embrasaient l'esplanade. Le
bruit de son arrivée s'était répandu, ses sujets manifestaient
leur satisfaction à la manière traditionnelle. Fort avant dans la
nuit, le silence fut troublé par une sérénade discordante qui
écorcha les oreilles délicates de Brantôme : ils raclaient
maladroitement leurs rebecs** pour accompagner les psaumes
dont ils voulaient la régaler, et ils chantaient faux. Héroïquement, la destinataire de cet hommage intempestif les félicita et
les invita à récidiver. Elle avait choisi de faire la conquête des
Écossais par la douceur.

Ceux-ci, d'abord indifférents ou méfiants, furent très vite
séduits — le menu peuple surtout. Celle qui leur tombait du
ciel répondait à l'image qu'on se faisait alors d'une souveraine.
Jeune, belle, imposante par sa haute taille, mais gracieuse et
tout illuminée de sourires, la fille des Stuarts flattait l'orgueil
national. « L'Écosse s'estimait heureuse d'avoir la présence de
sa reine, qui était une des plus belles et plus parfaites entre les
dames de son temps. » Chez les lords misogynes, le solide
mépris qu'ils vouaient au pouvoir d'une femme était contreba-
lancé par la conviction qu'elle serait incapable de gouverner et
les laisserait cultiver comme par le passé leurs ambitions et

---

* Chevaux anglais allant l'amble.

** Ils ne jouaient pas, comme on l'écrit parfois, de la cornemuse, mais
du rebec, instrument à cordes voisin du violon. Ils chantaient des psaumes,
seuls chants autorisés par l'Église presbytérienne.

leurs querelles, arbitrées par son demi-frère bâtard, James Stuart, plus connu sous le nom de comte de Moray.

Elle bénéficia donc, à son arrivée, d'un « état de grâce » prometteur. « Comme on lui faisait tout l'honneur et le service qu'elle pouvait désirer, elle s'efforçait de se rendre agréable et de contenter [...] aussi bien les petits que les grands. » Ses accompagnateurs français, la voyant « en pleine et paisible possession » de son royaume, se crurent alors en droit de se retirer, ne laissant auprès d'elle que quelques serviteurs. Elle resta seule aux prises avec l'Écosse.

John Knox et l'Église presbytérienne

Bien que les catholiques y fussent restés nombreux, surtout dans les Highlands, l'Écosse adhérait en majorité à l'Église réformée. Un édit promulgué en août 1560 avait fait du presbytérianisme le culte officiel et mis le catholicisme hors la loi. La venue d'une reine catholique inquiétait les tenants de la nouvelle foi. Avant même de rentrer dans son pays, Marie avait fait rassurer ses sujets : elle ne ferait nulle pression sur leurs consciences. Mais elle n'avait pas contresigné l'édit de 1560 et se réservait le droit de pratiquer sa religion à titre privé. De quoi mettre en fureur les plus fanatiques sectateurs de la Kirk*.

« Souffrirons-nous que l'idole revienne de nouveau prendre place dans ce royaume ? » s'exclamèrent-ils le dimanche qui suivit l'arrivée de Marie, en apprenant qu'on se préparait à dire la messe dans la chapelle royale du château de Holyrood. Ils hurlèrent à la mort contre le prêtre « idolâtre », arrachèrent des mains d'un servant terrorisé les cierges et les ornements sacerdotaux qu'ils piétinèrent. Mais sur le seuil de la chapelle, lord James, fidèle à la parole donnée à sa sœur, les arrêta. La messe fut dite, dans un climat de tension telle que l'officiant tremblait et balbutiait en prononçant les paroles de la consécration.

---

* Kirk signifie église en écossais. C'est le nom officiel donné à l'Église presbytérienne d'Écosse.

Pourtant, Marie ne céda pas à la provocation, elle domina sa colère et maintint la ligne qu'elle s'était fixée : tolérance réciproque, sous peine de mort. Et elle décida d'affronter le prédicateur extrémiste John Knox, qu'elle convoqua à Holyrood pour une entrevue.

Issu du clergé catholique, Knox avait échappé à la « mare boueuse du papisme » une vingtaine d'années plus tôt, sous l'influence de George Wishart, que Marie de Guise avait fait brûler comme hérétique. Arrêté par les troupes françaises lors de la révolte contre la régente, il avait passé dix-huit mois aux galères, avant de se réfugier à Genève. De retour en Écosse, il y avait implanté le calvinisme, en lui donnant une coloration plus intransigeante encore. Des prophètes de l'Ancien Testament, il avait emprunté l'apparence physique, longue robe et longue barbe, et il puisait dans les textes sacrés de quoi nourrir en métaphores et en *exempla* une éloquence inspirée, violente, imprécatoire, grondant comme la parole de Jéhovah en personne contre les impies, blasphémateurs, fornicateurs et autres suppôts de Satan — bref contre tous ceux qui pensaient et vivaient autrement que lui. C'était le plus redoutable des intégristes fanatiques, à côté de qui son maître Calvin faisait figure de modéré et de tiède.

L'ambition politique se mêlait chez lui à l'ardeur religieuse. Ses succès enflèrent son orgueil, il se rengorgea d'un pouvoir spirituel qui faisait de lui, un roturier, le rival victorieux des lords. Un souffle révolutionnaire passait dans ses invectives contre les grandeurs établies. Il rêvait d'une théocratie dont il serait le chef.

Il se cuirassa d'insolence pour se rendre à l'invitation de la reine. Tel un juste face à Jézabel, un roi hébreu face au pharaon ou à Nabuchodonosor, il se promit de la braver et de la dominer. Les préventions qu'il nourrissait contre les femmes, « créatures chétives, fragiles, faibles, impatientes et étourdies » lui promettaient un triomphe facile, il le croyait du moins. Mais il trouva en elle une fermeté et une fierté inattendues. Le dialogue tourna vite à l'affrontement, quitta le terrain religieux pour un débat de principe sur la source première de l'autorité politique. Elle exigeait de ses sujets une obéissance sans faille, tandis qu'il leur accordait le droit de se soulever contre un souverain injuste : interrogation brûlante qui accompagne, un peu partout en Europe, l'éclosion de la Réforme. Mais dans le cas particulier, le catholicisme de la reine est, par lui-même, un *casus belli*. « J'accepterai de vivre sous l'autorité de Votre Grâce, lui dit-il, comme Paul acceptait de vivre sous celle de Néron. » Cette arrogante façon de se soumettre ne promettait rien de bon. Marie mit le doigt sur la plaie : « Alors je vois que mes sujets ont à vous obéir, et non à moi ; et qu'ils feront ce qui leur plaît, et non ce que je leur commande de faire : et ainsi c'est à moi d'agir selon leur bon plaisir, et non à eux d'agir selon le mien. » Knox répliqua qu'il n'était que l'interprète de la volonté de Dieu, incarnée dans son Église. Mais elle protesta : « Vous n'êtes pas l'Église que je veux nourrir. Je veux défendre l'Église de Rome, car je la tiens pour la véritable Église de Dieu. » Et comme il discutait sa compétence en matière théologique, elle répliqua vivement : « Mais j'ai lu et écouté. »

Marie eut au sortir de l'entretien une de ces crises de larmes nerveuses dont elle était coutumière. Mais son attachement à la foi catholique en fut renforcé : son trône avait partie liée avec l'Église romaine, contre une Réforme qui, sous sa forme calviniste tout au moins, menaçait de creuser le tombeau des rois. Lorsqu'on lui conseilla de se convertir pour supprimer une des sources de troubles dans le royaume, elle ressentit les pressions subies comme autant d'atteintes à sa souveraineté : en cédant, elle en eût aliéné une part. Elle tenait au catholicisme par une foi sincère, par fidélité aussi à sa famille, à son éducation, à ses amitiés. Il fut désormais inséparable de son être, partie constituante de son identité.

De son côté, John Knox, tout habité qu'il était par l'esprit de Dieu, n'en avait pas moins été sensible au charme bien connu de Marie : une femme aussi intelligente et aussi séduisante n'en était que plus dangereuse. Il rendit hommage à sa fierté et à son habileté, déplora l'endurcissement de son cœur et se prépara à lui mener la vie dure. Mais son outrance même servit celle qu'il persécutait. Si sincèrement réformés qu'il fussent, les Écossais n'approuvaient pas tous la violence injurieuse du prédicateur ni la guerre acharnée qu'il menait contre toute forme de divertissement. Il se trouva parmi les lords des modérés fort satisfaits du *modus vivendi* instauré par la reine, son demi-frère Moray, notamment et le secrétaire d'État Maitland, qu'elle laissait gouverner comme par le passé. Sûrs désormais qu'elle ne tenterait pas de rétablir le catholicisme, ils firent cesser tous les obstacles apportés à l'exercice privé du culte pour elle et ses serviteurs. À la Toussaint, la célébration d'une messe chantée prit des allures de victoire. Le fanatisme était, provisoirement, désarmé.

Sur le plan international, hélas, les conflits religieux battaient leur plein et pesaient sur les relations délicates unissant Marie Stuart à sa puissante voisine, Élisabeth d'Angleterre.

« Ma très chère et excellente sœur... »

En Écosse, Élisabeth avait tout fait pour ruiner les efforts de Marie de Guise. Avec succès, on l'a dit. Elle s'accommodait très bien du gouvernement de Moray, dont elle soutenait par de larges subsides le dévouement intéressé. Elle vit d'un mauvais œil le retour de la jeune reine, qui pouvait être tentée de ramener le pays dans l'orbite française. Le refus d'un sauf-conduit trahissait sa mauvaise humeur. Elle tenta d'effacer cette maladresse en faisant savoir, un peu tard, qu'elle n'avait jamais eu l'intention de faire obstacle à son voyage. Les apparences sont sauves. Marie pourra feindre de prendre pour bonnes les amabilités prodiguées. Elle est elle-même trop intéressée à une entente pour faire la fine bouche.

Elle sait bien qu'Élisabeth supporte très mal ses prétentions au trône d'Angleterre. Les proclamer fut une erreur. Dès son veuvage, elle a fait disparaître de son blason les armoiries imprudemment affichées. Elle a trop de bon sens pour songer dans l'immédiat à évincer sa cousine. Mais elle ne renonce pas à ses droits. Elle consent seulement à en différer la prise d'effet. Le 8 juillet de l'année précédente le parlement d'Écosse a reconnu, dans le traité d'Édimbourg, la légitimité de la fille d'Anne Boleyn. Marie, elle, se refuse à ratifier ce traité sans contrepartie. Donnant donnant, elle ne s'inclinera devant Élisabeth que si celle-ci, en l'absence d'héritier direct, fait d'elle officiellement son successeur.

Pour faire aboutir une négociation qui lui assurera à elle peut-être — elle a neuf ans de moins que sa rivale —, à ses descendants sûrement, la couronne d'Angleterre, elle est prête à réfréner sa colère et à oublier sa fierté. À peine installée à Édimbourg, elle prend l'initiative, envoie en ambassade le plus retors de ses conseillers, Maitland. Élisabeth feint de s'étonner, puis, mise au pied du mur, semble accepter la discussion. Elle consent à dire qu'elle préfère Marie à tout autre prétendant et admet implicitement qu'on ne peut l'écarter comme « étrangère ». Mais c'est pour expliquer aussitôt que la seule idée de désigner son successeur lui est intolérable : « Il n'y a pas d'exemple qu'on ait jamais demandé à quelqu'un de déployer son linceul de son vivant. Croyez-vous vraiment que je puisse aimer mon linceul ? Les princes ne peuvent aimer leurs enfants, car ce sont eux qui sont appelés à leur succéder. [...] Croyez-vous donc que je puisse aimer ma cousine, après en avoir fait mon héritière présomptive ? » On ne sait ce qu'il faut admirer davantage : la profondeur de cette étonnante leçon de psychologie politique ou l'audacieuse hypocrisie consistant à en jouer pour justifier une dérobade.

En dehors de ses états d'âme, Élisabeth invoqua aussi une autre raison : ses sujets, inconstants et chagrins comme tous les sujets, pourraient se détourner de leur souverain au bénéfice de son successeur. Et, ajouta-t-elle en latin, « ils sont plus enclins à adorer le soleil levant que le soleil couchant ».

Ce qu'elle ne dit pas, c'est qu'elle avait deux sortes de sujets : des protestants, anglicans mais aussi puritains proches du calvinisme, et des catholiques, dont la persécution n'est pas venue à bout. En reconnaissant Marie pour son héritière, elle s'aliénerait les premiers — « les pierres dans les rues se dresseraient » à la perspective de voir introniser une papiste française —, sans se concilier pour autant les seconds, à qui elle fournirait un espoir les incitant peut-être à anticiper sur le calendrier. Elle choisit donc de temporiser, multipliant les manœuvres dilatoires, mettant en avant des exigences irrecevables : que Marie s'engage à la soutenir contre la France, qu'elle choisisse un mari conforme à ses vœux, enfin, *last but not least,* qu'elle se convertisse au protestantisme. Avec de pareilles conditions, elle ne risquait pas grand-chose.

Elle recula pourtant devant une entrevue. Marie au contraire souhaitait ardemment la rencontrer. Elle aimait les contacts directs. De sa personne émanait, elle le savait, une force d'attraction, une séduction à laquelle personne, homme ou femme, n'échappait tout à fait. Franche, vive, hardie, elle n'était jamais meilleure que dans ces affrontements où elle provoquait l'interlocuteur, le tâtait, le sentait venir, le débusquait de ses retranchements, trouvait le mot à dire et le geste à faire et tranchait, souveraine. Elle avait réussi à en imposer à John Knox. Elle comptait bien faire tomber entre Élisabeth et elle ce qu'elle croyait être un mur de malentendus. Rendez-vous était presque pris, au printemps de 1562, lorsque le déchaînement de la guerre civile en France rendit tout rapprochement impossible : François de Guise venait de faire à Vassy un grand massacre de huguenots.

Jamais les deux reines ne se rencontreront. À l'entrevue sans cesse différée, Élisabeth préférera les lenteurs d'un échange épistolaire très dense, enrobé d'un miel d'autant plus chargé d'amertume que Marie, forte de son pouvoir rétabli, a négligé, pour se remarier, d'avoir obtenu le consentement de sa « chère sœur » et cousine. Dans l'euphorie du succès, l'imprudente et impulsive reine d'Écosse n'a mesuré ni le danger qu'elle représentait pour sa rivale, ni l'intensité de l'animosité que celle-ci lui portait.

Une reine très convoitée

À une reine il faut un mari, tout le monde en convient, ne serait-ce que pour assurer l'avenir de la dynastie. Mais quel genre de mari, et pour quel rôle ? un mari pour l'emmener au loin dans son propre royaume, ou pour partager avec elle le pouvoir sur place ? un mari qui l'élèverait au-dessus de sa condition présente, ou un inférieur dont elle ferait la fortune ?

L'orgueil de Marie Stuart exclut toute hésitation. Après avoir été reine de France, elle ne peut se contenter de régner sur la seule Écosse. Son royaume retrouvé n'est qu'un tremplin pour un nouvel essor, une monnaie d'échange pour un autre trône. À Édimbourg, elle n'est que de passage, en transit. Lorsque l'ambassadeur de France, Castelnau, lui rend visite en 1564 pour lui proposer, à tout hasard, la main de Henri d'Anjou*, elle lui fait part des « recherches » dont elle est l'objet : l'archiduc Charles, frère de l'empereur, des princes allemands, le duc de Ferrare, le prince de Condé, veuf pour lors, l'auraient pressentie. Mais elle avoue que ses préférences vont toujours à don Carlos : elle se voit déjà régnant avec lui sur les Pays-Bas, où Philippe II leur taillerait une principauté.

Son demi-frère, Moray, encourage ses projets de départ. Puisqu'il ne peut, hélas ! l'épouser lui-même, il souhaite l'éloigner pour continuer d'exercer sous sa lointaine tutelle, comme du temps de François II, le gouvernement de fait. Les grands lords écossais sont partagés. Tous la convoitent pour un de leurs fils : n'ont-ils pas presque tous quelques gouttes de sang Stuart dans les veines ? Mais ils se jalousent férocement et préféreraient la voir partir plutôt que tomber entre les mains d'un rival. Seule la question religieuse pourrait être pierre d'achoppement : l'Écosse tient à se prémunir contre toute offensive de reconquête catholique.

C'est de Londres que vint le veto. « Toutes ces alliances plaisaient aussi peu à la reine d'Angleterre les unes que les autres ; car elle ne pensait jamais avoir épine au pied qui lui fût plus poignante** qu'une grande alliance étrangère avec cette reine, craignant par ce moyen qu'elle ne lui mît un mauvais voisin en son pays. » Pas plus que Catherine de Médicis, Élisabeth ne souhaitait pour la reine d'Écosse un brillant remariage. Les prétendants, soudain refroidis par la perspective d'un conflit, se retirèrent. Marie ne put que s'incliner. Elle se mit en quête d'un époux forcément moins prestigieux pour régner avec elle à Édimbourg.

Le mariage d'une reine de plein exercice est affaire délicate. Que l'heureux élu soit cantonné au rôle de prince consort ou

---

* Le futur Henri III. En passant par Londres, il vient d'offrir cette même main à Élisabeth. Il faut montrer à toute l'Europe que les partis possibles pour le prince sont nombreux. Mais l'offre faite à Marie n'est pas sérieuse.

** Piquante, acérée.

étroitement associé au gouvernement, sa présence aux côtés de
la souveraine ne peut que modifier pour celle-ci les conditions
d'exercice du pouvoir. C'est ce qu'a vite compris, en ce qui la
concerne, la très prudente Élisabeth. Elle n'écartait pas l'idée
de convoler en justes noces, mais elle repoussait d'année en
année l'échéance, berçait ses prétendants d'espoirs illusoires,
tout en menant avec son favori Robert Dudley, qu'elle fera
comte de Leicester, une idylle très poussée, sans jamais franchir le pas. « De son naturel elle avait peu d'inclination à se
marier, expliqua-t-elle à l'ambassadeur français ; si le comte de
Leicester était prince et issu de tige royale, elle consentirait
volontiers à ce parti pour toute l'amitié que l'Angleterre lui
portait » (hum ! hum !), mais « jamais elle n'épouserait son
sujet, ni ne le ferait *son compagnon* ». Blocage psychologique,
empêchement physiologique, on a tout invoqué pour expliquer
le comportement ambigu devant la sexualité de celle qu'on
surnomma la « reine vierge ». Mais dans son refus du mariage,
l'instinct politique dut jouer un rôle majeur : elle redoutait de
rompre l'équilibre délicat sur lequel reposait son autorité. Si
coquette qu'elle fût, elle se savait « de celles dont on épouse le
royaume et non pas la personne ». Sa personne, elle ne la livra
qu'à demi. Son royaume, elle se le garda pour elle toute seule.

Élisabeth est une reine des temps modernes — la première.
Elle s'identifie à l'Angleterre, dont elle veut faire la grandeur.
Elle règne, et elle gouverne. Marie Stuart est une reine du
temps passé, tout droit sortie des récits de chevalerie et des
romans courtois, revus et corrigés par la Renaissance française.
Elle tient assurément à ses prérogatives de reine, ne supporte
pas de voir ses volontés contrariées, ses désirs ignorés. Elle est
capable d'user à l'occasion de fermeté ou de diplomatie. Mais
elle n'a ni le goût ni le désir de diriger son royaume au quotidien. Elle n'y a été préparée ni par son éducation, ni par ses
dix-huit mois de règne aux côtés de François II. L'administration l'ennuie, elle ne demande qu'à s'en décharger sur son
demi-frère.

Aime-t-elle l'Écosse ? Ce n'est pas sûr. À cette date elle lui
tient rigueur de l'avoir reprise de force, piégée. À Holyrood,
dans ses appartements privés, elle a créé une cour en miniature,
pâle reflet de ce qu'elle a connu en France, mais havre de raffi-

nement au cœur de la sauvagerie ambiante. Sur les rayons de
sa bibliothèque, Ronsard et Du Bellay voisinent avec Pétrarque
et l'Arioste ou avec les légendes de la Table Ronde. À leurs
côtés, Cicéron, Suétone, Ovide, Plutarque et les grands classiques grecs, d'Homère à Platon en passant par les Tragiques.
Dans le petit cercle des intimes que cimentait une communauté
de culture et de goûts, on composait et on récitait des vers, on
dansait, on chantait, on faisait de la musique et l'on jouait aux
cartes, jusqu'à une heure avancée de la nuit. On s'évadait dans
le monde de la fiction romanesque.

À cette reine éprise de grand air et rompue aux exercices du
corps, la chasse et, éventuellement, la guerre offraient aussi une
forme d'évasion plus concrète et plus en rapport avec les traditions locales. D'une intrépidité et d'une endurance extrêmes,
elle en remontrait aux hommes expérimentés. Mais à les
coudoyer dans ses chevauchées, à se mesurer à eux sur leur
propre terrain, elle les provoquait ingénument, les invitait à la
vaincre. Elle était belle : on conçoit qu'ils se fussent piqués au
jeu. D'autant plus que la fragilité voisine en elle avec la force,
des crises nerveuses ponctuées de larmes alternent avec les
sursauts de témérité. Dans les défaillances de la fière et libre
amazone s'inscrit déjà sa défaite à venir. Quel homme ne
souhaiterait en être l'artisan comblé ?

Tous les efforts des historiens pour faire le départ, chez ceux
qui la poursuivirent, entre l'ambition et l'amour restent vains.
En même temps qu'à son trône, on en veut à sa personne : les
deux sont indissociables. Car les risques pris pour elle dépas-
sent de loin ceux qu'aurait accepté de courir le plus intrépide
des aspirants au pouvoir. Pour s'emparer d'elle ou, plus tard,
pour la tirer de prison, des hommes sacrifient allégrement leur
fortune, leur honneur, leur vie. C'est qu'elle incarne l'archétype
même de la princesse à conquérir, tel que l'a forgé dans les
contes l'imaginaire de tous les peuples, sous ses deux formes
complémentaires de guerrière à dompter ou de captive à délivrer : au vainqueur elle donne amour, richesse, pouvoir ; au
vaincu la mort ; mais tous sont résolus à tenter l'épreuve.
Éminemment désirable, semeuse de trouble et de discorde,
prometteuse du meilleur et du pire, telle apparaît Marie,
« dangereuse reine » s'il en fut jamais.

Dès 1562, elle a découvert avec effroi que tel ou tel de ses grands barons est prêt à l'enlever, à l'entraîner au fond d'un château perdu dans les Highlands et à l'y épouser de force. Le danger est partout, autour d'elle. À vingt ans, elle est restée romanesque. Elle n'a pas la maturité affective requise pour faire face. Induite en erreur par l'attachement puéril de François II, bercée par l'encens et le miel des poésies de cour, elle rêve d'un amour dont elle ne sait rien, mais qu'elle redoute obscurément. Les folies qu'on fait pour elle la surprennent, la fascinent et la révoltent*. Elle tremble devant la convoitise qu'elle lit dans les yeux brutaux des lords écossais. Elle ne peut prolonger indéfiniment un célibat qui lui pèse. Il lui faut l'appui d'un homme pour la défendre des autres et l'aider à gouverner.

Son choix sera catastrophique.

Le prince charmant

Toujours soucieuse de se concilier Élisabeth, Marie l'avait fait consulter sur le meilleur parti envisageable. Le nom alors prononcé était si inattendu que l'on crut à une plaisanterie ou surtout à une provocation. Et c'en était une, peut-être. À sa cousine, Élisabeth proposait sans rire d'épouser son propre favori, Robert Dudley, déconsidéré par les familiarités et privautés qu'elle se permettait en public avec lui. La mort suspecte de sa femme, Amy Robsart, en un temps où il aspirait à la main de la reine, avait fait scandale. Cette dernière avait

---

* En témoigne l'affaire Châtelard. Ce gentilhomme huguenot français, un peu poète, lui vouait un amour si passionné qu'à deux reprises on le découvrit dissimulé dans sa chambre. La première fois, elle pardonna, la seconde, elle demanda, indignée, qu'on le poignarde sur-le-champ ; mais il fut finalement jugé et condamné. Il mourut en récitant *L'Hymne de la Mort* de Ronsard et en déplorant la « cruauté » de sa « Dame ». Ce dont John Knox crut pouvoir déduire qu'il était son amant : en quoi il montrait une grande méconnaissance des nuances de la langue française. Certains témoignages donnent Châtelard pour un agent provocateur, chargé par les protestants français de compromettre la reine, mais on n'en a jamais trouvé la preuve. En tout état de cause, ce qui importe ici est la réaction première de Marie.

coupé court en déclarant qu'il n'était pas digne d'elle, n'étant pas de sang royal. Mais elle le trouvait assez bon pour Marie. L'ambassadeur de celle-ci eut une réponse adroite qui n'engageait à rien : c'était, dit-il, une grande preuve de l'amour qu'elle portait à la reine d'Écosse « que de vouloir lui donner un homme pour lequel elle avait elle-même tant d'affection ». L'intéressée maîtrisa son indignation, tant qu'elle conserva un espoir du côté espagnol. Elle fit savoir ensuite qu'elle ne tiendrait compte des volontés d'Élisabeth que si ses droits à la succession étaient officiellement reconnus. Et devant une nouvelle réponse dilatoire, elle décida de passer outre.

En s'attachant à Henri Darnley, elle ne croyait d'ailleurs pas déplaire à sa « chère sœur » : celle-ci avait intercédé pour obtenir au jeune homme l'autorisation de rentrer en Écosse, d'où lui et les siens avaient été exilés naguère à la suite d'un complot. Une double ascendance le rattachait aux Stuarts par son père, quatrième comte de Lennox, et aux Tudors par sa mère, Margaret Douglas, petite-fille de Henri VII. Il occupait parmi les prétendants à la succession d'Élisabeth une place honorable. Né et élevé en Angleterre, mais héritier d'un des grands noms d'Écosse, il apparaissait tout désigné pour opérer un rapprochement entre les deux royaumes. Il présentait l'avantage supplémentaire, aux yeux de Marie, d'être catholique. À défaut d'un souverain étranger, c'était pour elle, par la naissance, un époux tout à fait acceptable.

Sur ses capacités, en revanche, il y aurait eu beaucoup à redire. À dix-neuf ans, il était ce que nous appellerions un *playboy*. Très grand, svelte mais bien bâti, il offrait un visage encore imberbe d'un bel ovale régulier. Avec ses yeux d'un brun chaud, ses cheveux blonds, ses lèvres rouges, sa jambe cambrée dans des bas bien tirés, sa démarche élégante, il se savait séduisant et jouait sans scrupules de son physique avantageux. Son ambitieuse mère l'avait formé pour la vie de cour : il savait rimer, danser, chanter, toucher d'un instrument de musique et lisait assez de latin pour en imposer aux demi-habiles. C'était un enfant gâté léger, capricieux et frivole, impétueux dans ses désirs, mais répugnant à l'effort. Sa fatuité n'avait d'égale que sa sottise et sa lâcheté était sans bornes.

Marie fut fascinée par ce « beau et joyeux jeune homme », « le plus joli et le mieux fait qu'elle eût jamais vu », qui dansait si bien et qui, à la différence de ses autres cavaliers, la dominait par la taille et la prestance. Sa petite cour extasiée voyait en eux le couple idéal, tel qu'à l'envi le décrivaient les romans. Cependant rien ne transpira des sentiments qu'éprouvait la reine jusqu'au mois d'avril, où Darnley eut une dangereuse rougeole. Elle alla le voir, s'attarda à son chevet, s'improvisa son infirmière attendrie, d'autant moins capable de se défendre contre l'amour qui la submergeait qu'il était plus dépendant, désarmé par la fièvre et la maladie. Croyait-elle retrouver quelque chose de la tendresse qui l'avait liée à François II ? La différence d'âge — quatre ans — lui donnait sur Henri cet ascendant qui lui semblait inséparable du sentiment amoureux. Lorsque le jeune homme reparut à la cour, la « pauvre reine », oublieuse des affaires d'État, n'était plus qu'une amante éperdue, désireuse de l'épouser au plus vite : une métamorphose si soudaine qu'on ne manqua pas d'y voir sorcellerie. Elle couvrit l'heureux élu de titres et de dignités, décréta qu'il porterait le nom de roi d'Écosse, et elle l'épousa dans la chapelle royale de Holyrood le 29 juillet 1565.

Les réactions furent diverses. Catherine de Médicis applaudit : son ex belle-fille était désormais inoffensive. Mais Élisabeth éclata : un tel mariage, réunissant deux prétendants au trône d'Angleterre, menaçait sa sécurité, prétendit-elle ; et ses sujets verraient d'un mauvais œil un souverain catholique régner à Édimbourg aux côtés d'une épouse de même confession. Cette colère parut suspecte : Élisabeth elle-même n'avait-elle pas expédié Darnley en Écosse à point nommé ? Le piège tendu à Marie lui permettait de gagner sur les deux tableaux : au fond, ce mariage médiocre lui convenait ; mais comme elle n'avait pas été consultée, elle pouvait en tirer argument pour enterrer définitivement l'épineuse question de sa succession.

Moray, lui, voyait le gouvernement lui échapper. Il fut ulcéré. Et avec lui ceux des lords dont ce choix anéantissait les espoirs. Knox tempêtait contre le « papiste » uni à la reine selon un rite sacrilège. Le 30 juillet, un lourd silence accueillit la proclamation officielle des nouveaux titres de Darnley. Dès le mois d'août, sous la conduite du demi-frère de la reine et avec l'appui secret de l'Angleterre, un certain nombre de grands féodaux s'engageaient dans une révolte armée.

La chance sourit aux amoureux. À la surprise générale, une campagne éclair, rondement menée — d'où son nom de *Chaseabout Raid* ou Course-poursuite —, leur permit de battre les rebelles à plate couture. Les chefs vaincus se réfugièrent en Angleterre où Élisabeth s'empressa de les désavouer publiquement, tout en leur donnant asile. À Édimbourg, les noms conjoints de Henri et de Marie s'étalaient sur les documents officiels et sur les pièces de monnaie récemment frappées. Et l'avenir semblait s'ouvrir sous les meilleurs auspices puisque déjà la reine attendait un enfant.

Mais en six mois, miné par la mésentente, le couple royal se défit.

Le baptême du sang

La jeune femme se déprit aussi vite qu'elle s'était enflammée. Ses yeux se dessillèrent. Elle découvrit soudain la médiocrité intellectuelle de son mari, son arrogance, sa vanité, sa veulerie. Elle lui en voulut de ce qu'elle l'avait aimé. Il avait cru être roi. Il s'aperçut que le titre accordé n'était qu'une coquille vide. Elle avait gardé le pouvoir. Il réclama à grands cris la « couronne matrimoniale », qu'elle avait jadis accordée à François II et qui aurait fait de lui son égal. Elle la lui refusa. Il se fâcha, devint grossier, insultant. Elle lui ferma la porte de sa chambre. Il se mit à courir les tavernes, à fréquenter les prostituées, à s'enivrer, à déverser ses rancœurs dans les oreilles compatissantes de quelques barons insatisfaits. Rien que d'assez banal entre époux qui se déchirent.

Mais il alla plus loin.

Elle se repliait sur l'étroite cour de fidèles qui partageaient sa vie quotidienne, une de ses demi-sœurs, quelques Françaises, un Italien engagé comme musicien et récemment promu au rang de secrétaire particulier. Ce noiraud de David Riccio, mal bâti, fort laid, mais intelligent et tout dévoué à celle qui avait fait sa fortune, était-il un espion au service de l'Espagne ? la chose est très vraisemblable. Ce qui est sûr, c'est qu'il était de petite extraction, étranger, catholique, et que les Écossais s'offusquèrent de sa promotion sociale insolente, qu'il afficha imprudemment.

Dans tous les pays du monde, les rois aiment à s'entourer de serviteurs qui leur doivent tout et ceux qui croient avoir des droits au gouvernement s'irritent de rencontrer sur leur chemin ces parvenus surgis d'ailleurs : qu'on pense aux Italiens si vilipendés dans l'entourage de Catherine de Médicis. Une cabale se forma pour abattre Riccio, soupçonné de mille traîtrises. N'inspirait-il pas à la reine une politique pro-catholique ? N'allait-il pas l'inciter à rétablir le papisme en Écosse ? C'était lui qui rédigeait, chiffrait et déchiffrait toute sa correspondance, tandis que Darnley était tenu à l'écart. Que mijotaient-ils donc ensemble ? Leurs apartés, leurs entretiens tardifs et jusqu'à leurs divertissements littéraires et musicaux passèrent pour coupables. On persuada l'époux en disgrâce, ou il se persuada tout seul, que Riccio était l'amant de Marie. Et on le convainquit qu'il retrouverait auprès d'elle toutes ses prérogatives politiques et conjugales, une fois éliminé ce mauvais génie.

Au soir du samedi 9 mars 1566, elle soupait avec quelques intimes, au second étage du palais de Holyrood, lorsque la tenture qui séparait la salle à manger de sa chambre se souleva, livrant passage à son mari. Il logeait au-dessous, dans des pièces agencées de même manière. Il avait accédé aux appartements de sa femme non par l'escalier principal, mais par un petit escalier dérobé. Le temps de surmonter sa surprise, elle lui fait place parmi les convives. Surgit alors, par le même chemin, armé et cuirassé, l'un des lords les plus redoutables, Ruthven. Il somme brutalement Riccio « de sortir de cette chambre où il n'a que faire ». Marie proteste. Darnley, sommé de prendre parti, bafouille et se dérobe. Comme elle fait mine d'appeler ses gardes, Ruthven prononce une phrase convenue. Aussitôt surgissent cinq autres conjurés. La table est renversée, les chandeliers s'éteignent. À la lueur de l'unique bougie, les intrus se ruent sur Riccio qui s'accroche désespérément à sa protectrice. L'un des agresseurs immobilise alors Marie de ses deux bras tandis qu'on dénoue l'étreinte du malheureux qui se débat en hurlant. Sa robe est éclaboussée de sang, sur sa tempe elle voit braquer un pistolet, dont le coup est détourné de justesse. Tous s'acharnent maintenant sur l'Italien, qu'ils ont traîné dans l'antichambre. Chacun tient à participer par plusieurs coups portés de sa main à ce qui est — le lieu choisi et les circonstances le confirment — un meurtre propitiatoire, quasi rituel : en ce temps-là, au pays de Macbeth, on croyait très fort aux envoûtements, aux interventions sataniques et Ruthven lui-même passait pour sorcier. Dans le corps déchiqueté de la victime, qu'ils jetèrent finalement par la fenêtre, on compta plus de cinquante blessures, mais on trouva un poignard, un seul, celui de Darnley, ainsi désigné aux puissances occultes comme instigateur et bénéficiaire potentiel du crime : geste magique.

Marie était enceinte de six mois. Elle fut convaincue qu'elle aussi était visée, soit directement — dans le tumulte un coup « égaré » aurait pu l'atteindre —, soit indirectement — le choc provoquerait une fausse couche, très dangereuse à ce stade de la grossesse. Elle n'avait pas tout à fait tort. Un pacte avait été signé entre Darnley et ses complices. On n'y parlait qu'à mots couverts, il était seulement question de défendre « l'honneur » du roi. L'époux de Marie s'engageait à accorder aux lords rebelles protection et amnistie générale, à condition qu'ils lui fissent attribuer la fameuse « couronne matrimoniale » lui conférant la royauté en cas de mort prématurée de sa femme. En tout état de cause, elle serait écartée du pouvoir.

Le jeu de l'amour et de la mort

Quelques mois avaient suffi pour conduire la jeune femme de l'amour au mépris. En cette nuit sanglante, le mépris s'est mué en haine. L'époux indigne a voulu la tuer, elle et son enfant à naître, elle en est sûre. Elle n'oubliera jamais : on la comprend. Un jour elle osera lui en jeter le reproche au visage. Mais le moment n'est pas venu. Elle est seule, prisonnière dans Holyrood cerné par les soldats adverses. L'unique espoir d'en sortir, c'est de s'en prendre au maillon le plus faible de la chaîne d'ennemis qui l'entourent : son mari, sur lequel elle entreprend aussitôt de peser.

Marie n'est jamais si forte que dans le péril.

Elle dissimule ses sentiments, feint un malaise, s'alite et réclame d'urgence une sage-femme, qu'il eût été difficile de lui refuser, et qui confirme qu'elle est sur le point d'accoucher prématurément. Les geôliers desserrent une surveillance devenue superflue, et elle en profite pour communiquer avec l'extérieur. Le lamentable Darnley, très ébranlé par le meurtre commis sous ses yeux, se rend à son chevet, pas très fier de lui. Il la trouve dolente, affaiblie, brisée. Il croit l'avoir domptée, s'enchante de cette douceur inespérée, se convainc que le mal venait de Riccio, se déclare prêt à tout pour reconquérir son affection. À tout ? Mais oui. Même à organiser son évasion et à lui livrer le nom de ses complices. Ceux-ci, méfiants, le poussent à solliciter d'elle, pour eux, une promesse écrite d'impunité. Il s'engage à la leur apporter le lendemain. Mais le lendemain la prisonnière se sera envolée.

Le lundi à minuit, elle descend avec lui l'étroit escalier qui avait livré passage aux assassins deux jours plus tôt. Ils traversent les appartements des domestiques et les cuisines, puis longent le cimetière où ils aperçoivent une tombe fraîche qui inspire à Darnley des regrets hypocrites sur le pauvre Riccio, « bon et honnête serviteur » injustement décrié. Les voici au rendez-vous où les attendent quelques amis, avec de bons chevaux. Darnley file devant à bride abattue, terrorisé à l'idée d'être rattrapé. Entendant les cris de sa femme qui, en croupe derrière le fidèle Erskine, le supplie de ralentir par pitié pour son état, il lui crie que si elle perd cet enfant, ce n'est pas grave, il lui en fera d'autres.

Peu avant l'aube, ils arrivent au château de Dunbar après une épuisante chevauchée de cinq heures. Non seulement Marie n'est pas malade, mais elle est galvanisée par sa liberté reconquise. Elle reprend courage en voyant converger à son appel des fidèles de plus en plus nombreux. À Holyrood, en trouvant la chambre vide, les conjurés ont compris qu'ils ont été trahis. Lorsqu'ils apprennent que Darnley marche aux côtés de sa femme, en route pour regagner Édimbourg, ils savent qu'il ne leur reste plus qu'à prendre la fuite. À la tête d'une troupe de huit mille hommes, elle rentre dans sa capitale le 18 mars, neuf jours après le drame qui a failli lui coûter le trône et peut-être la vie. Si elle conserve quelques doutes sur la responsabilité de son mari, les complices de celui-ci, ulcérés, se chargent de les lui ôter en lui faisant parvenir le pacte paraphé de son nom.

Le temps est-il venu de régler ses comptes ? Pas encore. On se contente de pendre quelques comparses. Les principaux coupables sont hors d'atteinte. Darnley est provisoirement intouchable, car tout scandale risque de rejaillir sur l'enfant à naître : une séparation de ses parents peut raviver les calomnies au sujet de Riccio *. Elle fait donc tout pour calmer le jeu, elle rappelle les exilés du Chaseabout Raid et elle se réconcilie avec son demi-frère Moray, qui était absent au moment du drame et dont elle ignore qu'il a approuvé le fameux pacte. Elle supporte son époux d'autant plus facilement que l'approche du terme de sa grossesse lui permet de le tenir à l'écart.

Elle s'installa au début de juin dans le château d'Édimbourg, plus facile à défendre que Holyrood, elle fit son testament, qui montre quelle place la France tenait encore dans son cœur, et elle commanda un berceau tendu de dix aunes de toile de Hollande ainsi qu'une somptueuse layette. Lorsqu'elle commença de souffrir, on tenta au moyen de formules magiques de transmettre ses douleurs à la future nourrice, également en train d'accoucher. Mais ce soulagement supposé ne l'empêcha pas de gémir qu'elle eût voulu « ne s'être jamais mariée ». Le mercredi 19 juin elle mit au monde un fils vigoureux et bien constitué, qu'on prénomma Jacques, comme tous les aînés des Stuarts. De surcroît, il était né « coiffé », la tête recouverte d'une membrane — un signe d'excellent augure. Les canons du château tirèrent les salves de circonstance, le peuple se rendit en foule à Saint-Gilles pour rendre grâces à Dieu et le soir, la ville et les collines d'alentour resplendirent de l'éclat des feux de joie.

À l'égard de son mari, la reine usa d'une précaution qui pour

---

* Certains textes d'époque nomment Jacques VI Stuart « le fils de David », par référence au prénom de Riccio. Mais le calendrier ne peut pas laisser le moindre doute sur la paternité de Darnley, car l'enfant fut conçu moins de deux mois après le mariage, alors que ses parents étaient encore en pleine lune de miel.

être empruntée à la tradition, n'en était pas moins, en l'occurrence, lourdement chargée de sens. Elle lui présenta publiquement l'enfant en lui disant : « Monseigneur, Dieu nous a donné un fils, que personne d'autre que vous n'a engendré. » Et en découvrant le visage du bébé, elle continua : « J'atteste ici devant Dieu, comme je lui répondrai au jour solennel du jugement, que c'est là votre fils, et non celui d'un autre. Je désire que toutes les femmes et tous les hommes ici présents soient témoins de ce que j'affirme. » Le silence de l'intéressé valait acquiescement. Alors elle ne put se retenir d'ajouter une phrase où perçait son mépris : « Car c'est tellement votre fils, que je crains que cela ne lui cause plus tard le plus grand tort. »

Élisabeth, à qui un messager fut envoyé aussitôt, se montra très émue et eut, dit-on, un cri de femme blessée : « Hélas, la reine d'Écosse vient de donner le jour à un beau garçon et je ne suis qu'un tronc stérile. » Eut-elle le pressentiment qu'un jour cet enfant, tous liens rompus avec Marie, deviendrait son propre héritier ? Passé le premier mouvement de jalousie, elle dut vite se rendre compte que si elle parvenait à transmettre au fils les droits de sa mère, elle repousserait à beaucoup plus tard la déplaisante nécessité de « déployer son linceul » de son vivant.

En Écosse même, certains se livrent à des spéculations analogues. Certes, en un sens, la naissance d'un héritier mâle renforce la position de Marie : la continuité dynastique est assurée, le royaume ne sera pas exposé aux aléas d'un mariage avec un prince étranger. Mais en un autre sens, elle l'affaiblit. Car elle offre, à tous ceux que contrarie l'autorité de sa mère, une solution de rechange. Les grands barons ne tarderont pas à se dire qu'un enfant mineur serait plus facile à manœuvrer. Et l'on pourrait sans doute lui faire adopter la religion protestante. Quant à Darnley, il a pratiquement perdu toutes ses chances d'accéder au trône : on lui préférera évidemment son fils.

Marie est dépressive, malade, comme toujours après des moments d'extrême tension. Un jour même, visage exsangue, membres raidis, elle tombe dans une sorte de catalepsie, on la croit morte. Elle prend prétexte de sa santé pour fuir son mari, de château en château. Elle ne cache plus l'aversion qu'il lui inspire, leur dissentiment est public. Comme il parlait de quitter l'Écosse pour chercher fortune sur le continent, elle le somme un jour, devant témoins, de dire s'il a quelque chose à lui reprocher ; surpris, il murmure que non et elle, qui ne demande rien d'autre que ce satisfecit, le traite plus mal que jamais. Totalement écarté des affaires il voit le vide se creuser autour de lui. Il n'a plus d'avenir, tous l'abandonnent. Il va, il vient, libre de ses mouvements, au milieu de l'indifférence générale et il ressent vivement ce mépris insultant.

Le 17 décembre, le baptême du petit Jacques rassembla toute la noblesse. Ses parrains, le roi de France et le duc de Savoie, sa marraine, la reine Élisabeth, s'étaient fait représenter et celle-ci, peu coutumière pourtant de prodigalité, avait offert de somptueux cadeaux. Pendant la cérémonie, célébrée selon le rite catholique, les lords protestants se tinrent à l'extérieur de la chapelle, mais ils participèrent de bonne grâce aux festivités générales. Un absent de marque : le père de l'enfant boudait. Lorsqu'il apprit quelques jours plus tard que les meurtriers de Riccio, graciés, allaient regagner la ville, il s'affola et s'enfuit à Glasgow chercher auprès de son père la considération et la sécurité qui lui étaient refusées à Édimbourg.

Il n'avait pas tort d'avoir peur. Le 10 février suivant, il était assassiné et trois mois après, sa veuve épousait un des organisateurs de l'attentat, Bothwell. Marie se voyait accusée d'adultère et de complicité de meurtre. Quelle était sa part de responsabilité ?

Disons-le d'emblée : à cette double question, il est impossible, en l'état actuel de nos connaissances, d'apporter une réponse indiscutable. Tous les récits, tous les témoignages contemporains sont entachés de partialité, pour ou contre elle. Les documents les plus accablants, les lettres et poèmes contenus dans une certaine cassette qui lui venait de François II et qu'elle avait donnée à Bothwell, ne nous sont parvenus que sous forme de copies ou de copies de copies, et souvent de traductions. Pas de date, pas de destinataire désigné, des contradictions et des incohérences. On s'accorde aujourd'hui pour penser que ces textes ont été manipulés, trafiqués, peut-être à partir d'originaux authentiques, afin de compromettre irrémédiablement la reine. Mais le fait qu'on ne puisse pas faire fond sur eux n'évacue pas pour autant le grave problème posé par son comportement en ce début de 1567. L'incertitude ouvre la porte aux hypothèses ou même aux interprétations romancées.

,Nous ne croyons plus guère, avec Stefan Zweig, qu'elle fut la proie d'une grande flambée de passion folle, irrépressible, qui la consuma, la conduisit au crime et au désastre et s'épuisa d'elle-même en quelques mois, faute d'aliments, la laissant comme une morte vive. Mais on débat encore de son innocence ou de sa culpabilité. Et bien sûr, le jugement qu'on porte sur elle influe, qu'on le veuille ou non, sur la manière de raconter son drame. Fut-elle le jouet des circonstances, la victime d'une maladie nerveuse héréditaire qui altère son jugement et sa volonté ? A-t-elle clairement compris ce qui se tramait ? A-t-elle approuvé, explicitement ou tacitement ? La place manque ici pour donner au lecteur tous les éléments du débat. Il nous pardonnera donc de nous limiter aux données essentielles du drame, en essayant de comprendre et de proposer, à l'écart de tout parti pris moralisant, une explication.

Chronique d'une mort annoncée

Dans le château de Craigmillar, aux portes d'Édimbourg, avait eu lieu à la fin de novembre, entre cinq ou six des principaux lords du royaume, un entretien sur les moyens d'éliminer Darnley. Ils proposèrent à la reine de la faire divorcer, si elle acceptait de pardonner aux assassins de Riccio. Le retour de ceux-ci, fin décembre, est la preuve de son accord. Ni dans la discussion, ni dans le pacte que signèrent ensuite les conjurés et auquel elle refusa d'ajouter son nom, on ne parlait de le tuer : on la libérerait de lui. Elle y souscrivit verbalement, à condition que la légitimité de son fils n'en souffrît pas et qu'il ne fût pas porté atteinte à son « honneur ». Des moyens à employer, elle ne voulut rien savoir. « Nous réglerons cette question entre nous, et Votre Grâce ne verra que le bien qui en résultera ; nous aurons l'approbation du Parlement », garantit Maitland. Elle souhaitait si fort être débarrassée de son mari qu'elle s'interdit de penser d'une part aux difficultés et aux

lenteurs qu'entraînerait une séparation légale, d'autre part aux
mœurs et habitudes de ses grands barons. Mais tout au fond
d'elle-même, pouvait-elle ne pas soupçonner ce qu'ils avaient
derrière la tête ? Lorsqu'elle demanda si son demi-frère Moray
était d'accord, il lui fut répondu qu'il « regarderait à travers ses
doigts sans rien dire » — ce qui impliquait à coup sûr quelques
accrocs à la stricte légalité !

On lui avait fait une promesse abstraite, sans lui révéler
comment on s'y prendrait pour la tenir : elle ne demandait qu'à
s'accommoder de cette douteuse casuistique. Certes elle était
naturellement compatissante et avait horreur du sang versé.
Mais sa haine violente, viscérale contre l'époux naguère aimé
redoublait maintenant sous l'effet de la peur. Il avait voulu la
faire périr sans doute, lui voler le pouvoir à coup sûr. Il continuait de comploter contre elle, méditait, disait-on, de se faire
auprès de l'Espagne le champion de la cause catholique en
Écosse ou bien il rêvait au contraire, après l'avoir détrônée ou
tuée, d'exercer la régence au nom de leur fils. Il était une
menace suspendue sur sa tête : à la vengeance, tout à fait
compatible avec l'honneur, venait s'ajouter la légitime défense.
Aucun murmure de sa conscience n'empêcha Marie de se
boucher hermétiquement les yeux et les oreilles et de laisser les
choses suivre leur cours.

Parmi les conjurés figurait un personnage qui avait pris
depuis peu et qui devait prendre auprès d'elle une place de plus
en plus importante : James Hepburn, comte de Bothwell,
possesseur de vastes domaines dans le sud-est de l'Écosse, le
long de la frontière anglaise. Les contemporains et la postérité
se sont montrés pour lui d'une égale sévérité : vaincu, il constitue en effet un bouc émissaire idéal. Mais dans l'hiver de 1566-
1567, beaucoup d'aspects de sa personnalité et de sa carrière
plaidaient en sa faveur.

Bien qu'il ait dû payer d'un séjour en prison, puis d'un exil
en France l'appui apporté à Marie de Guise, il était toujours
resté fidèle aux Stuarts. Le soir de l'assassinat de Riccio, il
s'était échappé du palais en sautant du premier étage par une
fenêtre et avait organisé l'évasion de la reine. Comblé par elle
de biens et de charges, il est devenu son homme de confiance,
mais rien, pas même la visite qu'elle lui rend au mois d'octobre,

alors qu'il se trouve blessé en danger de mort *, ne laisse supposer entre eux les relations qu'on se plut ensuite à imaginer.

Pas très grand mais trapu, doté d'une force physique colossale, il tenait des grands fauves à qui on l'a parfois comparé. Comme tous les seigneurs féodaux mal dégagés des mentalités médiévales, il était ambitieux, orgueilleux, batailleur et cruel. Calculateur, mais dépourvu de prudence, il se montrait, lorsqu'il s'était fixé un but, rapide, résolu, d'un courage frisant la témérité. Intelligent, efficace, il joignait à ses talents de chef de guerre d'évidentes qualités d'administrateur. Ce prétendu sauvage, beaucoup plus instruit que ses pairs, savait plusieurs langues, possédait des livres, avait acquis au cours de ses voyages, et notamment en France, un vernis de culture et de civilité qui tranchait sur la grossièreté ambiante. Une réputation de séducteur irrésistible l'auréolait. Non qu'il poursuivît ardemment les femmes : elles s'offraient à lui, conquises. Ce n'était assurément ni un médiocre, ni une brute.

Tel est l'homme qui passa pour le principal responsable de la mort de Darnley. Mais il n'était pas le seul. Il n'avait pas eu, semble-t-il, l'initiative du complot et il est probable que le choix des moyens fut collectif. Darnley avait pour principaux adversaires ses anciens complices dans l'affaire Riccio, qu'il avait trahis et abandonnés. Rien de plus légitime à leurs yeux qu'une vengeance. Mais le recours à l'arme usuelle, le poignard, leur vaudrait une enquête judiciaire, qui risquait de faire surgir de bien désagréables révélations. Ils optèrent donc pour un attentat à l'explosif. Le procédé, plus difficile à mettre en œuvre et plus aléatoire, offrait l'avantage d'égarer les soupçons. On ferait croire que la reine était visée en même temps que son mari, et l'on incriminerait des fanatiques antipapistes ou tous autres coupables potentiels.

Il n'était pas possible d'opérer à Glasgow, où Darnley était entouré des siens. Il fallait le ramener à Édimbourg. Or une

---

* La visite n'eut lieu que plusieurs jours après l'annonce de sa blessure. Marie fit dans la journée l'aller et retour de Jedburgh au château de l'Hermitage — 50 miles — accompagnée de son demi-frère et de leur suite. Il n'y a pas là de place pour un épisode amoureux.

seule personne pouvait le décider à y rentrer : sa femme. C'est ainsi que Marie intervint dans le drame à l'écart duquel elle tentait de se tenir. Qui la convainquit de le faire ? Selon toute probabilité, on y reviendra, Bothwell.

Certes la sagesse conseillait à Marie de ramener auprès d'elle Darnley, pour le surveiller et l'empêcher de se répandre en intrigues à Glasgow ou sur le continent. Était-ce suffisant pour la décider à aller le chercher en personne, toutes affaires cessantes, bien qu'il fût gravement malade, et à s'imposer de feindre une réconciliation qui lui répugnait ? Seule la perspective d'être débarrassée de lui à brève échéance peut expliquer sa détermination et sa hâte. Argument décisif : pour un divorce, voire un passage en jugement au chef de trahison, sa présence était indispensable. Pour un assassinat plus encore. On croira sans peine, cependant, que celui ou ceux avec qui elle en délibéra laissèrent soigneusement dans l'ombre ce qu'elle ne devait ni ne souhaitait savoir. Marie n'était pas sotte. Put-elle être dupe de ces raisons et s'en satisfaire, comme le pensent certains biographes ? livra-t-elle sciemment son mari aux assassins — c'est la thèse de Stefan Zweig ? Faute de pouvoir pénétrer dans les replis de sa conscience, chacun se contente de reconstruire à son gré ce que fut son état d'esprit au cours de ce fatal voyage. Mais il paraît bien difficile de l'exonérer de toute complicité : l'aveuglement volontaire a des limites.

L'attentat de Kirk O'Field

Marie partit pour Glasgow le 20 janvier. Elle savait Darnley au lit, souffrant d'une éruption cutanée, accompagnée d'une forte fièvre. Plutôt que de la variole, on pense aujourd'hui qu'il s'agissait d'une poussée de syphilis. À quelque chose malheur est bon. Cette crise, qui risquait de compliquer le voyage de retour, la soustrayait pour l'instant aux importunités conjugales. Mais, pour le décider à la suivre, elle dut lui promettre, non seulement de lui rendre ses prérogatives royales, mais de reprendre avec lui la vie commune.

Des heures effroyables qu'elle passa à son chevet, la plus

longue des « Lettres de la cassette* » offre dans sa première partie — la seule qui ait quelque chance de contenir des éléments authentiques — une évocation assez vraisemblable. On l'y voit seule au milieu d'une belle-famille hostile, épuisée de fatigue, rongée d'anxiété, jetant sur le papier, en désordre, la substance de la conversation qu'elle eut avec son mari. Le malheureux se serait abaissé comme à plaisir, implorant son pardon, multipliant supplications et promesses : un homme de son âge ne pouvait-il pas faillir deux ou trois fois « et après se repentir de sa faute » et se corriger ? Il ne souhaitait qu'une seule chose, faire avec elle « une table et un lit, comme ceux qui sont mari et femme ». À cette condition, il était prêt à la suivre n'importe où. Sur ses intrigues passées et présentes, il lui livra tous les renseignements qu'elle voulait. Tâche trop facile, répugnante. Devant ce « cœur mou comme cire », partagée entre le dégoût et la pitié, se forçant à mentir et à feindre, elle a honte pour lui, mais aussi pour elle. Seul la soutient, si l'on suppose la lettre authentique, l'amour qu'elle éprouve pour le destinataire non nommé : « Qu'il vous souvienne que, si ce n'était pas pour vous obéir, j'aimerais mieux être morte. » Si au contraire on croit que cette lettre a fait l'objet d'interpolations, ou même qu'elle est apocryphe, on ne peut attribuer qu'à la haine et au désir de vengeance le piège qu'elle tend à Darnley. Quoi qu'en pensent les défenseurs de Marie, il n'est pas certain que la morale y trouve son compte.

Deux jours après, ils partirent ensemble pour Édimbourg, elle à cheval, lui dans la litière qu'elle avait amenée à cette intention. Pas question de l'installer à Holyrood, où elle venait de faire transporter le petit Jacques. Le malade ne devait pas contaminer l'enfant. D'ailleurs, du calme et de l'air pur étaient nécessaires à sa convalescence. Elle proposait le château de Craigmillar dans les environs immédiats. C'est lui qui préféra

---

* On suppose aujourd'hui que cette lettre serait faite d'un texte écrit par Marie dans lequel auraient été intercalés des fragments d'une lettre d'amour écrite par une autre femme et des passages apocryphes faisant clairement allusion au projet de meurtre. Comment savoir ? En tout cas, le faussaire se montre très bien informé des faits et gestes de la reine au cours de cette période.

prendre pour résidence une maison de moyenne importance, située sur une colline, dans l'enclos d'une ancienne abbaye dite Kirk O'Field. Cette maison, entourée d'un jardin, était adossée au rempart de la ville. Quelques-unes de ses fenêtres s'ouvraient sur les champs, au-delà du mur. Elle fut hâtivement aménagée pour le séjour du malade, dont la santé exigeait des bains.

À son arrivée, le samedi 1er février, Darnley s'installa dans la chambre prévue pour lui à l'étage. Marie, jouant les épouses attentives, partageait son temps entre le palais où l'appelaient ses obligations officielles et la petite demeure où son époux, comblé d'égards, se rétablissait très vite, sous l'œil des courtisans un peu étonnés de cette soudaine réconciliation. Elle y couchait parfois, mais seule, dans un appartement du rez-de-chaussée. Au bout de huit jours, on parlait de le ramener guéri à Holyrood. Le dimanche 9 février, il y avait foule à Kirk O'Field, on jouait aux dés et l'on faisait de la musique. Elle s'apprêtait à passer la nuit sur place, quand, vers dix ou onze heures, quelqu'un lui rappela qu'elle avait promis d'assister à la représentation d'un « masque * » organisé pour le mariage d'un de ses serviteurs. Elle s'en alla donc, suivie de toute la compagnie.

Elle était couchée depuis quelque temps déjà, dans son palais, lorsqu'à deux heures du matin, une terrifiante explosion secoua toute la ville, comme si vingt ou trente canons avaient tiré à la fois. Elle eut à peine le temps de s'interroger : des messagers arrivaient pour lui dire que la maison de Kirk O'Field n'était plus qu'un tas de pierres et que son mari était mort.

Si « éplorée et contristée » qu'elle fût, elle prit en main la situation avec une présence d'esprit prouvant qu'elle avait compris et écrivit le jour même à son ambassadeur à Paris une lettre exposant la thèse d'une double agression, à laquelle elle n'aurait échappé elle-même que par miracle : « Cet acte criminel, quel que soit celui qui l'a conçu, était dirigé, nous en

---

* Pièce de théâtre d'un type particulier, propre à l'Écosse et à l'Angleterre.

sommes convaincue, autant contre notre personne que contre celle du roi. »

Hélas, diverses constatations vinrent contredire très vite cette explication. On avait trouvé le corps de Darnley en chemise de nuit, non dans les décombres, mais de l'autre côté du rempart, à plus de soixante pas. Il ne présentait ni brûlures, ni fractures. Il n'avait pas été projeté au-dehors par l'explosion, mais assommé ou étranglé dans sa fuite, ainsi que le serviteur qui l'accompagnait, portant son manteau. Il y avait un survivant, qui confirma. Les occupants de la maison, entendant des bruits suspects et voyant des hommes dans le jardin, avaient tenté de s'échapper en sautant du haut du mur, du côté des champs : on retrouva la chaise dont ils s'étaient aidés pour descendre. Mais ils s'étaient heurtés à d'autres agresseurs qui leur avaient réglé leur compte. La vérité se fit jour peu à peu. Des caisses de poudre à canon avaient été transportées et stockées dans la cave, prêtes pour une mise à feu. On murmurait que Bothwell, venu en personne allumer la mèche, avait failli sauter avec. Rentré au palais en toute hâte, il ignorait que son plan avait partiellement échoué et que la besogne avait dû être achevée par les hommes du clan Douglas.

Les langues se déliaient et bientôt, dans Édimbourg, la rumeur monta. Des affiches placardées nuitamment sur les murs désignaient clairement les coupables, associaient au nom de Bothwell celui de la reine, dénonçaient la collusion entre le lièvre, animal emblématique du clan Hepburn, et la sirène, autrement dit la prostituée. Le scandale franchit les frontières et Élisabeth d'un côté, Catherine de Médicis de l'autre écrivirent à leur « sœur » et « fille » des lettres sermonneuses l'invitant à punir au plus vite les assassins. Mais Marie, étrangement, se taisait, comme prise d'hébétude, incapable d'agir. Bothwell, lui, s'emparait méthodiquement de tous les leviers du pouvoir et commençait de faire régner la terreur dans la ville. Lorsqu'il fallut bien confier à un tribunal l'action intentée contre lui par le père de la victime, il était assez redoutable pour faire du procès un simulacre et en sortir blanchi. Il se mit alors à préparer l'opinion à son mariage avec la veuve : n'était-il pas le plus capable de rétablir l'ordre dans le pays ? Au sortir d'un banquet copieusement arrosé, dans une taverne du nom d'Ainslie, il parvint même à faire signer à deux douzaines de grands personnages — huit évêques, neuf comtes et sept barons — un engagement écrit où ils promettaient de soutenir sa candidature à la main de Marie. Et afin de précipiter les choses, il manigança un enlèvement !

Le scandaleux remariage

Quand ont-ils perdu la tête tous les deux ? Je dis bien tous les deux. Car Bothwell, jusque-là pondéré et réaliste, mesurant ses ambitions à l'aune du possible, bascule lui aussi dans une sorte de déraison. Quand s'accomplit l'irréparable ? On l'ignore, mais on peut essayer de deviner.

Ceux qui font remonter à l'automne de l'année précédente une liaison adultère, comme ceux qui soutiennent qu'il n'y avait rien entre eux avant l'enlèvement simulé dont il va être question bientôt, rendent mal compte des faits. Une seule date, si surprenante soit-elle, concorde avec tous les indices et permet d'avancer un hypothèse cohérente.

Lors du pacte de Craigmillar, Bothwell n'est qu'un conjuré parmi d'autres. C'est Maitland qui négocie avec la reine : elle laissera faire, à condition de ne se mêler de rien. Or soudain, au moment de l'attentat, voici que Bothwell passe au premier plan. Entre-temps, que s'est-il passé ? Lorsqu'il fallut convaincre Marie d'aller chercher Darnley à Glasgow, nul n'était plus qualifié que ce fidèle de longue date, en qui elle avait pleine confiance, pour se charger de la démarche. C'est à ce moment-là, vers la mi-janvier, ni avant ni après, qu'ils sont sans doute tombés dans les bras l'un de l'autre.

Grande passion romantique ? Sûrement pas. Mais engrenage tragique. Marie est nerveuse, hésitante, elle tremble, elle pleure comme elle le fait si souvent dans la crainte ou la colère. Bothwell la rassure, l'apaise, s'émeut : rien de tel que les larmes pour remuer les sens d'un homme. Elle a eu pour époux deux adolescents plus jeunes qu'elle, auprès de qui elle jouait le rôle dominant. À trente ans, celui-ci est mûr, énergique, protecteur. Il ne l'a jamais trahie. Il lui promet son aide et son appui. Elle est là, fragile, vulnérable, abandonnée. Et lui, brusquement,

voit s'offrir l'inespéré, avec elle le trône est à portée de sa main,
il suffit de les cueillir. Entre cet homme à la virilité affirmée et
cette femme hyperféminine, la nature fit le reste.

On a beaucoup épilogué, à la suite de Stefan Zweig, sur la
révélation du plaisir charnel que lui aurait apportée ou non
Bothwell. Pourtant ce n'est pas exclusivement la sensualité qui
les lie. Ce qu'elle a cherché et trouvé auprès de lui, c'est le
soulagement, la sécurité, la certitude qu'elle n'est plus seule et
qu'il va la prendre en charge, elle et son royaume. Et peut-
être — mais comment savoir ? — a-t-elle découvert dans la
jouissance partagée des corps l'oubli de soi, la dissolution de
toute réalité extérieure et comme un avant-goût de l'absolu, la
dépossession radicale dont témoignent les sonnets de la
cassette — pour le cas improbable où elle en serait l'auteur.

Quant à lui, on nous répète qu'il n'en est pas amoureux,
qu'elle ne ressemble pas à ses autres maîtresses, qu'elle n'est
pas « son type », comme dira Proust. Il serait donc un pur ambitieux. Distinction illusoire : elle n'est pas pour lui une femme
comme les autres, mais l'agent de son destin. Tout est lié. S'il
n'avait pas éprouvé pour la femme un désir violent, il serait
resté assez lucide pour comprendre que ses pairs ne consentiraient jamais à son élévation. Il lui voue un attachement
passionné, qui n'est ni sentimental, ni purement sensuel, mais
quasiment magique : il sera roi avec elle et par elle. Folie. Ivre
d'une vision d'avenir soudain entrevue, il est prêt à tout sacrifier à cette chimère. Pour expliquer la fascination qu'il exerça
sur Marie, on parla à l'époque de « nécromancie et magie
défendue ». Mais si envoûtement il y eut, il fut assurément
naturel, et réciproque.

Le réveil sera rude et le prix à payer très lourd. Pour Marie,
le déchirement et les remords. Pour lui, un combat à mener
contre toute l'Écosse coalisée. Pour tous deux, la défaite,
l'humiliation, le déshonneur et longtemps, trop longtemps
après, la mort.

Au lendemain de l'attentat, ils n'ont de recours que dans la
fuite en avant. Les lords ne pensaient pas travailler pour Bothwell. Jaloux, inquiets devant le scandale aussi, ils se sont déso-
lidarisés de lui. La sagesse voudrait que Marie reste prudente,
tienne le coupable à l'écart quelques mois, afin que l'oubli fasse

son œuvre. Au lieu de quoi, elle va l'épouser, dans des conditions rocambolesques.

Le 21 avril 1567, deux jours à peine après la signature du « traité d'Ainslie », elle s'en va à Stirling rendre visite à son fils, qui vient d'être réinstallé dans le château servant traditionnellement d'abri à l'enfance des petits princes. Une modeste escorte d'une trentaine de personnes l'accompagne. Sur le chemin du retour, à six milles d'Édimbourg, elle voit surgir Bothwell à la tête de huit cents cavaliers, qui lui demande de le suivre. Elle n'oppose aucune résistance, « pour éviter toute effusion de sang », dit-elle. Il eût fallu être bien naïf pour tenter de s'y opposer, tant cet enlèvement apparaissait cousu de fil blanc, préparé d'avance avec son accord. Au château de Dunbar, où elle fut conduite, elle passa huit jours en compagnie de son ravisseur, qui prit fermement sur lui la responsabilité de ce qui allait s'ensuivre. Il la viola, dirent les uns. Il lui extorqua par la menace une promesse de mariage, dirent les autres, plus pudibonds. Et comme en ce temps-là, promesse écrite valait contrat, il la pressa de consommer l'union ainsi scellée. Entretemps, il bâclait en toute hâte un divorce à l'amiable avec la jeune et puissante héritière épousée deux ans plus tôt. Quand il ramena Marie à Édimbourg, il ne lui restait plus qu'à contracter publiquement mariage avec elle pour « réparer » l'atteinte à son honneur. Ce qui fut fait le 15 mai, dans un climat glacial, devant un pasteur protestant réprobateur. Fallait-il que Marie fût aux abois, pour renoncer à exiger une cérémonie catholique ! Quant aux festivités, elles furent réduites à leur plus simple expression. À Londres, à Paris, à Madrid, la surprise n'eut d'égale que l'indignation : la reine d'Écosse avait-elle perdu l'esprit ? Elle se déshonorait.

Comme l'a souligné Stefan Zweig, une raison, une seule, peut expliquer pareille précipitation. Marie attendait un enfant. Plus tard, elle remania la chronologie, prétendit qu'il était le fruit du « viol » et le motif pour lequel elle avait tant hâté son mariage. Mais trois semaines seulement séparent les deux événements : rien ne pressait. Il est probable qu'il fut conçu beaucoup plus tôt, vers la mi-janvier, comme le suggère une lettre de l'ambassadeur d'Espagne, en date du 21 juin, qui la dit enceinte de *cinq* mois. Il ne pouvait passer pour le fils de

Darnley, dont on savait qu'elle avait cessé de partager le lit depuis l'automne au moins. Si l'on voulait l'attribuer à un mariage ultérieur, à coup sûr, il y avait urgence. L'ahurissante histoire d'enlèvement et de viol devient alors intelligible et l'on s'explique mieux pourquoi Bothwell a claironné haut et fort qu'il n'a pas attendu la bénédiction nuptiale pour posséder sa future femme. On comprend mieux aussi que Marie ait renoncé, au risque de scandale, à s'imposer un délai de décence et qu'elle ait consenti, dans l'angoisse et les larmes, à un mariage lourd de périls.

Cette hypothèse a le mérite de la vraisemblance. Mais on ne peut rien affirmer, puisqu'on ne connaît pas le calendrier précis de cette grossesse, qu'elle ne mena pas jusqu'à son terme. Épuisée par les épreuves, on sait seulement qu'elle perdit cet enfant — ou plutôt ces enfants, car ils étaient deux — au milieu de juillet. Elle était alors incarcérée et Bothwell en fuite.

Elle avait été unie à lui quatre mois et demi ou cinq mois. Sur ces cinq mois, trois semaines de cohabitation avouée, quatre semaines de mariage légitime. Il n'en fallut pas davantage au destin pour leur faire payer leur folie, au prix fort.

L'hallali

Contre le nouveau maître de l'Écosse, les lords, reniant la parole extorquée dans la crainte ou l'ivresse, ont fait l'union sacrée. Ils n'osent s'en prendre en face à la reine pourtant. Leur but est tout d'abord de la contraindre à se séparer de Bothwell.

Le 30 mai, celui-ci convoque le ban de ses « fidèles sujets ». Le 6 juin, fuyant Édimbourg qui gronde, il se réfugie avec Marie dans le château de Borthwick, où les rebelles viennent les assiéger. Il s'échappe pour chercher des secours. Marie parlemente, refuse de divorcer, profite de la nuit pour s'enfuir déguisée, en habits d'homme, et le rejoint à Dunbar où ils s'enferment.

Une information traîtresse leur fait croire qu'ils peuvent regagner sans danger la capitale. Mais en chemin ils se heurtent soudain aux insurgés, le 15 juin. De la colline de Carberry Hill où ses troupes ont pris position, Marie peut voir l'image peinte sur l'étendard blanc qui flotte à la tête de l'armée ennemie : au pied d'un arbre feuillu, son fils est agenouillé auprès du cadavre de Darnley ; et elle peut lire la légende : « Juge et venge ma cause, ô mon Dieu ! »

De part et d'autre, personne n'a vraiment envie d'en découdre. Les lords préfèrent l'intimidation. On parlemente. C'est l'ambassadeur de France, Du Croc, qui se charge de présenter à la reine l'ultimatum : elle sera rétablie sur le trône si elle abandonne Bothwell. Sur son refus indigné, celui-ci offrit de régler le litige en combat singulier, comme au temps de la chevalerie. Mais on le savait vaillant et dans le camp adverse les champions pressentis se défilèrent. Au fil des heures cependant, l'armée royale se débandait, fondait à vue d'œil. Aucun secours n'arrivait. Plutôt que d'engager un combat hasardeux, Marie préféra négocier, consentit un sacrifice pour sauver son mari. Elle accepta de rentrer à Édimbourg avec les lords, pourvu qu'il pût quitter la place sans être poursuivi. Lui s'était tenu à l'écart, silencieux. Lorsqu'elle eut pris librement sa décision, il s'avança, l'embrassa, puis s'éloigna au galop. Elle ne devait jamais le revoir.

C'est une prisonnière que les vainqueurs ramènent à Édimbourg. Dans les vêtements qu'elle a empruntés en quittant Dunbar — un jupon rouge et une blouse aux poignets attachés de rubans — et qui sont maintenant souillés de boue, on ne reconnaît plus la reine jadis parée de soie et d'or. Elle n'est qu'une femme comme une autre, pire qu'une autre. Sur son passage la foule hurle à la mort : « Brûlez la putain ! Tuez-la, noyez-la. » On l'enferme dans la maison du prévôt. Elle apparaît à la fenêtre dépoitraillée, les cheveux défaits, le visage ravagé de colère et de larmes, éperdue, hurlante. Elle clame son bon droit, décidée à ne pas céder un pouce de son pouvoir. Le peuple ricane ou se détourne, gêné. En chaire se déchaîne l'éloquence frénétique de John Knox.

La présence de Marie trouble l'ordre public. Les lords, très embarrassés, la font enfermer dans un château perdu au milieu d'un lac, Lochleven, sous la garde de lady Margaret Erskine-Douglas, la mère de son demi-frère Moray, celle même que Jacques V avait renoncé à épouser pour consolider par un mariage l'alliance franco-écossaise. Ils ne savent que faire d'elle. La déposer ? ce serait un acte gravissime, devant lequel hésitent ces féodaux imprégnés des vieux codes nobiliaires. Alors, ils attendent que le temps use sa résistance. Et le temps fait son œuvre. Elle perd les enfants qu'elle portait, elle reste affaiblie, souffrante. Elle n'a pas de nouvelles de Bothwell : il n'est parvenu à rallier personne et s'est enfui en Scandinavie ; incarcéré à Copenhague, il passera dix ans à tourner comme un lion en cage et sombrera dans la folie bien avant de mourir. À Édimbourg ses anciens complices réactivent l'enquête sur le meurtre de Darnley, pour rejeter sur lui toute la responsabilité. Soumis à la question, ses serviteurs révèlent l'existence de la cassette où il gardait — à quelle fin ? — des lettres compromettantes. Les lords ont de quoi perdre à tout jamais la reine. Mais un procès et une condamnation feraient l'effet d'un sacrilège. Ils veulent qu'elle abandonne d'elle-même le pouvoir.

Multipliant les pressions, mêlant persuasion et menace, ils finirent par l'obtenir. Le 29 juillet 1567, elle signa son abdication. Elle renonçait à la couronne en faveur de son fils. La régence était confiée à son demi-frère. L'enfant fut couronné aussitôt, selon le rite protestant. Moray, qui s'était éloigné, selon son habitude, pour éviter de tremper dans des événements fâcheux, rentra en hâte recueillir les marrons que les autres avaient tirés du feu pour lui.

L'hiver passa. Du fond de son « ennuyeuse prison », Marie protestait que sa détention était sans objet. La discorde s'insinuait lentement entre les vainqueurs. On commençait à la plaindre. Tout près d'elle, le plus jeune fils de lady Margaret, George Douglas, la trouvait bien belle et bien malheureuse. Et puis, sa main était libre de nouveau, et son abdication forcée sujette à caution. Le romanesque reprenait ses droits. Au début de mai 1568, elle s'évada avec l'aide de son soupirant. Ses cheveux roux flottant au vent, elle rejoignit à cheval l'armée qu'il avait réunie pour elle. Et dans la griserie des acclamations populaires retrouvées, elle put croire que les jours anciens étaient revenus.

L'aventure se termina sur le champ de bataille de Langside le 13 du même mois. Moray contre Marie, le frère contre la sœur. Trois quarts d'heure de carnage, et l'amazone réduite à la fuite dut chevaucher sans savoir où faire halte, « coucher sur la dure et boire du lait aigre, et manger de la farine d'avoine sans pain », vivre trois nuits « comme les chats-huants », sans aucune femme pour la servir. Arrivée au bord du golfe de Solway, elle hésita sur le refuge à choisir. La France ? elle se défiait de l'animosité de Catherine de Médicis. L'Espagne ? une terre lointaine et comme inconnue. Elle écrivit pourtant à Élisabeth de Valois, qui avait été la compagne de son enfance, mais elle n'attendit pas la réponse et fit bien : la jeune reine d'Espagne était morte lorsqu'arriva la lettre. L'Angleterre, dont elle apercevait les rivages tout proches, offrait un refuge immédiat, d'accès facile. Sa « chère sœur » la reine lui avait renouvelé l'assurance de son « amitié dévouée ». Sans réfléchir davantage et sans attendre la réponse de l'intéressée, elle s'embarqua sur un bateau de pêche et traversa la Solway, le 16 mai 1568. De l'autre côté, ceux qui la recueillirent, très ennuyés, réclamèrent à Londres des instructions. Elle ne se doutait pas qu'elle devenait un problème international.

Un cas épineux

Les puissances étrangères avaient suivi avec effarement le drame qui se jouait en Écosse. La France et l'Angleterre surtout, concernées au premier chef.

À vrai dire, ni Catherine de Médicis, ni Élisabeth n'avaient versé de larmes sur la mort du pauvre Darnley. « Ce jeune fou n'a pas été roi longtemps, écrivait la première au connétable de Montmorency. S'il eût été plus sage, je crois qu'il serait encore en vie. C'est grand heur pour la reine ma fille d'en être défaite. » Mais elle avait vivement condamné le remariage, refusé de reconnaître Bothwell pour roi et donné pour unique consigne à son ambassadeur de préserver l'alliance franco-écossaise. Aussi s'empressa-t-elle, lorsque Moray fut nommé régent, de lui faire dire de la part de Charles IX que l'amitié française lui restait acquise. D'ailleurs, elle tenait aussi, dans ces années-là, à être en bons termes avec Élisabeth.

Celle-ci avait vu sans déplaisir s'accumuler sur la tête de sa cousine des ennuis qu'elle contribuait à aggraver en subventionnant les rebelles. « Plus les affaires de la reine d'Écosse iront mal, plus celles de Votre Majesté iront bien », lui répétait son impitoyable ministre, William Cecil. Aux explications de Marie elle avait répondu par des lettres doucereuses débordantes de leçons et de conseils où celle-ci aurait perçu, si elle avait su lire entre les lignes, un mépris insidieux. Le fond de sa pensée était que l'imprudente avait bien mérité des malheurs qui, fort opportunément, la rendaient moins dangereuse.

Mais sa défaite et son abdication forcée obligeaient Londres et Paris à prendre parti. Les deux reines étaient tenues, décemment, de faire preuve d'un minimum de solidarité avec leur parente. Des protestations verbales feraient l'affaire. Restait l'exemple déplorable donné par les lords rebelles. Si les sujets se mettaient à déposer impunément les souverains, c'est tout l'ordre monarchique européen qui risquait d'être ébranlé. Ni Catherine ni Élisabeth ne songeaient pourtant à se battre pour rétablir Marie sur son trône. Comment justifier le respect du statu quo en Écosse sans remettre en cause le pouvoir des rois, comment neutraliser la reine déchue, c'est la question qu'on se posa dès qu'on eut appris qu'elle demandait asile et protection à l'Angleterre. Catherine pouvait se contenter de ne rien faire. Élisabeth devait agir. Elle le fit avec une rare perfidie.

Elle commença par assigner la réfugiée à résidence — ce que nous appellerions une résidence surveillée — pour se donner le temps de la réflexion. Il faut dire à sa décharge que Marie avait une manière de génie pour semer le désordre partout où elle passait. Elle insistait pour la rencontrer et s'expliquer de vive voix, certaine qu'elle la convaincrait de l'injustice dont elle était victime. L'adversité ne lui avait rien appris, n'avait fait que fortifier sa fierté. Dans les lettres dont elle accablait sa cousine, elle ne montrait aucun esprit de conciliation. Elle avait dénoncé l'acte d'abdication, signé sous la contrainte et tenu pour nul. Elle parlait en reine absolue, revendiquait son trône, ses prérogatives, face à des sujets ayant pour seul devoir d'obéir. Comment Élisabeth aurait-elle oublié qu'elle n'avait jamais renoncé à ses droits sur la couronne d'Angleterre ? Impossible de la recevoir autrement qu'avec les honneurs dus à son rang. Mais l'installer à la cour, c'était la traiter en reine légitime et s'engager à la soutenir. Ajoutez à cela une jalousie de femme, profonde, instinctive, à l'égard d'une rivale plus jeune, plus séduisante, capable au demeurant de susciter parmi les grands seigneurs anglais d'aventureux dévouements. Autant introduire le loup dans la bergerie.

Mais que faire ? Élisabeth, pour les mêmes raisons politiques, ne veut à aucun prix la laisser partir pour l'Espagne ou pour la France se mettre au service des ambitions catholiques. Elle ne peut sans motif la garder en captivité indéfiniment. Alors, on trouve ce qui paraît d'abord une simple échappatoire. On lui fait dire qu'elle ne sera reçue à Londres que lorsqu'elle sera lavée de tout soupçon de complicité dans l'attentat de Kirk O'Field. Indignation, fureur, larmes, protestations véhémentes : nul n'a juridiction sur une reine. En effet. Ce ne sera pas un procès, lui est-il donc répondu, mais une simple « conférence », qui lui donnera l'occasion de se justifier. Par lassitude, elle finit par accepter. Mais la conférence, d'abord tenue à York puis transférée à Londres, se transforma en réquisitoire lorsque Moray fit parvenir aux jurés le contenu de la fameuse cassette. Ce fut une parodie de justice. Marie ne put jamais s'expliquer ni même avoir communication de toutes les pièces du dossier. Il n'était pas question de la juger pour de bon, parce qu'on ne voulait prendre le risque ni de la condamner, ni de l'absoudre. On se contenta de déverser publiquement des torrents de boue où la calomnie la plus grossière se mêlait à la vérité, puis la compagnie se sépara, au mois de janvier 1569, se déclarant incapable de trancher le différend et renvoyant les parties dos à dos. En ce qui concernait les nobles d'Écosse, Marie n'avait apporté aucun fait « qui pût entacher leur honneur ou leur allégeance à la couronne ». Eux, de leur côté, n'avaient pu « produire ni montrer suffisamment de preuves contre leur souveraine » pour que la reine d'Angleterre en conçût « quelque opinion fâcheuse ». Moyennant quoi Moray rentra en Écosse pour y exercer la régence et Marie retourna en résidence surveillée. À Paris comme à Londres, on croit en avoir fini avec elle. C'est sur son dos qu'on s'apprête à négocier l'alliance franco-anglaise.

Malheur à celui par qui le scandale arrive, surtout s'il occupe un trône. Marie Stuart n'a pas été jugée, mais elle est déshonorée. Les doutes qui continuent de peser sur elle exonèrent les autres souverains de leur devoir de solidarité. Elle est un cas d'exception. L'exemple donné par ses sujets ne risque pas de devenir contagieux : il ne se trouve pas tous les jours une reine soupçonnée d'avoir épousé l'assassin de son mari. Dans les palais royaux on peut dormir sur ses deux oreilles.

On a peut-être tort.

Moray, par exemple, ne profita pas longtemps de sa victoire. Deux ans plus tard, en passant dans la rue, il fut abattu d'un coup d'arquebuse tiré d'une fenêtre par un tueur à la solde du chef d'un clan rival. Marie, dix-huit ans prisonnière, continuera bien malgré elle de semer le trouble : rassemblant sur son nom les opposants à Élisabeth, elle causera bien des affres à sa cousine avant de périr sur l'échafaud, en martyre de la catholicité. Quant au trône de France, pour lui va s'ouvrir le temps de tous les dangers.

la reine mere du r

Catherine de Médicis en costume de veuve

Le grand sceau de Catherine (avers)

Le monogramme de Henri II et de Catherine

Éxécution des conjurés d'Amboise

François de Guise

Le connétable de Montmorency

Le colloque de Poissy

La fête nautique à Bayonne

François II

Charles I[X]

Les fils de Catherine de Médicis

Le duc d'Anjou, futur Henri III

François d'Alençon-Anjou

François II et Marie Stuart

Philippe II d'Espagne et Élisabeth de Valois

Les couples royaux

Charles IX et Elisabeth d'Autriche

Henri de Navarre et Marguerite de Valois

Marie Stuart jeune

Marie de Guise

Marie Stuart en deuil blanc

Marie Stuart aux quatre couronnes

Élisabeth d'Angleterre

Saint-Barthélemy

Les trois frères Coligny-Châtillon : Odet, Gaspard et François

Élisabeth d'Autriche

Louise de Lorraine

Henri III

La réception des ambassadeurs polonais en 1573

Jeanne d'Albret, reine de Navarre

Henri de Navarre,
futur Henri IV,
au moment de son mariage

Marguerite de Valois enfant

Henri de Guise

Bussy d'Amboise

Marguerite de Valois jeune femme

Le château d'Usson

Marguerite de Valois à l'âge mûr

Tombeau de Henri II et de Catherine de Médicis à Saint-Denis : les orants

Médaille de Catherine de Médicis

CHAPITRE CINQ

LES NOCES DE SANG

Au moment même où tombait la reine d'Écosse, la France avait d'autres soucis que de lui venir en aide. La troisième guerre de religion faisait rage et nul ne mettait grand espoir dans le traité enfin conclu en 1570. « Boiteuse et malassise », la paix de Saint-Germain le fut au-delà de toutes les prévisions. Les noces de Marguerite de Valois avec Henri de Navarre, au mois d'août 1572, furent l'occasion d'un attentat manqué contre l'amiral de Coligny, qui déboucha, comme chacun sait, sur les flots de sang de la Saint-Barthélemy.

Rien n'est plus difficile que de raconter cet épisode, car l'abondance des témoignages ne compense pas leur partialité. Tous sont faussés par le souci de disculper tel ou tel participant, par la passion politique et surtout religieuse. La postérité elle-même ne peut se défendre de regarder la Saint-Barthélemy à travers le prisme déformant de ses propres convictions. Long-temps dominée par l'image d'une Catherine diabolique, l'historiographie française a donné, ces dernières années, un coup de balancier en sens inverse. La reine avait-elle prémédité de longue date le massacre ? Il n'est plus guère d'historiens aujourd'hui pour le croire. En revanche, son rôle dans l'attentat reste controversé. Ceux qui cherchent à la décharger de toute responsabilité postulent qu'elle avait tout à perdre à la mort de Coligny : son rêve de réconciliation nationale n'y survivrait pas. Reste à savoir si ce rêve n'était pas déjà en train de sombrer et si elle n'imputait pas cette faillite aux entreprises de l'amiral et à l'influence qu'il exerçait sur le jeune roi. Dans ce cas, c'est pour tenter de préserver la paix qu'elle aurait résolu de le sacri-fier, sans mesurer qu'elle provoquerait ainsi un désastre.

L'enquête sur le détail des événements est donc inséparable de considérations psychologiques et politiques. Où étaient les chances de paix ? De quels moyens Catherine disposait-elle pour faire prévaloir son avis ? Que savait-elle, que croyait-elle ? Rien, dans les informations accessibles, ne permet de trancher à coup sûr. Il est permis en revanche de proposer, au conditionnel, une version vraisemblable et cohérente du drame qui se joua pendant ces deux années cruciales entre Coligny, la reine mère et le roi son fils. Cette version est peu novatrice, elle ne s'écarte guère de la tradition inaugurée par Mariéjol au début de notre siècle. Mais c'est celle qui nous a paru se heurter au plus petit nombre d'objections.

L'ère du soupçon

Au lendemain d'un énième édit de pacification, les protestants restaient méfiants, c'est le moins qu'on puisse dire. Ils étaient prêts à voir des pièges partout, à deviner la main des assassins derrière la maladie et la mort de tous les leurs. Les catholiques n'étaient pas en reste. La peur s'installa dans les deux camps, et la peur est toujours mauvaise conseillère.

Il fallut beaucoup de temps pour rétablir des relations normales entre les combattants de la veille. Coligny, retranché dans la forteresse de La Rochelle, attendit une année entière pour se rendre à la cour. Il déclina sur un mauvais prétexte l'invitation à assister au mariage de Charles IX : refus insultant, sur lequel la reine prit le parti de fermer les yeux. Il s'occupait en compagnie de Jeanne d'Albret de mettre sur pied les structures administratives d'un État huguenot autonome, tandis qu'un synode national, réuni avec l'autorisation bienveillante du roi, fixait les principaux points du dogme réformé dans un texte encore en vigueur aujourd'hui, sous le nom de *Confession de La Rochelle*.

Il posa des conditions, réclama des garanties, ergota sur les clauses de l'édit avant de se présenter enfin à Blois, en septembre 1571, dévoré d'appréhension. Charles se trouvait au chevet de sa mère malade. Il releva l'amiral, qui avait mis un genou en terre, il l'embrassa et lui dit avec un sourire chaleureux : « Nous vous tenons maintenant, vous n'échapperez pas d'ici quand vous voudrez. » Paroles de courtoisie dans lesquelles il ne semble pas qu'il ait mis malice. Mais lorsque Catherine lui « montra autant de beau semblant que jamais elle en avait fait », il fut persuadé qu'elle lui jouait la comédie. Il la craint beaucoup. Il n'a pas tort. Il sait qu'elle ne l'aime pas. Et comme elle ne s'embarrasse pas de scrupules, il se doute que l'idée lui est venue de se débarrasser de lui.

Les ambassadeurs espagnols en effet l'y ont invitée sans précautions oratoires superflues. Pourquoi hésiterait-elle devant l'assassinat ? Il s'est banalisé, en France comme en Écosse. Le climat de haine et de vendetta a suscité des vocations de tueurs professionnels prêts à exécuter n'importe quel contrat par fanatisme ou pour de l'argent. Depuis le meurtre de François de Guise, la liste est longue de ceux qui sont tombés sous le poignard au coin d'un bois ou au détour d'une rue. À l'italienne, dit-on pour sauver l'honneur français. Mais l'honneur a été balayé par la guerre civile.

Plus spécifiquement italien est le poison. Ce serait, dit-on, l'arme favorite de la « Florentine ». Il circule sur son compte des histoire de gants ou de pommes imprégnées par son parfumeur, René Bianchi, d'un arôme mortel. Comment faire le départ entre accusations fantaisistes et culpabilité réelle ?

Au milieu des affrontements de 1569 était mort subitement François d'Andelot, frère de Coligny et organisateur de la « surprise de Meaux », à qui elle avait de solides raisons d'en vouloir. L'autopsie conclut à l'empoisonnement. Des bruits coururent. L'un affirme qu'un Italien se vante à Paris d'avoir fait le coup et réclame récompense. Un autre renchérit : un Italien encore — est-ce le même ? — revendique le crime et prétend avoir « fait boire à l'amiral la même coupe ». Ce dernier a été malade en effet, comme cela lui arrivait souvent. La rumeur enfla, elle alla jusqu'en Angleterre où l'on chassa de l'entourage d'Élisabeth tous les natifs de la péninsule et où l'on fit faire avant chacun de ses repas « l'essai de sa nourriture ». Le coupable, si coupable il y eut, ne fut jamais arrêté. D'Andelot fut-il vraiment empoisonné ? C'est possible, mais pas sûr : l'analyse toxicologique en était encore à ses premiers balbutiements. Et si oui, Catherine a-t-elle commandité l'attentat ? Il est encore plus difficile de le dire. Mais elle eut le tort de se réjouir ostensiblement, en exprimant l'espoir que Dieu fasse enfin recevoir à ses frères « le traitement qu'ils méritent ».

Quelques semaines plus tard, un domestique de l'amiral, nommé Dominique d'Alba, fut trouvé porteur d'une poudre blanche qui se révéla être de l'arsenic. Soumis à la question avant d'être pendu, il accusa le capitaine des gardes du duc d'Anjou. Vrai ou faux ? Et si c'était vrai, le duc était-il au courant ? en avait-on parlé à sa mère ? Il fut impossible de le savoir.

La paix était à peine signée que l'autre frère de Coligny, le cardinal Odet de Châtillon, sur le point de quitter l'Angleterre, mourait à son tour. « Empoisonné » lui aussi. Cette fois on arrêta à La Rochelle un suspect qui avoua sous la torture, sans révéler pour qui il travaillait. Pour Catherine ? La chose est très peu probable. Elle était bien trop prudente. Elle n'aurait pas pris un tel risque outre-Manche, en milieu hostile, alors qu'il suffisait d'attendre son retour en France.

Disons-le crûment : ce n'est pas par scrupule moral qu'elle recule devant le meurtre de Coligny, mais parce qu'elle ne veut à aucun prix y paraître impliquée. La psychose du poison qui règne dans le camp huguenot lui interdit d'y recourir. D'ailleurs elle passe pour avoir trouvé mieux.

Comme tous ses contemporains, mais plus encore qu'eux, elle croit à l'influence des astres. En 1568, elle attend un renversement de la conjoncture : « S'il est vrai que les temps changent de sept ans en sept ans, il est encore possible que la fortune tourne pour nous, car nos tourments commencèrent il y a sept ans. » Et il n'est pas interdit d'aider le ciel, en recourant à la magie. Elle s'assura, dit-on, les services d'un envoûteur italien. Sur les indications de celui-ci, un fondeur allemand aurait fabriqué trois figurines en bronze à l'image de Coligny et de ses deux frères, comportant aux jointures et à la poitrine un très complexe jeu de vis. Chaque jour, en fonction de la position des astres, l'envoûteur serrait ou desserrait ces vis, dans l'attente du moment où il pourrait donner le tour final. La méthode, déjà expérimentée sur Condé, avait paru efficace puisque son image de bronze portait à la jambe une large éraflure à l'endroit même où une ruade l'atteignit, la lui brisant net, peu avant qu'il ne reçût le coup qui le tua. La mort des deux Châtillon renforça, selon la rumeur, la confiance de Catherine dans les manipulations occultes. Hélas, sur l'amiral, la magie n'avait pas de prise. L'homme de l'art déclara forfait : les constellations plaçaient ce personnage hors de sa portée, beaucoup trop haut dans le ciel.

La victime désignée, et qui le savait, ne faisait rien cependant pour se concilier la reine mère, au contraire. Il affectait de la mépriser et semblait prendre plaisir à l'humilier. Au lendemain de la paix de Longjumeau, comme elle disait ne pas pouvoir prévenir toutes les exactions contre les réformés, il avait mis en doute sa bonne foi. Ou alors, lui avait-il lancé insolemment, « si vous avez bonne volonté, vous n'avez nulle puissance... » Chaque mot de soumission contient un reproche ou une menace implicites. Qu'elle « épluche » toutes mes actions, et « elle confessera que je suis tout autre que l'on m'a voulu dépeindre », lui écrit-il le 20 août 1570 et, le 2 janvier suivant : « Je vous supplie très humblement de ne dire plus [...] que je menace le roi ; car il n'y a gentilhomme en France qui plus désire le bien et repos de ce royaume que moi [...], mais pensez aussi que vous voyez la prochaine ruine de ce royaume, si n'y est bientôt pourvu... » Autrement dit, gare à vous, si vous ne souscrivez pas à mes exigences. Les convictions évangéliques n'avaient pas émoussé chez Coligny l'arrogance du grand seigneur.

S'il persiste et signe, de propos délibéré, c'est qu'il joue son va-tout et celui du parti protestant. Au fond de lui-même il est trop respectueux de la légitimité monarchique, trop féru de légalité aussi, pour croire viable un État dans lequel des villes et des provinces entières échapperaient à l'autorité du souverain. Sur ce point capital, il est du même avis que la reine : pas de partition du royaume. Mais leurs solutions diffèrent. La sienne consiste à rétablir l'unité en faisant basculer le souverain de son côté. Il croit la chose d'autant plus aisée que les enfants royaux, trop longtemps dociles, commencent à ruer dans les brancards.

« *Un fils si parfait et si chéri...* »

La réussite du plan de paix de Catherine supposait une parfaite répartition des rôles entre son fils aîné le roi, son cadet Henri et elle-même. Au premier la fonction traditionnelle, sacrée, de représentant de Dieu sur la terre, père de son peuple, souverain de justice, de paix, d'amour. Au second, la fonction guerrière. Elle se réservait, en même temps que l'intendance, la coordination de l'ensemble.

Un tel partage était judicieux. La conduite de la guerre, surtout d'une guerre civile, risquait d'entacher l'image du roi idéal, étranger aux querelles partisanes. Elle comportait en outre des devoirs périlleux : il fallait conduire les armées, c'est-à-dire, selon le code aristocratique en vigueur, charger à la tête des troupes. Or la personne royale est trop précieuse pour qu'on l'expose à la légère : la règle n'était pas nouvelle et l'on n'oubliait pas ce qu'il en avait coûté à François Ier d'avoir voulu se conduire en héros à Pavie. Le choix du jeune Henri comme lieutenant général du royaume permettait d'épargner Charles IX, tout en coupant court aux prétentions des grands féodaux. Certes les seize ans du garçon ne faisaient pas le poids, mais en ces temps où l'on voyait à Rome des cardinaux du même âge, cette nomination éminemment politique n'avait rien de scandaleux.

Mais elle vint s'ajouter aux maladresses maternelles pour exacerber la rivalité sourde qui opposait depuis longtemps les deux adolescents. L'aîné est roi, mais le second a la préférence de Catherine, une préférence exclusive, outrageuse, de plus en plus criante. Charles, comme tous les jeunes gens, rêvait de combats, de grands coups d'épée, de sang, de gloire. La chasse, à laquelle il s'adonnait avec frénésie, ne lui offrait qu'un pâle substitut des batailles dans lesquelles allait s'illustrer Henri. Déjà miné par des accès de fièvre d'origine tuberculeuse, obligé de s'aliter souvent, il avait pour l'apparente santé de son frère la jalousie d'un malade que son état humilie et rabaisse. L'autre caracolait, fringant, s'enivrait des hommages que lui valait sa dignité toute neuve. Autour de lui se pressaient les courtisans prompts à flairer le vent. Lorsque s'ouvrirent les opérations de la troisième guerre, ce fut bien pis. Catherine tenta, ce qui se conçoit, de mettre toutes les chances de son côté. Elle lui donna les moyens de vaincre. Mais elle eut l'imprudence de faire de Jarnac et de Moncontour des triomphes personnels pour le débutant qui s'était contenté de suivre les instructions de son mentor expérimenté, Tavannes. Le vieux maréchal grogna dans sa barbe. Charles, lui, fut ulcéré.

Dès qu'il s'agit de Henri, Catherine s'obnubile, sourde et aveugle à tout le reste. Elle monte en épingle les faits d'armes heureux et passe les échecs sous silence. Quand approche pour lui l'épreuve du feu, elle se précipite, « portée par les ailes du désir et de l'affection maternelle », elle fait à grandes guides, en trois jours et demi, le chemin de Paris à Tours, traînant derrière elle le pauvre cardinal de Bourbon suant et soufflant. Si la maladie la retient au loin, elle ne peut cacher son anxiété, elle est à ses côtés, de pensée et de cœur. Son sixième sens l'instruit par télépathie de tout ce qui touche l'enfant bien-aimé. Alitée et fiévreuse, elle s'écrie soudain : « Voyez-vous comme ils fuient ! Mon fils a la victoire ! Hé, mon Dieu ! Relevez mon fils ! Il est par terre ! Voyez, voyez dans cette haie, le prince de Condé est mort ! », et elle proteste le lendemain lorsqu'arrive de Jarnac un messager hors d'haleine : à quoi bon la réveiller pour lui annoncer une nouvelle qu'elle connaît déjà ?

C'est pour Henri que sonnent à toutes volées les cloches de Metz lors d'un *Te Deum*. C'est lui que la rumeur publique assimile, après Moncontour, au défunt duc de Guise, le plus glorieux capitaine du temps. Charles IX, furieux, se hâta de prendre la direction des opérations, interdit à Tavannes de poursuivre les fuyards et entreprit le siège des petites places de Saintonge et de Poitou, qui lui permettrait de mettre à son tableau de chasse une guirlande de villes conquises. Et il laissa échapper Coligny, résolu à sa sanglante « anabase ».

Entre ses deux victoires, Henri avait prononcé devant le conseil royal, au cours de l'été, une harangue « faite avec tant d'art et d'éloquence et redite avec tant de grâce, qu'il se fit admirer de tous les assistants, et d'autant plus que sa grande jeunesse relevait et faisait davantage paraître la prudence de ses paroles, plus convenable à une barbe grise et à un vieux capitaine qu'à une adolescence de seize ans ». Rien d'étonnant : Tavannes avait beaucoup contribué à la rédaction de ce texte.

Mais tout le mérite en revint au jeune homme, dont le courage et la sagesse parurent également prometteurs.

Devant ce fils si beau, si valeureux, si intelligent, si doué, Catherine rayonne de fierté satisfaite. Le parti catholique décide de miser sur lui pour faire pièce à son frère qu'on dit circonvenu par les réformés : le héros de Jarnac et de Moncontour sera son champion. Le cardinal de Lorraine le choie, l'honore, le flatte. Le jeune duc de Guise, son aîné d'un an, dont le talent personnel a sauvé Poitiers — c'est lui qui a eu l'idée de détourner les eaux du Clain pour inonder le camp des assiégeants —, se garde bien de se poser en rival du prince : il ne sera que le premier de ses lieutenants. Et tandis que Henri s'enchante de sa nouvelle image de défenseur de la monarchie et de l'Église, le roi ulcéré enrage : le moment n'est-il pas venu pour lui de s'appuyer sur les huguenots ? Certes, Charles n'a fait de confidences à personne. Mais la suite montrera qu'il est en train de virer de bord, à l'insu de sa mère, très absorbée par ses efforts pour marier au mieux les enfants qui lui restent.

Grandes manœuvres matrimoniales

La politique matrimoniale de Catherine est à géométrie variable. Beaucoup de tentatives ne sont que des ballons d'essai. On peut toujours tenter sa chance, n'est-ce pas ? Qui ne risque rien n'a rien. En cas d'échec, elle ne manque pas de solutions de rechange. À Bayonne, tout en sollicitant pour Marguerite la main de l'infant don Carlos, elle lorgnait aussi, comme recours, vers l'archiduc Rodolphe, aîné de l'empereur Maximilien. Lorsque meurt sa fille la reine d'Espagne en 1568, le chagrin ne l'empêche pas de constater que le veuf se trouve libre et elle lui offre sans attendre de remplacer la défunte par sa sœur. Devant un nouveau refus, elle se rabat sur Don Sébastien, roi de Portugal, le fils de cette même Juana qu'elle souhaitait naguère marier à Henri ! Piètre parti que ce garçon bizarre, « sujet à sa tête, variable et terriblement obstiné dans ses opinions ». C'était une sorte de moine laïc, élevé dans les jupes de sa mère et dans celles de deux religieux théatins, qui tenaient à préserver son innocence : on le savait vierge et « peu habile pour avoir enfants ». Il périt au Maroc dans un combat contre les Maures avant d'avoir pu faire ses preuves comme homme et comme roi. Entre-temps la mauvaise volonté de Juana et de Philippe II avait épargné à Marguerite cette union hasardeuse. Charles IX déclara prendre le refus pour une injure. Il mariera sa sœur, déclare-t-il, « en tel lieu qu'il en recevra plaisir, contentement et service et dont le mari se sentira grandement honoré et obligé à Sa Majesté ».

Le mari auquel il pensait était Henri de Navarre.

À une date où les cadavres de la guerre sont à peine froids et où les incendies couvent encore, cette union entre la sœur du roi et le chef nominal du parti adverse avait quelque chose de stupéfiant.

On rappela un prétendu engagement de Henri II. En 1557, comme on lui présentait l'héritier de Navarre, il avait pris dans ses bras ce gamin déluré à la langue si bien pendue en lui disant : « Voulez-vous être mon fils ? » À quoi l'enfant objecta, en patois béarnais : « Mon père est le seigneur roi qui est là. — Puisque vous ne voulez pas être mon fils, voulez-vous être mon gendre ? — Obé ! oui bien », avait répondu l'enfant. Antoine de Bourbon, flatté, avait pris l'offre pour argent comptant et s'en était prévalu quelque temps. Mais les deux pères respectifs étaient morts et beaucoup de sang avait coulé sous les ponts. Cette vieille promesse ne pouvait à elle seule redonner vie au projet. Ce sont des calculs politiques qui en décidèrent.

Difficile de savoir qui prit l'initiative. Une chose est sûre. Les chefs du parti réformé ont renoncé à l'emporter par les armes, sur le terrain. Ils visent au plus haut, en misant sur les nouvelles générations. Ils espèrent rallier le roi à leurs vues. Leur principal adversaire, Catherine, n'est pas immortelle. Elle a été assez gravement malade en 1568 pour qu'on spécule sur sa mort et que Charles IX s'affole. Pendant deux ans au moins, elle continue d'être mal portante : ver solitaire, migraines, sciatique, catarrhes variés la minent ; le port d'une perruque blonde souligne les effets de la fièvre et de l'âge, au lieu de les atténuer. Sa combativité paraît atteinte. Les huguenots comptent la neutraliser en lui proposant pour ses enfants des mariages brillants, assortis d'alliances qui engagent la France aux côtés des puissances protestantes. Leur but n'a pas changé, mais la stratégie matrimoniale a remplacé la stratégie militaire. Dans l'immédiat, ce ne sont pas les peuples qui s'en plaindront.

Pour Charles IX, il est trop tard, il épouse une archiduchesse. Mais pas l'aînée, que lui a soufflée Philippe II. Catherine n'a pu décrocher pour son fils que la cadette. Raison de plus pour qu'elle en veuille à celui qui n'est plus son gendre et contrecarre toutes ses démarches. Le moment est donc bien choisi pour lui proposer un double mariage : pour Henri, la reine d'Angleterre et pour Marguerite, Henri de Navarre. Non sans arrière-pensées, du côté des huguenots : des unions « mixtes » ouvriraient la porte à une reconnaissance officielle, voire à une victoire du calvinisme en France. La vieille coureuse de trônes qu'était Catherine fut-elle naïvement éblouie, comme on se plaît à le dire ? Ne prenons pas à la lettre l'enthousiasme dont témoigne parfois sa correspondance : elle ne dit pas tout ce qu'elle pense, et elle ne pense pas tout ce qu'elle dit. Si elle prêta l'oreille à ces offres, c'est qu'elle estimait y trouver son compte.

Un mariage peut en cacher un autre. Dans l'esprit des auteurs du projet, la reine d'Angleterre, c'est un appât, un leurre. Le mariage important, le seul réalisable, c'est l'autre. Le mirage anglais, entraînant Catherine à rompre avec l'Espagne, aidera à faire aboutir l'union contre nature entre une princesse catholique et un prince huguenot. La preuve qu'on cherche à brouiller les cartes ? On parle aussi de marier le jeune Navarre à Élisabeth : les puissances catholiques, effrayées, envisageront Marguerite comme un moindre mal.

De l'autre côté de la Manche, Élisabeth minaude, invoque la différence d'âge et de condition, mais elle ne dit pas non. Pas pour l'instant. Elle pourra toujours invoquer au dernier moment l'insurmontable aversion de ses sujets pour les « papistes ». Ô surprise : Henri d'Anjou, lui, ne marche pas. Pour la première fois révolté contre sa mère, il se dérobe : « c'est une vieille créature, avec une jambe malade » — Élisabeth souffrait alors d'un ulcère suppurant. Et comme sa mère insiste, lui murmurant que « grandeur et puissance » valent bien quelques concessions, il réplique tout net qu'il refuse de se déshonorer en épousant « une putain publique » — allusion au favori avec qui la reine mûrissante a des familiarités qui font scandale. Catherine, ne voulant pas laisser échapper ce trône, songe à se rabattre sur son dernier-né, seize ans, pour la souveraine anglaise qui en a trente-huit. Mais Henri soudain se ravise et donne son accord : il a compris qu'il ne risque rien. Les pourparlers traîneront aussi longtemps que la politique l'exigera : tant que les foudres pontificales rendront précieux pour la reine excommuniée, « hérétique et bâtarde », l'aval donné par les offres matrimoniales françaises.

Du côté Navarre, il y a urgence au contraire, à cause des Pays-Bas. La situation est grave là-bas et les secours urgents. Il faut décider la reine à autoriser, sinon à patronner une expédition. Elle s'accroche maintenant au mariage de Navarre. Les pourparlers sont allés trop loin, une rupture supplémentaire, publique, rendrait sa fille impossible à caser : on n'est pas pour rien rebutée tant de fois. Elle se voit donc mettre le marché en main : la conclusion du mariage contre une intervention aux Pays-Bas.

Comment la prudente Catherine s'est-elle laissé conduire là ? Faut-il qu'elle tienne à unir Marguerite à Henri de Navarre ! Qu'en attend-elle ? Il y a d'abord, bien sûr, l'impératif traditionnel : garder la Navarre et le Béarn dans la dépendance de la France, empêcher qu'ils ne basculent, par suite d'une alliance politico-matrimoniale, dans le camp espagnol ou anglais. C'est aussi une opération de politique intérieure : ce couple mixte sera le vivant symbole de sa volonté de réconciliation nationale. Elle fait enfin, secrètement, un calcul inverse et symétrique de celui des dirigeants huguenots. Eux espèrent que le jeune homme influencera sa femme et l'entraînera dans l'orbite calviniste : une bonne épouse veut ce que veut son mari. Catherine, elle, connaît le caractère énergique de sa fille, son attachement au catholicisme, son intelligence, son charme. Elle croit connaître Henri, qui a suivi en sa compagnie le grand tour de France. Son appétit de vivre, son goût pour le plaisir, son penchant déjà affirmé pour les femmes ont peu à voir avec le rigorisme à la mode genevoise. Il a changé trois fois de religion, dans son adolescence il est vrai, et s'il est pour l'instant fidèle à la cène, il n'a rien d'un doctrinaire intransigeant et boude volontiers les prêches. Elle compte bien que sa nouvelle épouse aura sur lui le même effet que naguère Isabelle de

Limeuil sur le trop galant prince de Condé. Elle ne mesure ni son intelligence, ni la force de sa volonté. Personne alors ne les mesure : ballotté entre des parents et des partis désunis, l'adolescent s'est fait discret, presque transparent ; nul n'a deviné son extraordinaire puissance de dissimulation.

Parmi les dirigeants huguenots cependant, il en est deux qui, tout comme la reine mère, le croient aisément influençable et s'inquiètent de ce mariage : Coligny, réservé, et Jeanne d'Albret, franchement hostile.

Jeanne est partagée entre son amour maternel, son attachement à ses domaines patrimoniaux et son dévouement à la cause réformée. Elle répugne à une alliance anglaise qui offrirait à Henri, aux côtés de l'impérieuse Élisabeth, un simple strapontin de prince consort. Elle ne veut pas que la Navarre et le Béarn deviennent des provinces britanniques, risquant de servir de tête de pont à des entreprises de reconquête et de champ de bataille aux belligérants. Elle tient à les garder sous la protection du roi de France. Marguerite est donc le meilleur parti possible. Mais elle a peur pour la foi de son fils et pour le salut de son âme. « Mettez-vous en garde, lui dit-elle, contre tous les allèchements pour vous débaucher en votre vie et votre religion. C'est leur but. Ils ne le cèlent pas. » Elle tremble à l'idée de l'exposer aux tentations d'une cour corrompue. Et lorsqu'elle comprend qu'il faudra céder, elle tente de mettre le marché au plus haut prix.

Les négociations entre les deux belles-mères, dont la substance nous est connue, feraient d'excellentes scènes de comédie si l'enjeu n'était pas si grave et si Jeanne, épuisée par une tuberculose avancée, n'y usait ses dernières forces dans une résistance pathétique. Elle a consigné son fils à Pau, de crainte qu'on ne le lui enlève, et elle est venue seule à Chenonceaux, armée de son ironie mordante, affronter les caresses de l'Italienne. L'autre lui ayant fait dire, bien maladroitement, qu'elle n'avait rien à redouter, elle se moqua : « Pardonnez-moi si, lisant ces lettres, j'ai eu envie de rire, car vous me voulez assurer d'une peur que je n'ai jamais eue, et ne pensai jamais, comme l'on dit, que vous mangissiez [sic] les petits enfants. »

La chaleur de l'accueil détendit un peu le climat. Jeanne jugea Marguerite fort belle, quoique trop maquillée et la taille trop serrée. Elle lui trouva de la personnalité et en tira des augures ambigus : « De la façon de quoi elle est et du jugement qu'elle a, avec le crédit vers la Reine sa mère et le Roi et messieurs ses frères, si elle embrasse la religion, je puis dire que nous sommes les plus heureux du monde, et non seulement notre maison mais tout le royaume de France aura part en cet heur. » Mais dans le cas contraire, « vu sa prudence et jugement », ce mariage sera la ruine de l'Église réformée en France. Or, lorsqu'elle demanda si la jeune femme adopterait la foi de son époux, elle trouva Marguerite fermement décidée à rester catholique. On fit semblant de ne pas y attacher d'importance et la délicate question de l'éducation des enfants à venir fut laissée dans l'ombre. Car aucune des deux parties ne voulait la rupture.

Jeanne discuta pied à pied sur la dot, sur l'organisation de la cérémonie, sur la pratique religieuse du couple en France et en Béarn. Catherine, la sachant très vive, cherchait à la mettre en colère tout en gardant elle-même son sang-froid. La malheureuse se sentait harcelée, s'irritait : « L'on me gratte, l'on me pique, l'on me flatte, l'on me brave, l'on me veut tirer les vers du nez », la reine mère « me traite à la fourche ». Elle prétendit qu'on avait fait des trous dans les murs de sa chambre pour l'épier — pratique bien plus courante qu'on ne pourrait le croire, en ces temps où il n'existait ni micros, ni téléphones. « Assaillie étrangement d'amis et d'ennemis », accablée par les siens de conseils contradictoires, affolée à l'idée que le pape, remettant en cause l'annulation de son premier mariage, pourrait déclarer son fils bâtard, elle tenta d'obtenir des délais, des garanties, des places fortes.

De part et d'autre on transigea sur les modalités de la cérémonie. Jeanne, pensant aux malheurs des Pays-Bas, fit taire ses scrupules de mère. Elle finit par signer le contrat le 11 avril 1572 et mourut épuisée, au début de juin, sans avoir revu son fils. Et pour une fois, les médecins furent capables de contredire les rumeurs qui, comme d'habitude, allaient bon train. Non, elle n'était pas morte pour avoir respiré les senteurs méphitiques émanant de gants préparés par le fameux René, parfumeur de Catherine : un gros « apostume » lui avait rongé un poumon et, dans sa tête, qu'on ouvrit également, selon sa volonté, pour découvrir les causes de ses migraines, on trouva de « petits bulbes pleins d'eau entre le crâne et la taie du cerveau », mais aucune trace de poison.

Quant au mariage anglais du futur Henri III, il fut remis à plus tard et remplacé par un traité d'alliance, conclu le 29 avril.

Les événements se précipitaient.

Les initiatives de Charles IX

Catherine n'avait jamais eu l'intention d'intervenir aux Pays-Bas : elle pensait faire traîner les choses. Mais, tandis qu'elle négociait laborieusement les détails du mariage de sa fille, Coligny s'appliquait à conquérir la confiance de son fils. Entre la reine et l'amiral s'ouvre alors une lutte sourde pour la domination psychologique de Charles IX, impatient de secouer la tutelle maternelle, mais très influençable encore, prêt à osciller du pour au contre, selon l'avis de celui qui a parlé le dernier. Avec des enjeux politiques et religieux considérables.

L'éducation donnée par son précepteur Jacques Amyot ne préparait qu'imparfaitement le jeune roi au rôle conçu pour lui par sa mère. Les *Vies* de Plutarque regorgent d'intrépides héros plus séduisants que les vieux sages pour un garçon de vingt ans. L'amiral a-t-il joué de la rivalité des deux frères ? Il a flatté en tout cas chez l'aîné le mépris instinctif qu'éprouvent tous les hommes pour un pouvoir féminin. Celui de Catherine ne s'est-il pas prolongé au-delà du raisonnable ? Charles ne gardait de Henri II, mort lorsqu'il avait neuf ans, qu'un souvenir trop vague pour lui fournir un modèle à qui s'identifier. Coligny a l'âge du disparu. Avec son prestige de soldat, sa franchise brutale, ses propos sentencieux et jusqu'à sa manie de donner des leçons, il offre une vivante incarnation de la force et de la sagesse viriles, qui fascine l'adolescent prolongé qu'était le roi. Oubliée, la fureur contre le rebelle qui l'a bravé : Charles l'appelle son père et ne jure plus que par lui.

Coligny, soulevé par sa foi, avait la force de persuasion des prophètes. Au jeune souverain de vingt et un ans, il proposait un grand dessein, digne de lui : voler au secours des Pays-Bas, les arracher à la domination espagnole, réaliser le rêve avorté de son père et de son aïeul, mettre à genoux le Habsbourg de

Madrid, c'était là un objectif plus glorieux que la politique à la petite semaine de Catherine, toujours prête à s'humilier pour éviter un conflit. Il parlait le langage de l'audace, contre celui de la prudence. Il n'eut pas de peine à convaincre. « Ma mère est trop timorée », déclara Charles. Coligny lui répétait qu'il « ne fera[it] jamais rien qui vaille, s'il ne limit[ait] le pouvoir de sa mère » et n'installait son frère hors du royaume, sur quelque trône étranger.

Du point de vue militaire, les choses se présentaient bien. Les rebelles flamands gagnaient du terrain chaque jour : les « Gueux », comme on appelait désormais les plus hardis d'entre eux, avaient soulevé toute la Zélande. Et le roi de France écrivait à son ambassadeur à Constantinople qu'il faisait partir une flotte sous prétexte de protéger ses ports, mais en réalité pour « tenir le Roi Catholique en cervelle et donner hardiesse à ces Gueux des Pays-Bas de se remuer et entreprendre ». « Toutes mes fantaisies *, concluait-il, sont bandées pour m'opposer à la grandeur des Espagnols. » Oubliait-il, par hasard, que la flotte espagnole avait écrasé celle des Turcs à Lépante six mois plus tôt, et qu'elle passait alors pour invincible ?

Une péripétie intérieure italienne l'amena à s'engager davantage. Avec le grand-duc de Toscane, le pape, l'Angleterre, il s'agissait de former une vaste coalition contre les Habsbourg. Le projet était trop irréaliste pour inquiéter vraiment Catherine. Elle prodigua les promesses indispensables à la conclusion du mariage navarrais, mais elle comptait bien user pour empêcher une intervention aux Pays-Bas de tous les moyens dilatoires possibles. Elle pensait, non sans quelque raison, que la France n'était pas en état de mener une campagne victorieuse contre l'Espagne et elle savait l'Angleterre hostile à toute conquête française en Flandre. Les complaisances de son fils pour Coligny, tant qu'elles restaient paroles en l'air, ne tiraient pas à conséquence. Elles permettaient même de gagner du temps, en attendant que la victoire du duc d'Albe rende superflue toute velléité d'intervention.

Mais soudain, au moment où les autres participants faisaient marche arrière, elle découvrit par hasard, avec effroi, l'ampleur

---

* *Fantaisies* veut dire ici *pensées*.

de ce que son fils lui avait caché. Il était sur le point de
s'engager dans cette guerre tout seul, tandis que même le pape
et la Toscane se défilaient : le parti huguenot, c'est-à-dire
Coligny, l'avait converti à sa politique.

Elle vit rouge. Elle avait à coup sûr des raisons personnelles
d'en vouloir à l'amiral. Lui ôter la confiance de son fils, c'était
lui ôter le pouvoir ; elle ne s'en laisserait pas dépouiller sans
combattre. Mais elle avait aussi des raisons moins égoïstes. Elle
ne croyait pas, elle, à la réconciliation possible des Français par
la guerre étrangère. Les catholiques n'accepteraient pas de
laisser les réformés dominer le pays. Au bout de cette aventure,
elle apercevait la reprise de la guerre civile, la France à feu et
à sang, le trône menacé. Elle n'était pas seule de cet avis.
Lorsque, à deux reprises, elle posa la question en Conseil, la
plupart l'approuvèrent : il était urgent d'attendre. Déjà, les
insurgés pliaient et, du côté de Mons, un contingent de volontaires français venait de se faire tailler en pièces. Alors Coligny,
se dressant, lança, dit-on, une prophétie en forme de menace :
« Madame, le Roi renonce à entrer dans une guerre ; Dieu
veuille qu'il ne lui en survienne pas une autre de laquelle il ne
serait pas en son pouvoir de se retirer ! »

Il profita d'une brève absence de Catherine pour reprendre en
main le jeune roi. Celle-ci, prévenue, revint en toute hâte. Son
fils était parti à la chasse. Elle l'y rejoignit, s'enferma seule à seul
avec lui et, fondant en larmes, lui fit, paraît-il, une grande
scène : « Je n'eusse pensé que, pour avoir pris tant de peine à
vous élever, vous avoir conservé la couronne que les huguenots
et les catholiques vous voulaient ôter, après m'être sacrifiée pour
vous et encouru tant d'hasard, que m'eussiez voulu donner
récompense si misérable. Vous vous cachez de moi, qui suis
votre mère, pour prendre conseil de vos ennemis ; vous vous
ôtez de mes bras qui vous ont conservé, pour vous appuyer des
leurs qui vous ont voulu assassiner. » Viennent alors les grands
moyens, le chantage au départ : que ne la renvoie-t-il au lieu de
sa naissance, pour lui éviter d'assister à la victoire des huguenots, « qui ne veulent la guerre d'Espagne, mais celle de France,
et la subversion de tous les États, pour s'établir » !

Charles, confus, humilié, terrifié à l'idée d'être abandonné
par sa mère, reconnut ses fautes, demanda pardon, désavoua

l'entreprise. Mais l'amiral s'obstina, continua de recruter des troupes. Il ne désespérait pas de vaincre l'hésitation du roi en le mettant devant le fait accompli. Catherine put croire qu'il allait engager la France, de force, dans une guerre que nul ensuite ne serait en mesure d'arrêter. Il devenait un danger mortel. Le calendrier s'imposait : il fallait célébrer le mariage de Navarre, puis éliminer Coligny très vite, avant qu'il n'ait eu le temps de créer l'irréparable entre la France et l'Espagne.

Une bien curieuse cérémonie

Les noces avaient été fixées au lundi 18 août 1572.

La France avait fait solliciter à Rome, suffisamment à l'avance, la double dispense nécessaire : pour la consanguinité et pour la différence de religion. Pie V, très hostile à ce mariage, se faisait tirer l'oreille. Il avait même réussi à réactiver le projet portugais, mais son légat arriva à Blois trop tard pour qu'on pût revenir en arrière. Catherine redoutait de graves objections de sa part lorsqu'il eut la bonne idée de mourir. À son successeur, pensant que la chose passerait plus facilement, elle ne demanda que la première des deux dispenses. Mais le nouveau pontife savait bien qu'accorder l'une équivaudrait à donner son consentement à une union qu'il réprouvait et il lanternait. On décida donc, à Paris, de se passer de son approbation, en feignant de l'avoir reçue. Un paquet bien clos, censé contenir le précieux document, fut remis en public à la reine, qui le confia sans l'ouvrir au cardinal de Bourbon et l'on n'en parla plus. Mais elle donna au gouverneur de Lyon l'ordre de stopper tout le courrier en provenance d'Italie jusqu'à la cérémonie, afin qu'aucune interdiction expresse ne pût venir la troubler. Et le soir même du 18 août, elle lui enjoignit d'arrêter le courrier en sens inverse, pour être la première à annoncer la nouvelle au pape, dans les termes choisis par elle. Le cardinal de Bourbon, oncle du marié, se portait garant de la validité du mariage.

Catherine avait tenu à ce que les noces de Marguerite ne fussent en rien inférieures à celles de ses aînées. Aux ambassadeurs des puissances catholiques, qui boudaient l'invitation, elle voulait montrer que ce n'était pas une union au rabais, célébrée à la sauvette. Au peuple de la capitale, elle comptait offrir un divertissement salutaire. Dans la ville, en effet, le climat était très tendu. « Si les noces se font à Paris, avait prophétisé un jeune compagnon du roi de Navarre, le futur duc de Sully, les livrées en seront vermeilles. » L'arrivée du fiancé, avec son escorte de huit cents gentilshommes huguenots tout de noir vêtus, pour le deuil de leur reine, avait fait sur la majorité des habitants, très attachés à la foi traditionnelle, l'effet d'une provocation. Depuis douze ans on se battait contre eux, et voici que le roi leur donnait sa sœur en mariage ? Le bon peuple catholique ne comprenait pas, et les prédicateurs qui le catéchisaient ne l'aidaient pas à comprendre, au contraire. La reine se proposait, pour conjurer sa hargne, de lui en mettre plein les yeux.

Entre l'évêché et l'entrée de Notre-Dame ont été dressés des « échafauds » tendus de drap d'or, c'est-à-dire une suite d'estrades aboutées les unes aux autres, sur lesquelles défile le cortège nuptial, ainsi offert à la vue de la foule qui s'écrase en contrebas. Marguerite s'avance « habillée à la royale avec la couronne et couette d'hermine mouchetée », ruisselante de pierreries, dans son « grand manteau bleu à quatre aunes de queue portée par trois princesses ». Le roi, « en soleil », rutile. La reine mère a pour la circonstance échangé son éternelle robe noire contre du brocart pourpre.

Le public est gâté. L'échange des consentements a lieu, non dans les profondeurs de la cathédrale, mais à l'air libre, devant le grand portail, sous les yeux de tous : différence de religion oblige. Dûment unis par le cardinal de Bourbon, les nouveaux mariés entrent dans la nef. Henri a renoncé aux scrupules qui l'empêchaient jadis de mettre fût-ce un pied dans une église au temps où son cousin Charles s'amusait à le décoiffer et à y jeter son bonnet pour l'obliger à aller le récupérer. Il consent à y pénétrer. Mais il ne s'avance jusqu'à la tribune qui marque l'accès au chœur que pour ressortir aussitôt par le transept gauche. Il gagne discrètement le cloître, où il se promène en compagnie des siens tandis que sa femme entend seule la messe aux côtés de son frère, le duc d'Anjou. Il revient ensuite la chercher là où il l'a laissée et reprend avec elle la tête du cortège. Une sorte de tour de passe-passe a escamoté « l'hérétique » pendant la durée de l'office, hors de la vue des spectateurs. Mais les deux époux sont entrés et sortis ensemble. Les apparences sont sauves.

Le soir, dans la grande salle du Palais de Justice, banquet, bal et mascarade. Dans le thème choisi, à base de divinités aquatiques, de chevaux marins, de récifs, d'écueils, de conques et de coquillages, certains voulurent voir un hommage à l'amiral de Coligny, mais il est peu probable que la reine, ordonnatrice des fêtes, ait songé à autre chose qu'à affirmer, malgré les succès espagnols, la force de notre flotte. Le lendemain mardi, dîner et bal, au Louvre cette fois. Le mercredi on célébra des jeux, dans un décor digne des mystères du Moyen Âge. D'un côté le paradis, en forme de jardin verdoyant habité par douze nymphes, le « ciel empyrée », une grande roue qui tournait, portant les sept planètes et les douze signes du zodiaque ; de l'autre l'enfer peuplé d'une foule de diablotins qui, eux aussi, jouaient avec une roue tintinnabulant de clochettes. Un combat opposait les défenseurs du paradis, Charles IX et ses frères, à des chevaliers errants navarrais qui voulaient conquérir les nymphes. Échappant finalement à l'enfer, ces derniers libérés se livrèrent avec leurs rivaux à une sorte de tournoi, à grand renfort de bruit, de pétards et de fumée, qui fit déloger les spectateurs attardés. La fête, « préparée de longtemps », se voulait appel à la réconciliation. Elle fut interprétée ensuite comme une provocation, vouant aux gémonies les huguenots exclus du Paradis. Mais c'eût été bien peu politique. On voulut voir une intention vexatoire dans le costume porté par les Navarrais aux joutes du jeudi. Mais s'ils étaient déguisés en Turcs, avec cafetans et turbans dorés, le roi et ses frères étaient habillés, eux, en Amazones, c'est-à-dire en femmes, ce qui ne valait guère mieux. Rien ne permet de penser que la reine ait mis dans ces spectacles, conçus au temps où elle y croyait encore, autre chose qu'une invitation à fraterniser, dans un royaume réconcilié.

Un tueur maladroit

Cependant, tandis que s'ébattaient en musique huguenots et catholiques, la grande maîtresse des cérémonies suivait les fêtes d'un œil distrait. Car il est bien difficile de croire qu'elle ait été tenue dans l'ignorance du guet-apens monté contre Coligny.

L'homme chargé de l'exécution, Charles de Louviers, sieur de Maurevert, n'était pas un vulgaire tueur à gages, mais un gentilhomme briard de famille honorable, qui avait navigué entre les deux camps. Après avoir abattu, pour des raisons mal élucidées, un de ses anciens protecteurs, lieutenant de Coligny, il était allé se mettre au service des Guise. Comment imaginer qu'il se serait risqué à exercer pour son propre compte une vengeance privée contre l'amiral, sans en référer à ses nouveaux protecteurs ? La chose eût été suicidaire. Et les Guise, à leur tour, auraient-ils commandité un attentat contre un homme que le roi honorait de sa confiance sans s'être assurés de l'assentiment, au moins tacite, de la reine mère ? Le jeune duc Henri, vingt-deux ans à peine, avait dû jurer, au nom de toute sa maison, de renoncer à poursuivre l'amiral. Certes sa mère, Anne d'Este, la veuve de François de Guise, continuait d'en vouloir, bien qu'elle fût remariée, à celui qu'elle tenait pour responsable de la mort de son premier époux. Mais elle était femme de tête, dotée de sens politique, et de plus une amitié de longue date la liait à Catherine de Médicis. Il y avait plus de neuf ans qu'elle réfrénait sa haine : elle aurait pu patienter encore.

On peut donc ajouter foi aux témoignages affirmant que, dès la fin de juillet, Catherine lui avait fait part de son désir de voir disparaître Coligny. La tentation était forte en effet. Elle n'avait qu'un mot à dire, il lui suffisait de lever l'interdiction formulée naguère : les Guise n'attendaient que cela. La vengeance, loin de choquer, s'imposait alors comme un devoir de piété familiale : on n'irait pas chercher plus loin les responsables de l'attentat. Une autorisation verbale ne laissant pas de traces, Catherine pouvait se croire à couvert, à l'abri des remous provoqués par le meurtre. Et, s'il s'ensuivait un affrontement armé entre les Guise et les Châtillon, ce serait tout bénéfice que de voir ces deux redoutables familles s'entre-déchirer : l'autorité royale en sortirait renforcée.

On ignore si la reine fut associée à l'élaboration détaillée du plan : il n'était pas indispensable qu'elle le fût. Mais on croit savoir que le projet, un instant envisagé, d'un « accident » lors de la course de bagues du jeudi, fut écarté comme trop périlleux : la colère des gentilshommes huguenots voyant mourir leur chef pouvait être incontrôlable. C'est un cadre plus discret qui fut choisi.

Coligny logeait à l'Hôtel de Rochefort, à l'angle de la rue de l'Arbre-Sec et de la rue de Béthisy*. Il se rendait à pied au Louvre tout proche par un lacis de courtes ruelles aujourd'hui disparues. On décida de le guetter lorsqu'il quitterait le Conseil, le vendredi 22 août au matin. Maurevert fut installé dans une maison de la rue des Poulies**, qui possédait une seconde sortie sur l'arrière. L'arquebuse au poing, il se posta à une fenêtre du rez-de-chaussée protégée par une tenture.

Coligny s'attarda, à la demande du roi, pour regarder celui-ci jouer à la paume. Vers onze heures du matin, il sortit enfin, accompagné d'une quinzaine de ses fidèles. Catherine s'apprêtait à prendre son repas en compagnie de son fils Henri, lorsqu'on vint lui annoncer qu'il avait été victime d'un attentat. Elle ne parvint pas à feindre la surprise : l'ambassadeur d'Espagne, la voyant impassible, en conclut qu'elle était au courant. Mais elle réussit à cacher sa déconvenue. Car on disait, déjà, que les blessures n'étaient pas mortelles. Renonçant à dîner, elle s'isola dans sa chambre avec Henri. Le roi, lui, achevait sa partie de paume lorsqu'il reçut la nouvelle. D'émotion et de colère il jeta sa raquette par terre et courut s'enfermer dans son appartement.

Au fil des heures, on en apprit davantage. En quittant le Louvre, Coligny marchait lentement, tout en lisant une requête qu'on venait de lui remettre. Ses compagnons faisaient écran, compliquant la tâche de Maurevert. Au moment qu'il crut propice, celui-ci mit en joue et tira. Mais l'amiral se baissa soudain pour rajuster sa chaussure, et ce geste lui sauva la vie. Il eut l'index de la main droite déchiqueté et une balle lui brisa

---

* Cette demeure est aussi nommée Hôtel de Béthisy ou, plus tard, Hôtel de Ponthieu. Elle existe encore, au 144 rue de Rivoli. La rue de Béthisy était la partie orientale de notre rue de Rivoli. La maison, fort vaste, comportait deux cours séparées par un corps de bâtiment.

** Parallèle à la façade orientale du Louvre et perpendiculaire à la Seine, elle longeait le cloître de Saint-Germain-l'Auxerrois.

le coude gauche*. À la fenêtre d'où était parti le coup, ses amis trouvèrent l'arquebuse encore fumante, mais le tueur maladroit s'était enfui par derrière, sur un cheval qui l'attendait dans le cloître de l'église voisine, et il ne put être rejoint. Le blessé, rapidement transporté à l'Hôtel de Béthisy, fut confié aux soins d'Ambroise Paré — un coreligionnaire —, qui amputa le doigt, en s'y reprenant à trois fois « à cause que ses ciseaux n'étaient pas bien aiguisés », et qui dut inciser profondément le bras pour extraire la balle. Le chirurgien prescrivit du repos, mais se porta garant de la guérison.

Toute la noblesse protestante réclama justice. Charles IX ordonna une enquête et, pour prévenir des troubles éventuels, défendit aux bourgeois de s'armer et invita les protestants à se regrouper autour de leur chef. Il croyait, comme tout le monde, à une vengeance privée : l'enquête montra vite que la maison où se cachait le tireur appartenait à un ancien précepteur du duc de Guise et que le cheval sortait de ses écuries. Mais Catherine commença de trembler lorsqu'on découvrit qu'un garde du duc d'Anjou avait fourni l'arquebuse. Des rumeurs alarmantes circulaient dans la ville en effervescence, partout on s'armait et on se barricadait.

Charles IX voulut rendre visite en personne à Coligny et Catherine offrit de l'accompagner : elle tenait à être en tiers dans leur conversation. Toute la cour suivit. Le roi embrassa le blessé, s'engagea à le venger. Celui-ci affaibli, mais lucide, misa sur son émotion pour lui arracher la promesse de poursuivre la guerre des Flandres et il l'invita à chasser de son Conseil les hommes qu'il disait vendus à l'Espagne. En visant les Guise, il s'en prenait aussi à la politique de Catherine. La soupçonnait-il de complicité dans l'attentat ? Il réussit à isoler le roi un instant, à échanger avec lui quelques mots, sans doute pour le mettre en garde contre sa mère. Elle donna le signal du départ : il ne fallait pas fatiguer un malade. Ce face à face de l'assassin avec sa victime, lourd de sous-entendus shakespeariens, a donné lieu à des affabulations suspectes. La reine lui a-t-elle

---

* Les témoignages offrent sur les gestes de Coligny et sur la localisation de ses blessures quelques variantes qui ne tirent pas à conséquence.

vraiment dit, en regardant le projectile extrait par Paré : « Je suis fort aise que la balle ne soit point demeurée dans votre corps car je me souviens que, lorsque M. de Guise fut tué à Orléans, les médecins me dirent que, si la balle avait pu être enlevée bien qu'empoisonnée, il n'y aurait eu aucun danger de mort » ? C'eût été jeter de l'huile sur le feu. Mais elle pensait assurément à François de Guise cet après-midi-là et, en son for intérieur, elle regrettait sans doute que la balle de Maurevert ne fût pas passée par les mains de son parfumeur et apothicaire René.

Conseils de guerre

Conseils au pluriel, parce qu'il y en eut un rue de Béthisy, chez l'amiral, et que Catherine de Médicis en tint au moins deux.

Face au danger qui menace leur chef, les huguenots sont partagés. Certains conseillent le départ immédiat, en dépit des recommandations d'Ambroise Paré. D'autres croient en la parole du roi. C'est Coligny qui prend lui-même la décision de rester. Il est assez clairvoyant pour savoir qu'il court un danger grave : il ne connaît que trop la faiblesse de Charles IX. Mais s'il s'en va, il abandonne celui-ci à l'influence maternelle. Et c'en est fait de tous les efforts accomplis pour infléchir la politique française, c'en est fini de la guerre tant souhaitée contre l'Espagne. Face à celle de Catherine, sa volonté ne pèsera que s'il est présent. Il choisit donc courageusement de risquer sa propre vie pour le salut de son grand dessein, le triomphe du calvinisme aux Pays-Bas d'abord, puis, à terme, en France. A-t-il mesuré qu'il risquait aussi celle de ses compagnons ? Sans doute pas, tant il était difficile d'imaginer la trahison dont allaient être victimes ceux qui étaient les hôtes de la cour de France, invités à célébrer avec elle le mariage de Navarre.

Catherine de Médicis, maintenant, s'affole. L'enquête promise risque de remonter jusqu'à elle. Le roi prend l'affaire plus à cœur qu'elle ne l'avait prévu, il fulmine contre les Guise. Le duc Henri, sommé par lui de quitter Paris, refuse : sa fuite serait un aveu. Il s'enferme dans son Hôtel transformé en forteresse et truffé de partisans en armes. Si on tente de le poursuivre, il n'hésitera pas à se dire mandaté en haut lieu. Les huguenots, de leur côté, ne sont pas dupes de ce réveil soudain d'une vendetta assoupie, ils croient apercevoir derrière toute l'affaire la main de la reine mère et de son fils cadet. Ils se font menaçants. Coligny ne peut pas les empêcher de crier vengeance et, le soir du 22, les bruyantes menaces d'un Gascon, Pardaillan, arrivent jusqu'aux oreilles de Catherine : si on refuse de leur faire justice, ils se la feront eux-mêmes. Un agent double — qui est peut-être un provocateur — vient révéler, en présence des ambassadeurs étrangers, qu'on parle de la tuer elle et ses enfants. Vraies ou fausses, les rumeurs s'enflent, alimentent la panique. Si l'on croit tout possible, tout le devient en effet.

Dans l'après-midi du samedi 23, la reine réunit dans le jardin des Tuileries une étroite poignée de fidèles, Gondi, Nevers, Birague — des Italiens qui lui doivent tout —, le maréchal de Tavannes et, bien entendu, son fils préféré, Henri d'Anjou. C'est alors qu'ils décident de prendre les devants en faisant mettre à mort, en même temps que Coligny, les principaux chefs du parti réformé. Chacun des participants chercha ensuite à minimiser son propre rôle en imputant aux autres les suggestions les plus radicales. Question oiseuse : tous étaient des créatures de Catherine et leur avis n'était que consultatif. Le vrai, le seul responsable, c'est elle.

Il était indispensable d'obtenir l'assentiment du roi, pour des raisons juridiques, mais surtout parce qu'un pareil ordre ne serait obéi que s'il le donnait en personne. C'est à Albert de Gondi, duc de Retz, qui passait pour le plus diplomate, qu'incomba, de l'avis général, la déplaisante mission de l'y préparer par des révélations dramatisées à dessein. Une information brutale d'abord : sa mère est compromise dans l'attentat. Et, dans la foulée, des explications : depuis longtemps, les menées de Coligny bouleversent le royaume ; et elle ne lui a pas pardonné, personnellement, d'avoir fait tuer son mestre de camp, le brave Charry. Enfin l'argument décisif : les huguenots le croient lui-même complice, ils ont prévu, pour la nuit qui vient, un complot destiné à l'éliminer, lui, sa mère et son frère.

C'était solliciter beaucoup les intempérances de paroles des plus excités : aucun plan de vengeance n'était encore arrêté. Mais il n'en fallait pas plus pour bouleverser Charles IX.

Avec sa mère, son frère et les quatre mêmes comparses, il eut un entretien de deux longues heures au Louvre, aux alentours de minuit. Il discuta, invoqua l'affection que lui portait Coligny, se déclara lié par la parole donnée. Il doutait encore. Catherine laissa entendre qu'il n'osait pas, par lâcheté, prendre une décision nécessaire. Elle menaça de partir avec son frère et de l'abandonner à son sort. La colère le submergea. Il cria : « Vous le voulez ? Tuez-les, tuez-les tous ! »

Qu'on ne prenne pas cependant ces mots, comme on le fait trop souvent, pour une invitation à un massacre général des protestants. « Tous », ce sont tous les chefs. Eux seuls sont visés. Catherine continue de croire, comme elle l'a toujours fait, qu'il suffit pour que le parti s'effondre d'éliminer les grands seigneurs qui le mènent. Elle projette une sorte d'amputation chirurgicale pour éradiquer le mal. Elle a préparé une liste. Et une discussion sinistre s'engage sur chaque nom. En tête Henri de Navarre et Henri de Condé, princes du sang et comme tels quasiment intouchables. La reine épargne son gendre, le duc de Nevers défend son beau-frère : on les bouclera dans un coin du Louvre et on les sommera de se convertir. Pas de pitié en revanche pour la parentèle de l'amiral. On se met d'accord sur un certain nombre de victimes : une vingtaine ? une cinquantaine ? Les hypothèses oscillent entre ces deux chiffres. On convoque alors les magistrats municipaux, qu'on charge d'une part de fermer les portes et de condamner les ports sur la Seine pour prévenir les évasions, d'autre part de déployer les milices pour veiller au maintien de l'ordre. Puis l'on répartit la tâche entre les exécuteurs, gens du roi et gens de la maison de Guise. La vengeance a des droits : le duc Henri se réserve Coligny. L'opération doit avoir lieu à l'aube, ce dimanche matin 24 août, jour de la fête de saint Barthélemy : une opération de police qui se veut propre, circonscrite, et qui dégénérera en carnage.

Le « glas des huguenots »

Catherine de Médicis avait compté sans le peuple de Paris. À moins qu'elle n'ait au contraire, dans un calcul d'un profond machiavélisme, compté sur lui. Mais la chose ne lui ressemble guère : elle se défiait de la violence et ne jouait pas à la légère les apprentis sorciers.

La ville était alors surpeuplée, pleine de ruraux ayant fui les campagnes dévastées par la guerre, de soldats perdus licenciés sans ressources, de miséreux de toutes sortes réduits à la mendicité par la crise économique. Depuis le début de la semaine ils baguenaudaient, oisifs, bouche bée devant l'étalage de luxe déployé pour les fêtes du mariage, sourdement irrités lorsqu'ils retournaient à leur propre dénuement. À la suite de l'attentat, les gentilshommes huguenots battaient le pavé, grondaient contre le roi, exhibaient leurs armes. Il faisait chaud, le temps était lourd, la nervosité extrême et la peur rôdait partout. Toutes les conditions étaient réunies pour un dérapage tragique.

Comme prévu, la première victime fut Coligny. Avant le jour, les gardes placés par le roi sous prétexte de le protéger ouvrirent la porte aux assassins. Une brève bagarre avec ses serviteurs, le temps pour ses proches de s'enfuir par les toits avec sa bénédiction, et le voici face à la mort, à laquelle il est prêt. « Es-tu l'amiral ? lui dit Besme, un mercenaire bohémien. — C'est moi. » Coligny le pria de respecter sa vieillesse. Puis, sans illusions, il ajouta en le regardant : « Au moins si quelque homme et non ce goujat* me faisait mourir. » Il fut percé de coups et jeté par la fenêtre. En bas Henri de Guise attendait. Il essuya le sang qui recouvrait son visage, constata que c'était bien lui et l'écarta d'un coup de pied. Après quoi le cadavre fut livré à la populace. Décapité, émasculé, mutilé, il fut pendu par les pieds au gibet de Montfaucon où tout Paris, y compris la cour, défila pour le voir.

---

* Un *goujat* est un valet d'armée. C'est ce qu'il y a de plus bas dans la hiérarchie militaire.

Selon la coutume italienne, le tocsin — on disait là-bas la *sonaria* — scanda la tuerie. La cloche de Saint-Germain-l'Auxerrois, paroisse du Louvre, avait sonné on ne sait trop à quelle heure, mais en tout cas avant celle du Palais de Justice, choisie pour donner le signal : déjà l'événement échappait à ses organisateurs. Et l'on prétend que Catherine, en l'entendant, trembla et qu'elle eût bien voulu se dédire. Car très vite les ordres sont dépassés. Autour des grands périssent souvent leur famille et leurs serviteurs. La chasse à l'homme s'organise, le peuple fanatisé se substitue aux exécuteurs désignés et les hommes des milices municipales, pour la plupart ardents catholiques, encouragent les désordres qu'ils ont pour mission d'empêcher. Le sang appelle le sang. On égorge sans discrimination hommes, femmes, enfants, on pourchasse les fuyards sur les toits, on fouille les maisons, on viole, on vole, on pille. On s'attaque aux bourgeois, aux commerçants aisés, sans distinction de religion, et on s'empare de leurs dépouilles. Trois jours d'émeutes où le pavé de Paris ruisselle de sang et où la Seine charrie des cadavres. Trois mille victimes, quatre mille, ou davantage : comment savoir ?

Claquemurés dans le Louvre, Catherine et ses fils regardent terrifiés le cataclysme qu'ils ont déchaîné. On ne croit plus guère aujourd'hui que Charles IX ait tiré sur ses sujets, à l'arquebuse, d'une des fenêtres du Louvre : les huguenots qui prétendirent l'avoir vu se trouvaient sur l'autre rive de la Seine, trop loin pour l'identifier à coup sûr. Sully, dans ses *Mémoires*, lui prête des remords immédiats et affirme qu'il envoya aux gouverneurs de province l'ordre d'empêcher ces « cruautés ». Mais des messagers fanatiques ont pu se réclamer indûment de lui. Les nouvelles arrivant de Paris déclenchent en effet à travers toute la France une épidémie de massacres, une « saison » sanglante qui s'étire sur tout l'automne de 1572 : selon les villes et selon les provinces, en fonction du passé local, on tue beaucoup ou peu, et quelques gouverneurs courageux parviennent à enrayer la violence. Le décompte total des morts, très aléatoire, oscille entre vingt et trente mille. Même dans une guerre civile aussi meurtrière, qui a coûté la vie de part et d'autre à un très grand nombre de victimes, cela fait beaucoup à la fois, beaucoup trop.

Si Catherine avait cru se tirer d'affaire, elle s'était lourdement trompée. Il y avait de quoi frapper l'opinion en France et dans l'Europe entière. De quoi entacher à jamais sa mémoire, également.

L'onde de choc

En France, bien qu'on fût habitué à l'horreur, depuis douze ans banalisée, la Saint-Barthélemy crée un choc. Pour la première fois, un massacre a été ordonné par le roi, réputé juste et bon, et par sa toute-puissante mère. Il a pris une ampleur inégalée. Les Parisiens, jusque-là épargnés, ont pu voir. Et ce qu'ils ont vu, c'est la violence brutale, nue, incontrôlable, folle, la bacchanale des égorgeurs. Comment a-t-on pu en arriver là ? Chez les gens sensés, le dégoût le dispute à la peur.

Dans les deux camps se dessine un clivage entre modérés et extrémistes. Contrairement aux espoirs de Catherine, le parti huguenot n'est pas mort. Dans le Midi et dans l'Ouest, où il conserve ses assises populaires, il s'est radicalisé et a pris, sous la direction des ministres du culte, des allures de république théocratique incrustée dans la chair du royaume, avec pour capitale La Rochelle. D'autres réformés au contraire gardent la nostalgie de la paix naufragée, tandis que, du côté catholique, les partisans de la tolérance se font plus nombreux. Mais les uns et les autres se dressent contre la reine et non plus derrière elle. Le parti des « politiques » gagne du terrain.

À Madrid, le très peu expansif Philippe II s'oublie jusqu'à rire de satisfaction : la France sera contrainte de renoncer aux alliances protestantes. Il fait chanter un *Te Deum*, mais il n'a pas pour autant l'intention d'accorder à Catherine la moindre concession politique ou matrimoniale. Il lui suffit de la savoir affaiblie. À Rome on organise de pompeuses actions de grâce. Le pape envoie un légat porteur de félicitations, mais au reçu des nouvelles de Paris il lui ordonne de suspendre son voyage : seul l'attentat contre Coligny a été prémédité ; le reste, résolution soudaine née d'un navrant concours de circonstances, est ce que nous appellerions une bavure. « Si l'amiral était mort du coup d'arquebuse qu'on lui tira, écrit le nonce Salviati, je ne me résous pas à croire qu'il se fût fait un si grand carnage. » Tel était aussi l'avis de l'ambassadeur d'Espagne.

Catherine et son fils comprirent vite qu'ils ne gagneraient rien à se poser en champions de la cause catholique. Il valait mieux rassurer leurs partenaires anglais et allemands. Ils s'empêtrèrent dans des explications contradictoires, tentèrent de minimiser le drame et de l'attribuer à la vengeance des Guise. Puis, lorsque l'ampleur de la tuerie fut connue et qu'il fut avéré que le roi avait donné l'ordre initial, ils choisirent d'en assumer la responsabilité, en accréditant la thèse du complot politique déjoué *in extremis* : Coligny et les siens étaient morts non pour « fait de religion », mais pour rébellion contre leur souverain légitime. Outre-Manche et outre-Rhin, les souverains réformés tenaient à l'amitié de la France : ils feignirent de prendre l'explication pour bonne.

À Paris, on eut ensuite l'idée d'exciper de l'ancien droit régalien pour justifier cette mise à mort. Le roi n'a pas besoin de recourir à un tribunal pour condamner un sujet qu'il estime coupable ou simplement nuisible au royaume. Il est à lui seul le juge suprême. Sa décision, qui procède alors de ce qu'on appelle la « justice retenue », est parfaitement légale. Certes. Mais invoquer cette procédure dans le cas de la Saint-Barthélemy relève du sophisme. Car le roi n'est pas dispensé, au contraire, d'entourer l'application de la peine de toutes les formes requises : arrestation, signification de la sentence, exécution publique par la main du bourreau. Il n'a nullement le droit de faire tirer sans sommation sur la victime désignée, encore moins de faire achever un blessé dans son lit. Ainsi en jugeaient les contemporains. Bien sûr, dit l'un d'eux, il est plus permis à un souverain « d'entreprendre contre [ses] sujets par voies extraordinaires, qu'à eux d'entreprendre contre leur roi ». Mais véritablement, ajoute-t-il, ce sont « actions dangereuses. Les rois sont heureux, qui ne sont forcés à faire mourir leurs sujets ; s'il en faut venir là, la meilleure forme est, pour en ôter le blâme, de les faire juger par les cours de parlement et justice ordinaire ».

Il parle d'or. Non, aucun droit, fût-il régalien, ne légitime la décision de massacrer par surprise des adversaires avec qui l'on vient de se réconcilier. On peut l'expliquer, lui trouver des précédents, lui découvrir des circonstances atténuantes, l'excuser même à la rigueur : Catherine, son fils Henri, le royaume peut-être couraient un danger mortel. On ne peut pas la justifier. Un crime reste un crime. Avalisé ou non par Charles IX, celui-ci en est un, des plus effroyables.

Il se trouve que la postérité lui a réservé la plus insistante prédilection. Elle n'a cessé d'en ressasser les sanglantes péripéties. L'onde de choc a déferlé à travers les siècles, se chargeant à chaque génération de résonances nouvelles. La Saint-Barthélemy a fini par s'intégrer à la culture française comme archétype de l'horreur. Catherine de Médicis en porte le poids exclusif. Elle a du sang sur les mains, un sang que les services rendus à la France sont aussi impuissants à effacer que tous les parfums d'Arabie à laver les mains de lady Macbeth. Inversement le martyre a conféré aux huguenots le statut de victimes innocentes et doté Coligny d'une virginité nouvelle. Il a occulté toutes les violences antérieures, les coups de force, les prises d'armes, les représailles sauvages, le fanatisme. Il a fait oublier que dans une guerre civile, il est rare que les responsabilités ne soient pas partagées.

Catherine n'a pas eu de chance avec l'histoire. Dans l'immédiat, elle n'a pas non plus tiré de l'élimination des chefs protestants le bénéfice escompté. Et l'on peut dire, anticipant sur une formule célèbre, que le crime de la Saint-Barthélemy fut aussi une faute. Il a créé une fracture entre elle et le pays, envenimé la suspicion entre elle et ses enfants. C'en est fini de son règne sans partage. C'en est fini de son rêve de paix. Les années qui suivent, elle va les passer à courir de droite et de gauche pour tenter vainement de colmater les brèches dans un royaume qui fait eau de toutes parts.

Mais avant d'en venir là, nous nous tournerons vers deux autres reines, elles aussi secouées par la tourmente : sa bru, Élisabeth d'Autriche, douce créature perdue dans un monde où elle reste étrangère, et sa fille Marguerite, héroïne malheureuse de la fête qui a si tragiquement tourné.

CHAPITRE SIX

ÉLISABETH D'AUTRICHE

Dans la longue liste des reines de France, Élisabeth d'Autriche ne serait qu'un nom sans les cinq ou six pages attendries que lui consacre Brantôme et surtout sans le portrait qu'en fit François Clouet et qu'on peut admirer aujourd'hui au Louvre.

On y voit une femme très jeune, presque une adolescente. Le visage triangulaire, au teint translucide, qu'un nez assez marqué, épais mais droit, ne réussit pas à alourdir, est cerné par la blancheur de la haute fraise en dentelle et par les bandeaux d'une chevelure d'un blond roux rehaussés d'or, de pourpre et de perles. La bouche retient sur ses lèvres un sourire non éclos. Et surtout, dans ce visage vu de trois quarts, de grands yeux marron bien ouverts vous regardent en face, d'un regard direct, franc, réservé aussi, comme de quelqu'un qui voit et ne se livre pas. Rien de fade dans cette douceur faite de discrétion, de profondeur, de pureté. Quelle tristesse de la retrouver, dans ce même Louvre, tout de noir vêtue, la tête écrasée d'une toque à plumes, les traits figés, le regard éteint ! Un contraste qu'on aimerait pouvoir attribuer au seul manque de talent du peintre anonyme, qui ne sait pas, comme Clouet, déchiffrer les âmes. Tant on a peur que les trois ans et demi passés auprès de Charles IX l'aient abîmée !

La cadette des archiduchesses

Bien que la couronne impériale germanique fût élective, les Habsbourg avaient réussi à en faire leur chasse gardée. Charles

Quint la transmit à son frère, Ferdinand Ier, dissociant ainsi la part espagnole de son héritage, réservée à ses descendants, et l'Empire, qu'il abandonnait à la branche autrichienne de la famille. Mais entre les deux branches les liens restaient très étroits. Leur cousinage avec le très puissant Philippe II d'Espagne donnait aux Habsbourg de Vienne un surcroît de prestige dont ils avaient bien besoin, tant leur pouvoir sur l'Allemagne était chancelant. Afin de resserrer encore le tissu familial, le fils de Ferdinand, Maximilien, que son père avait de son vivant fait élire roi des Romains pour lui assurer sa succession, avait épousé sa cousine Marie, fille de Charles Quint et sœur de Philippe *. Le couple, très prolifique, avait eu neuf garçons et six filles, dont beaucoup survécurent. Il y avait pléthore d'archiducs et d'archiduchesses à marier : on pouvait choisir.

Le maréchal de Vieilleville tire gloire, dans ses *Mémoires*, d'avoir été à l'origine de l'union entre Charles IX et la jeune Élisabeth. En 1562, lors d'une ambassade à Vienne auprès de l'empereur Ferdinand, il fut séduit par la fillette qui avait alors huit ans. Il s'écria, en la montrant à son grand-père : « Sacrée Majesté, voilà la reine de France, s'il vous plaît m'en croire. [...] Votre Sacrée Majesté ne saurait trouver en la chrétienté ni au reste du monde un mari plus sortable. [...] La paix sera perdurable entre vos maisons et [...] par cette ferme et indissoluble union, vous donnerez la loi à tous vos ennemis. » Bien qu'il ait dû avouer qu'il n'était pas mandaté pour faire cette offre, l'Empereur parut intéressé, convoqua la petite fille, qui, sur son ordre, invita l'ambassadeur à lui donner un baiser — sur la bouche, selon l'usage — signifiant qu'elle « était prédestinée à lui commander à jamais ». Vieilleville leur remit des médailles en or frappées à l'effigie de Charles IX et de sa mère et réclama un portrait de la fiancée pressentie pour l'apporter à son maître. Lorsqu'il fut sur le départ, elle le pria, en allemand, d'offrir de sa part au roi de France « son très humble et très affectionné service ». Elle lui glissa au doigt une bague de

---

* Voir le tableau généalogique placé en annexe.

grand prix, l'honora d'un dernier baiser — c'était le troisième, il se sentait comblé —, puis il prit le chemin du retour.

Que pensa du portrait enfantin le jeune roi de douze ans ? nul ne le sait. Quant à sa mère, le mémorialiste s'abstient de nous dire qu'elle accueillit fraîchement son initiative. Certes Élisabeth, née le 5 juin 1554, était d'un âge tout à fait assorti à celui de Charles IX, né en 1550. Mais elle avait une sœur, Anne, de cinq ans son aînée : un parti plus brillant, puisque l'ordre de primogéniture comptait aussi en matière de mariage. C'est celle-ci que voulait Catherine pour son fils. Les années passèrent, les alliances de la reine mère et ses projets matrimoniaux évoluèrent de conserve. Elle enragea, on l'a vu, lorsque Philippe II devenu veuf éconduisit la candidature de Marguerite de Valois et se réserva l'aînée des archiduchesses. Mais elle réfréna sa colère : un mariage catholique, avec traité à l'appui, était indispensable pour équilibrer les alliances protestantes qu'elle projetait. Elle se contenta donc de la cadette.

Albert de Gondi, maréchal de Retz, homme lige de Catherine, très au fait des affaires d'Europe centrale, fut chargé de la négociation. C'est lui, bien que les frères du roi en eussent manifesté le désir, qui alla chercher la jeune femme, veilla à la signature du contrat, le 14 janvier 1570, et au mariage par procuration, à Spire, le 22 octobre. À Vienne, en dépit des prophéties du maréchal de Vieilleville, on n'avait rien fait pour préparer la jeune fille, maintenant âgée de seize ans, à sa transplantation sur la terre de France. Dans cette famille aux attaches hispaniques très fortes, on parlait l'allemand et l'espagnol. Pas un mot de français. Et personne ne s'était soucié de le lui enseigner. Elle avait reçu d'une mère austère, profondément croyante, l'éducation la plus propre à faire d'elle la perle des épouses royales chrétiennes. L'Autriche de Maximilien était cependant moins rigoriste que l'Espagne de Philippe II. Elle échappa au confinement dans la demeure des femmes, qui était le lot des infantes madrilènes jusqu'à leurs noces, et fut initiée à la vie de cour. Sa piété, moins ostentatoire que la leur, était plus solide encore, parce que dépourvue de formalisme. Elle aurait peut-être pu jouer auprès de Charles IX un rôle important si on avait consenti à lui faire sa place et si on l'avait aidée à s'acclimater. Mais Catherine de Médicis, à qui Marie Stuart avait donné tant de fil à retordre, tenait à ce que sa nouvelle bru restât vouée à l'insignifiance. Elle s'y employa.

Fastes princiers

Pour fêter son arrivée, la France ne lésina pas. C'est sa propre magnificence que Catherine mettait en scène.

Le roi envoya à Sedan, alors principauté étrangère, une escorte menée par ses frères, qui se porta à la rencontre d'Élisabeth à deux lieues de la ville. Elle arrivait dans un coche doré, couvert de velours gris à grande broderie de blanc et incarnat, tiré par quatre chevaux hongres blancs. Un peu crottés sans doute, vu la saison et la longueur du voyage, mais les spectateurs n'y virent que du feu. Épisode romanesque : Charles, impatient de voir si elle était aussi belle que sur les portraits envoyés tout exprès, se glissa incognito parmi la troupe qui la regardait monter au château aménagé pour l'abriter ce soir-là. Il s'en retourna ravi l'attendre à Mézières, où devaient avoir lieu les noces : il « s'éjouissait d'avoir trouvé femme en son contentement ».

Elle arriva le lendemain, sur le soir, et l'on prit contact sans cérémonie. La matinée du jour suivant, 26 novembre 1570, se passa à écouter les représentants des deux pays lire les clauses du contrat et du traité afférent. En latin bien sûr — un latin un peu germanisé —, non seulement parce que c'était alors la langue juridique, mais parce que les partenaires n'avaient pas trouvé d'autre moyen pour se comprendre. Ceux qui n'en savaient pas assez pour suivre s'accommodaient d'un interprète. L'électeur de Trèves, au nom de l'Empereur, « présenta la reine Élisabeth au roi son mari et à la reine sa mère ». Le roi la salua, la reine mère la baisa et la plaça entre eux deux. Puis les futurs époux s'en allèrent revêtir leur costume de cérémonie, sous l'œil critique de Catherine et de ses deux filles.

Élisabeth portait une robe de toile d'argent couverte de perles et un grand manteau de velours violet semé de fleurs de lys d'or, bordé d'hermine mouchetée, terminé par une traîne longue de vingt aunes. Sur sa tête, « une couronne à l'impériale ornée de grands diamants, rubis et émeraudes ». Le roi était vêtu de toile d'argent, brodée de perles et fourrée de loup-cervier. Leur consentement fut reçu par le cardinal de Bourbon, prince du sang. On festoya toute la soirée et tout le jour suivant. Après quoi les députés de l'Empereur se retirè-rent, non sans avoir fait confirmer par le roi la ratification des traités et conventions annexés au contrat. Élisabeth était reine de France.

Le mariage avait eu lieu en province. Mais on ne pouvait tenir la capitale à l'écart des festivités. On attendit le printemps suivant pour y célébrer à nouveau l'amitié franco-germanique, dans une débauche d'arcs de triomphe, de processions, de cavalcades, de banquets, de bals, de feux d'artifice. Les plus grands artistes avaient travaillé aux figures de stuc jalonnant l'itinéraire du cortège à travers rues et carrefours. Francion et Pharamond, les fondateurs prétendus des deux peuples, y voisi-naient avec des dieux de l'Olympe, des personnifications allé-goriques, des figures mythologiques, des héros de l'Antiquité, associés aux princes de la maison de Valois. Ronsard y alla d'un quatrain de circonstance : « Viens, Hyménée, et d'un étroit lien, / Comme un lierre étroitement assemble / Le sang d'Autriche au sang Valésien, / Pour vivre en paix heureusement ensemble. » Et il loua dans un sonnet Catherine de Médicis veillant sur ses enfants et les faisant « reines et rois par nopcière * alliance ». Ce n'est pas ce qu'il a écrit de meilleur.

Le 25 mars eut lieu à Saint-Denis le sacre d'Élisabeth. Le 29, on l'exhiba lors d'une « entrée » où les « fabriques » qui venaient de servir pour son époux furent réutilisées, revêtues de nouveaux emblèmes et mimant de nouvelles scènes. À la fontaine du Ponceau, une reine mère en plâtre couronnait de fleurs de lys sa bru moulée en même matière et le décor du Pont-Neuf prophétisait la naissance d'un dauphin. La jeune reine fut promenée à travers Paris, ruisselante d'or et de perles, dans une litière tendue de toile d'argent. Les réjouissances prirent fin le 30 mars lors d'un énorme banquet offert par la Ville de Paris dans la grande salle du palais épiscopal, suivi d'un bal où dansa toute la cour.

---

* Adjectif formé sur le substantif *noces*.

La noblesse huguenote avait boudé ces deux cérémonies et en avait critiqué le faste dispendieux, aussi contraire à la morale qu'à l'économie domestique.

Puis Élisabeth retourna à ses devoirs conjugaux et disparut des mémoires et chroniques. À peine sa présence est-elle mentionnée, lors de la visite des ambassadeurs polonais dans l'été de 1573. Le reste du temps, quand nous lisons dans un texte de ces années-là : *La Reine,* c'est de la reine mère qu'il s'agit. Catherine, d'accord avec son fils, s'est réservé le soin de mettre sa belle-fille au courant de ce qu'elle a besoin de savoir pour remplir son nouveau rôle : le moins possible, pour un rôle entièrement limité à la représentation et à la procréation. Par chance, on ne pouvait communiquer avec elle que par l'intermédiaire d'une dame de sa suite, la comtesse d'Arenberg, faisant office de traductrice : de quoi mettre un frein aux curiosités éventuelles de la jeune femme. Faute de maîtriser jamais la langue, elle resta, durant ses trois ans et demi de règne, comme en pays étranger. Elle aurait pu s'acclimater en France avec le secours de son mari. Mais celui-ci, passé le premier mouvement de curiosité, se désintéressa d'elle.

Charles IX

Charles occupait le trône depuis dix ans lorsqu'il se maria. Il en avait alors vingt. Il était grand, svelte, élancé, avec un visage régulier, d'apparence assez douce, et l'on comprend mal, devant les portraits que Clouet fit de lui et de son frère Henri, comment les contemporains ont pu trouver ce dernier beaucoup plus beau. Il est vrai que les critères esthétiques changent et que le regard des peintres est parfois subjectif.

Hélas ! il était « pulmonique », comme on disait alors, c'està-dire tuberculeux. Le souffle court, miné par une fièvre sournoise, il toussait beaucoup et crachait parfois du sang. Ce qui ne l'empêchait pas de se livrer avec frénésie aux activités les plus violentes, comme pour nier son état et en exorciser les menaces. Il aimait jouer au forgeron, il raffolait de la chasse et des joutes armées. Au retour de Mézières, la cour s'arrêta quelques semaines à Villers-Cotterêts, en pleine forêt. L'hiver était précoce et rude. Tout le jour, Charles courait les bois à cheval, poursuivait follement les cerfs, sans chiens, loin devant ses compagnons qui s'essoufflaient à le suivre. La neige, abondante, fournissait des projectiles pour d'amicales batailles. Il en fit même construire un rempart et deux ou trois bastions, qu'il invita ses compagnons à prendre d'assaut. Divertissements de son âge, devant lesquels il avait la joie de voir se dérober son cadet, trop attentif à sa précieuse personne pour la compromettre dans ces jeux grossiers. Mais il y avait quelque chose d'inquiétant dans l'outrance qu'il mettait partout.

Il était, selon la terminologie médicale en usage, « d'humeur colérique ». La bile dominait en lui. Parfois, la violence le prenait, irraisonnée, incontrôlée. Des récits qui le montrent égorgeant de ses mains le cerf aux abois, dans l'ivresse sanglante de la curée, l'ont fait taxer de cruauté. Mais pour voir là le signe d'une perversité sadique, il faut ignorer ce qu'était alors la chasse, une sorte de rituel aristocratique dans lequel communiait la caste guerrière. Et un rituel, comme chacun sait, appelle le sang. S'il en faisait un peu plus que les autres, c'était pour affirmer sa prééminence. Dans l'affrontement solitaire au corps à corps avec un sanglier furieux, il cherchait une consécration qui ferait oublier ses défaillances. Il jurait, non par goût du sacrilège, mais parce que « jurer était une marque de courage à un jeune homme ». Lorsqu'il sonnait du cor à perdre haleine, à cracher ses poumons, lorsqu'il allait jusqu'au bout de ses ressources physiques ou qu'il les outrepassait, c'est à lui-même aussi qu'il tentait de prouver qu'il était bien portant et fort.

Cet instable n'était ni une brute, ni un imbécile. Ouvert aux choses de l'esprit, il appréciait la poésie et la musique. Les vers qu'il écrivit, les fanfares de chasse qu'il composa en valaient d'autres. Comme tous les garçons de son âge, il rêvait de grandeur, de gloire et d'amour. Il cherchait désespérément une voie qui fût la sienne. Mais le fardeau royal pesait trop pour lui.

Sa mère, qui se souvenait de François II, s'était inquiétée de voir tarder en lui les signes de la puberté. Lorsqu'il fut en âge de courir les femmes, elle l'encouragea. Il y mit la même ardeur suicidaire que dans tout ce qu'il faisait. Mais il lui fallait aussi du sentiment. En juillet 1569, à Orléans, il tomba éperdument amoureux d'une jeune fille d'une extrême beauté, Marie Touchet, dont le père, lieutenant du bailliage — autrement dit un magistrat —, appartenait à la moyenne bourgeoisie. Elle eut droit à une cour en règle, avec aubades de fifres et de tambours. Des lettres de son nom il forma une anagramme : « Je charme tout. » Il dut la lui expliquer : elle ne comprenait pas, elle ignorait les jeux à la mode. Elle lui résista peu. Le prestige attaché à la condition de maîtresse royale eut vite fait de balayer ses scrupules, si tant est qu'elle en ait eu. Elle était huguenote pourtant, comme ses parents. Rien ne permet de dire, comme on l'a fait, qu'elle ait plaidé auprès de lui la cause de ses coreligionnaires. Mais il l'aimait. Leur entente était à elle seule la preuve que catholiques et huguenots pouvaient fort bien vivre ensemble. Elle put ainsi peser, sans même le vouloir, sur ses orientations politiques.

La reine mère n'y voyait pas d'inconvénient. Elle laissa faire. Elle préférait cette maîtresse de condition médiocre à une femme de haute naissance flanquée d'une abondante parentèle aux prétentions et aux appétits insatiables : elle n'avait pas oublié Diane de Poitiers. Avec un nom aussi plébéien, cette petite bourgeoise se contenterait de peu. Dans l'immédiat, le calcul était juste. Les ambitions ne se déchaîneront qu'à la génération suivante : auprès de Henri IV, le fils que Marie eut de Charles IX et les deux filles que lui donna ensuite un époux titré mettront, on le verra, les bouchées doubles.

En apprenant le prochain mariage de son royal amant, Marie Touchet avait éprouvé un peu d'appréhension. On disait la fiancée bien jolie. Elle se fit montrer son portrait, dit-on, et déclara que « l'Allemande ne lui faisait pas peur ». Catherine avait tout de même exigé qu'elle fût écartée quelque temps : il fallait au royaume un héritier légitime. Élisabeth aurait pu, peut-être, s'attacher alors son époux.

Elle lui avait plu, au premier regard, lorsqu'il la guettait à Sedan, caché dans la foule. Il eut pour elle des attentions. À la fin de janvier 1571, elle est au lit avec une bronchite. Il prend soin d'elle, invite à son chevet, pour la distraire, une troupe de jongleurs et, lorsqu'elle est guérie, il l'emmène à la foire Saint-Germain avec sa mère et sa sœur. C'est le temps du carnaval, tous quatre se déguisent en bourgeois, le roi perché sur le siège du cocher cingle de son fouet les épaules d'un passant dont la fureur ne peut que se changer en éclats de rire quand l'agresseur se fait reconnaître. Un autre jour, ils déambulent dans Paris revêtus de frocs que l'abbé de Saint-Germain-des-Prés a fini par consentir à leur prêter.

Ces plaisanteries de collégien, qui scandalisaient huguenots et catholiques fervents, furent-elles agréables à Élisabeth ? C'est peu probable. Elle n'était pas à l'unisson. « À la fleur de l'âge, elle rappelait dans sa conduite la sévérité des mœurs antiques. » Il y a dans son caractère, très différent de celui de son mari, un fond de sérieux qu'est venu renforcer une éducation rigide. « Le roi était prompt, mouvant et bouillant ; elle était froide et fort tempérée » : le feu et l'eau ne font pas bon ménage.

Et, par-dessus le marché, elle ne comprend rien à ce qui se dit. Entre elle et son mari, l'obstacle de la langue s'ajoute à la différence de tempérament. Ils peuvent échanger quelques mots en espagnol, que Charles parle un peu. Mais ils n'eurent jamais de vraies conversations. Restait l'intimité conjugale de leurs nuits. Au bout d'un an de mariage, elle se trouva enceinte. Charles put sans remords retourner à Marie Touchet, auprès de qui il trouvait plus de chaleur et plus de gaieté.

Le repli en Dieu

Élisabeth se résigna. Elle y avait été préparée. Elle aimait et honorait son mari, confirme Brantôme, « encore qu'elle le sût d'amoureuse complexion et qu'il eût des maîtresses [...] ; mais elle ne lui en fit jamais pire chère *, ni ne lui en dit pire parole, supportant patiemment sa petite jalousie et le larcin qu'il lui faisait ». Elle abondait en vertus.

Sa mère, Marie d'Autriche, lui avait inculqué un catholicisme strict. Son père, Maximilien II, qui avait dû lui-même s'accommoder d'un Empire partagé entre les deux confessions rivales, l'avait avertie des risques que les conflits religieux faisaient courir à sa nouvelle patrie. Le royaume de France

---

* Plus mauvais visage.

n'était plus aussi florissant qu'autrefois : « Vous le trouverez, lui dit-il, fort dissipé, démembré, divisé et fani*, d'autant que si le Roi votre mari en tient une bonne part, les princes et seigneurs de la religion en détiennent de leur côté l'autre part. » Elle était donc très prévenue contre les huguenots. Lorsqu'on lui présenta Coligny, qui n'était à ses yeux qu'un suppôt du démon, elle rougit, recula et lui refusa sa main qu'il s'apprêtait à baiser. Mais elle montra lors de la Saint-Barthélemy que la charité chrétienne était chez elle la plus forte.

Elle vivait confinée dans ses appartements, en attendant le terme de sa grossesse, lorsqu'éclata le drame. Elle fut presque seule, dans le Louvre, à dormir paisiblement cette nuit-là. Personne n'avait pris la peine de l'avertir. Elle n'avait rien deviné, rien pressenti de ce qui se tramait. Lorsque les cloches et les cris la tirèrent du sommeil, elle s'informa, ses femmes la mirent au courant. « Hélas, dit-elle soudain, le Roi, mon mari, le sait-il ? — Oui, madame, répondit-on, c'est lui-même qui le fait faire. — Ô mon Dieu ! s'écria-t-elle, qu'est ceci ? et quels conseillers sont ceux-là qui lui ont donné tel avis ? Mon Dieu ! je te supplie et te requiers de lui vouloir pardonner ; car, si tu n'en as pitié, j'ai grand peur que cette offense soit mal pardonnable. » Elle se fit apporter son livre d'Heures et s'abîma en oraisons, « la larme à l'œil ». Elle priait pour les victimes, mais surtout pour les coupables. Et au premier chef pour son époux : il en avait le plus grand besoin.

Elle mit au monde deux mois plus tard, le 27 octobre, une petite fille qu'on baptisa Marie-Élisabeth ou, selon la formulation espagnole, Maria-Ysabel, en hommage à sa grand-mère et à sa marraine, la reine d'Angleterre en personne, qui consentit, deux mois après le massacre, à la porter sur les fonts. Sans rancune : intérêt politique oblige. La jeune reine put alors se replier sur elle-même, pour un dialogue silencieux avec Dieu qui se fera plus ardent encore après la mort de son mari.

Qu'une reine délaissée cherchât des consolations dans la religion, rien de plus fréquent ni de plus explicable. L'éducation, la tradition, la pression sociale concourent à l'y amener. Plus

---

* Fané, flétri.

originale est la forme tout intériorisée que prend la ferveur religieuse chez Élisabeth. Elle était très pieuse sans être bigote : Brantôme, qui a vu tant de diseuses de patenôtres se livrer en public à des démonstrations ostentatoires, est tout ému de cette réserve, gage de sincérité. Dans la journée, elle ne manquait aucune des pratiques ordinaires, mais se gardait d'en rajouter. Seule l'indiscrétion d'une de ses femmes, glissant un œil par la fente des rideaux de son lit, permit de savoir que chaque soir, en cachette, « elle se tenait toute à genoux en chemise, et priait Dieu une heure ou demie, battant sa poitrine, et la macérait par très grande dévotion ». La servante familière se permit de l'en gronder : elle allait se rendre malade. La reine se fâcha, lui enjoignit de se taire, et se coucha ce soir-là. Mais elle prit l'habitude de se relever au cœur de la nuit, lorsqu'elle croyait ses femmes endormies, et celles-ci purent apercevoir bien souvent, en ombre chinoise, à la lueur de la veilleuse placée dans la ruelle du lit, sa silhouette agenouillée.

La fin d'un règne

Après la Saint-Barthélemy, la santé du roi ne cessa de décliner et son humeur de s'assombrir. Nul ne sait s'il eut réellement les visions de cauchemar que lui ont prêtées quelques contemporains et qu'a orchestrées à grand fracas l'historiographie romantique. Mais il est probable, compte tenu de l'affection qu'il vouait à Coligny, qu'il éprouva des regrets, sinon des remords. Il était retombé sous la coupe de sa mère, plus soumis que jamais. Il s'en voulait, mais n'osait s'en prendre à elle de cette sujétion, et déversait sa hargne sur son frère Henri, qu'elle lui préférait. Lorsque celui-ci partit pour la Pologne, qui venait de lui offrir le trône, chacun savait qu'il reviendrait bien vite. Charles était condamné.

Incombait alors à Élisabeth une fonction à laquelle, traditionnellement, aucune reine ne pouvait se dérober, celle de garde-malade. On croira sans peine qu'elle la remplit à la perfection. La légende édifiante qui se mit en place très vite nous la montre assise auprès du mourant, non pas à son chevet, selon l'usage, mais un peu à l'écart, de manière à le voir. Tous deux étaient accoutumés au silence. Elle se taisait, le regardait si intensément qu'on eût dit « qu'elle le couvait dans son cœur, de l'amour qu'elle lui portait ». Elle pleurait avec discrétion, jetant des larmes « si tendres et si secrètes » qu'elles pouvaient passer inaperçues, « essuyant ses yeux humides, faisant semblant de se moucher », cherchant à lui cacher sa douleur et sa compassion. Parfois elle se levait et s'en allait dans son oratoire prier Dieu pour sa santé. Restait alors près de lui une autre femme silencieuse et prévenante, la vieille huguenote qui avait été sa nourrice et l'aimait comme son fils.

Les dernières semaines de Charles furent atroces. On l'avait fait transporter à Vincennes, où l'air passait pour meilleur. C'était aussi une forteresse propre à décourager les conspirateurs, qui pullulaient. Mais à cette date, nul ne pouvait plus rien ni pour, ni contre le malheureux. Dans son visage plombé, les joues se creusaient, profondes. Il était si décharné qu'il ne tenait plus sur ses jambes. Il respirait avec peine, cherchait son souffle, étouffait. Mais surtout des hémorragies cutanées, d'origine tuberculeuse, transformaient son corps en une vaste plaie sanguinolente. Ses draps, à peine changés, se retrouvaient aussitôt rouges et humides de sang. Il se voyait mourir, mais souffrait tant qu'il n'aspirait plus qu'à la délivrance. « Toutes choses humaines ne me sont plus de rien », soupira-t-il quand on lui annonça que Montgomery, l'auteur du coup malheureux qui avait tué Henri II, venait d'être pris à la tête d'une armée huguenote, jugé et mis à mort. Il lui importait peu que son père fût vengé.

Il organisa la passation de pouvoir, désigna comme successeur son frère Henri et nomma sa mère régente en attendant que celui-ci pût regagner la France. Selon Palma Cayet, il fit appeler son cousin Henri de Navarre et lui dit : « Mon frère, vous perdez un bon maître et un bon ami. [...] Je me fie en vous seul de ma femme et de ma fille. Je vous les recommande. » Ses derniers mots cependant ne furent pas pour la très douce épouse, mais pour la toute-puissante génitrice dans l'ombre de laquelle il avait vécu sa brève existence. « Et ma mère... » — ne faut-il pas écrire *Eh ?* —, murmura-t-il avant d'expirer le 30 mai 1574, à trois heures de l'après-midi. Exclamation pour le moins ambiguë, que Catherine s'empressa de transformer en

hommage dans les lettres qu'elle écrivit en guise de faire-part :
elle y voyait la preuve qu'elle passait, dans le cœur de son fils,
immédiatement après Dieu *. On lui laissera la responsabilité
de son interprétation.

Élisabeth mit à pleurer son mari sa retenue habituelle. Elle
ne poussa pas de cris, mit une sourdine à ses plaintes, « jetant
ses belles et précieuses larmes si tendrement, soupirant si
doucement » qu'on voyait bien qu'elle se contraignait pour ne
pas importuner. Passé le temps du deuil, lorsque se posa la
question de son avenir, elle résolut de s'en retourner en
Autriche. En France « elle n'était pas reconnue ni gratifiée
comme elle le méritait ».

Une de ses dames d'honneur émit alors un regret : « Si au
lieu d'une fille, [votre mari] vous eût laissé un fils, vous seriez
à cette heure Reine mère du Roi, et votre grandeur [...] s'agran-
dirait et s'affermirait. — Ne me tenez point ce fâcheux propos,
répliqua-t-elle. Comme si la France n'avait pas assez de
malheurs, sans que je lui en fusse allée produire un pour
achever du tout ** sa ruine. » Et d'expliquer que les minorités
royales étaient source de calamités sans nombre, comme on ne
l'avait que trop vu déjà. « Voilà pourquoi je loue mon Dieu, et
prends en gré le fruit qu'il m'a donné. »

Si elle partait, il lui fallait laisser sa fille, qui appartenait à la
France. Sa piété l'aida à accepter ce nouveau déchirement. Elle
alla embrasser l'enfant à Amboise, où on l'élevait. Puis elle
quitta Paris le 5 décembre 1575, refit en sens inverse le trajet
qui l'avait amenée cinq ans plus tôt, fut remise aux députés de
son père par le même Albert de Gondi, qui était venu la chercher. Elle s'installa à Vienne, où elle était née.

Elle n'avait que vingt et un ans. On se mit en quête pour elle
d'un nouvel époux. Son père avait pressenti Henri III, qui
rentrant de Pologne, s'était arrêté à Vienne : mais celui-ci avait
éludé. Voici maintenant que se présentait un autre parti, bien
plus brillant. On restait encore en famille. Au lieu du frère de

---

* Le texte exact est : mon fils n'avait « rien reconnu tant que après
Dieu, moi ».

** Du tout : *complètement*.

son mari, il s'agissait du mari de sa sœur, qui était aussi son oncle maternel. Philippe II venait de perdre Anne, l'aînée des archiduchesses, celle que Catherine voulait naguère pour son fils. Veuf pour la quatrième fois, il était à nouveau disponible et sollicitait la cadette. Élisabeth refusa, par fidélité à la mémoire de Charles IX, dit-elle. Sortant pour une fois de sa placidité naturelle, elle se prit de colère contre le jésuite espagnol qui se permettait d'insister, affirmant, « s'il se mêlait de lui en rompre plus la tête, qu'elle l'en ferait repentir, jusques à le menacer de le faire fouetter en sa cuisine ». Et Philippe II, n'en trouvant pas d'autre à sa convenance, renonça à se remarier.

La cause profonde de son refus est qu'elle souhaitait entrer au couvent. Depuis son veuvage, elle s'était mise à l'étude de l'Écriture Sainte. Elle ne fit pas profession, par modestie sans doute. Mais elle fonda un monastère de clarisses dont les bâtiments jouxtaient sa demeure. Entre les deux, elle pouvait aller et venir sans être vue. Elle mena jusqu'à sa mort la même vie qu'une religieuse, « en veilles, jeûnes et continuelles prières pour la paix entre les princes chrétiens ». Elle fonda également à Prague l'Église de Tous les Saints. Elle aurait rédigé, dit-on, deux ouvrages, l'un de piété, *Sur la parole de Dieu*, l'autre d'histoire, *Sur les événements considérables qui arrivèrent en France* de son temps. Elle les aurait envoyés à sa belle-sœur Marguerite. Tous deux ont disparu sans laisser de traces et pour le second, c'est dommage, car elle avait à coup sûr un regard différent.

De temps en temps des nouvelles lui parvenaient de France. La petite fille qu'elle avait laissée à Amboise y mourut, le 2 avril 1578, avant d'avoir atteint ses six ans. Elle ne dit rien de son chagrin. Mais lorsqu'elle sut que Marguerite, qui lui avait toujours montré beaucoup d'amitié, était privée de ressources et réduite aux abois, elle ordonna que lui fût versée la moitié de son douaire. Elle mourut le 22 janvier 1592 et Marguerite émue, se promit de faire son éloge dans le livre qu'elle projetait d'écrire. Ce fut Brantôme qui s'en chargea. C'est à lui que nous devons l'essentiel de ce qui a été raconté ici.

À son départ, Élisabeth fut unanimement regrettée. Elle avait été « fort aimée et honorée des Français », dira L'Estoile en apprenant sa mort. Elle n'avait jamais causé à personne le moindre déplaisir, jamais prononcé la moindre parole offensante. Il est vrai, ajoute Brantôme avec une touche d'ironie dont il ne semble pas avoir conscience, qu'elle parlait très peu, et toujours en espagnol — ou en allemand. Elle rejoignit dans l'histoire la cohorte des reines incomparables dont la bonté, la douceur, l'effacement font tout le mérite. On l'y oublia, comme ses aînées. Mais elle contribua, avec Claude, Éléonore et les autres, à modeler l'image idéale de la reine, telle que l'inconscient collectif n'a cessé de la rêver : une reine qui surtout ne se mêle pas de politique. Vers 1575-1580, les Français en avaient la nostalgie.

CHAPITRE SEPT

LES ESPOIRS ENVOLÉS
DE MARGUERITE DE VALOIS

Douée par la nature d'atouts considérables, santé, beauté, intelligence, énergie, Marguerite de Valois, dont les noces ont laissé dans l'histoire une trace sanglante, trouva le moyen de faire de sa vie un immense gâchis. Elle y est pour quelque chose. Mais les circonstances y sont aussi pour beaucoup. Refusant l'effacement dont sa belle-sœur Élisabeth avait donné l'exemple, elle fut très imprudente dans sa vie privée comme dans ses choix politiques, se trouva mêlée à tous les conflits familiaux et religieux, toujours du mauvais côté, en porte-à-faux, misant sur le perdant, disqualifiée comme reine de France au moment même où, contre toute attente, Henri de Navarre accédait au trône.

Sa réputation posthume est plus désastreuse encore. Prise dans les turbulences des polémiques engendrées par les guerres de religion, elle reçut des coups de tous les partis. Une sulfureuse légende s'est bâtie autour d'elle, grâce aux pamphlets protestants ou ligueurs qui s'en prenaient, à travers elle, à sa mère, à ses frères ou plus tard à son mari. Une légende dont les historiens ne se libèrent que difficilement, puisqu'elle se fonde sur des « témoignages » d'époque. Que ces témoignages soient évidemment partiaux et qu'ils défient parfois toute vraisemblance n'empêche pas Marguerite d'être à jamais la « reine Margot », comploteuse impénitente, folle de son corps offert à d'innombrables amants : les histoires d'alcôve font toujours recette. Certes il n'y a pas de fumée sans feu. Mais entre ce qu'elle a fait et ce qu'on lui prête, la marge est considérable : il faut essayer de faire le tri.

La benjamine des filles de France

Née le 14 mai 1553, elle est la septième des enfants de Henri II et de Catherine de Médicis. Derrière elle, de deux ans plus jeune, venaient Hercule, heureusement rebaptisé François, puis les deux jumelles qui n'ont pas vécu. De sa petite enfance, elle ne conserve que peu de souvenirs. Elle avait quatre ou cinq ans lorsque son père lui demanda lequel lui plaisait le plus, de deux garçonnets qu'il lui montrait : au futur duc de Guise, trop impérieux, elle préféra le jeune marquis de Beaupréau, moins beau, mais plus sage. Elle se rappelle aussi son frère Henri, au temps du Colloque de Poissy, jetant au feu son livre d'Heures et son chapelet et l'invitant en riant à se faire huguenote. La fillette était délurée déjà, si l'on en croit un charmant portrait au crayon qui la représente vers l'âge de huit ans. Pourtant elle ne fit point parler d'elle lors du grand tour de France, dans lequel elle accompagna la cour. La variété des spectacles offerts par la nature ou par l'industrie des décorateurs de sa mère suffisait à combler ses yeux émerveillés.

En grandissant elle devient charmante et les poètes se disputent l'honneur de le lui dire. Elle est un « miracle de la nature » ou, comme l'indique son nom, *Margarita,* la Perle des perles *. La mythologie est mise au pillage pour décrire ses perfections : elle incarne tour à tour l'Aurore, Thétis, Vénus, l'une des trois Grâces. Les princesses sont toujours belles, c'est bien connu. Un bon point cependant pour celle-ci, une entorse au classement hiérarchique : on a dit à Bayonne qu'elle éclipsait sa sœur aînée, la reine d'Espagne. Ce doit être vrai. Laissons les métaphores aux poètes et cherchons quelques détails qui la fassent voir.

Comme son père, Henri II, elle est grande et très mince encore, fière de la finesse de sa taille que soulignent des robes étroitement ajustées. Dans son visage encadré de cheveux noirs, sous « l'arche d'ébène de ses sourcils », ressortent ses yeux sombres, qui tranchent sur un teint très blanc. La fillette mutine a cédé la place à une jeune fille pensive, sérieuse,

---

* En latin, *margarita* signifie *perle*.

presque tendue, à la personnalité affirmée. Déjà les joues rondes et pleines de l'enfant se sont un peu alourdies, le menton discrètement fuyant rappelle celui de sa mère : sa beauté résistera mal au temps. Mais elle est pour l'instant fort séduisante et les épreuves ne lui ont pas encore donné le regard dur qu'on lui verra plus tard.

Les portraits, toujours un peu guindés, ne laissent rien deviner de sa démarche souple et légère, de sa vivacité, de son élégance, de son appétit de vivre, de son goût pour la chasse et le bal, où elle excelle, ni de sa resplendissante santé, si rare dans la progéniture de Catherine. Rien non plus de sa curiosité intellectuelle. Bien que ses études aient été jusque-là plutôt décousues, elle parle italien et espagnol couramment, elle sait assez de latin pour tenir un discours en cette langue et elle a pour la littérature un goût très marqué, qui ne fera que croître avec les années.

Entre tels ou tels des enfants d'une famille nombreuse toujours se nouent des liens de prédilection. Henri, de deux ans son aîné, lui est naturellement associé dans des fêtes où il lui sert de partenaire. On les voyait danser tous les deux « d'une belle accordance ». Elle préférait les « danses graves », plus « dignes de sa majesté », aux branles, voltes et courantes, que les grincheux taxaient de lascivité. Mais elle savait aussi tourbillonner et sauter, légère, pour retomber aux bras de son cavalier. En ce temps-là, dit mélancoliquement Brantôme, le frère et la sœur « s'entr'aimaient tant et n'étaient qu'un corps, une âme et une même volonté ! » Attention ! on avait au XVIᵉ siècle pour évoquer les sentiments la même tendance à l'hyperbole que pour décrire la beauté. Gardons-nous de voir dans les paroles du mémorialiste ou dans celles de l'intéressée elle-même ce qu'on y mettrait en les prononçant aujourd'hui. Et défions-nous des élucubrations des pamphlétaires.

De cette affection fraternelle, la satire déchaînée contre la « pourriture » de la cour des Valois a voulu faire une relation incestueuse. Et l'on lit encore un peu partout que « Margot » fut initiée à un précoce dévergondage par Henri, son premier amant. Pour faire bonne mesure, on y ajoute ses deux autres frères : c'est à tous trois, ensemble ou successivement, qu'elle aurait prodigué son corps. Tel est du moins l'aveu qu'on lui prête. Mais Marguerite n'a jamais rien avoué de tel, sinon dans des pamphlets qui ne font pas dans la dentelle ou dans des recueils d'anecdotes qui ont couru de bouche en bouche pendant des dizaines d'années, et qui se contredisent les uns les autres *. Elle a même dit expressément le contraire dans ses *Mémoires*. Certes on n'est pas forcé de la croire lorsqu'elle se donne des airs de sainte Nitouche. Mais en ce qui concerne ses relations prétendues avec ses frères et son libertinage prématuré, l'accusation ne résiste pas à l'examen.

Rien n'est plus surveillé, au XVIe siècle, qu'une fille de roi. Plus encore qu'une autre elle doit arriver vierge au lit de son époux. Car de sa vertu dépend la légitimité des souverains qui en naîtront. Comme la femme de César d'après un adage fameux, il lui faut être au-dessus de tout soupçon. C'est la raison pour laquelle, lorsqu'on veut abattre une dynastie, on s'en prend sans vergogne aux mœurs de ses reines **.

Catherine, qui ne badine pas avec les convenances, n'a pas manqué de placer auprès de Marguerite une gouvernante chaperon qui a pour consigne de la dresser à l'obéissance et de ne pas la quitter d'une semelle. Elle fut une enfant timide, élevée avec une telle contrainte qu'elle tremblait devant sa mère : « Non seulement je ne lui osais parler, mais quand elle me regardait je transissais de peur d'avoir fait quelque chose qui lui déplût. » Et lorsqu'elle prit un peu d'assurance, la très haute opinion qu'elle avait de son rang et de son prix la conduisit à souscrire de son plein gré à la morale en vigueur pour les filles de sa condition. Elle avait trop d'orgueil pour commettre l'irréparable avant le mariage, en risquant de gâcher l'avenir de

---

* Les *Anecdotes tirées de l'Histoire de France,* par exemple, lui font dire à propos de son frère Henri : « Il se plaint que je passe mon temps, et ne sait-il pas que c'est lui qui m'a mise au montoir le premier ? » Mais le *Divorce satyrique* lui donne pour premiers amants, à l'âge de onze ans, « Antragues et Charins ».

** Les libelles huguenots, par exemple, accusent Catherine de Médicis veuve de lubricité : c'est le moyen de jeter le doute sur la légitimité des enfants qu'elle a eus de Henri II. Un pamphlet ligueur n'hésite pas, lui, à donner pour amants à la très rigoriste Jeanne d'Albret tous les ministres protestants de son entourage, afin de déconsidérer Henri IV.

reine qui lui était dû. Et si par malheur elle avait fait quelque imprudence avec qui que ce fût, elle se serait bien gardée d'en souffler mot.

Initiation à la politique

Si elle passa, à l'égard de Henri, de l'affection la plus entière à une haine non moins passionnée, c'est qu'elle fut prise dans l'enchevêtrement d'intrigues et de suspicions qu'entraîna la jalousie réciproque des fils de Catherine. Écoutons-la raconter, dans ses *Mémoires,* comment son frère, récemment nommé lieutenant général du royaume, lui proposa de devenir son agent politique.

Au début de l'été de 1569, il la prit à part pour lui demander de se faire auprès de leur mère, en son absence, à la fois son interprète et ce qu'il faut bien appeler son espion. « Je vous connais assez d'esprit et de jugement pour me pouvoir servir auprès de la Reine ma mère, pour me maintenir en la fortune où je suis. [...] Je crains que l'absence ne m'y nuise ; et toutefois la guerre et la charge que j'ai me contraignent d'être presque toujours éloigné. Cependant le Roi mon frère est toujours auprès d'elle, la flatte et lui complaît en tout. Je crains qu'à la longue cela ne m'apporte préjudice... » Bref, il redoute de voir Charles prendre lui-même la direction des armées et l'évincer. « Ce qui me serait une ruine et déplaisir si grand, ajoute-t-il, qu'avant que recevoir une telle chute j'élirais plutôt une cruelle mort. » Il prie donc sa sœur de le remplacer auprès de Catherine, en se trouvant « toujours à son lever, à son cabinet et à son coucher, bref, tout le jour », pour que rien ne lui échappe. Marguerite accepta, éblouie et soumise, telle Moïse lorsque Dieu lui apparut « en la vision du buisson ». Il s'en alla dire à Catherine que sa fille n'était plus une enfant et qu'il était temps de l'initier aux affaires. La mère approuva et tout se passa d'abord au mieux : « Je lui parlais toujours de mon frère, et lui était averti de tout ce qui se passait, avec tant de fidélité que je ne respirais autre chose que sa volonté. »

Étrange famille, étrange climat ! Marguerite était-elle aussi naïve qu'elle le dit lorsqu'elle accepta ce rôle déplaisant ? Et ne

noircit-elle pas, après coup, la figure de Henri ? Car, quelques
mois plus tard, c'est la catastrophe : son frère lui retire sa
confiance. C'est du moins ce que Catherine se charge de lui
expliquer. Motif invoqué : on craint qu'elle ne bavarde auprès
d'un de ses soupirants, l'héritier de Guise. Dans les *Mémoires*
Marguerite impute sa disgrâce aux manigances d'un favori, Du
Guast, désireux d'écarter de son maître toute autre influence
que la sienne. Mais le plus probable, c'est que la reine mère
elle-même mesura la légèreté, l'inexpérience de sa fille et crai-
gnit des indiscrétions. Elle put penser, aussi, que les relations
de Henri avec le roi étaient assez délicates pour ne pas les
compliquer par l'intervention d'un tiers. Enfin, y avait-il besoin
d'intermédiaires entre elle et celui qu'elle nomme « ses yeux »
et pour qui elle ne trouve pas de mots assez tendres ? Elle sut
rassurer le fils bien-aimé, le convaincre de lâcher sa sœur dont
l'entremise devenait d'ailleurs inutile : le prestige du vainqueur
de Jarnac et de Moncontour était au zénith et sa situation inexpugnable.

« Depuis ce jour-là, ajoute Marguerite, elle alla toujours me
diminuant sa faveur, faisant de son fils son idole, le voulant
contenter en cela et en tout ce qu'il désirait d'elle. » La jeune
fille fut ulcérée de cette exclusion injuste, qu'elle ressentit
comme une trahison. À peine admise dans le saint des saints,
elle se trouvait rejetée dans les ténèbres extérieures. Elle en fut
littéralement malade, « du corps, mais plus encore de l'âme »,
victime toute désignée d'une dangereuse épidémie de
« pourpre » — quelque chose comme la rougeole ou la scarla-
tine —, qui la tint au lit plusieurs semaines et obligea les siens
à s'occuper d'elle. Elle eut la joie de voir se presser à son
chevet, malgré le risque de contagion, sa mère, son frère
Charles et même Henri, l'ingrat, l'hypocrite, cause de son
malheur. Maigre satisfaction qui ne lui rendit pas la fonction
perdue, dont elle garda la nostalgie.

L'espace de quelques mois, elle avait goûté aux délices et aux
poisons de la politique. Ce fut l'éveil d'une vocation. Elle s'estimait capable. Autour d'elle, aux leviers de commande, elle
voyait des femmes : Catherine de Médicis, Jeanne d'Albret,
Élisabeth d'Angleterre. Elle se souvenait de son aïeule, Louise
de Savoie, de sa grand-tante, Marguerite de Navarre. Les

modèles ne manquaient pas pour la convaincre qu'on n'est pas reine à part entière si l'on ne pèse pas sur le cours de l'histoire. Elle en rêva toute sa vie et tenta très souvent de passer à l'action. Ce n'est pas tout à fait sa faute si l'histoire, obstinément, la rebuta.

Premier amour

L'argument invoqué pour tenir Marguerite à l'écart des affaires n'était pas faux. La jeune fille se montrait bel et bien sensible au charme du jeune duc de Guise — celui-là même dont la morgue l'avait effrayée dans son enfance. Mais il s'agissait malgré tout d'un prétexte, puisque Catherine ne mit pas aussitôt le holà à une idylle qui se prolongea pendant près d'un an, tant qu'elle ne fut pas jugée dangereuse.

On n'expose pas impunément une jeune personne de seize ans, qui se sait jolie, à la griserie de la vie de cour. Marguerite est coquette, elle aime plaire. Auprès d'elle ses frères et leurs familiers s'éveillent à l'amour et les premiers balbutiements de leur cœur inspirent au poète Desportes une comédie pastorale que jouent à huis clos les intéressés eux-mêmes*. Elle y est associée. La « grande dame de riche matière », appelée Fleurdelys, c'est elle. Elle a pour soupirant un « seigneur » du nom de Nirée, presque l'anagramme de Henri.

À dix-neuf ans, l'héritier de Guise a toutes les qualités pour séduire une adolescente romanesque. Il est beau, il est grand, c'est un blond au regard clair. Marchant sur les traces paternelles, il vient de se couvrir de gloire à Poitiers. Et il lui fait les yeux doux. Qu'en fut-il réellement de leurs relations ? Certains biographes tiennent à prêter à la jeune fille la liberté de mœurs de la femme, ils croient à une liaison et vont jusqu'à montrer le garçon débusqué de son lit se sauvant par la fenêtre. L'hypothèse ne tient pas, pour les raisons à la fois matérielles et morales invoquées plus haut contre l'accusation d'inceste. Et

---

* *Le Paradis d'Amour,* souvent daté de 1572, mais dont le contenu suggère plutôt la date de 1570.

parmi les contemporains, nul n'a cru à autre chose qu'à ce que d'autres biographes nomment une « bluette » ou un « flirt ». Catherine, fort sagement, s'accommode de ce marivaudage surveillé qui occupe le cœur de sa fille — c'est de son âge — en la détournant de la politique.

C'est précisément quand la politique s'en mêle qu'elle intervient, c'est-à-dire quand la famille de Guise fait mine de penser à un mariage. Une alliance royale de plus à un tableau de chasse déjà riche ? pourquoi pas ? Après tout, Marguerite n'est qu'une cadette et les princes couronnés lui font grise mine. Henri serait pour elle un parti acceptable. Le cardinal de Lorraine, son oncle, l'encourage en sous-main et il prépare discrètement l'opinion. On commence à en parler en France et même à l'étranger. Il sait bien que la reine mère n'a aucune envie de renforcer encore la puissance déjà redoutable des Guise. Il faudrait lui forcer la main, en lui fermant toute autre solution.

Lorsque Catherine s'en rend compte, elle s'inquiète. Ces bruits risquent effectivement de torpiller les négociations laborieuses qu'elle mène pour trouver un trône à sa fille. Or voici qu'elle découvre que celle-ci s'est trop avancée, a commis l'imprudence d'échanger des lettres avec son amoureux : une correspondance, même innocente, peut être utilisée pour la compromettre et faire échouer un autre mariage. À la mi-juin elle intercepte une missive où Marguerite, bien qu'une dame d'honneur lui ait servi de secrétaire, a ajouté quelques mots de sa main. Elle la transmet au roi qui, hors de lui, débarque chez sa mère à cinq heures du matin. On convoque la coupable et, derrière les portes closes de la chambre maternelle, a lieu une algarade dont les échos traversèrent les murs puisque l'ambassadeur d'Espagne s'empressa aussitôt de la raconter à son maître. La malheureuse aurait été « houspillée », malmenée, frappée, au point que Catherine dut passer une heure à rajuster ses vêtements et sa coiffure avant de la laisser reparaître.

Trois semaines plus tard, la reine mère profita d'un entretien avec le cardinal de Lorraine pour mettre les points sur les *i*. Comme il semblait ne pas désespérer des chances de son neveu, elle se dit « marrie qu'un tel bruit eût été porté si loin comme en Espagne », où il faisait du tort à ses projets. Elle l'invita à y couper court et elle enjoignit à son ambassadeur à Madrid de le démentir énergiquement.

Marguerite a compris, Henri aussi. Lorsqu'elle lui fit dire, par sa sœur Claude, qu'il avait intérêt à quitter la cour et à convoler au plus vite avec Catherine de Clèves, qu'il courtisait vaguement depuis un an, il obtempéra. L'épisode passa aux yeux de tous pour ce qu'il était : un engouement d'adolescente, qui avait failli donner lieu à exploitation politique. L'héroïne n'en fut en rien compromise. La preuve ? La soupçonneuse reine mère de Portugal, doña Juana, ayant eu vent de la chose, envoya tout exprès un gentilhomme pour enquêter *incognito*. On sut à Rome qu'elle avait été pleinement rassurée par lui et le refus qu'elle fit de la main de Marguerite fit dire au nonce apostolique que celle-ci « ne méritait pas pareille injure ».

Pense-t-on d'autre part que Jeanne d'Albret aurait consenti à en faire sa bru si elle avait eu le moindre doute ? Elle ne manquait pas d'informateurs, la cour était pleine de huguenots, très soucieux comme elle de moralité. Lorsqu'elle écrit à son fils : « Je veux que vous et votre femme vous retiriez de cette corruption », elle ne croit évidemment pas que la jeune fille y ait succombé.

Si attirée qu'elle ait pu être par Henri de Guise, Marguerite ne se sentait pas liée à lui profondément. Elle se déclara prête à épouser celui que sa mère lui destinerait. Ambition ? orgueil ? Lorsqu'on lui proposa Henri de Navarre, qui lui offrait un titre de reine, elle avait depuis longtemps renoncé à son premier amour.

Le piège tragique

Il est certain pourtant qu'elle n'y consentit pas de gaieté de cœur. Sa mère ayant pris soin, pour la forme, de la consulter, elle se permit d'émettre une seule réserve, d'ordre religieux : « Je lui répondis n'avoir ni volonté ni élection* que la sienne, et que je la suppliais se souvenir que j'étais fort catholique. »

---

* Choix.

Avant de dénoncer ici un trompe-l'œil destiné à dissimuler son attachement secret pour le jeune Guise, il faut se rappeler que les deux religions rivales s'opposent non seulement par la doctrine, mais par les mœurs. Le calvinisme se veut un mode de vie. Marguerite est gaie, vive, elle aime le plaisir, les fêtes, les divertissements. La perspective de quitter la brillante cour de France dont elle fait les délices pour vivre à Pau à l'heure de l'austérité huguenote dut lui paraître terrifiante. Pire qu'un exil en Espagne ou en Portugal, ce mariage provincial en pays réformé promettait d'être un enterrement.

La frivolité n'est pas seule en cause dans son refus de la Réforme. Contrairement à ses frères et à sa mère, elle n'a jamais été attirée par la foi nouvelle, même et surtout au temps où il était de bon ton, à la cour, de lui être indulgent. Sa fidélité au catholicisme est alors pour elle une façon d'affirmer son identité, voire sa liberté. Elle n'est pas disposée à violenter sa conscience pour complaire à qui que ce soit. Quand Jeanne d'Albret, lors des rencontres préliminaires au mariage, lui avait demandé si elle était prête « à suivre dans sa forme de religion le prince son fils », elle avait répliqué avec brusquerie qu'elle lui obéirait « en toute chose raisonnable, mais que quand même il serait le monarque du monde, elle ne changerait pas la religion dans laquelle elle avait été élevée ». Et la négociation avait failli capoter.

Certes Jeanne d'Albret a disparu et Catherine de Médicis a changé de politique, en apparence du moins. La reine mère répète à qui veut l'entendre que le mariage navarrais sera « l'entier repos de ce royaume ». Et elle murmure à sa fille qu'il lui sera facile de mener par le bout du nez ce jeune Béarnais mal dégrossi qui ne demande qu'à céder à toutes les tentations de ce monde. Il n'empêche. Marguerite sait que la guerre civile est mal éteinte et qu'en cas de conflit, elle serait prise entre deux feux : l'ambassadrice de charme introduite dans le camp ennemi pour le subjuguer se transformerait alors en otage. La tension qui règne à Paris à la veille des noces accroît son appréhension. Le climat n'est pas vraiment à la réconciliation. Et l'arrivée de son fiancé flanqué de quatre-vingts gentilshommes tout de noir vêtus, portant le deuil de Jeanne empoisonnée, dit-on, sur ordre de Catherine, a de quoi lui faire froid dans le dos.

Les torrents de larmes qu'elle versa étaient à peine essuyés lorsqu'elle s'avança sous le porche de Notre-Dame pour échanger avec Henri le consentement nuptial. On prétendit plus tard qu'elle resta muette, que le roi son frère dut lui donner un coup sur la tête pour la lui faire baisser en signe d'assentiment. Et les témoignages invoqués lors du procès en divorce vinrent corroborer les bruits qui couraient sur le caractère forcé de son engagement. Mais les relations faites au lendemain de l'événement n'y ont relevé aucune anomalie. Elle-même indique clairement, dans ses *Mémoires,* que « les paroles accoutumées » ont été prononcées. Elle a bel et bien dit *oui,* sans joie, mais docilement, comme on l'attendait d'une princesse de France bien élevée. Quoique ce ne fût pas un mariage d'inclination, elle y était résignée.

Pendant deux jours, elle put croire que ses craintes n'étaient pas fondées. On dansait, on festoyait, on se repaissait de spectacles. L'attentat contre Coligny brisa net l'illusion. Dans les appartements qu'elle partage avec Henri, les gentilshommes gascons se rassemblent, ils parlent à mots couverts d'enquête et de vengeance. Leur méfiance est manifeste : « Les huguenots me tenaient pour suspecte parce que j'étais catholique, et les catholiques parce que j'avais épousé le roi de Navarre, qui était huguenot. De sorte que personne ne me disait rien. »

Le silence s'épaissit autour d'elle à mesure que les heures passent. Les huguenots commencent à incriminer la reine mère et celle-ci, de son côté, a choisi la fuite en avant, la mise à mort des chefs adverses. Catherine ne peut rien dire à sa fille. L'avertir de ce qui se prépare, c'est prendre des risques supplémentaires sans pour autant lui faciliter la tâche, il aurait fallu exiger d'elle le secret et donc la contraindre à trahir son mari. Il ne reste qu'une seule solution, la dérobade. Quand Marguerite insiste, cherche à savoir, elle se fait rabrouer, se heurte à un mur.

Le soir du 23 août, sa mère l'aperçoit assise sur un coffre en compagnie de sa sœur la duchesse de Lorraine. Celle-ci est au courant, elle a pitié, elle s'attriste. La reine, craignant que Claude n'en dise trop, ordonne brusquement à Marguerite d'aller se coucher : « Mon Dieu, ma sœur n'y allez pas », s'écrie Claude en pleurant et en la retenant par le bras. Catherine

intervient, semonce l'indiscrète qui, ruisselante de larmes, lui
souhaite le bonsoir en tremblant. Rudoyée par sa mère, transie
et éperdue, Marguerite se réfugie dans son oratoire. Henri
l'arrache à ses prières pour l'inviter à le rejoindre au lit. Dans
la chambre campent trente ou quarante huguenots inconnus,
qui passent la nuit à jouer aux cartes et aux dés en commen-
tant le drame de la veille. Mal protégée par les rideaux du lit
conjugal, dévorée d'anxiété, la jeune épousée ne ferme pas
l'œil. À l'aube, Henri se leva. Il allait, dit-il, jouer à la paume
en attendant le réveil du roi, à qui il voulait demander justice.
La chambre se vida et Marguerite, délivrée de ses terreurs
nocturnes, sombra dans le sommeil.

Pas pour longtemps. Elle en fut tirée par des coups violents
contre la porte, des cris : « Navarre, Navarre », elle vit surgir un
homme ensanglanté qui se jeta sur elle, ils roulèrent ensemble
jusque dans la ruelle du lit. Devant cette scène burlesque, le
capitaine des gardes du roi, qui pourchassait l'infortuné huguenot, ne put s'empêcher de rire. Il congédia ses archers, accorda
à Marguerite la vie du blessé, lui assura que son époux était
sauf et entreprit de la conduire auprès du roi. Dans le couloir,
elle vit tomber à ses pieds un malheureux percé d'un coup de
hallebarde et faillit s'évanouir. Elle trouva chez sa sœur deux
serviteurs de son mari, dont elle obtint la grâce.

Et petit à petit, à la lumière des confidences de Claude, elle
se convainquit qu'elle avait été à la fois l'instrument et la
victime d'un piège mortel. Elle a joué le rôle misérable
d'appeau. Elle a été l'appelant, l'oiseau qu'on ligote auprès des
filets vers lesquels ses cris doivent conduire ses congénères
leurrés. Sa mère s'est servie de son mariage pour attirer à Paris
la noblesse huguenote et l'exterminer par surprise. La populace
de Paris faisait le même raisonnement, elle aussi, et elle prêtait
au roi des propos gaillards : « Il disait en riant et en jurant Dieu
à sa manière accoutumée, et avec des paroles que la pudeur
oblige de taire, que sa grosse Margot, en se mariant, avait pris
tous ses rebelles huguenots à la pipée. » De quoi mettre l'intéressée hors d'elle, si elle l'a su.

Marguerite flambe de rancune contre Catherine. Tenue à
l'écart des affaires, ignorant alors les fluctuations de sa politique, le rôle du hasard, la part de l'improvisation dans le

déclenchement du drame, elle ne peut que le croire prémédité. Pour elle, sa mère a sciemment, délibérément compromis tout espoir d'un mariage réussi lui permettant de remplir la fonction de médiatrice qui est normalement celle d'une reine. Elle l'a placée en porte-à-faux, sans la prévenir, en lui mentant. Pis encore : elle n'a pas craint de la sacrifier, la nuit fatale, en la renvoyant dans ses appartements, où elle savait qu'auraient accès les massacreurs. La preuve ? Claude craignait, en la voyant partir, de ne jamais la revoir. Et elle a introduit dans ses relations à venir avec son époux le venin mortel de la suspicion. Le tout avec la complicité de son frère Henri.

Catherine n'était pas aussi mauvaise que le croyait sa fille. Elle mesura le mal qu'elle lui avait fait et essaya de le réparer. Elle proposa de la démarier. Sous quel prétexte ? Elle le lui souffle. Il suffit de plaider la non-consommation. Elle lui demanda « si [s]on mari était homme ». « Je la suppliai de croire que je ne me connaissais pas en ce qu'elle me demandait », aurait répondu la jeune femme : réplique faussement naïve qui était une fin de non-recevoir. La mémorialiste en profite pour glisser un commentaire impliquant qu'elle pouvait à bon droit, en ce temps-là, plaider l'ignorance, en même temps qu'une allusion ironique aux fortes odeurs d'ail et d'oignon que traînait après soi le Béarnais : « Aussi pouvais-je dire alors comme cette Romaine à qui son mari se courrouçant de ce qu'elle ne l'avait averti qu'il avait l'haleine mauvaise, lui répondit qu'elle croyait que tous les hommes l'eussent semblable, ne s'étant jamais approchée d'autre homme que lui. » L'important, c'est la conclusion : quoi qu'il en fût de cette situation, « puisqu'elle m'y avait mise, j'y voulais demeurer, me doutant bien que ce qu'on voulait m'en séparer était pour lui faire un mauvais tour. »

Elle ne sera pas « un cœur de cire ». Mise en demeure de choisir entre sa mère et son mari, elle opte pour ce dernier. Librement et en toute connaissance de cause, cette fois-ci. Reine de Navarre elle est, reine de Navarre elle restera, malgré périls et obstacles. Ou à cause d'eux peut-être.

S'est-elle demandé ce qu'il en pensait, lui ?

Lendemains de noces

Si conventionnels qu'ils fussent, les mariages entre souverains accordaient d'habitude aux nouvelles épousées, ne serait-
ce qu'en vue de perpétuer la dynastie, une brève période de
grâce où elles pouvaient se croire aimées. Marguerite n'eut pas
de chance. Jamais lune de miel royale ne fut plus courte que la
sienne. Henri et elle eurent quatre nuits, pas une de plus, pour
s'apprivoiser l'un à l'autre charnellement. On ne sait rien de ces
quatre nuits, sinon que l'union fut consommée, ils le reconnu-
rent lors du divorce. Tout le reste, notamment les répugnances
physiques qu'aurait éprouvées la jeune fille raffinée face à un
garçon rustaud et malodorant, relèvent du roman. Ce peut être
vrai comme ce peut être faux. Il est permis de penser cependant que Henri, suivant les instructions données par sa défunte
mère, avait soigné sa toilette. « Accoutumez vos cheveux à se
relever », lui conseillait-elle dans une lettre dont la suite est
malheureusement perdue. Jeanne blâmait le luxe, mais approuvait la propreté. Son fils, à l'instant d'aborder une si brillante
épouse, se surveilla sans doute et se retint de céder, comme il
le fit plus tard, à son penchant pour la grossièreté.

À défaut d'un amour sur lequel ni l'un ni l'autre ne comptaient, une relation de confiance aurait pu s'installer entre eux.
Hélas ! Ils s'étaient mariés un lundi. Dès le vendredi, ils étaient
hantés par la blessure de Coligny. Le doute et la crainte des
suites probables s'insinuaient entre eux. Commencée le samedi
soir, leur sixième nuit devait s'achever sur la « fête » sanglante
de saint Barthélemy. On a vu comment Marguerite l'avait vécue
en aveugle, dans l'angoisse, sans rien savoir. Henri, lui, espérait
encore obtenir de Charles IX la punition des coupables. À
défaut, les huguenots s'en chargeraient eux-mêmes. Lorsqu'il
quitta au petit matin la chambre conjugale, il se heurta à des
gardes qui le menèrent chez le roi. Seul put entrer avec lui son
cousin de Condé. Les portes se refermèrent sur ses compagnons et il comprit alors qu'il ne les reverrait jamais. Mêlant
reproches et menaces, Charles somma les deux princes
d'abjurer s'ils tenaient à la vie. Condé se drapa dans son
honneur de gentilhomme : il aimait mieux mourir que trahir sa
foi. Quelques jours suffirent à le faire céder. L'autre, plus

habile, invoqua son ignorance et demanda des délais pour se faire instruire dans une religion qu'il connaissait fort bien, pour y être né et l'avoir pratiquée à plusieurs reprises pendant des années. Tous deux pliaient l'échine devant l'ampleur du désastre, qu'ils découvraient peu à peu au fil des heures. Pour justifier leur palinodie, ils pouvaient se dire, non sans raison, qu'il fallait conserver au parti des chefs.

Le roi de Navarre pleurait ses morts en silence : ses alliés, les grands féodaux défenseurs de la cause, comme Coligny et sa famille, mais surtout les humbles, les familiers, les gentils-hommes de modeste extraction qui l'avaient suivi et lui avaient confié leur fortune et parmi eux tous ceux, si proches, qui avaient passé à veiller, discuter et jouer dans sa chambre leur dernière nuit. Presque tous ses fidèles ont péri. « Vous pouvez penser quel regret ce me fut, écrivit-il plus tard, voyant mourir ceux qui étaient venus à ma simple parole et sans autre assurance que celle que le roi m'avait faite. [...] En les voyant tuer jusques au chevet de mon lit, je demeurai seul dénué d'amis et de fiance. » Il reste quant à lui prisonnier dans le Louvre, impuissant, écrasé, et seule la colère qu'il réfrène l'empêche de succomber au désespoir.

De quel œil peut-il regarder Marguerite, fille et sœur des assassins, qui a servi de prétexte et d'occasion pour prendre au piège la fleur de la noblesse huguenote ? Il se demande si elle n'était pas consentante et complice. Sa mère sait si bien mentir : pourquoi pas elle ? Elle ne peut se prévaloir de lui avoir sauvé la vie, il sait qu'elle n'a pas eu à intercéder pour lui : il doit le salut à sa condition de prince du sang. D'ailleurs, même s'il croit sa femme étrangère à l'organisation du guet-apens, des milliers de cadavres ensanglantés, mutilés, se dressent entre eux, sans compter l'image de sa mère à lui, Jeanne d'Albret, dont la Saint-Barthélemy semble confirmer, a posteriori, l'empoisonnement présumé : beaucoup de fantômes, prêts à hanter l'intimité future du couple maudit. Marguerite, en décidant de lui rester liée, n'a pas choisi la voie de la facilité. Il lui faut d'abord le persuader qu'elle ne l'a pas trahi. C'est à elle qu'incombe l'obligation de la preuve. Il ne peut se contenter de paroles, il la jugera sur pièces.

L'épouse d'un roitelet

Entre eux la disparité de condition ne facilite pas les choses. Marguerite lui est alors très supérieure. Elle est fille de France, catholique en un temps où les huguenots semblent anéantis, belle, cultivée, brillante, adulée. Ceux qui trouvaient que sa main était pour Henri une faveur inespérée pensent maintenant qu'il a été la dupe d'une farce sinistre et ne l'en méprisent que davantage. Difficile de tomber plus bas. Sous le jeune roi de Navarre, le futur Henri IV n'a pas encore percé. Il a l'air d'un bon garçon un peu veule qui ne demande qu'à jouir de la vie. Marguerite, son aînée de quelques mois, le sous-estime. Elle se croit plus forte, plus mûre, et s'imagine le dominer. Elle se sent responsable, même si ce fut involontairement, de son malheur. L'instinct protecteur, qu'elle possède très développé comme beaucoup de femmes, est renforcé dans son cœur par le désir de braver sa mère. Elle se berce de rêveries inspirées des romans de chevalerie et de la littérature courtoise : une reine généreuse est faite pour donner plus que pour recevoir, elle doit aux plus faibles protection et appui. Bref elle s'apprête à défendre bec et ongles le « roitelet » qu'on « galoppe* à tous propos de paroles et de brocards », l'époux sur la tête duquel s'accumulent les vexations. Elle déchantera bientôt.

Le 26 septembre, il renonce solennellement à la foi réformée et Catherine, en le voyant s'approcher de l'autel pour communier, ne peut retenir un rire de triomphe. Trois jours plus tard il doit écrire sous sa dictée une lettre où il supplie Grégoire XIII — le pape qui a marqué de réjouissances publiques l'annonce de la Saint-Barthélemy — de « le recevoir en la foi de son baptême », sans lui tenir rigueur des erreurs où ses parents ont entraîné son enfance. Il doit ensuite signer un édit rétablissant le culte catholique en Béarn. Et, pour couronner le tout, on l'expédie en janvier, à la tête d'un escadron de l'armée royale, assiéger La Rochelle où ses ex-coreligionnaires se sont enfermés. Dans ces conditions les excuses de sa femme sont mal

---

* Moque, ridiculise.

venues, sa sollicitude n'est qu'une humiliation de plus. Il est homme, il a trop de personnalité pour accepter de dépendre d'elle. Mais il ne peut se permettre de la repousser, tant sa situation est précaire. Il l'utilisera au mieux de ses intérêts, sans scrupules superflus, mais il se gardera de se livrer. Ainsi en usera-t-il, tout au long de sa vie, avec ceux qui lui serviront à se hisser au premier rang. Les délicatesses morales sont un luxe de nanti qu'il estime ne pas pouvoir s'offrir. À défaut de confiance véritable, il trouvera le moyen d'instaurer entre Marguerite et lui une sorte de pacte de solidarité, fondé sur une communauté d'objectifs et d'intérêts, dont il tirera tous les fruits et elle tout le blâme.

Il semble avoir boudé très vite le lit conjugal. Trop de morts reviennent errer la nuit derrière ses rideaux fermés. De plus il commence à se connaître, il sait qu'il a tendance à s'épandre sur l'oreiller en confidences imprudentes. Sa femme est la dernière auprès de qui s'oublier. Il papillonne donc, au risque de tomber sur une enjôleuse patentée tout droit sortie de l'« escadron » de la reine mère. Marguerite, négligée, se juge-t-elle autorisée d'office à lui rendre la pareille ? Lui fait-il savoir discrètement qu'il ne voit aucun inconvénient à la voir user d'une liberté dont lui-même abuse ? On ne le saura jamais.

La cour est devenue plus dissolue, maintenant que les fils de Catherine sont en mesure de donner l'exemple. Flanqués de compagnons de leur âge, ils courent effrontément les femmes, semant le scandale dans leurs équipées nocturnes, terrorisant les bourgeois dont les filles sont trop jolies. Auprès des dames de leur monde, ils prodiguent les marques de soumission, versifient avec ou sans le secours de poètes appointés, dépensent des sommes folles en rubans, bagues et gages d'amour, se font sur scène les acteurs de fictions transparentes où ils jouent leurs propres rôles. Chaque belle s'enorgueillit du nombre de ses soupirants. Où finit le jeu, où commencent les amours substantielles ? Il est malaisé de savoir ce que recouvrent les oripeaux romanesques.

Marguerite semble d'abord résister. Dans le célèbre « salon vert » de la maréchale de Retz ou chez son amie la duchesse de Nevers, elle collectionne les hommages. Elle est l'inspiratrice, la déesse et la muse des rimeurs, des danseurs et des joueurs

de luth. Mais elle passe encore pour cruelle, inaccessible, fidèle
à l'époux que lui a donné le sort :

> *On l'aime en la voyant, mais sans la mériter,*
> *Puisque d'autres flambeaux que ceux d'un Jupiter*
> *Ne pourraient animer une beauté si rare ;*

> *C'est pourquoi sans aimer sa jeunesse se perd,*
> *Et qu'elle honore tant sa France et son Navarre*
> *Que sans elle on n'y voit que l'effroi d'un désert.*

Mais la tentation est forte. Elle n'est pas reine de France et
rien ne la destine à le devenir. Catherine de Médicis a encore
trois fils, eux-mêmes susceptibles d'avoir des fils. Nul ne peut
alors penser, à moins d'être Nostradamus, que la race des
Valois va s'éteindre et que Henri de Navarre leur succédera.
Marguerite n'est donc pas tenue par la fierté, le respect de soi
qu'elle éprouverait si un véritable destin de reine lui était
promis. Elle n'est qu'une souveraine au rabais, rien de plus que
la femme d'un des grands feudataires du royaume. Pourquoi ne
profiterait-elle pas de la liberté que s'octroient ses pareilles,
toutes munies de galants comblés ? L'air du temps, joint à
l'indifférence de son mari et à la vivacité de son tempérament,
balaiera bien vite ses hésitations.

Mais d'ici là, la conjoncture aura mis à l'épreuve la solidarité
politique entre les époux et transformé en alliance véritable leur
pacte de non-agression.

Le trône de Pologne

Dans la famille royale, la Saint-Barthélemy a laissé des cicatrices. Charles IX supporte de plus en plus mal l'espèce de
vice-royauté exercée par son frère, avec la bénédiction et la
complicité maternelles. Il s'irrite d'être « un roi de paille », privé
de véritable pouvoir. Catherine se refuse cependant, en dépit
des prédictions et des horoscopes, à spéculer sur la mort de son
fils régnant pour procurer un trône au cadet. Il existe ailleurs
qu'en France des royaumes à conquérir. Faute de réussir à faire

de Henri un prince consort à Londres, elle a jeté son dévolu sur la Pologne.

Le dernier des Jagellons, Sigismond-Auguste II, venait de mourir. La couronne polonaise étant élective, Catherine présenta la candidature de son fils et envoya sur place l'évêque de Valence, Jean de Monluc, pour convaincre la Diète des mérites du jeune prince. Le massacre des huguenots français tombait bien mal à propos. Dans la très tolérante Pologne coexistaient pacifiquement plusieurs confessions et les réformés, quoique minoritaires, y avaient un poids considérable. La partie semblait perdue pour Henri, héros des catholiques, suspect d'avoir approuvé ou même conseillé la tuerie.

Les premiers mois de 1573 s'écoulèrent donc, pour le héros en question, à monter contre les remparts de La Rochelle une série d'opérations manquées, avec le concours narquois des convertis de fraîche date qui se faisaient un plaisir d'accompagner l'assaut de cris affreux, très propres à alerter les défenseurs de la place. Parmi ces combattants qui traînaient les pieds, on ne s'étonnera pas de trouver Henri de Navarre et son cousin Condé. Mais il y avait aussi des catholiques modérés qui trouvaient qu'on s'entre-déchirait depuis trop longtemps. Cette situation surréaliste se prolongeait, cette armée hétéroclite piétinait en vain dans la boue, rongée de dissensions internes, face à des Rochelais mourant de faim, mais qui passaient par les armes quiconque parlait de se rendre. Les assiégés étaient tout de même aux abois, prêts à capituler, lorsque éclata, au mois de mai, l'incroyable nouvelle : la Diète polonaise avait porté ses suffrages sur Henri d'Anjou.

Ce brillant résultat avait coûté au trésor royal pas mal d'argent et à Jean de Monluc des prodiges d'éloquence. L'ambassadeur de Catherine avait presque réussi à persuader les électeurs que son fils bien-aimé n'avait trempé en rien dans la répression du « complot » huguenot qu'il avait fallu écraser par souci de l'ordre public. Mais à vrai dire Henri devait son succès à la peur qu'inspiraient ses deux principaux compétiteurs, un archiduc autrichien et le prince de Moscovie, Ivan le Terrible en personne, voisins trop proches aux convoitises dangereuses pour l'indépendance du pays. De la France, on espérait des subsides, sans avoir à craindre une annexion.

Les électeurs polonais sauvèrent non seulement les Roche-lais, mais tout ce qui restait du parti huguenot. Leur futur roi ne pouvait décemment continuer de se battre contre ses compatriotes pour des motifs de religion. Un édit accorda la liberté de conscience dans toute la France et celle de culte à La Rochelle, Nîmes et Montauban. Dans l'Ouest et le Midi se reconstitua aussitôt, plus radical que jamais, un État dans l'État bien décidé à se défendre : il faudra attendre Richelieu pour que l'autorité du roi soit à nouveau reçue dans le grand port saintongeais. Pour procurer un trône à son fils, Catherine avait compromis toutes chances d'en venir à bout et perdu le coupable bénéfice de son crime.

Elle ne semble pas s'en être rendu compte. Elle a entrepris, fidèle à sa politique de bascule, de renouer les liens avec ses alliés luthériens d'Allemagne et elle se remet à soutenir contre l'Espagne, au moyen d'une aide financière discrète, les rebelles néerlandais. Comme si rien ne s'était passé. Politique avant tout. Et cahin-caha, la méthode porte ses fruits.

La réception des ambassadeurs polonais à Paris, au mois d'août 1573, fut pour Marguerite un triomphe et pour son frère Henri une épreuve amère.

Non seulement la jeune reine de Navarre brilla de tous les feux de sa beauté et de sa parure — « robe de velours incarna-din d'Espagne fort chargée de clinquant », avec bonnet assorti, « tant bien dressé de plumes et de pierreries que rien plus » —, mais elle éblouit par son esprit et sa culture ces seigneurs enturbannés de zibeline qui ne s'exprimaient qu'en latin. Cette « seconde Minerve », « déesse d'éloquence », répon-dit à la harangue de l'évêque de Posen par un discours bien tourné, « sans s'aider d'aucun truchement », tandis que son amie la maréchale de Retz poursuivait avec eux la conversation dans la langue de Cicéron. La timide Élisabeth se contentait de sourire et Marguerite remplissait fièrement auprès de son frère, comme naguère sa presque homonyme auprès de François Ier, les fonctions de la reine défaillante. C'était la première fois. Ce fut aussi la dernière.

Henri, lui, dut boire la coupe jusqu'à la lie. La Pologne était une oligarchie aristocratique dans laquelle le roi jouait surtout un rôle de représentation. Il découvrit que ses pouvoirs seraient limités par un ensemble d'obligations auxquelles il fut prié de souscrire. Il ne pourrait prendre aucune décision politique ni financière sans l'accord de la Diète. Il dut promettre, bien sûr, de respecter la liberté de conscience de ses sujets. Et comme il émettait des réserves sur quelques points, il s'entendit répondre que c'était à prendre ou à laisser : *Jurabis aut non regnabis*, tu jureras ou tu ne régneras pas ! Il jura, la mort dans l'âme. Tout ce qu'il put obtenir, ce fut d'échapper à l'engagement d'épouser la princesse Anna Jagellon, qui avouait quarante-huit printemps, parce que, par bonheur, les Polonais avaient oublié de lui demander si elle était d'accord.

Il fit tout pour retarder son départ, vainement. Son frère le roi, que la perspective d'être débarrassé de lui réjouissait fort, le poussa dehors. Toute la cour fit avec lui un bout du chemin, mais Charles dut s'arrêter aux alentours de Reims : il avait la fièvre et crachait le sang. Catherine continua le voyage. À Nancy, elle ne put se résigner à quitter son enfant chéri, elle le suivit jusqu'à la petite ville de Blamont, qui marquait la frontière du Saint-Empire. Son chagrin ne l'empêcha pas d'y avoir des entretiens politiques avec les envoyés des princes allemands. Après quoi la mère et le fils s'embrassèrent en sanglotant. Mais leur séparation serait courte. Ils pensaient, sans oser le dire, que les jours de Charles IX étaient désormais comptés.

François d'Alençon

Ils n'étaient pas seuls à le penser. Le petit dernier de la famille, François d'Alençon, qui s'agitait depuis longtemps dans la coulisse, commençait à entrevoir des perspectives d'avenir.

Moins aimé de sa mère, qui lui reprochait de n'être que « guerre et tempête en son cerveau », ce petit dernier est également mal aimé des historiens, pour avoir été dix ans durant l'âme de la subversion contre Henri III. La malchance y fut pour beaucoup. Ce garçon n'était pas initialement pire que ses frères. Il n'avait que le tort d'être né après eux. Il se consolait mal de les voir monter tour à tour sur le trône alors qu'il restait voué à la condition de sujet. Plus encore que son aîné Charles, il était jaloux de celui qui accaparait l'amour exclusif de Catherine. De taille à peine moyenne, noir de cheveux et de peau, « moricaud », comme on disait avec dédain en ces temps épris de blondeur, il avait eu dans son enfance des traits réguliers assez agréables avant que la petite vérole ne vînt le défigurer, le rendant méconnaissable. Dans son visage creusé et raviné, les yeux enfoncés et striés de rouge paraissaient tout petits. Le nez, « grossi avec difformité », était traversé par une cicatrice profonde : on aurait dit qu'il en avait deux greffés l'un sur l'autre. La maladie avait altéré son caractère et jusqu'à ses facultés intellectuelles. Impulsif, instable, violent, il s'abandonna à une débauche effrénée, qui ne suffisait pas à le consoler de sa disgrâce physique, et son insatiable volonté de puissance chercha et trouva dans la guerre civile un moyen de s'affirmer.

Tel qu'il était, il attirait en 1573-74 de nombreux partisans. Tous ceux qu'avait indignés la part prise par Henri d'Anjou à la Saint-Barthélemy et qu'inquiétait son militantisme catholique voyaient dans le jeune François un chef possible pour le rassemblement qui commençait à se dessiner. Il avait alors dix-neuf ans : l'âge de se faire sa place au soleil. Mais sa mère n'avait pas jugé utile de l'associer aux affaires. Il ne savait rien. À la nouvelle de l'attentat contre Coligny, il s'écria : « Quelle trahison ! » Et il blâma ensuite le massacre. Son indignation n'était pas feinte, mais elle devait autant à la fureur d'avoir été tenu dans l'ignorance qu'à la pitié pour les victimes. Peu importait. Un pareil garant était une aubaine pour les modérés de tous bords, « Malcontents » et « Politiques »*, que patronnait la puissante famille de Montmorency. Ils lui firent des offres de service aussitôt agréées et travaillèrent à le rapprocher des huguenots.

Précisément, il vient à point nommé, sur le champ de bataille de La Rochelle, de se lier d'amitié avec Condé et surtout avec Henri de Navarre. À eux trois, ils ont projeté de quitter l'armée pour s'emparer de quelques places fortes où ils s'enfermeront,

---

* Ces termes désignent différentes catégories d'opposants, à l'origine sociologique et aux motivations diverses, mais qui tous souhaitent la paix avec les réformés.

à moins qu'ils ne rejoignent la flotte anglaise croisant au large. L'occasion fit défaut. Ce sera partie remise. Le retour de la paix les ramène à la cour, sous l'œil vigilant de la reine mère qui se méfie d'eux.

Le couple de Navarre est à nouveau réuni. Marguerite ne tarde pas à découvrir que des complots se mijotent. D'un côté le roi son frère, la reine sa mère et Henri d'Anjou, pour qui travaille celle-ci. De l'autre son mari et son plus jeune frère. Entre les deux camps, il lui faut opter : devant les entreprises des conjurés, le silence lui-même est choix. Elle hésite et on la voit, en l'espace de deux mois, passer d'un parti à l'autre. Pas par légèreté, quoi qu'on dise, mais parce que les données de la situation ont changé.

Décembre 1573. François a profité du départ du roi de Pologne pour prendre des contacts avec Louis de Nassau : sur le chemin du retour, son cousin de Navarre et lui projettent de s'échapper aux alentours de Soissons et de rejoindre à Sedan le chef des rebelles néerlandais. Marguerite est avertie. Elle révèle le complot à sa mère, qui met les suspects sous clef. Pourquoi ?

Le roi de Pologne a eu beau essayer, avant de partir, de lui « faire oublier les mauvais offices » de l'automne 1569, exiger d'elle un serment renouvelant leur « amitié » ancienne — dont on ne sait si elle l'a vraiment prêté —, elle a eu beau lui promettre verbalement ou par écrit qu'elle voulait bien « courir sa fortune, bonne ou mauvaise », elle ne se sent pas tenue à la loyauté envers un frère qui a cinq ans plus tôt trompé sa confiance et qui n'a rien fait pour la soustraire au piège que constituait son mariage. Ce n'est pas non plus pour rendre service à sa mère qu'elle trahit les conjurés. Elle a deux autres raisons de le faire. À Charles IX, qui a toujours été bon pour elle et qu'elle aime beaucoup, elle veut éviter l'épreuve d'une nouvelle guerre civile. Et elle pense d'autre part que la reprise des affrontements la placera en porte-à-faux, ballottée entre les partis. Elle n'a pas tort, c'est en effet ce qui se produira un peu plus tard. Dans l'immédiat, elle peut croire, en sacrifiant la liberté de son mari, avoir sauvé la paix.

Deux mois plus tard, il en va tout autrement. La santé de Charles IX s'est si fort détériorée que sa succession est virtuellement ouverte.

Le complot du mardi gras (22-23 février 1574)

Les ambitions de François d'Alençon sont montées d'un cran, d'un très large cran. En décembre il revendiquait la lieutenance générale du royaume, libérée par le départ du roi de Pologne, et qui lui fut refusée. En février, c'est le trône de France qu'il convoite, rien de moins. Et il a des partisans.

Certes, Henri n'est pas parti sans assurer ses arrières et sa mère veille au grain, elle a promis de lui conserver le royaume. Une déclaration officielle de Charles IX a spécifié que l'élection polonaise ne lui faisait pas perdre ses droits et qu'il restait à Paris l'héritier en titre. Il n'empêche. Dans la lointaine Pologne, Henri est roi, il s'est lié par serment à ses nouveaux sujets. Que ne le laisse-t-on régner à Cracovie, puisqu'il y a sur place, en France, un cadet très propre à occuper le trône ! Une politique de tolérance — celle même que Catherine a tenté en vain de faire prévaloir — paraît possible, maintenant que les protestants ont renoncé à imposer leur foi au pays et en sont réduits à lutter pour leur survie. Mais après la Saint-Barthélemy, il faut quelqu'un d'autre qu'elle ou son fils Henri pour la mettre en œuvre. On prend ce qu'on a : c'est ainsi que les Politiques, sans examiner s'il en a les capacités, font de François d'Alençon leur candidat au trône et leur porte-drapeau.

Marguerite aperçoit soudain dans l'élévation de son jeune frère une solution à ses embarras. Elle n'aurait plus à choisir entre des fidélités inconciliables : le roi de France et celui de Navarre marcheraient la main dans la main. Mieux encore. La coexistence pacifique des deux confessions, que François s'engage à instaurer, lui offrirait le rôle dont elle rêve et auquel elle a brièvement goûté lors de la visite des ambassadeurs polonais : celui qu'avait joué jadis Marguerite de Navarre auprès de François Ier, et qui conjuguait influence et éclat. Elle connaissait peu son cadet jusqu'alors. Voici qu'il se met en frais pour elle et sollicite son appui. Elle découvre en lui avec joie l'allié et l'ami dont elle a grand besoin à cette date où son mari lui bat encore froid. Tous deux ils ont souffert du manque d'amour de Catherine, de la prédilection outrancière qu'elle voue à son

préféré, de l'ignorance des affaires dans laquelle elle les a tenus.
Au vilain petit canard, de deux ans son cadet, la grande sœur
offre un substitut de protection maternelle. Elle a « résolu de
l'aimer », malgré ses disgrâces ou à cause d'elles. Une seule
réserve : qu'on ne porte aucun tort à Charles. Mais contre
Henri, elle s'engage volontiers. Contre lui, elle soutiendra François sans concession, jusqu'à sa mort.

En regard de ces raisons profondes et puissantes, l'attirance
qu'elle éprouve pour un des gentilshommes de ce frère, le
comte de La Mole, ne peut être qu'un plus, à mettre au second
rang. Son choix n'est pas d'une écervelée, il est réfléchi. Et il
n'est pas non plus absurde : c'est à cette date celui d'un bon
nombre de Français. L'ennui, c'est qu'avec une inconscience
rare, ils n'hésitent pas à mettre de nouveau le royaume à feu et
à sang, en prenant d'ailleurs des risques énormes, oubliant la
capacité de riposte de Catherine et sous-estimant l'irascibilité
de Charles IX.

Pour imposer leur volonté au roi, l'obliger à modifier son
ordonnance de succession, les rebelles ne connaissent qu'un
moyen, la prise d'armes. Ils ont vu grand. Tout le Midi se
soulèverait. Du royaume entier, des troupes convergeraient vers
Saint-Germain, où séjourne la cour. Un commando enlèverait
du château François, Henri de Navarre et consorts dans la nuit
du mardi gras. L'Angleterre avait promis qu'un contingent
débarquerait en Normandie. Ils se croyaient sûrs de leur fait.
Mais un contretemps dans le calendrier fit perdre la tête à
François. Les soupçons de Catherine, dont la police était bien
faite, se changèrent en certitudes et le candidat au trône, invité
à comparaître devant elle, s'affola et raconta tout ce qu'il savait.
Le roi pardonna. La reine mère transporta tout son monde
dans la forteresse bien défendue de Vincennes. Elle se contenta
d'y faire garder à vue son dernier fils et son gendre et les confia
aux soins de la belle Charlotte de Sauve, qui s'entendait à les
occuper. Et elle consacra tous ses soins à mater la rébellion.

Or les deux suspects ne renonçaient pas à l'espoir de
s'évader. Un autre projet fut éventé en avril. Les Anglais avaient
débarqué, le soulèvement s'étendait. Le temps n'était plus à
l'indulgence. On arrêta les coupables, y compris les deux
princes, consignés à Vincennes, et l'enquête commença.

La tête du comte de La Mole

Contre toute attente le roi moribond est saisi d'une violente colère. Le complot, il le sait bien, est dirigé contre son frère Henri, pas contre lui. Il ne se sent pas pour autant porté à l'indulgence. La prise d'armes est pour lui une insulte. On fait bon marché de sa décision, on n'attend pas qu'il soit mort pour remettre en cause ses dernières volontés ; profitant de sa faiblesse, on veut l'obliger à se renier de son vivant. En faveur de ce frère qu'il n'aime pas, il va faire le dernier acte d'autorité de son règne. Question de principes.

En dépit de tous les usages, l'enquête remonte jusqu'aux princes de sang royal. La seule faveur dont ils bénéficient, c'est de comparaître devant une cour spéciale, formée de commissaires nommés *ad hoc*. Devant eux, François d'Alençon, comme d'habitude, parla à tort et à travers. Henri de Navarre, lui, présenta un argumentaire très élaboré, d'une habileté consommée : il ne niait pas sa culpabilité, mais invoquait les circonstances atténuantes, voire même la légitime défense. Ce petit chef-d'œuvre de plaidoirie, qui nous est parvenu sous le titre de *Mémoire justificatif pour Henri de Bourbon,* sortait de la plume de sa femme. C'est la première manifestation de cette solidarité politique qu'on observera bientôt entre eux. Jusqu'alors, Marguerite était guidée dans ses choix par l'intérêt personnel, l'affection ou l'animosité fraternelles. Son mari n'entrait pas en ligne de compte dans ses calculs. Les voici désormais alliés.

Leur vie intime, au contraire, suit des voies divergentes. Tandis que Henri dispute à son cousin d'Alençon la capiteuse Charlotte de Sauve, Marguerite succombe, selon toute vraisemblance, au sourire enjôleur du comte de La Mole, un sémillant quadragénaire « meilleur champion de Vénus que de Mars », mais grand catholique qui, au lieu d'une messe par jour, « en oyait trois et quatre, et quelquefois cinq ou six ». Aussi, disait en riant le roi, si l'on voulait « tenir registre de ses débauches, il ne fallait que compter ses messes ». Il figure en bonne place sur la liste des amants de la reine de Navarre, dont on sait qu'elle est sujette à caution. En tout état de cause son bonheur ne put être que de courte durée, entre le complot qu'elle dénonça et celui dont elle fut complice.

Comme on pouvait le prévoir, Boniface de La Mole et son ami Annibal de Coconnas, principaux artisans de la dernière tentative d'évasion des princes, payèrent pour leurs maîtres intouchables, qui s'en tirèrent par quelques mois de détention confortable à Vincennes. Les deux comparses furent interrogés, soumis à l'atroce épreuve de la question, condamnés à mort et décapités en place de Grève, malgré une démarche du duc d'Alençon pour obtenir leur grâce.

Une découverte faite chez La Mole faillit coûter cher à Côme Ruggieri, l'astrologue favori de la reine mère. On y trouva une figurine de cire au cœur transpercé d'aiguilles, qui sortait visiblement de la boutique de ce redoutable personnage. L'accusé soutint que la statuette, très grossièrement modelée, représentait non pas un homme, mais une femme, dont son client souhaitait faire la conquête. Qu'elle visât à donner la mort ou l'amour, la pratique des envoûtements était répréhensible et Ruggieri fut condamné aux galères à vie. Il n'y resta que peu de temps, tant ses pouvoirs occultes inspiraient de crainte. À défaut d'être prince, il faisait bon être magicien.

Nul n'ignorait que l'héroïne de l'affaire était la reine de Navarre, bien que La Mole eût supporté héroïquement la torture sans la nommer. Il est peu vraisemblable qu'il ait chargé la foule massée sur son passage dans sa marche à l'échafaud de dire à Marguerite que ses dernières pensées étaient pour elle. Elle était néanmoins compromise. Elle assuma. Sur les manifestations de son chagrin et de celui de la duchesse de Nevers, aimée de Coconnas, les rumeurs ont couru très vite. Ces dames ont-elles suspendu à leur ceinture, pour afficher leur deuil, des breloques en forme de têtes de mort comme on les aimait à l'époque ? C'est possible. Sont-elles allées de nuit recueillir auprès du bourreau les têtes de leurs amants, ont-elles contemplé leur visage supplicié et baisé leurs lèvres mortes avant de leur donner une sépulture honorable ? Ce n'est qu'une légende. Ne nous en plaignons pas : nous lui devons la grande scène sur laquelle se clôt *Le Rouge et le Noir*.

Le dénouement, alors, se précipita. Marguerite dut renoncer à faire évader son mari et son frère en les glissant dans sa calèche, sous un déguisement de femme. Car elle ne pouvait en acheminer qu'un à la fois et, soit assaut de générosité, soit méfiance réciproque, ils ne parvinrent pas à se mettre d'accord sur celui qui partirait le premier. Déjà Charles IX entre en agonie. Avant de mourir le 30 mai, il a désigné à nouveau Henri pour sa succession et confié la régence à sa mère. Tandis qu'un messager galope vers Cracovie, Catherine se transporte au Louvre avec sa suite, consigne dans leurs chambres François d'Alençon et Henri de Navarre et fait bloquer toutes les portes sauf une, où l'on filtre les passages. Nul ne quittera le château tant que cette désignation n'aura pas revêtu forme officielle.

La cour se rend ensuite dans le Midi, à la rencontre du nouveau roi qui rentre par l'Italie. En cours de route Marguerite a tout le loisir de méditer sur l'avenir qui l'attend. En misant sur François d'Alençon, elle a pris un très gros risque. Elle sait que Henri ne le lui pardonnera jamais. Elle n'a d'issue que dans la fuite en avant. Entre les deux frères et la sœur les jeux sont faits, pour dix ans : ce sera la guerre, à deux contre un. Mais ce dernier détient la puissance souveraine.

CHAPITRE HUIT

LE SINGULIER ÉPOUX
DE LOUISE DE LORRAINE

« Monsieur mon fils, écrivait Catherine au lendemain de la mort de Charles IX, je vous envoyai hier en grande diligence Chémerault pour vous apporter une piteuse nouvelle pour moi, pour avoir vu tant mourir de mes enfants. Je prie Dieu qu'il m'envoie la mort avant que j'en voie plus, car je suis désespérée d'avoir vu un tel spectacle et l'amitié qu'il m'a montrée à la fin.[...] [Il me priait] que je vous envoyasse en toute diligence quérir et, en attendant que fussiez arrivé, que je prisse l'administration du royaume. [...] Après cela il me dit adieu et me pria de l'embrasser, ce qui faillit me faire crever.[...] Je ne trouve d'autre consolation que de vous voir bientôt ici, comme votre royaume en a besoin, et en bonne santé, car si je vous venais à perdre, je me ferais enterrer avec vous toute en vie, car je ne pourrais aussi bien porter ce mal. [...] Je meurs d'ennui de vous revoir, car rien ne me peut faire consoler et oublier ce que j'ai perdu que votre présence. Car vous savez combien je vous aime, et quand je pense que vous ne bougerez jamais plus d'avec nous, cela me fait prendre tout en patience. [...] Depuis votre partement, [j'] ai eu ennui sur ennui * : aussi je pense que votre retour m'apportera joie et contentement sur contentement et que je n'aurai plus de mal ni de fâcherie. »

Lettre pathétique et inquiétante à la fois : trop d'amour nuit. Les débordements de sollicitude maternelle y étaient entremêlés de conseils sur la conduite à tenir tant à l'égard de ses sujets polonais qu'avec ses propres serviteurs. Mais elle voulait croire

---

* *Partement* = départ. *Ennui* a le sens très fort de *chagrin*.

que les six mois d'exercice du pouvoir à Cracovie avaient achevé de le mûrir : « L'expérience que vous avez acquise par votre voyage est telle que je m'assure* qu'il n'y eut jamais un plus sage roi que vous. » Elle rêvait d'un gouvernement bicéphale où l'union sans faille avec son fils lui permettrait enfin de diriger le royaume comme il devait l'être — c'est-à-dire comme elle entendait qu'il le fût. C'était prendre ses désirs pour la réalité.

Certes Henri lui répond les mots qu'elle attend : « Je suis votre fils qui vous a toujours obéi et je suis plus résolu et dédié** que jamais. Je suis épris d'aise de vous penser voir... » Et il signe : « celui qui à jamais vous sera serviteur ». Mais s'il est prompt à quitter la Pologne, comme elle l'y invite, il est beaucoup moins pressé de regagner la France, où il devra l'affronter et batailler pour se soustraire à une tutelle qui ne convient plus à son âge et à son rang : n'est-il pas désormais, à vingt-trois ans, donc largement majeur, le très puissant roi de France ?

Enfin libre !

Henri avait très mal vécu son exil forcé. La splendeur du cérémonial, à laquelle le jeune homme épris de faste fut d'abord sensible, ne compensait pas les servitudes qui pesaient sur lui. L'ombrageuse aristocratie polonaise ne lui laissait qu'un semblant de pouvoir assorti de fastidieuses obligations. Les membres de la Diète, l'assemblée suprême du pays, se régalaient d'interminables débats en latin auxquels il ne comprenait pas un traître mot. Les différentes confessions religieuses vivaient dans une coexistence que rendait pacifique par nécessité le relatif équilibre des groupes en présence. Mais la violence ne demandait qu'à resurgir. Les querelles entre membres des grandes familles prenaient des allures de luttes tribales que le nouveau roi, soucieux d'équité, tentait de trancher à sa

---

* Je suis sûre...

** Dévoué.

manière, qui n'était pas la leur. Il trouvait le climat affreux, les châteaux magnifiques mais inconfortables, la bière exécrable et la princesse Anna parfaitement rebutante. Ses compagnons trompaient l'ennui en jouant, banquetant et courant les filles, au risque de scandale. Ils l'importunaient de leurs disputes et de leurs récriminations. Quand il était vraiment excédé de cette cour barbare, il prenait « médecine » — entendez un clystère ou un purgatif — et se réfugiait dans sa chambre où il passait au lit des journées entières. Et il se laissait aller à dire « qu'il eût mieux aimé vivre captif en France que libre en Pologne ». Il portait « comme un rocher sur sa tête » cette indésirable couronne.

La mort de son frère le délivrait. Mais comment expliquer à ses nouveaux sujets qu'il allait les abandonner, après un règne de cent quarante-six jours seulement ? N'osant les affronter et craignant qu'ils ne cherchent à le retenir, il préféra confier ses explications à des lettres qu'ils ne découvriraient qu'après son départ. Il leur joua la comédie, reçut leurs condoléances sans souffler mot de son avenir, feignit même de s'intéresser à celui du pays et fit mine de prendre goût à ses coutumes. Le vendredi soir 18 juin, aussitôt tirés les rideaux de son lit après son coucher officiel, il consigna sa porte jusqu'au matin, enfila en hâte des vêtements de voyage et rejoignit par le couloir des cuisines les compagnons qui l'attendaient au-dehors. Il se lança à bride abattue vers la frontière toute proche. Il ne put maîtriser le cheval trop fringant qu'on lui avait réservé, dut en changer, s'égara dans des marécages noyés de brume, perdit en cours de route une partie de son escorte. Il tremblait d'angoisse et d'épuisement.

À Cracovie on avait découvert la fuite du roi et de ses fidèles. On se précipita sur leurs traces. Leur chevauchée se transforma en une course poursuite qu'ils gagnèrent de justesse. Ils étaient en territoire autrichien lorsque le comte Tenczynski les rejoignit, accompagné d'archers tartares menaçants. Henri était un faible, mais pas un lâche. Face au danger, il fit front. Puis lorsque son grand chambellan eut mis bas les armes, son éloquence naturelle lui souffla des mots vraiment royaux : « Monsieur le comte, j'ai fait trop de chemin pour retourner. Quand toutes les forces de Pologne seraient ici, je ne le ferais point, et je donnerais de la dague dans les reins du premier qui serait si hardi que de m'en parler.[...] En prenant ce que Dieu me donne par succession, ajoutait-il, je ne quitte pas ce qu'il m'a acquis par élection, car j'ai, Dieu merci, les épaules assez fortes pour soutenir l'une et l'autre couronne. » Et il promettait de revenir. Le comte lui jura fidélité en buvant une goutte de son sang qu'il se tira de la main. Ils échangèrent des présents et Henri en fut quitte avec la Pologne où, bien sûr, il était fermement décidé à ne jamais remettre les pieds.

Il fit une brève halte à Vienne, où l'empereur Maximilien, père de la jeune reine veuve Élisabeth, le traita bien, avec l'espoir de conserver le trône de France à sa fille en la lui faisant épouser. Mais il déclina l'offre et mit le cap vers le sud.

La longue semaine qu'il passa à Venise fut comme un enchantement. La République Sérénissime, qui recevait pour la première fois un roi de France, s'était mise en frais. De son côté, le fils de Catherine de Médicis découvrait dans sa seconde patrie, l'Italie, un pays selon son cœur. Il quitta Murano, où il avait passé la première nuit, sur la galère capitane aux rameurs habillés aux couleurs de la France, pour gagner le Lido où l'accueillirent Messieurs de la Seigneurie en tenue de cérémonie. Puis il eut droit, pour faire son entrée solennelle dans la ville, au plus fameux navire d'Europe, le *Bucentaure*, d'où se célébraient annuellement les épousailles de Venise et de la mer. Lorsqu'il aborda le Grand Canal pavoisé, les vaisseaux de guerre le saluèrent d'une salve de leurs canons et toutes les cloches firent écho au carillon de Saint-Marc qui donnait le branle. Au milieu des vivats et des acclamations, il atteignit le palais Foscari, où lui était réservé un logement.

Les jours suivants, il alla de surprise en éblouissement. On lui montra les églises, les palais, les ateliers de peinture, les cabinets d'antiquités, les bibliothèques. On le conduisit à l'Arsenal, où il vit édifier sous ses yeux une galère à base d'éléments préfabriqués qu'il suffisait d'assembler, et les maîtres verriers de Murano se déplacèrent pour venir souffler devant lui leurs fragiles merveilles. Il dégusta d'étonnantes confiseries en sucre filé, qui simulaient à s'y méprendre les objets familiers. Cérémonies et festins réunissaient en son honneur, dans un grand ruissellement d'or, de perles et de pierreries, la meilleure société d'une ville dont les femmes passaient pour les plus belles du monde. Venise se faisait ensorceleuse pour ce roi esthète, épris de luxe et de beauté. Flattée de son admiration si évidemment sincère, elle était prête, pour lui plaire, à se surpasser.

Elle sut lui offrir, à côté des réceptions officielles, l'agrément de promenades privées, discrètement protégées, qui lui donnaient sans risques l'illusion de la liberté. Il mena une double vie. Il écuma comme un simple particulier les boutiques de joailliers et d'orfèvres, arpenta le Bazar turc, erra en gondole dans le lacis des canaux, alla voir jouer les fameux *Gelosi*, maîtres incontestés de la comédie improvisée, honora de sa visite l'illustre courtisane Veronica Franco, aussi connue pour sa culture que pour sa beauté. Par l'escalier dérobé aménagé à sa demande, il s'échappait de son palais dans la chaleur moite des soirées estivales, en quête de voluptés nocturnes, d'émotions, d'imprévu. Il rentrait au petit matin exténué, heureux, ayant joué à être un autre, délié de toute attache, déchargé du poids écrasant de sa royauté. Pure illusion, bien sûr. Ses escapades restent royales. Dans cette ville experte en masques et travestis, son prétendu incognito ne trompe personne, sa folle prodigalité suffirait à le faire reconnaître. Mais tous se prêtent à une complicité fructueuse, tandis que lui, se sentant à la fois caché et deviné, s'enchante de cette ambiguïté flatteuse : quand sous son déguisement l'on reconnaît le roi de France, c'est à sa personne, plutôt qu'à sa fonction, que s'adresse alors l'hommage.

Au bout de huit jours, le programme des festivités était épuisé, Henri avait dépensé tout l'argent que lui avait envoyé sa mère et les banquiers vénitiens, déjà largement mis à contribution, hésitaient à lui en avancer davantage. Le duc de Savoie, venu en éclaireur, commençait à lui parler d'affaires et Catherine, dont les lettres le pressaient de regagner son royaume, multipliait conseils et mises en garde. L'intermède italien était terminé, au cours duquel il avait pu jouir de toutes ses prérogatives de roi, sans en subir les contraintes. Il se résigna à partir, la tête et le cœur plein de songes. Que rapportait-il de ce séjour ? La syphilis, si l'on en croit quelques-uns de ses détracteurs ? Ce n'est pas certain. Mais assurément une nostalgie tenace, le souvenir de ces quelques jours dérobés aux contingences, où il a tâté de la liberté.

Catherine, dévorée d'impatience, était venue à sa rencontre. Lorsqu'il se jeta dans ses bras le 5 septembre aux confins du Lyonnais et de la Savoie, mal dégagé du mirage italien, il avait pris en secret la ferme résolution de soustraire sa vie privée, sinon son action politique, à l'impérialisme maternel.

Marie de Clèves

Depuis plus de deux ans, il était éperdument amoureux d'une des trois filles du duc de Clèves — celui-là même que nous avons déjà rencontré comme éphémère mari par procuration de Jeanne d'Albret. Venue à la cour à la suite de ses sœurs Henriette, duchesse de Nevers, et Catherine, duchesse de Guise, la jeune Marie était douée « d'une singulière beauté et bonté ». Bien qu'elle eût été élevée dans la foi réformée, ses convictions étaient fort tièdes. Elle répondait à l'amour de son soupirant. Hélas ! Catherine ne la trouvait pas digne de son fils, pour qui elle visait beaucoup plus haut. Elle brisa leur idylle en la mariant au prince de Condé. Henri versa des torrents de larmes, mais continua de la voir, se répandant en lamentations dès qu'il devait s'éloigner pour assiéger La Rochelle ou régner sur la Pologne. On n'a pas gardé trace de la correspondance qu'il échangea avec elle et qu'il signait de son sang, mais quelques lettres à des tiers permettent d'entrevoir que ce fut une passion violente, profonde, fortement marquée d'idéologie courtoise. Quoi qu'en ait dit Brantôme, il est probable que la « dame » qu'il révérait, l'héroïne de ce marivaudage romanesque où Ronsard lui prêta le concours de sa plume, ne fut jamais sa maîtresse. En revanche il ne désespérait pas de la reprendre à Condé et de l'épouser. Celui-ci s'était enfui après l'échec du complot du mardi-gras. Réfugié en Allemagne, il était revenu au calvinisme. Il laissait à Paris sa femme devenue au contraire une catholique convaincue. Henri put rêver d'une annulation en cour de Rome, qui lui livrerait sa bien-aimée.

Il y avait tout de même un obstacle : elle était enceinte. De son mari. En cet automne 1574, elle approchait de son terme.

Le roi préférait n'y pas penser. En attendant sa délivrance, il se préparait à aller pacifier le Midi. Tout à la joie des retrouvailles avec la cour de France, il laissait à sa mère le soin des préparatifs et passait ses nuits à danser, en costume de satin violet rehaussé d'une débauche de plissés, de découpures, de boutons et de rubans, avec pendants de diamants aux oreilles et bracelets de corail au bras, traînant dans son sillage des effluves parfumés.

Ils séjournaient à Lyon, quand la nouvelle les atteignit : Marie venait de mourir en couches, le 30 octobre. Catherine lut la lettre la première. Elle n'osa pas en parler, se contenta de la glisser au milieu du courrier où Henri la trouva. Il s'évanouit. Revenu péniblement à lui, il dut s'aliter, dévoré de fièvre. Quand il reparut au bout de trois jours, son obsession du détail vestimentaire n'avait pas disparu, mais elle avait tourné au macabre. Son justaucorps noir était constellé d'emblèmes en forme de têtes de mort. Il y en avait jusque sur les aiguillettes qui retenaient ses chausses et sur les rubans de ses souliers. Sa mère le crut ensorcelé, s'arrangea pour lui faire ôter les bijoux qui venaient d'elle, puis revenant à l'essentiel, elle s'occupa de lui trouver une épouse parmi les familles régnantes.

Profondément atteint, il se taisait, se repliait sur lui-même. Rien n'allait selon ses vœux. L'échec de la campagne militaire, survenant juste après le deuil de son grand amour, déclencha en lui la première d'une des nombreuses crises de mysticisme qui jalonnèrent son règne. Il organisa dans Avignon, à la veille de Noël, une procession de pénitents à laquelle ministres et courtisans furent invités bon gré mal gré à participer. Il ne leur laissa quelque latitude que sur la couleur du costume : ils pourraient à leur choix être blancs, comme lui-même, noirs, comme la reine mère, ou bleus. Vêtus à la manière des capucins d'une grossière tunique de bure, pieds nus, la tête dissimulée sous une cagoule percée de deux trous pour les yeux, ils défilèrent à sa suite cierge en main en psalmodiant des prières et les plus zélés — on ne sait si le roi en fut — se dénudaient le torse pour se flageller jusqu'au sang. Le style très espagnol de cette mémorable cérémonie devait beaucoup à un confesseur jésuite récemment recruté, le père Auger. Mais il était trop étranger à la sensibilité française, dans sa théâtralité ostentatoire, pour ne pas choquer. L'on ricana jusqu'à Paris de la « procession des Battus » avignonnaise et l'on déplora ou l'on se réjouit, selon les cas, qu'elle eût fait une victime de marque en la personne du cardinal de Lorraine.

Le vieux prélat prit froid en effet et une congestion pulmonaire l'emporta en trois jours. C'était un des piliers du parti catholique. Catherine, qui voyait disparaître en lui un adversaire de la tolérance religieuse, s'en félicita publiquement. Elle fut cependant très frappée par cette mort, au point qu'elle crut voir, dit-on, son fantôme lui apparaître. N'en déplaise aux pamphlétaires, il n'avait pas été son amant. Mais elle perdait en lui un partenaire de son âge, aussi réaliste qu'elle. Les affrontements avaient fini par créer entre eux une forme de complicité. Ils se comprenaient. Avec lui, elle savait à quoi s'attendre. La jeune génération des Lorrains, au contraire, était redoutablement imprévisible.

Plus imprévisible encore le nouveau souverain, sur lequel les pénitents malgré eux s'interrogeaient en soignant leurs rhumes. Qu'était donc devenu le héros de Jarnac et de Moncontour, le digne émule de son père et de son grand-père, qui devait arracher enfin la France au funeste gouvernement des femmes ?

Et Catherine de son côté se posait mille questions, car elle sentait que son fils lui devenait étranger. Lorsqu'elle lui annonça, avec portrait à l'appui, qu'elle avait obtenu pour lui la main d'une attrayante princesse suédoise, à moins qu'il ne préfère une danoise, il répliqua tout net que son choix était fait : il épouserait Louise de Lorraine-Vaudémont.

Le choix du roi

Qui donc ? Louise de Lorraine ? Où était-il allé chercher parti aussi modeste ?

Un cousinage avec le duc régnant ne suffisait pas à la hisser au niveau d'un roi de France. Née au château de Noményle 30 avril 1553, de Nicolas de Mercœur, comte de Vaudémont, cadet de la maison de Lorraine, elle était l'aînée des quatorze enfants qu'il eut de trois lits successifs. Elle n'avait qu'un an lorsque mourut sa mère, Marguerite d'Egmont, issue d'une grande famille des Pays-Bas. La seconde épouse de son père, Jeanne de Savoie-Nemours, fut pour elle une belle-mère affectueuse, lui fit donner une solide instruction classique et l'introduisit à la cour de Nancy à l'âge de dix ans. Elle brilla dans le monde, à Munich, au mariage de sa cousine Renée avec le duc Guillaume de Bavière. Mais un nouveau veuvage du comte lui donna pour marâtre Catherine d'Aumale, une femme dure, jalouse, qui la confina dans un isolement que venait rompre à de rares occasions la sollicitude de la duchesse Claude, la fille de Henri II et de Catherine de Médicis.

Grande, blonde au teint blanc, aux yeux brun clair très doux voilés par une légère myopie, la silhouette fine et racée, elle était belle, d'une beauté délicate, discrète, émouvante. Henri l'avait rencontrée l'année précédente lorsqu'il avait fait étape en Lorraine, sur le chemin de Cracovie. Dans le trouble où le jetait un départ qui lui répugnait, il fut frappé par sa douceur et sa modestie, lui demanda de prier pour lui, ajoutant que « s'il recevait du ciel cette grâce de voir son État bien établi, il lui ferait paraître combien il honorait son mérite ». Bien que les biographes ultérieurs de la reine aient voulu voir dans ces paroles une première ébauche de l'engagement à venir, on ne peut croire raisonnablement que Henri ait alors songé à l'épouser : une vague promesse de faveur, c'était déjà beaucoup en échange des prières d'une inconnue. Il ne « s'embrasa » pas aussitôt pour elle, c'est d'un autre feu qu'il brûlait alors : il était tout à sa passion pour Marie de Clèves.

Mais lorsqu'il décida de couper court aux entreprises matrimoniales de sa mère en prenant l'initiative, il se souvint de la douce et modeste jeune fille, qui n'était pas sans lui rappeler par certains côtés son amour perdu. Elle n'avait ni rang, ni crédit, ni fortune, ni prétentions. Elle n'existerait que par lui, elle serait toute à lui, fidèle et tendre. Il confia à son chancelier, Cheverny, « qu'il voulait prendre une femme de sa nation qui fût belle et agréable, disant qu'il en désirait une pour la bien aimer et en avoir des enfants, sans aller en chercher d'autres au loin, comme ses prédécesseurs avaient fait ». « En son cœur, il avait une affection imprimée et quasi déjà formée pour Mademoiselle de Vaudémont. »

Ce mariage « inégal et précipité » surprit beaucoup les

contemporains, qui taxèrent de comédie le chagrin mélodramatique affiché quelques semaines plus tôt. On le soupçonna
de n'aimer personne, alors qu'il lui fallait en permanence aimer
quelqu'un, pour se sentir vivre. On ne comprit pas davantage,
tant les mentalités du temps étaient accoutumées à dissocier
amour et conjugalité, qu'il tînt à porter à celle qu'il épousait un
sentiment sincère. Contre tous les usages, son union avec
Louise de Lorraine est le seul mariage royal de tout le siècle où
n'intervinrent nulles considérations de politique ou d'intérêt.
Inspiré, à défaut d'amour passion, par une inclination vraie,
c'est un acte de foi dans l'amour conjugal espéré. Henri, décidément, prenait plaisir à se singulariser.

Il n'osa pas aborder sa mère de front et chargea le fidèle
Cheverny « de le lui faire avoir pour agréable ». Catherine
croyait que la perte de Marie de Clèves lui aurait inspiré, à
l'égard des autres épouses possibles, une totale indifférence.
Elle tomba de son haut. Mais elle l'aimait trop et craignait trop
son humeur incertaine pour prendre le risque d'un conflit. Elle
jugea qu'il serait désastreux de laisser apercevoir entre elle et
son fils le moindre signe de mésentente. Elle prit donc le parti
d'approuver chaudement ce qu'elle ne pouvait empêcher.
Certes les Guise, apparentés à la nouvelle reine, pourraient
tenter d'en tirer avantage, mais la mort récente du cardinal de
Lorraine venait de les affaiblir : une chose compensait l'autre.
Et puis, renseignements pris, elle fut conquise par « l'esprit
doux et dévot de cette princesse qu'elle jugea plus propre et
adonnée à prier Dieu qu'à se mêler des affaires » : Louise ne lui
disputerait pas le terrain politique.

Aussitôt acquis l'accord maternel, Henri congédia la capiteuse Renée de Rieux, demoiselle de Châteauneuf, avec qui il
entretenait une liaison épisodique et, apprenant que Louise
renonçait pour lui à deux prétendants, il proposa à l'un d'eux
une compensation cavalière : « Mon cousin, j'ai épousé votre
maîtresse* ; mais je veux en contre-échange que vous épousiez

---

* On se souviendra que le terme de maîtresse désigne seulement à
l'époque une femme aimée ou recherchée par un homme, sans préjuger de
la nature de leurs relations.

la mienne.» L'autre obtint à grand peine trois jours de réflexion, qu'il mit à profit pour regagner en toute hâte son territoire de Luxembourg. Déjà deux hommes de confiance, Cheverny et Du Guast, chevauchaient vers la Lorraine, porteurs de la royale demande en mariage.

Le couronnement de Cendrillon

La suite de l'histoire, telle que l'ont transmise les biographes, a tout du conte de fées.

Louise, qui s'était rendue en pèlerinage à pied dans un sanctuaire de saint Nicolas, était absente lorsque les envoyés se présentèrent devant son père. Inutile de dire que celui-ci n'attendit pas de l'avoir consultée pour donner son consentement. Elle rentra tard, fatiguée, se mit au lit et s'endormit. Le lendemain, elle sentit la présence de sa belle-mère à son chevet, ouvrit les yeux et vit celle-ci lui faire trois révérences. Habituée à être rudoyée, elle ne comprit pas, se crut en faute, lui demanda pardon de ne pas s'être habillée à temps pour la saluer la première à son lever. « C'est à moi de me trouver au vôtre, répondit la marâtre avec une douceur imprévue, et de m'excuser d'avoir peut-être manqué à ce que je vous devais : vous épousez le roi de France.» La jeune fille, stupéfaite, croyait à une mauvaise plaisanterie. Elle se rendit enfin à l'évidence, elle était bien celle qu'avait choisie Henri III.

Le temps prit alors le galop. On était au début de février. Le roi tenait, pour donner plus de solennité encore à son mariage, à le jumeler avec son sacre, prévu pour le 13 du même mois. Il décida que les noces auraient lieu deux jours plus tard. Il arriva le 11 à Reims, où elle l'avait précédé de peu. Rencontre un peu angoissante pour tous deux. Au cours du voyage une autre princesse lorraine avait affirmé à Henri, pour tenter de la supplanter, que Louise lui préférait en secret un de ses anciens prétendants. Il se demandait s'il n'avait pas cédé trop vite à une impulsion déraisonnable. Elle, de son côté, tremblait qu'il ne fût déçu en la revoyant. Mais lorsqu'elle parut devant lui, elle rayonnait d'une telle joie qu'aucun doute n'était permis et le cœur du roi fondit de tendresse en se voyant ainsi adoré.

Elle se rendit le dimanche à son sacre, revêtue d'un manteau étincelant sur lequel il avait cousu lui-même perles et pierreries. Elle put le voir, caparaçonné d'or et de diamants, accomplir les gestes rituels, supporter des heures durant l'exténuante cérémonie. Il était à jeun, comme le voulait le rituel, il se sentit défaillir lorsqu'on lui posa sur la tête la lourde couronne, qui glissa, faillit tomber ; et il murmura qu'elle lui faisait mal : mauvais présage ? Il dut renoncer, par fatigue, à toucher les scrofuleux.

Le surlendemain mardi gras eurent lieu les épousailles. Henri la voulait si belle que rien de ce qu'avaient prévu les tailleurs et les joailliers ne trouvait grâce à ses yeux. Elle se prêta patiemment aux essayages, debout, tournant et virevoltant pour lui permettre d'arranger un drapé, de rectifier un ajustement, se pliant à tous ses caprices. Ses cheveux n'étant jamais dressés à son goût par les professionnels, il finit par la coiffer de ses propres mains. Il y avait du Pygmalion en lui. Il l'avait tirée de rien. En l'habillant et en la parant lui-même, il se l'appropriait totalement, il faisait d'elle plus que sa créature : sa création.

Cependant le temps s'écoulait, dans la cathédrale le clergé et la cour attendaient, de plus en plus surpris de ce retard. Il était quatre heures de l'après-midi, la nuit tombait lorsqu'elle fit son entrée dans la nef, « vêtue à la royale d'un fort long manteau de velours violet tout semé de fleurs de lys d'or ». Et le cardinal de Bourbon put enfin célébrer la messe.

À la fin du mois, ils rentrèrent ensemble dans la capitale que Henri avait quittée un an et demi plus tôt pour s'en aller occuper le trône de Pologne. Ils étaient désormais mari et femme.

Jamais ne s'éteignit chez Louise l'éblouissement des premiers jours. Plus rien ne compta pour elle en dehors de celui qui l'avait élevée à lui, élue entre toutes pour partager sa destinée. Le cœur du roi ne l'avait pas trompé : elle était bien telle qu'il l'espérait. L'amour qu'elle lui voua devait résister au temps, aux épreuves, aux infidélités, à la mort. Pourtant ce n'était pas un homme simple et facile à vivre que le fils préféré de Catherine de Médicis. Et sa personnalité ambiguë lui valut des attaques d'une violence inouïe, dont son épouse subit durement le contrecoup.

Un roi féminin

Les mois passent, puis les années, et les Français ne retrouvent pas dans leur roi le jeune guerrier plein de promesses qu'ils avaient cru connaître avant l'épisode polonais. En lui se développent au contraire d'inquiétants indices de féminité.

Il n'a rien perdu de son charme fameux, « cet admirable *je-ne-sais-quoi* qu'il a reçu de la nature » et qu'aucun portrait ne saurait rendre. « Ses yeux, cet agrément qu'il a autour de la bouche quand il parle, cette douceur avec laquelle il surprend ceux qui ont l'honneur de le voir en particulier ne se représentent ni par la plume ni par le pinceau. » Il est beau. Il le sait. Comment pourrait-il l'ignorer, depuis le temps qu'on le lui répète ? Cette beauté, cette grâce ont fait de lui pendant des années la coqueluche des filles d'honneur de sa mère. Il a appris d'elles à en jouer. Il aime à plaire, à séduire, et les moyens qu'il emploie, spontanément ou par mimétisme, ont quelque chose de féminin. À la société des hommes il préfère celle des femmes, dont il partage les préoccupations et les goûts.

Sa table de toilette n'a rien à envier à celle d'une coquette avertie : lotion spéciale pour éclaircir la peau de son visage et de ses mains, qu'il juge trop brune, crème de soins pour en conserver la douceur, poudre destinée à blanchir les dents tout en purifiant l'haleine, assortiment de parfums divers. Il prend grand soin de ses cheveux, du moins tant qu'il lui en reste : on les lui frise chaque matin au fer et on leur apporte lorsqu'ils commencent à grisonner de discrètes retouches de couleur. Lorsqu'il devra, pour raisons de santé, se faire raser, il lancera la mode des bonnets plantés tout droits sur la tête, selon l'usage polonais, et recourra à l'occasion à une perruque.

Sa passion pour les bijoux, qu'il porte de préférence sur des tenues sombres pour mieux les mettre en valeur, n'est pas à l'époque spécifiquement féminine : tous les grands seigneurs exhibent, comme signes extérieurs de puissance et de richesse, des chaînes d'orfèvrerie à leur cou et d'énormes diamants à leurs doigts. Il ne se distinguerait que par la qualité de ceux qu'il arbore et par leur variété, s'il ne complétait sa tenue par des pendants d'oreilles qui, eux, ne relèvent pas des parures masculines traditionnelles. Certes quelques gentilshommes faisaient parfois incruster un diamant dans le lobe d'une de leurs oreilles. Et Charles IX lui-même s'était risqué à y suspendre une pierre. Mais devant les énormes émeraudes arborées par Henri, « si grosses qu'il n'y a pas une Moresque en Afrique qui en ait de plus grandes », il en avait fait porter pendant quelques jours, par dérision, à une cinquantaine de ses gentilshommes, avant de les leur faire ôter. Lorsque Henri, devenu roi, se remit à exhiber de somptueuses pendeloques, il provoqua chez son plus jeune frère François et les amis de celui-ci de tels sarcasmes qu'il finit par y renoncer.

Parmi les activités aristocratiques auxquelles s'adonnent les hommes, il en est une seule qu'il pratique avec plaisir, la danse, où il excelle. Mais il déteste les exercices physiques exigeant un effort violent. Son frère Charles IX, pourtant de santé fragile, forçait les bêtes avec rage, battait le fer comme forgeron, jurait comme un charretier et piquait d'effroyables colères. Mais Henri fuit la chasse ou le manège, il se dérobe s'il le peut aux joutes et tournois malgré son réel talent d'escrimeur, et au jeu de paume, ancêtre de notre tennis, il substituera quelque temps le bilboquet. Il se force cependant à sacrifier aux usages, parvient à s'intéresser à la chasse sous l'angle de la vénerie et de la volerie d'oiseaux de proie, à l'équitation sous celui du dressage. Il ne convainc pas : un vrai gentilhomme se doit d'être belliqueux et brutal. Trop poli pour être honnête, trop mesuré dans son langage, trop doux malgré quelques éclats de colère, trop séduisant, trop raffiné, il aggrave son cas par son amour des livres, son intérêt pour les débats moraux ou philosophiques, ses accès de mysticisme, qui forment avec les traits cinglants d'une ironie désabusée un contraste surprenant. On lui pardonnerait tout cela s'il se dépensait par ailleurs en jeux virils. Mais ne voilà-t-il pas qu'il s'occupe à découper des *canivets** ? Ce roi intellectuel, introverti, « tout enclin à la paix et

---

* Les *canivets* étaient des images qu'on découpait soigneusement avec des ciseaux très fins et qu'on transportait sur d'autres supports pour en tirer divers effets.

au repos », passe donc pour un paresseux et la paresse, comme chacun sait, est mère de tous les vices : « Tous ses instincts de bravoure et de graves desseins ont disparu, note au début de son règne un ambassadeur vénitien ; il s'abandonne à une telle oisiveté, les voluptés dominent tellement sa vie, il s'éloigne tant de tous exercices que chacun s'en étonne. » « Il est pusillanime et a faute de valeur », dit en écho le Savoyard. Et leur collègue espagnol explique qu'il laisse ainsi paraître « ce qu'il est en réalité », c'est-à-dire un homosexuel.

L'était-il, ne l'était-il pas ?

Le dimanche 24 février [1577], jour de saint Mathias, écrit dans son *Journal* le chroniqueur L'Estoile, bien que la situation politique fût très tendue et qu'il eût perdu tout récemment son beau-père, le roi « cependant faisait ballets et tournois, où il se trouvait ordinairement habillé en femme » — pour les ballets, pas pour les tournois ! — « ouvrant son pourpoint et découvrant sa gorge, y portant un collier de perles et trois collets de toile, deux à fraise et un renversé, ainsi que le portaient les dames de la cour ». Assurément on était en période de carnaval et durant les fêtes l'Église autorisait, comme jadis lors des saturnales, une transgression temporaire des lois et des interdits. Dans ce cadre le travestissement des hommes en femmes était traditionnel et il perdura, notamment dans les ballets à thèmes mythologiques, jusqu'au milieu du XVIIᵉ siècle. Il n'était donc pas rare de voir des maréchaux couverts de cicatrices ou de graves magistrats incarner à cette occasion une déesse ou une nymphe. Hélas, le roi n'est pas un simple particulier. Étant donné les préjugés de son temps et la forte charge symbolique attachée à sa fonction, il aurait dû éviter les rôles de ce genre. Or il les affectionnait, et il les jouait trop bien, tant le travesti semblait chez lui naturel.

Mais ce qui contribua le plus à entacher sa réputation est la présence à ses côtés d'une pléiade de favoris qu'il entoura d'une affection extrême et combla de faveurs : les fameux *mignons*. Ce terme n'avait jusque-là par lui-même rien de péjoratif. Il impliquait seulement sollicitude et tendresse. Des favoris ? les rois, princes et grands seigneurs en avaient presque tous. Ils choisissaient parmi leur clientèle de jeunes nobles de médiocre extraction dont ils assuraient la fortune en échange d'un dévouement à toute épreuve. Ils circulaient ainsi escortés d'une suite à l'ampleur de laquelle se mesurait leur prestige et qui pouvait leur servir de rempart en cas de danger. Des serviteurs à tout faire, des gardes du corps, des hommes de main au besoin, voilà ce qu'étaient la plupart des mignons qui entouraient Henri de Guise ou même François d'Alençon. Et leurs mœurs n'étaient pas en cause.

Mais Henri III choisit les siens sur critères esthétiques. Leur beauté rappelle aux poètes les plus fameux bergers de la légende grecque, qui avaient conquis le cœur des Olympiens. Le blond Jacques de Caylus notamment passait pour une réincarnation d'Adonis. Le roi les habille selon son goût, les fait friser, pommader, parfumer, les couvre de pierreries, les charge d'imposer les tenues vestimentaires qu'il tient pour élégantes, en fait des modèles ou des mannequins, au sens que nous donnons à ce mot lors des défilés de haute couture. Et les Parisiens de rire : « Ces beaux mignons portaient les cheveux longuets, frisés et refrisés, remontant par dessus leurs petits bonnets de velours, comme font les femmes, et leurs fraises de chemises de toile d'atour empesées, et longues de demi pied : de façon que voir leur tête dessus leur fraise, il semblait que ce fût le chef de saint Jean en un plat.[...] Peignés, diaprés et pulvérisés de poudres violettes et senteurs odoriférantes, [ils] aromatisaient les rues, places et maisons où ils fréquentaient. » De là à les qualifier de « mignons de couchette », pour préciser le rôle qu'ils étaient censés jouer auprès du roi, il n'y avait qu'un pas, qui fut vite franchi.

La verve vengeresse de d'Aubigné et le moralisme bourgeois de L'Estoile ont donc transmis à la postérité, qui l'a presque toujours adoptée sans examen, l'image d'un roi se vautrant sans remords dans la luxure en compagnie de ses favoris. Il faut évidemment nuancer le portrait qui a été fait de lui, sans pour autant se croire obligé de le ramener à la norme.

Un seul diplomate, le très médisant Savoyard René de Lucinge, affirme noir sur blanc ce que la plupart des autres suggèrent entre les lignes. Il précise même le nom de son initiateur supposé, un des compagnons de son équipée polonaise, Villequier. Il ne sert pas à grand-chose, pour infirmer ce témoignage, d'énumérer les femmes qui, avant son mariage ou en marge, furent ses maîtresses, ni de recenser les fêtes mixtes fort dissolues auxquelles il participa. Car la seule conclusion qu'on puisse en tirer relève de l'évidence : il n'entretenait pas avec ses mignons une relation homosexuelle exclusive — chose d'ailleurs fort rare au XVIe siècle. Mais rien ne dit que, comme son frère François d'Alençon par exemple, il ne cultivait pas concurremment les deux formes d'amour. Lorsqu'on souligne d'autre part que ses favoris, en dépit de leurs airs de gravures de mode, étaient de redoutables bretteurs, toujours en quête de conquêtes féminines et prêts à en découdre à la moindre querelle, on est conduit à penser que leur maître apprécie justement chez eux cette virilité agressive qui lui fait personnellement défaut. C'est bien comme un inverti qu'apparaissait le roi de France à ses contemporains médusés.

« Inversion psychique », tel est le diagnostic d'un médecin qui s'est penché sur son cas, estimant qu'il n'est pas passé à l'acte parce qu'il avait une conscience trop aiguë de sa condition de roi pour consentir à une relation de ce type. Réduit à contrarier ses désirs ou à en dévier les manifestations, il se serait contenté de vivre dans le déchirement sa féminité latente et de souffrir sans pouvoir éviter de scandaliser.

L'explication est plausible. Mais il est permis de se demander si l'on ne prend pas l'effet pour la cause en attribuant son mal-être à des pulsions sexuelles refoulées. Son extrême fragilité physique et psychique pourrait bien fournir la clef, non seulement de ses comportements « féminins », mais de bien d'autres traits de sa personnalité.

Un être fragile

Le climat dans lequel Catherine de Médicis a élevé son fils préféré offrait un singulier mélange de laxisme et de contrainte. Elle ne savait que faire pour lui être agréable et le couvrait de compliments, mais elle attendait de lui qu'il réponde aux très grands espoirs qu'elle caressait : il serait l'émule de son père ou, mieux encore, de son grand-père François Ier, le type accompli du souverain de la Renaissance, à la fois guerrier et artiste. En somme, il ressemblait à un de ces enfants d'aujourd'hui outrageusement poussés, à qui l'on ne refuse rien, mais dont on exige beaucoup plus qu'ils ne sauraient donner. Docile, il s'évertua pendant toute son adolescence à reproduire le modèle proposé, non sans bénéficier sur le champ de bataille de discrets coups de pouce donnés par des maréchaux chevronnés. Il aimait sa mère, il mit son point d'honneur à la contenter, avec une bonne volonté d'autant plus grande que le modèle en question était universellement reçu et que ses moindres succès se voyaient récompensés par une moisson d'enivrantes louanges.

Lorsqu'il dut quitter la France la mort dans l'âme, elle lui tint pour enrober l'amertume de la pilule des propos dignes des anciennes Romaines évoquées dans les *Vies* de Plutarque, dont la récente traduction par Amyot faisait fureur : « Je vous ai trop montré que je vous aime mieux où vous pouvez acquérir réputation et grandeur que de vous voir auprès de moi, encore que ce me soit un grand contentement, mais je ne suis pas de ces mères qui n'aiment leurs enfants que pour eux*, car je vous aime pour vous voir et désirer le premier en grandeurs et honneurs et réputation. »

Mais la pilule ne passa pas. Un seuil avait été franchi. Catherine demandait trop. Pendant les mois qu'il vécut en Pologne loin d'elle, soustrait à son emprise impérieuse, il se rendit compte qu'il serait incapable de forcer indéfiniment sa nature. Il comprit qu'il ne pouvait être celui qu'avait rêvé l'ambition maternelle. Et dans l'enchantement de la fête vénitienne, il sentit qu'il ne le voulait pas.

Il ne s'est jamais bien porté. Seule la comparaison avec Charles IX en phase terminale de sa tuberculose pulmonaire a pu le faire paraître robuste. Ses poumons à lui ne sont pas atteints. Mais c'est probablement le même mal, aggravé ou non — on ne sait — par une syphilis, qui provoqua chez lui des

---

* *Eux* est ici au masculin, accordé avec le mot non formulé de *parents* qu'appelle dans l'esprit de Catherine celui de *enfants*.

poussées infectieuses de toute sorte. Vers l'âge de douze ans il avait eu au coin de l'œil gauche, près de la narine, une fistule suppurante dont les médecins ne purent venir à bout qu'en créant sous l'aisselle droite une « fontaine », afin de procurer une issue aux « humeurs » accumulées dans la tête : leur suintement continu marquait ses vêtements d'une auréole nettement visible à l'église lorsqu'il levait le bras pour se signer. Régulièrement, au cours de sa vie, on dut rouvrir cette voie dérivée pour tenter de purger les abcès récurrents qui lui venaient un peu partout sur le corps, à l'œil, à l'oreille, à la paume des mains, au pied. Il souffre de fièvres, d'atroces maux de tête, de troubles intestinaux, d'éruptions cutanées, d'œdèmes, d'hémorroïdes, de goutte, d'ostéite, d'ulcères. Depuis qu'une otite purulente a failli lui coûter la vie, il a perdu l'ouïe d'une oreille et il appréhende très fort les coliques néphrétiques dont il a ressenti quelques signes prémonitoires. C'est au demeurant un malade discipliné, prêt à se soumettre aux laxatifs, à la diète, à la saignée, docile aux injonctions contradictoires des médecins lui interdisant ou lui prescrivant tour à tour de boire du vin. C'est aussi un malade orgueilleux, qui ne veut pas passer pour tel, car la maladie est laide, repoussante, elle risque d'altérer l'image qu'il veut avoir et donner de lui-même.

Il ne parvient pas à cacher le fait que tout effort intense ou simplement prolongé le fatigue, mais il le minimise, préfère en plaisanter, tente de faire passer pour préférence librement choisie ce qui est soumission aux impératifs de la nature. Il répugne aux exercices violents comme la chasse et la guerre tout simplement parce qu'il n'a pas les ressources physiques nécessaires. Il préfère les activités de l'esprit, parce qu'il est intelligent, certes, mais aussi parce qu'il les supporte mieux. Cependant son application aux tâches de gouvernement est sujette à intermittences lorsque ses migraines deviennent intolérables. Il lui faut récupérer, laisser se reconstituer lentement des forces qu'il sera tenu de ménager. Sa paresse, son oisiveté, son « amour de la vie molle et facile » ne sont qu'une apparence derrière laquelle se dissimule une faiblesse qu'il se refuse à avouer. Et sa coquetterie, l'extrême soin qu'il prend de soigner et d'orner son corps est sans doute une réponse aux atteintes ressenties : parures, maquillage, parfums empêchent de transparaître le lent travail de destruction qui est à l'œuvre au-dedans de lui.

Ses prétendues débauches relèvent sans doute du même processus compensatoire. Une sexualité vigoureuse n'est-elle pas un des attributs obligatoires d'un roi ? Catherine de Médicis, en proposant son fils à Élisabeth d'Angleterre, n'avait pas hésité à lui écrire qu'elle avait toutes chances de devenir mère « avec un aussi bon étalon ». Mais dans ce domaine comme dans les autres, elle semble l'avoir surestimé. Lorsqu'on tente de faire le décompte des « orgies » auxquelles il est attesté qu'il participa, on s'aperçoit qu'elles sont très peu nombreuses : le festin du Plessis-lès-Tours, la noce de la fille d'un de ses financiers, une partie fine chez le duc de Joyeuse..., on cite toujours les mêmes. Sur un règne de quatorze ans, ce n'est pas grand-chose. Si les murailles et tapisseries de sa chambre avaient pu parler, il est probable qu'elles n'auraient pas dit toutes les « belles choses » dont la seule idée fait saliver L'Estoile d'une gourmandise scandalisée. Le nonce apostolique Salviati voyait plus juste lorsqu'il écrivait à un collègue romain, dès avant le mariage avec Louise : « Il est par nature très porté à la luxure et néanmoins il est si faible que s'il lui arrivait de dormir deux ou trois nuits en compagnie, il ne pourrait quitter le lit d'une semaine. Quand Votre Seigneurie apprendra que le roi a eu en quelque sorte indisposition, comme c'est le cas aujourd'hui, où il est resté trois jours au lit, elle pourra dire que l'amour en a été la cause. » Le diplomate en conclut à tort qu'il vivra peu, mais avec raison qu'il n'aura pas d'enfants. Onze ans plus tard, si l'on en croit Lucinge, Henri était toujours partagé entre les intempérances de son imagination et les défaillances de son corps, puisqu'il s'adonnait au voyeurisme.

Il était encore plus fragile sur le plan psychique. « Mélancolique », donc dominé, selon la théorie des humeurs, par la bile noire qui assombrit le caractère, dépressif, « mal dans sa peau », comme nous dirions familièrement aujourd'hui, déchiré et lucide, il aspira éperdument, en marge de ses fonctions de roi qu'il tentait d'exercer de son mieux, à être aimé pour lui-même, tel qu'il était, de quelques êtres choisis à qui il vouait un attachement d'une intensité redoutable.

« *J'aime avec extrémité* »

Catherine l'aime excessivement, c'est-à-dire mal. Elle pèse sur lui de tout le poids de son autorité, de son expérience, de son savoir-faire de vieille négociatrice rouée. Telle une pieuvre, elle l'accable de ses conseils, l'écrase de ses louanges qu'il sait souvent imméritées, l'étouffe de ses embrassades et le noie de ses larmes, le ligote dans les nœuds étroits de la reconnaissance. Ne lui doit-il pas tout, et notamment deux couronnes, l'une conquise, l'autre préservée ? Il sait bien que c'est vrai, hélas, et qu'il a besoin d'elle : il ne peut sans son aide affronter les conflits qui secouent le royaume. Mais elle ne saurait combler son cœur.

Ce fils trop aimé de sa mère se sent mal aimé. La prédilection outrancière qu'elle lui voue l'a coupé de son entourage. Ses frères et sœurs le jalousent. Les autres le craignent, le flattent. Elle tend à écarter quiconque fait mine de se glisser entre elle et lui. Elle lui a refusé Marie de Clèves. Et quand elle le met en garde contre ceux qui sont devenus ses familiers en Pologne et qu'elle l'invite à leur mesurer ses faveurs, ce ne sont pas là seulement des préceptes de sage politique. D'instinct, elle cherche à faire autour de lui une sorte de vide sanitaire qui, reléguant à l'arrière-plan serviteurs et maîtresses, préserverait dans son superbe isolement le tête-à-tête entre mère et fils. Un roi doit savoir être seul, c'est ce que la vie a démontré à Catherine. Une solitude à deux la comblerait.

Pas lui. Comme son aîné, il a souffert d'une éducation trop fortement matriarcale. Charles était en quête d'un père, qu'il crut un instant trouver en Coligny. Henri, sensible, passionné, cherche l'âme sœur, quel que soit le sexe du corps qui l'abrite. Il rêve du grand amour, de l'amitié idéale, avec toute la violence d'un tempérament à qui l'on n'a pas suffisamment imposé de garde-fous. « Ce que j'aime, c'est avec extrémité », a-t-il confié un jour à son secrétaire d'État, Villeroy. Bien sûr, il exige la réciproque, et quelquefois il l'obtient, tant émeut son attente ardente, anxieuse, pathétique. Tous ses espoirs s'étaient d'abord cristallisés sur Marie de Clèves. Quand elle est morte il a cherché un substitut en Louise de Lorraine. Elle est douce, sage, tendre, elle a toutes les qualités escomptées et elle l'aime profondément, mais il en faudrait davantage pour éteindre l'angoisse de son époux et répondre à son besoin de symbiose spirituelle. C'est à ses favoris qu'il demande finalement le supplément d'être dont il a besoin.

Sans qu'ils fussent nécessairement ses amants, il entretint avec eux une relation passionnelle qui ne pouvait être ni acceptée, ni même comprise et fut pour beaucoup dans sa désastreuse réputation. Comme Louise, ils sont ses créatures. Plus encore qu'elle, puisqu'ils sont hommes, il les façonne, il les modèle, il les recrée à son image et il se projette en eux. Portant mêmes vêtements, mêmes chevelures frisées, mêmes parures, ils sont ses miroirs et ses doubles, et c'est pourquoi on peut les dire efféminés comme lui. Mais ils sont aussi tout ce qu'il n'est pas, qu'il voudrait et ne peut pas être. Ils ont la santé et la force. Leur épée qui tranche sec est le bras armé de leur maître, leurs provocations et leurs duels sont siens. Nulle jalousie devant leurs succès féminins, au contraire. Il encourage leurs amours, qu'il vit par procuration : il rejaillit sur lui quelques bribes de leur exubérante virilité. Il les couvre bien sûr de présents et d'honneurs, bouleverse en leur faveur la hiérarchie nobiliaire et les soutient envers et contre tous, même s'ils ont tort, surtout s'ils ont tort, la seule condition étant qu'ils lui rendent son affection. Lorsqu'ils sont au loin, il les presse de lui écrire, et les lettres qu'il leur envoie sonnent comme des appels au secours : « Aimez-moi, aimez-moi, autant que je vous aime ! »

Il ne pouvait pas se passer de favoris, il en eut toujours entre deux et six à la fois. Et il en fit une assez grande consommation, car la fonction, on s'en doute, n'était pas de tout repos. Certains payèrent de leur disgrâce une infraction au pacte tacite. D'autres périrent assassinés. Quand deux d'entre eux tombèrent lors d'un célèbre duel qui les opposa en avril 1578 aux hommes du duc de Guise, le chagrin du roi atteignit au paroxysme. L'un, Maugiron, mourut sur le pré, l'autre, le beau Quélus, le plus aimé, agonisa plus d'un mois. Le roi allait le voir chaque jour. Il fit interdire la rue Saint-Antoine à la circulation pour procurer le silence au blessé, qu'il pansait et soignait de ses propres mains. Ce fut lui qui ôta les pendentifs qu'il avait suspendus lui-même à ses oreilles et il fit prélever sa blonde chevelure qu'il conserva comme relique avec celle de Maugiron. Il exposa leurs corps sur un lit de parade comme ceux des princes et leur fit bâtir dans l'église de Saint-Paul un somptueux mausolée de marbre blanc que la populace baptisa le « sérail des mignons » et qu'elle brisa quelques années plus tard, pendant les troubles de la Ligue. Car ce deuil mélodramatique avait scandalisé. C'étaient « façons de faire indignes d'un grand roi », gronda L'Estoile.

Henri pleurait ses mignons morts, mais il les remplaçait. Le 1er janvier qui suivit le duel tragique, lors de la remise des colliers de l'ordre du Saint-Esprit, on vit apparaître à ses côtés quatre nouveaux venus, vêtus en tout point comme lui. Et l'on comprit que la place laissée vide par les disparus était désormais remplie. Deux d'entre eux, Jean-Louis Nogaret de La Valette et Anne de Batarnay d'Arques, bientôt promus ducs d'Épernon et de Joyeuse, prirent vite une prééminence qui leur valut le surnom d'*archimignons* et jouèrent dans la fin du règne un rôle politique capital. Ils sont un peu plus jeunes que le roi qui, entre-temps, a vieilli et n'a toujours pas d'enfant. Déjà il lui arrivait d'appeler Quélus : « petit ». L'affection qu'il porte aux nouveaux venus prend une coloration plus paternelle encore, et familiale. Il les pousse au tout premier rang de la hiérarchie nobiliaire, il les dote, il les marie. Écrivant à la mère de Joyeuse, à qui il donne pour épouse la propre sœur de la reine Louise, il a ce cri du cœur : « Si je l'eusse pu faire mon fils, je l'eusse fait, mais je le fais mon frère. » Mais de plus en plus c'est en fils adoptif qu'il le traite, de même que son autre favori, Épernon.

Pareille faveur avait de quoi irriter tous ceux sur le ventre de qui il les faisait passer. Mais le plus grave était qu'elle témoignait d'un déséquilibre intérieur, d'une vulnérabilité qui parurent peu compatibles avec la fonction royale. « Il aimait sans mesure ceux qu'il favorisait sans savoir pourquoi », résume un contemporain. Ce n'était là qu'une de ses singularités, parmi bien d'autres.

Il était plein de contradictions. Il tenait par-dessus tout à ses prérogatives et veillait avec un soin tatillon au respect des formes qui en attestaient. Mais en même temps il supportait mal d'y être assujetti, il aurait voulu pouvoir y échapper. La vie quotidienne d'un souverain, en perpétuelle représentation, exposé au regard de ses sujets dans la moindre de ses activités, lui devenait parfois intolérable. « Misérable à mon gré qui n'a chez soi où être à soi, où se faire particulièrement la cour, où se cacher », écrit au même moment Montaigne, qui a vu de près et n'a pas aimé la vie que mène son prince. Aux yeux du méditatif auteur des *Essais*, misérable est le roi que tous courtisent mais qui ne s'appartient pas, jamais seul, jamais libre, enchaîné aux tréteaux de la scène grandiose sur laquelle il officie. Catherine a une capacité de repli sur soi hors du commun, elle est capable de s'abstraire de l'agitation ambiante pour mener, en son for intérieur, une réflexion solitaire. Henri, lui, a besoin d'isolement et d'intimité à la fois, il lui faut un cadre favorable et une présence amie. Plus il avance en âge, plus on le voit s'évader en compagnie de quelques familiers dans un château écarté. Et on le verra aussi chercher de temps à autre l'asile d'une cellule monastique pour tenter d'y trouver la paix intérieure.

Telle est, sommairement évoquée, la personnalité complexe de Henri III. On nous pardonnera ce long excursus consacré à un roi : il tient alors les clefs du destin de trois reines, sa mère, sa sœur et sa femme.

Il ne négligea jamais celle-ci, quoi qu'on en ait dit sur la foi des rumeurs concernant ses mœurs. Elle compta beaucoup dans sa vie et il forma avec elle un couple exceptionnellement uni.

Un couple uni

Si Louise de Lorraine occupe peu de place dans les chroniques, c'est parce qu'elle ne joua guère de rôle dans l'histoire : elle n'en avait ni le goût, ni sans doute les capacités. Elle se fond dans l'entourage du roi, perdue dans une manière d'anonymat. « Le jeudi gras 6 février [1578], écrit L'Estoile, le Roi, Monsieur, les princes et seigneurs de leur suite, les trois reines et les dames dînèrent en l'Hôtel de Ville, où le prévôt des marchands et les échevins firent le festin en grande somptuosité. » *Les reines,* presque toujours au pluriel, sont soit deux, Louise et son omniprésente belle-mère, soit trois lorsque comme ici se joint à elles Marguerite de Valois-Navarre. Et quand on lit sous la plume d'un mémorialiste *la reine,* il s'agit presque toujours de la reine mère. Pour parler de Louise, ils spécifient, *la jeune reine* ou *la reine régnante.* Celle-ci s'accommode sans peine d'une discrétion qui lui convient. Sa « maison » est plus restreinte que celle de Catherine et sa chambre moins « ouverte » : elle n'a pas en permanence autour d'elle même tourbillon de courtisans.

Mais si on regarde de près ces chroniques ou si l'on examine l'iconographie, on constate qu'elle est toujours auprès du roi. Elle fut plus étroitement associée à la vie de son époux qu'aucune autre reine. Il lui fut offert moins d'entrées solennelles qu'à certaines, parce que Henri III fit moins de voyages d'apparat. Mais elle paraît à ses côtés dans toutes les cérémonies, dans toutes les fêtes, dans tous les festins officiels. Elle est présente dans sa chambre lorsqu'il reçoit des ambassadeurs, figure en bonne place à la séance d'ouverture des États Généraux et participe avec lui, le 31 mai 1578, à la pose de la première pierre du futur Pont-Neuf. Il l'associe expressément, en 1579, à la création de l'ordre du Saint-Esprit, dont les insignes comportent deux *lambdas* grecs entrelacés avec un H : leurs initiales à tous deux. On est bien loin des monogrammes fameux joignant au nom de son père celui de Diane de Poitiers.

Les rois guerriers sont toujours par monts et par vaux, loin de leurs épouses. Henri III, plus sédentaire, séjourne près de la sienne. L'étiquette veut qu'il lui rende une visite quotidienne après son dîner (qui est, entre onze heures et midi, l'équivalent de notre déjeuner), qu'il prenne avec elle le souper (c'est-à-dire notre dîner) aux côtés de sa mère et qu'ils passent ensuite la soirée avec toute la cour à écouter de la musique ou à danser. Mais Henri ne s'en tient pas à ces démarches obligatoires, qui ne témoignent d'aucune affection particulière. Il apprécie la compagnie de sa femme et s'offre avec elle des escapades pleines d'imprévu. Dans l'hiver de 1674-75 et bien que le pays fût en guerre, dit ironiquement L'Estoile, il ne laissait pas « d'aller aux environs de Paris, de côté et d'autre, se promener avec la reine son épouse, visiter les monastères des nonnains et autres lieux de plaisir, et en revenir la nuit, souvent par la fange et mauvais temps ; et même le samedi 7 janvier, son coche étant rompu, fit bien une lieue à pied par le mauvais temps qu'il faisait, et arriva au Louvre qu'il était plus de minuit ». L'été suivant, il profite d'un voyage en Normandie pour lui faire découvrir la mer. Le port de Dieppe, qui commerce avec les Tropiques, offre un grand choix d'animaux rares. Ils en rapportent tout un lot de guenons, perroquets et petits chiens, pour lesquels ils ont même prédilection. Vers la même époque, il lui achète la terre d'Ollainville, près de Montlhéry, dont il remeuble somptueusement le château. Ils y séjourneront ensemble à plusieurs reprises.

Attentions de jeune marié que tout cela ? Elles se prolongent en tout cas bien au-delà de la lune de miel. En 1581, lors des noces de Joyeuse, Catherine, entrant à l'improviste dans le cabinet du roi, trouva la reine assise sur ses genoux : la chose parut assez insolite à l'ambassadeur d'Angleterre pour figurer dans son rapport. En juin 1587, lorsqu'une fièvre tierce la tient au lit, « sans parler d'une grande mélancolie qui l'afflige sans cesse », il « passe presque toute la journée auprès d'elle et essaie par des paroles pleines d'affection de l'exhorter à garder courage ».

Ce ne fut pas pour autant une union sans nuages.

Dès le lendemain de leur mariage, il lui ôta les filles de chambre qu'elle avait amenées avec elle, redoutant sans doute qu'elles n'intriguent en faveur des Lorrains. La « piqûre en fut grande » au cœur de la reine, surtout pour une « très belle et fort honnête demoiselle » nommée Changy. Mais une telle démarche était quasiment d'usage et elle s'inclina *.

Plus graves furent les infidélités conjugales. Il alla quelquefois « au change, à la mode des grands », comme dit Brantôme. Il y mit cependant des formes. Jamais de maîtresses en titre, rien que des passades, peu nombreuses. Hélas, il y a toujours dans cette cour cancanière de bonnes langues pour en informer

---

* On verra plus loin que cette mesure était sans doute destinée à rendre plus acceptable pour sa sœur Marguerite l'expulsion d'une de ses suivantes.

la principale intéressée. On lui fait savoir qu'il rencontre en secret telle ou telle fille d'honneur ou qu'il fréquente avec une assiduité suspecte le couvent de Poissy pour les beaux yeux d'une religieuse. Elle est amoureuse, elle est jalouse. Mais au lieu de subir en silence, comme ses pareilles, elle se révolte. C'est à tort que les contemporains ont vu en elle un « miroir de patience » : elle débordait d'amour, pas de résignation. Elle ne supporte pas, au début de son mariage, que Henri offre une place dans sa suite à Renée de Rieux, en guise de cadeau de rupture. Elle est soulevée d'une grande colère, en 1580, quand tombent entre ses mains des lettres compromettantes d'une certaine demoiselle de La Mirandole, elle supplie Catherine « de l'envoyer de la Cour et que jamais elle ne la vît ». La jeune fille, en prenant congé d'elle, plaida coupable, mais allégua pour sa défense qu'elle voyait le roi « non en sa chambre, mais en une autre » : il ne mélangeait pas amours illégitimes et amours conjugales. Tous ces incidents n'impliquent point que les époux royaux fussent désunis, au contraire. Pour que Louise se permît de protester et qu'elle obtînt gain de cause, il fallait qu'elle se sût la préférée. Catherine avait sur la question une riche expérience. Elle ne s'y trompa pas et prit soin de se faire de Louise une alliée.

Elles firent front contre les mignons qui se montraient trop pressants auprès des filles d'honneur et en compromettaient quelques-unes. Catherine ne tolérait les intrigues de ses suivantes qu'au service de sa propre politique. L'honnêteté foncière de Louise lui fut très utile quand il s'agit de faire prévaloir la décence. On insinua que la trop possessive belle-mère incitait sa bru à faire des reproches au roi pour susciter entre eux irritation et discorde. Mais rien n'est moins sûr. Catherine, en délicatesse avec son fils, avait trop besoin d'elle. Et puis, il y a entre elles deux, en dépit des apparences, des points de convergence. Louise, sans être très intelligente, ne manque pas de bon sens. La piété exaltée du roi, par exemple, lui est étrangère. Elle préfère les bonnes œuvres. Elle patronne, au quartier Mouffetard, une Maison de Charité chrétienne. Et en peuplant les carrefours de statues de la Madone éclairées d'une lampe, elle contribue non seulement au salut de l'âme des Parisiens, mais à la sécurité de leurs sorties nocturnes. Elle s'inquiétera, comme Catherine, des progrès d'une dévotion outrancière chez le roi, en mesurera comme elle les effets dévastateurs dans l'opinion et tentera avec elle, en vain, de s'y opposer. On les retrouvera toutes deux luttant au coude à coude, dans la grande tourmente de la Ligue, pour la survie de celui à qui elles ont voué l'une et l'autre un immense amour.

Ce ne fut donc pas une reine insignifiante que Louise et la postérité a eu tort de l'oublier. Si elle n'avait choisi l'effacement, elle aurait pu briller d'un plus vif éclat. Elle le prouva en 1581, lors des festivités qui suivirent les noces de sa demi-sœur avec le duc de Joyeuse. Elle se devait d'offrir une fête aux jeunes époux. Ce fut le *Ballet comique** *de la Reine,* resté célèbre dans l'histoire des spectacles pour avoir intégré la musique et la danse à une action dramatique, préfigurant ainsi les grands ballets de cour du XVIIe siècle et annonçant de loin l'opéra. Le mérite de l'avoir conçu et organisé n'en revient pas à Louise, mais à Catherine, qui en avait confié l'exécution à un de ses chers artistes italiens, Belgiojoso, dont le nom francisé, Beaujoyeux, était en lui-même tout un programme. Sur un argument inspiré des maléfices de la magicienne Circé, nymphes et divinités évoluaient en chantant et en dansant dans un décor merveilleux. Un dénouement allégorique montrait Jupiter réduisant Circé à l'obéissance et, à l'intention de ceux qui n'auraient pas compris la leçon, un finale rassemblait tous les personnages dans un hommage rendu au roi, dont la sagesse et l'éloquence, dues à l'instruction reçue de sa mère, devaient suffire à ramener dans le devoir les rebelles les plus endurcis.

Pour une fois Louise n'était pas parmi les spectateurs, dans l'ombre de sa belle-mère, mais sur la scène, parmi les néréides, « vêtue de toiles d'argent et incarnat qui bouillonn[ai]ent sur les flancs et tout autour du corps, et au bout partout de petites houppes d'or et de soie incarnate », « le chef paré et orné de petits triangles enrichis de diamants, rubis, perles et autres pierreries [...] telle qu'on voit la nuit les étoiles paraître au manteau azuré du firmament ».

La fête dura de dix heures du soir à trois heures du matin. À

---

* *Comique* veut simplement dire ici théâtral, sans préjuger du genre.

la fin — autre symbole — la reine offrit à son époux une grande médaille d'or représentant un dauphin nageant. Cette promesse d'un bonheur encore à venir ne fut malheureusement jamais tenue. L'absence d'enfant fut un drame pour le couple en même temps qu'une source de troubles très graves pour le royaume.

Le drame de la stérilité

En liant à son sacre la célébration de son mariage avec Louise, Henri pensait attirer sur leur union double bénédiction, dans l'espérance « que Dieu [lui] fera[it] la grâce d'en avoir bientôt des enfants ». L'impatience générale est telle que, dans les premiers mois, tous les yeux sont fixés sur la reine. On guette la moindre lassitude, la moindre pâleur, la moindre nausée. Les médecins qui veillent sur elle — est-ce vraiment un bien ? — font des déclarations qui donnent lieu à comptes rendus diplomatiques. Pronostics aussitôt démentis. En avril 1575, elle a des malaises, des vomissements, des douleurs au sein : fausse alerte. En juillet, elle est malade, « l'espoir de sa grossesse augmente », mais ce n'est qu'une erreur. Au printemps suivant, nouvelle désillusion. Le 24 mars 1576, l'ambassadeur vénitien fait état d'une rumeur optimiste, qu'il dément dès le 29. À la fin d'avril, elle souffre de ce qu'on croit être des troubles digestifs, on lui fait ingurgiter une purge qui la soulage. Hélas, on ne s'était pas aperçu qu'elle était enceinte. Cette « malheureuse médecine [...] lui fit vider l'enfant que les sages-femmes disaient être déjà tout formé ». Cette fausse couche, intervenue dans les toutes premières semaines, ne pouvait guère avoir sur sa fécondité future les mêmes graves conséquences qu'une autre plus tardive. Elle serait même sans doute passée inaperçue si l'on n'avait pas suivi la reine de si près. En l'occurrence, tout en causant aux futurs parents « un grand déplaisir », elle ranima en eux l'espérance. Ils veulent si fort y croire que l'imagination se met de la partie. Ils font comme si leurs désirs étaient déjà réalité. Elle choisit des robes plus amples, en prévision de l'enfant tant désiré. Et lorsque le roi l'emmène en Normandie, au cœur de l'été de 1576, il la fait voyager dans une litière traînée par des mules auxquelles on substitue des porteurs dès que le chemin devient raboteux.

Ces gestes propitiatoires restèrent sans effet. Au fil des mois, les ambassadeurs espacèrent leurs communiqués à mesure que l'évidence s'imposait : le couple royal était stérile. Dans l'histoire de France des derniers siècles, on ne connaissait pas d'exemple d'une stérilité royale sans appel. De quoi peser très lourdement sur les victimes de celle-ci, bien près de se transformer en coupables.

Le chagrin qui rongeait Louise se répercuta sur sa santé. Elle perdait force et couleurs, devenait l'ombre d'elle-même. Et comme les préjugés de l'époque associaient embonpoint et aptitude à la maternité, son cas parut de plus en plus désespéré : «Elle est d'une constitution et complexion très faible ; et c'est pourquoi on l'estime peu propre à avoir des enfants. Elle est plutôt maigre de corps qu'autre chose.» Le Vénitien qui écrit ces lignes en 1578 est cependant un des rares contemporains à lui attribuer la responsabilité de l'échec. L'opinion commune incrimine son mari, pour des raisons tenant à ses mœurs supposées, soit qu'on l'accuse d'homosexualité ou d'impuissance, soit qu'on évoque une syphilis qu'il aurait communiquée à la reine.

Mais si l'on hésitait sur les causes — et l'on hésite encore aujourd'hui —, les conséquences, elles, étaient claires. Et gravissimes. Sur le plan politique, c'est la perspective d'une crise successorale, avec son cortège de conflits — on y reviendra. Mais surtout, le lien mystique qui unit Henri III à son peuple s'en trouve affecté. Le roi incarne le royaume, dont la fécondité est à l'image de la sienne. Un souverain stérile est présage de stérilité générale : hommes, troupeaux et champs frappés de la même malédiction. Henri III, dont l'image était déjà suffisamment ternie par ses comportements et ses goûts peu virils, n'avait certes pas besoin de cette disgrâce supplémentaire.

Il ne pouvait manquer de se poser lui-même des questions. La naissance d'enfants naturels l'aurait rassuré et aurait coupé court aux insinuations. Il se serait même fait amener, dit-on, une belle et vigoureuse fille auprès de qui il espérait faire ses preuves. Mais, bien que quelques rumeurs aient couru, il n'eut de ses maîtresses aucune progéniture. Traditionnellement les

rois avouaient leurs bâtards et leur assuraient une position
honorable. S'il en avait eu, ils les aurait reconnus, en dépit du
chagrin de son épouse : l'enjeu politique était trop important.
Quant à celle-ci, il y eut de bonnes âmes pour l'inciter à faire
l'essai de son côté. On prétend même qu'un des mignons bien
en cour, Saint-Luc, s'était porté volontaire, ce qui lui valut sa
mise à l'écart. Mais jamais Louise ne se serait prêtée à une
manœuvre qui eût été à la fois une atteinte à l'honneur conjugal et, du point de vue dynastique, un sacrilège.

Henri tenta par moments de se raccrocher à l'explication la
plus satisfaisante pour son amour-propre et de se persuader que
la stérilité venait d'elle : « Ce n'était pas sa faute, mais celle de
la reine régnante », aurait-il dit à sa mère. La malheureuse
n'était que trop disposée à prendre sur elle le fardeau de cette
involontaire culpabilité. A-t-elle craint la répudiation ? On voit
mal quels motifs auraient pu être invoqués en cour de Rome en
vue d'une annulation. Et puis, Henri avait des scrupules et
Catherine, qui se souvenait de ses propres angoisses, ne
renonça jamais à l'espoir. Elle-même n'avait-elle pas, après dix
années infructueuses, mis au monde une dizaine d'enfants ?
Elle croyait aux vertus de la confiance, elle leur prêchait l'optimisme : « Soyez joyeux ! Car voyez combien Dieu m'en a donné
pour n'être point* mélancolique. » Mais, pour des êtres aussi
anxieux, le conseil était difficile à suivre.

Ils recoururent à tout ce qu'offrait la médecine de l'époque.
Le roi se fit examiner, on lui trouva, comme à son père, une
légère anomalie sexuelle qu'on envisagea d'opérer. On le jugeait
trop nerveux et on lui fit boire du lait d'ânesse pour l'apaiser,
tandis qu'une matrone venue du fond du Languedoc préparait
à la reine certains bains et lui faisait absorber des décoctions
d'herbes mystérieuses dont elle détenait le secret. Tous deux
coururent les stations thermales. Ils allèrent à Pougues et à
Bourbon-Lancy, où ils ingurgitèrent des pintes et des pintes
d'eau. À Mézières, ils se firent apporter de celle de Spa.
Héroïques, ils en buvaient « plus que le plus grand ivrogne
d'Allemagne de vin du Rhin », à s'en détraquer l'estomac, et

---

* Parce que je n'étais point...

Henri songeait au supplice de l'eau infligé pour donner la question : ce ne pouvait être pire « géhenne ». Ils se baignaient aussi et le repos entraîné par la cure leur donnait l'illusion d'un regain de santé. « Le roi et la reine ne furent jamais si sains qu'ils sont, écrivait Catherine lors de leur cure de 1583 ; s'il plaisait à Dieu les ramener avec un enfant au ventre de la reine, ce serait pour nous récompenser de tous nos maux. »

Chez le roi les épreuves réveillent la tendance latente au mysticisme. Pour se concilier la bienveillance divine, il multiplie les prières et les gestes de dévotion, fréquente assidûment les églises où il entend messes et sermons, et il accomplit des pèlerinages dont le *Journal* de L'Estoile nous permet de suivre le détail.

« Le vendredi 23 janvier [1579], le Roi alla à Ollainville se baigner et purger. Le semblable fit la Reine sa femme, qu'il laissa à Paris ; puis alla faire la fête de la Chandeleur en l'église de Chartres, et y prit deux chemises de Notre-Dame*, une pour lui, et l'autre pour la Reine sa femme. Ce qu'ayant fait, il revint à Paris coucher avec elle, en espérance d'avoir un enfant, par la grâce de Dieu et des chemises**. [...] Le vendredi 26 [janvier 1582], le Roi et la Reine, chacun à part soi et chacun accompagné de bonnes troupes, allèrent à pied de Paris à Chartres, en voyage vers Notre-Dame de dessous terre, où fut faite une neuvaine à la dernière messe ; à laquelle le Roi et la Reine assistèrent, et offrirent une Notre-Dame d'argent doré, qui pesait cent marcs, à l'intention d'avoir lignée qui pût succéder à la couronne. [...] Le dimanche 18 mars, un jubilé à Paris, pour prier Dieu de donner lignée au Roi. [...] Le 25 juin, le Roi et la Reine furent en voyage à Notre-Dame de Chartres, y

---

* On conservait à Chartres une chemise ayant appartenu à la Vierge, qui était, en même temps que sa statue, l'objet d'une grande vénération de la part des femmes désireuses d'enfants. On y distribuait à ces femmes des chemises qui, ayant été placées dix jours durant sur la châsse de Notre-Dame, passaient pour les rendre fécondes et pour leur alléger les douleurs de l'enfantement, dont la Vierge avait été elle-même préservée.

** « Dont il était incapable, par la vérole qui le mangeait et les lascivetés qui l'énervaient », ajoute en guise de commentaire une édition plus tardive.

donnèrent une lampe d'argent de quarante marcs, et cinq cents livres de rente pour la faire ardre* jour et nuit. [...] Le lendemain de Pâques, 11 d'avril [1583], le Roi et la Reine partirent de Paris à pied, et allèrent à Chartres et à Notre-Dame de Cléry, pour obtenir mâle lignée par l'intercession de la belle dame ; et revinrent le 24 à Paris bien las. »

Dans les années ultérieures, les pèlerinages changent de nature. Louise a de la peine à suivre. Henri marche seul parmi des moines. « Le vendredi 9 mars [1584], le Roi partit de Paris pour aller à Notre-Dame de Chartres et de Cléry ; lesquels voyages il fit à pied, accompagné de quarante-sept frères pénitents des plus jeunes et dispos, pour bien aller de pied ; et tout au long de leur voyage portèrent toujours par les champs leurs habits de pénitents. » Et l'ambassadeur vénitien précise qu'ils couvrirent quatre-vingts lieues en treize jours et ajoute : « Il est resté dans chaque église des heures entières à genoux, en particulier dans celle de Chartres trois heures de suite sur la terre nue, en l'embrassant plusieurs fois. Il communiait tous les matins avec une telle dévotion et une telle humilité que tous ceux qui étaient présents en demeuraient étonnés et confus. » À titre de mortification il avait tenu à garder une chaussure abîmée et la blessure qu'elle lui causa l'immobilisa ensuite plusieurs jours.

En mars 1586 à nouveau, « il partit des Chartreux, accompagné d'environ soixante de ses confrères en habits de pénitents, et avec eux s'en alla à Notre-Dame de Chartres, dont il revint à pied et en même habit en deux jours, et arriva à Paris le dernier [de] mars. La nuit du jeudi absolu**, fit la procession accoutumée par les rues et églises de Paris, accompagné d'environ deux cents desdits pénitents ; et depuis la veille jusqu'au mardi de Pâques, ne bougea des Capucins à y faire prières et pénitences ».

Enfin, en décembre de la même année, le couple se rend à Chartres pour un dernier pèlerinage, en carrosse cette fois. Et comme la reine, en arrivant, se sentit souffrante et dut s'aliter,

---

* Brûler.

** Ancien nom donné au jeudi saint.

on voulut croire au miracle. Dès son retour à Paris, le roi s'en alla aux Capucins « remercier Dieu de ce que la reine était grosse, comme il en avait pris l'opinion ». Mais il fut détrompé trois jours plus tard.

Henri n'a donc pas tout à fait renoncé à l'espoir d'un enfant. Mais sa dévotion est devenue plus profonde. Il ne croit plus guère à la vertu des chemises bénites, des offrandes, des gestes extérieurs. C'est en lui qu'est le mal qu'il faut déraciner, le péché qui lui a valu cette malédiction qu'est la stérilité. Il remet en question sa vie tout entière. En 1582, il procède avec son confesseur à un examen de conscience général et fait vœu de ne plus connaître d'autre femme que la sienne et de dormir avec Louise toutes les nuits. Ses assiduités répétées auprès d'elle sont précédées de jeûnes, de prières, de tout un rituel purificateur. Sans plus de résultat. Il oscille entre espérance et découragement, s'obstine ou renonce tour à tour. Et peu à peu s'installe en lui la résignation. Il s'incline devant la volonté de Dieu. C'est à son salut éternel qu'il songe de plus en plus lorsqu'il revêt la bure du pénitent. Sa dévotion prendra dans les dernières années de son règne une coloration macabre, comme au temps du deuil de Marie de Clèves. Et l'on reverra à sa ceinture des chapelets de têtes de mort.

Un couple soumis à une telle épreuve risquait de s'entre-déchirer, chacun rejetant sur l'autre la responsabilité du désastre. Henri et Louise furent préservés de cette tentation par leur foi. Dieu leur avait refusé des enfants, peu importait par quelles voies : les causes secondes sont négligeables face à la volonté première du Créateur. Ils restèrent donc solidaires dans le malheur vécu en commun. Mais leur itinéraire intérieur divergea. Louise, moins intelligente, moins intellectuelle surtout, d'une sensibilité plus terre à terre, ne comprit pas le mysticisme exacerbé de son mari, ne partagea pas sa volonté de mortification, resta étrangère à sa hantise de mort. Elle se contenta de lui offrir son amour simple, profond, total. Nous la retrouverons à ses côtés, discrète, fidèle, tout au long de l'itiné-raire qui le conduisit à sa fin.

CHAPITRE NEUF

LES ENFANTS TERRIBLES DE CATHERINE

Revenons un peu en arrière, au mois de septembre 1574. La reine mère s'en allait à la rencontre du nouveau roi, traînant à sa suite les deux trublions princiers compromis dans la dernière conspiration, son fils François d'Alençon et son gendre Henri de Navarre. Elle faisait peser sur eux une surveillance de tous les instants, les menant avec elle dans son chariot le jour et les faisant coucher la nuit dans son logis. Ils ne bronchaient pas, feignaient la docilité. «Ils m'ont tous deux dit, écrit-elle, que asteure* qu'ils ont toute liberté, que c'est alors qu'ils me veulent le plus rendre de sujétion.» Toute liberté? c'est beaucoup dire. Lorsqu'avait tonné le premier coup de canon annonçant que le roi franchissait la frontière, elle les avait envoyés au-devant de lui sous bonne escorte, comme l'exigeait le protocole et ils s'étaient livrés aux démonstrations attendues. De Venise, Henri III n'avait-il pas écrit à celui qui venait de lui disputer le trône : «J'espère que Dieu me fera la grâce de vous faire connaître que vous n'aurez jamais un meilleur frère que je me délibère vous être**, ne voulant être qu'une même chose avec vous...» ? Hommages et embrassades, gestes de soumission et protestations d'amitié sont de pure forme, autant en emportera le vent de la jalousie et de l'intérêt. Seules sont sincères les larmes de joie versées par la mère en se jetant dans les bras d'un fils secrètement réticent.

_____

* À cette heure, maintenant que...

** Que j'ai l'intention d'être pour vous.

Nul ne croyait que l'entente pût durer dans la famille royale. Quelques mois plus tard, l'ambassadeur vénitien inquiet s'exclama : « Dieu veuille mettre sa sainte croix dans tout cela, car la discorde entre ces personnages est une guerre pire que celle contre les huguenots. » Il ne croyait pas si bien dire. Ou plus exactement il aurait fallu préciser que les luttes fratricides entre les fils de Catherine allaient réveiller et nourrir les conflits religieux. Les deux guerres n'en feraient plus qu'une, dans la plus inextricable confusion.

Seule la reine mère se berce d'illusions. Son optimisme naturel, joint à la joie des retrouvailles, lui souffle que les épreuves sont terminées, que la seule présence sur le trône d'un homme, d'un roi, mettra fin aux dissensions qui déchirent le royaume. À ce fils qui lui revient enfin, elle pense pouvoir offrir, sur un plat d'argent, les clefs de la paix.

Les illusions de Catherine

Sur l'échiquier politique et militaire, elle vient de remporter des points. La récente conspiration a échoué. Son dernier fils et son gendre ont désavoué et laissé exécuter les subalternes, elle les tient bien en main, ils filent doux : de quoi décourager les candidats à la subversion. Le corps expéditionnaire britannique a été battu, son chef capturé. Ce dernier était une vieille connaissance, l'Écossais Montgomery, capitaine des gardes de Henri II, involontaire auteur du coup de lance malencontreux qui avait tué son maître. En le faisant juger, condamner à mort et exécuter au plus vite, la reine venge son époux en même temps qu'elle sanctionne le passage de cet ancien serviteur à la cause de la Réforme. Le prince de Condé, en fuite, s'est réfugié auprès des protestants d'Allemagne. Reste le clan des Montmorency, suspect de sympathie pour les conjurés. Catherine ne peut pas grand-chose contre le très puissant duc Damville, gouverneur du Languedoc, qui s'est retiré dans sa province où il fait figure de vice-roi, mais elle détient son frère aîné, le maréchal de Montmorency, qu'elle fait embastiller en compagnie de leur cousin de Cossé : il répondra des incartades de son cadet, si celui-ci tente de contester sa destitution, qu'elle vient de prononcer. Prudente, elle atténue l'offense en confiant la charge à un de leurs oncles. Il y a là matière à un de ces bons marchandages qu'elle affectionne et tout devrait se régler par un jeu d'échanges. Parmi les grands personnages, aucun, pense-t-elle, n'est en mesure de diriger une rébellion.

Quant à l'impopularité dont elle se voit l'objet, elle la tient pour négligeable. Depuis la Saint-Barthélemy, des pamphlets d'une violence inouïe, sortis de plumes huguenotes ou « politiques », rencontrent auprès du public un succès sans précédent. Non contents de lui reprocher le massacre, ils l'accusent de tous les vices et de tous les crimes. Les imputations les plus invraisemblables, sur la licence de ses mœurs ou sur les multiples empoisonnements qu'on lui prête, y compris parmi ses proches, voisinent avec des accusations mieux fondées : son insatiable volonté de puissance, à laquelle elle aurait sacrifié ses fils, la faveur excessive dont elle gratifie ses serviteurs italiens, notamment les financiers qui mettent le royaume en coupe réglée, sa mauvaise foi, sa duplicité, sa ruse, son cynisme. De tout cela, déballé en vrac, elle a pris le parti de rire : que les mécontents se défoulent en paroles, c'est sans conséquence puisque les grands seigneurs ont déposé les armes.

Quelque chose devrait l'alerter pourtant. Derrière toutes ces critiques perce çà et là une interrogation sur la légitimité du pouvoir royal et ses éventuelles limites. L'humeur est aux récriminations. À l'apologie du bon vieux temps, des souverains d'autrefois, des franchises et libertés traditionnelles, se mêlent des revendications plus modernes, exigeant du roi un partage des responsabilités avec les municipalités et les assemblées provinciales. Dans les deux cas, un même refus dresse les sujets contre l'idée d'une autorité échappant à tout contrôle. Et la phraséologie huguenote prend volontiers sur ce thème une tonalité républicaine de marque genevoise.

Catherine perçoit bien cette désaffection insidieuse qui frappe le régime monarchique, mais elle n'en mesure pas toute la portée. Paradoxalement, le fait qu'elle soit la principale cible des libellistes la rassure. Elle se sent seule visée. Les minorités, dit-on, sont une catastrophe, les régences un fléau, surtout quand on les confie à des femmes — des étrangères la plupart du temps — que la loi salique exclut pourtant du pouvoir comme incapables. Les Français veulent un roi, un vrai, un homme, adulte, en qui ils se reconnaîtront ? Eh bien ! ils en auront un, le meilleur qui soit, elle en est convaincue. Son fils chéri n'a qu'à paraître, dans tout l'éclat de ses vingt-trois ans, pour que la France réconciliée avec sa monarchie retrouve la paix. Ce qu'elle n'a pas pu faire, parce qu'elle était femme et ne jouissait que d'une autorité déléguée, il le fera, lui, souverain de plein exercice : « Il peut tout, pourvu qu'il le veuille ! »

Dès son avènement et avant même son retour en France, elle dresse à son intention un programme de gouvernement, que le chancelier Cheverny, qui le lui apporte à Turin, se chargera de lui commenter : de sages conseils, qui l'invitent à rompre avec les habitudes prises du temps de Charles IX. Il doit « se montrer maître et non plus compagnon », car personne désormais n'est son égal : il a des sujets, des serviteurs, pas d'amis. Qu'il récompense chacun selon ses mérites, distribue à bon escient les charges à des hommes capables, refuse de céder à ceux qui l'importuneront de leurs plaintes ou se permettront de le braver. Qu'il se montre parcimonieux dans ses faveurs, pour ménager le trésor et pour laisser à tous quelque chose à espérer. Qu'il veille à soutenir, dans les provinces, les notables fidèles. Qu'il évite de laisser des favoris disposer de tout et se créer en son lieu et place des clientèles particulières à son détriment. Bref qu'il se montre un arbitre au-dessus des partis, en position de trancher tous les conflits. Suivaient d'autres suggestions l'invitant à prendre personnellement en main les affaires de l'État et à soumettre sa vie quotidienne à un horaire très strict, afin de régler par là celle de toute la cour.

Elle parlait d'or. Henri le savait. La volonté, il l'avait. Du moins au départ. Et Catherine, lucide, le pressait de s'attaquer aux réformes, « car s'il ne les fait dès ce commencement, il ne les fera jamais ». Il en fit quelques-unes en effet, il réduisit les pouvoirs du Conseil, contrôla l'activité des secrétaires, se réserva de signer le courrier, les placets, les nominations. Mais il n'a pas, on l'a vu, la force et l'équilibre psychologique requis pour assumer les rôles successifs que lui assigne sa mère. Au brillant modèle fourni par son grand-père François Ier, ne vient-elle pas d'adjoindre, pour la diplomatie et l'administration, Louis XI ? Alors, il s'enferme dans le mutisme, il se dérobe, il lui glisse entre les doigts, il fuit. Elle n'a plus de prise sur lui. Amère désillusion, qu'elle vit très mal.

Mère et fils

Certes il ne manque pas, dans son discours d'ouverture des États Généraux, de prodiguer à sa mère des hommages appuyés, pour « la grande vigilance, magnanimité et prudence avec lesquelles elle a tenu le gouvernail pour sauver ce royaume ». Moyennant quoi il a le sentiment de lui avoir rendu ce qui est lui est dû. Mais la parfaite entente dont elle rêvait, l'harmonie totale de leurs deux esprits et de leurs deux cœurs se révèle illusoire dès son retour de Pologne.

Ces quelques mois d'absence l'ont changé. Leur situation respective n'est plus la même. L'adolescent qu'elle s'appliquait à protéger et à pousser est maintenant roi de France. Elle ne retrouve plus la libre familiarité qui la liait auparavant à lui. Étrangement, il l'intimide. La fille des Médicis éprouve, depuis qu'un mariage inespéré et une mort imprévue l'ont hissée sur le trône de France, un respect quasi religieux pour la fonction royale. Elle vénère en son fils le descendant et le successeur de saint Louis, de Louis XI, de François Ier et de Henri II. En le servant de toutes ses forces, elle l'aidera à les égaler.

On ne peut s'empêcher d'observer cependant qu'elle n'avait pas montré, à l'égard de ses deux autres fils défunts, pareil respect. Celui-ci est l'objet d'une élection mystérieuse. En lui, beaucoup plus encore qu'en Charles IX, elle révère l'image idéale du souverain, sur laquelle elle a tâché de le modeler et qu'elle le croit en mesure d'incarner. Et elle se projette en lui. Il sera le roi qu'elle aurait aimé être si elle avait eu la chance de naître garçon et fils de France. Il la vengera du sentiment d'impuissance si souvent éprouvé lorsqu'on lui refusait les moyens d'action politique qu'on eût libéralement accordés à un homme. Cette femme si lucide, si maîtresse d'elle-même, n'est pas à l'abri des intempérances de l'imagination. Elle s'est fabriqué un fils selon son cœur, dont le vrai Henri n'est pas, hélas ! la copie conforme.

Qu'il pèche par inexpérience est sans importance : elle n'aura pas de peine à lui apprendra le métier de roi. Qu'il soit ombrageux, impulsif, influençable même, tout cela est dans l'ordre et devrait passer avec la venue de l'âge. Qu'il cherche à s'affirmer face à une mère abusivement possessive et protectrice, elle serait disposée à l'admettre, à la rigueur, et prête à alléger sa tutelle. Mais la mort de Marie de Clèves révèle en lui bien autre chose. Son chagrin violent, sa religiosité morbide sont terrifiants. Et, sans transition, lorsque son apparente passivité débouche sur la décision arrêtée d'épouser Louise de Lorraine, elle prend la mesure de sa puissance de dissimulation. Elle se croyait psychologue, elle pensait connaître et prévoir les réactions des jeunes gens. Voici soudain qu'elle découvre en lui des abîmes insoupçonnés. Elle ne le comprend pas. Toute une part de lui, sa quête d'absolu, son désir d'évasion, son angoisse intime, sa fascination de la mort, sont par trop étrangères au solide réalisme sur lequel elle a fondé tous ses succès. Quant à son ambiguïté sexuelle, il est évident qu'elle n'entre pas dans les mérites et qualités du parfait souverain selon Catherine. Gêne, malaise, souffrance. À cette mère trop forte et qui lui prêche l'énergie, il répugne à montrer ses faiblesses. Et, dans son égoïsme candide d'enfant gâté, il ne songe pas une seconde à ses chagrins à elle. Celui qui venait de faire prendre le deuil à toute la cour pour la mort d'une femme qui n'était pas la sienne n'interrompt pas ses plaisirs, ne suspend pas les festivités lorsque quelques semaines plus tard la mort de sa sœur Claude, duchesse de Lorraine, jette leur mère dans le désespoir. Entre elle et lui, la fêlure est bien là, douloureuse. Elle ne se refermera jamais.

L'incompréhension partielle n'empêche pas l'amour, au contraire, elle l'avive même quelquefois. Mais elle le rend humble et timide. Face à son fils, Catherine perd une partie de ses moyens. La confiance aveugle dans ses mérites altère en elle le jugement, la crainte de lui déplaire la paralyse. Elle minimise ses erreurs et pardonne ses rebuffades. De lui elle accepte tout. Pour lui elle est prête à tout. Un dévouement total, médiocrement récompensé.

Elle lui a conseillé de prendre personnellement les rênes du pouvoir ? Elle en est la première victime. C'est lui qui décide, et il le lui fait sentir. Sous Charles IX elle exerçait en fait le pouvoir souverain. Elle n'est plus désormais que le « principal ministre » de Henri III. La cinquième guerre de religion agrandira bientôt entre eux l'hiatus. Il lui ôte le privilège d'ouvrir le courrier et de lire les dépêches la première. Il cherche à écarter ses créatures pour les remplacer par des hommes à lui. Elle a eu toutes les peines du monde à conserver des fonctions à mi-temps à son fidèle Albert de Gondi, condamné à partager sa charge de premier gentilhomme de la chambre avec un des compagnons de l'intermède polonais. Mais le roi le tient à l'écart. Sa confiance, il la donne à ses mignons. Jalousie, luttes d'influence, divergences sur la politique à tenir : elle trouve en eux des ennemis. Tous les favoris successifs, mais surtout les derniers, Joyeuse et Épernon, s'appliquent à écarter de son fils la reine mère. Ils le poussent à « rompre tout ce qu'elle avait promis et contracté pour lui ».

Elle s'accroche, elle impose sa présence et il n'a que trop l'occasion de l'utiliser. Il se décharge sur elle de toutes les tâches désagréables, par exemple négocier sur le terrain avec les rebelles ou tenter de remplir l'éternel tonneau des Danaïdes qu'est le trésor royal : nul ne lui disputera le très ingrat ministère des finances. Elle lui rend de toutes ses démarches un compte détaillé, prudent. Lorsqu'elle risque une critique, elle l'accompagne de précautions oratoires et d'excuses : « Pardonnez-moi, je vous parle la vérité et d'affection comme je la vous dois. » Mais en général, elle veille à lui laisser la responsabilité du choix et remplace les conseils par d'indirectes suggestions. Il peut ainsi s'attribuer le mérite des initiatives heureuses. Celles qui lui déplaisent, en revanche, il les lui met sur le dos, s'en lave les mains, prêt à revenir sur les concessions accordées. Il ne la querelle pas, se contente de lui « faire le froid », et ce silence est pire qu'une discussion ouverte, même violente. En janvier 1577, elle gémit : « Je ne fais pas une chose à part qu'il ne la trouve mauvaise ; l'on voit bien que je ne puis pas faire tout ce que je veux. » En 1588, elle dira tristement : « Il y a bien douze ans qu'il n'écoute plus mes conseils. » À vrai dire, il les écoute quand cela lui convient et il lui rend la direction des affaires par intermittences, lorsque sa santé, sa mélancolie ou ses dévotions l'amènent à s'isoler pour quelques jours : pouvoir à éclipses, privé par là même d'efficacité. Mais comme les interlocuteurs de Catherine savent qu'elle n'est pas maîtresse des décisions, son autorité dans la négociation s'en trouve réduite.

Leur action commune en devient discordante, le gouvernement à deux, la dyarchie harmonieuse dont elle rêvait, se transforme en un attelage disparate qui tire à hue et à dia. Est-ce par goût du pouvoir qu'elle se cramponne aux prérogatives qu'il lui laisse ? En partie sans doute. Elle aimait à se sentir indispensable. On lui a beaucoup reproché d'avoir tout fait pour le devenir. Mais à vrai dire, elle n'eut pas beaucoup à faire pour cela. Les imprudences de son fils y suffisaient. Dès ses premières semaines de règne, il démontra que le moment n'était pas encore venu pour Catherine de passer la main.

Occasions manquées

Il avait été chaleureusement accueilli à Turin, capitale de la Savoie, par le duc et par la duchesse Marguerite sa tante. À la prière de celle-ci, il accepta de leur restituer trois petites places fortes que la France occupait encore en Piémont depuis des décennies, mais dont le traité du Cateau-Cambrésis, complété par un autre, stipulait la rétrocession à terme. Les places en question n'avaient guère de valeur que sentimentale, puisque les ambitions françaises en Italie du Nord n'étaient plus qu'un souvenir. Leur abandon était légal et il ne tirait pas à conséquence. Mais elles constituaient une monnaie d'échange. L'erreur ne fut pas de les rendre, mais de les rendre sans compensation. Le bénéficiaire n'en croyait pas ses oreilles. Il se rua à Lyon pour s'assurer que la reine mère était d'accord. Malgré l'opposition de ses conseillers, elle n'osa contredire son fils et elle confirma.

Beaucoup plus grave fut la négociation manquée avec Damville.

Le gouverneur de Languedoc, destitué par elle et sommé de venir s'expliquer à Paris, n'avait pas voulu se jeter dans la gueule du loup et risquer de rejoindre son frère à la Bastille. Il cherchait à la court-circuiter en prenant contact avec le roi avant le retour de celui-ci en France. Son voisin et ami savoyard avait offert son entremise et lui avait ménagé une entrevue à

Turin. Henri, pris au dépourvu, le reçut aimablement mais le paya de réponses dilatoires, en attendant des instructions de sa mère. Mais déjà sa réaction montre à l'égard des questions soulevées par son interlocuteur une telle incompréhension que celui-ci, qui l'accompagnait dans son chemin vers la France, l'abandonne à Suse, découragé, bien décidé à ne « le voir jamais plus qu'en peinture ». À peine s'étaient-ils séparés qu'arrivait la lettre de Catherine enjoignant à son fils de ne pas le laisser partir sans s'être accommodé avec lui. Mais il était trop tard. À la suite de cette double bévue, le Savoyard proféra sur son neveu ce verdict sans appel : « C'est un sot. » Certes Henri ne l'était pas, mais il venait assurément de commettre deux sottises.

Damville ne s'est pas dérangé uniquement pour débattre d'une compensation à son gouvernement perdu. Ce qu'il a à dire au roi est grave : c'est que les provinces méridionales, à l'appel des huguenots mais aussi des catholiques exaspérés par le désordre, récusent son autorité et s'organisent en groupements autonomes tout prêts à se fédérer et à faire sécession. De longues années d'insécurité, de rapines, de massacres ont détruit toute confiance dans une royauté impuissante à rétablir l'ordre. Ceux qui déposent les armes pour obéir aux édits sont les victimes désignées de toutes les exactions. Pour se défendre, nul ne peut compter que sur soi. Autour des gentilshommes besogneux vivotant sur leurs terres dévastées se regroupent les paysans anxieux d'échapper aux soldats ou aux brigands. Dans les villes, les notables soucieux de préserver les biens acquis par le travail ou la spéculation dirigent les affaires, recrutent des milices, renforcent les remparts, lèvent l'impôt. Contre les mercenaires étrangers, contre les bandes de pillards qui rançonnent indistinctement tous les voyageurs, contre les envoyés du roi qui prêchent le désarmement à sens unique, catholiques et protestants sont tentés de faire bloc, unis dans une même rancune contre un monarque inutile, pernicieux. Retour à une forme archaïque de féodalité ou émergence d'oligarchies municipales à l'italienne constituent pour la cohésion du royaume de graves menaces. Et lorsque l'assemblée générale des réformés, réunie à Millau, propose de regrouper les diverses suggestions en un faisceau de revendications communes et somme

Damville de s'associer à l'État dans l'État qu'elle s'apprête à rendre officiel, le fils du connétable de Montmorency prend peur. Jusque-là, il avait louvoyé entre les forces en présence en s'appuyant sur les modérés des deux confessions. Mis au pied du mur, il ne se sent pas la vocation de tribun de la plèbe. Sa conscience de grand seigneur le rend solidaire de la monarchie. Il s'en va donc à Turin prier le roi d'accorder aux huguenots des libertés supplémentaires seules capables d'enrayer le processus.

On s'est demandé si des mesures de tolérance auraient pu, à cette date, sauver la situation. Peut-être que oui, peut-être que non : à cette question il est impossible de répondre. On s'est interrogé aussi sur la responsabilité respective du roi et de sa mère dans la politique de rigueur adoptée. À l'évidence ni l'un ni l'autre n'étaient prêts à entendre le très dérangeant message du gouverneur, si peu conforme à leurs préjugés sur la hiérarchie sociale. Aucun des deux ne songeait un instant à souscrire aux exorbitantes revendications d'obscurs députés hérétiques, qui osaient réclamer un partage du pouvoir. Mais Catherine aurait bien préféré, avant d'attaquer les huguenots du Midi, avoir préalablement neutralisé Damville. La maladresse du roi le rejeta au contraire dans leur camp.

La guerre civile — la cinquième guerre de religion — était inévitable, Catherine le savait si bien qu'elle avait réuni à cet effet des fonds et des troupes. Mais elle s'engageait dans les plus mauvaises conditions.

Et Henri se révéla incapable de la mener : la mort de Marie de Clèves l'avait soudain anéanti. En proie au chagrin et à la crise mystique qui s'ensuivit, il laissa Damville s'emparer de Saint-Gilles-du-Gard : et, par bouffées, le fracas de la canonnade atteignait Avignon, dominant le tintement des cloches qui scandaient la marche des pénitents. Il abandonna la lutte pour aller se faire sacrer à Reims. Il dut passer, en remontant la vallée du Rhône, sous les murs bien clos de la petite cité de Livron, qui avait repoussé tous les assauts et dont les habitants en liesse accoudés au rempart bombardaient le cortège de quolibets goguenards.

Damville fit une proclamation quasi révolutionnaire et prit la tête de la rébellion. Huguenots et « Politiques », plus unis que jamais, n'attendaient qu'un chef nominal légitime, qui leur fournît une bannière sous laquelle il fût honorable de se rallier. Ce chef était tout trouvé : l'inévitable petit dernier de la famille royale, François d'Alençon, ne demandait qu'à reprendre du service. Catherine voyait s'évanouir un autre de ses rêves, le rétablissement de la concorde entre ses enfants.

Les frères ennemis

François, duc d'Alençon, puis d'Anjou, également désigné par son titre de « Monsieur », frère du roi, fut pendant dix ans, sans qu'il y eût entièrement de sa faute, une calamité pour le royaume. Sa seule existence encourageait la subversion. Il fut aussi entre Henri III et sa mère le principal facteur de discorde.

L'omniprésence du thème des frères ennemis dans la littérature universelle devrait suffire à expliquer l'animosité qui jeta l'un contre l'autre les deux derniers rejetons de Catherine. Deux fils, un seul trône, et c'est le conflit. Des *Sept contre Thèbes* au meurtre de Remus par son jumeau fondateur de Rome, la légende est pleine de déchaînements fratricides. Seule la volonté de dénigrer à tout prix Catherine de Médicis inspira à certains de ses adversaires et, à leur suite, aux historiens l'idée qu'elle ait pu attiser délibérément la haine entre ses fils pour s'assurer par là plus de pouvoir. Ainsi Mézeray n'hésite-t-il pas à écrire, au XVIIe siècle, qu'elle avait non seulement soutenu tour à tour, pour mieux régner, les factions antagonistes — ce qui n'est pas faux —, mais encore « divisé son propre sang, afin de se rendre toujours l'arbitre des différends qu'elle faisait naître ». Selon le vicomte de Turenne, futur duc de Bouillon, « elle ne s'étudiait qu'à posséder ses enfants, et lui semblait ne le pouvoir si bien faire qu'en les tenant en jalousie avec leurs frères, et en méfiance avec leurs serviteurs ». En ce qui concerne ces derniers, il dit vrai. Mais c'est sans le vouloir, par sa prédilection trop visible pour Henri, qu'elle a envenimé la jalousie naturelle de François à son égard. Ses paroles, ses lettres, ses actes montrent qu'elle a fait l'impossible pour les réconcilier. « Hélas ! dit Cheverny, elle ne put pas empêcher que ce feu de division entre ses enfants ne s'allumât plus avant. »

Henri de son côté était irrité de la sollicitude qu'elle montrait pour son dernier-né, au plus fort de ses menées subversives. Il admettait mal qu'elle ne partageât pas la haine qu'il lui vouait et qu'elle lui conservât, envers et contre tout, une part de son amour maternel. Elle le ménageait, cherchait à le satisfaire, quêtait pour lui des honneurs, des responsabilités, un trône. Elle ne croyait pas nuire au roi, mais le servir, en privant son cadet des motifs de le jalouser. Mais il y voyait, lui, le signe d'un partage de ses affections. N'osant s'avouer qu'il aurait voulu le voir mort, mais tirant de ce souhait une obscure mauvaise conscience, il ruminait sa colère. Il réprimait son envie de se ruer sur lui, de le jeter à la Bastille, de le neutraliser à jamais, et il en voulait à Catherine de ne pas prendre les mesures de sévérité devant lesquelles lui-même reculait et de travailler obstinément à une improbable réconciliation. Au cœur de sa haine gît le sentiment, soigneusement refoulé, que l'autre menace sa vie même. La reine Louise est stérile. François est l'héritier du trône, entre lui et le pouvoir tant convoité, il n'y a que ce frère, ce roi fragile, qu'un des innombrables maux dont il souffre peut emporter brusquement. L'idée de la mort de l'autre hante chacun d'eux.

Et pour le cas où ils l'auraient oublié, tous autour d'eux se chargeaient de le leur rappeler : le factieux de la veille peut se réveiller roi le lendemain. Qui prendrait le risque de l'affronter, sinon des favoris de médiocre extraction, qui n'ont rien à espérer de lui ? Les grands se taisent et retiennent leur souffle, à moins qu'ils ne misent ouvertement sur lui. Il a des partisans, une prétendue cause à défendre, celle de la tolérance. Il sait que tout lui est permis : un prince du sang est intouchable, un héritier du trône plus encore. Pourquoi se priverait-il d'en profiter ?

Le 15 septembre, au souper, il manquait Monsieur. On le chercha. Il resta introuvable. Il n'était ni dans sa chambre, ni chez sa sœur, ni chez aucune des dames qu'il courtisait. On fouilla le Louvre. On enquêta dans Paris aux endroits qu'il avait coutume de fréquenter. Mais il fallut se rendre à l'évidence : il s'était enfui. La reine mère avait relâché la surveillance, elle fermait les yeux sur ses escapades galantes qui, pensait-elle, le détournaient de la politique. Il avait profité du crépuscule pour s'enfouir le visage dans le col d'un vaste manteau d'emprunt et se faire conduire au faubourg Saint-Marceau chez une dame dont la maison avait double entrée. À la porte de derrière un carrosse l'attendait. Il y sauta, franchit l'enceinte sans encombre, échangea son pesant véhicule contre un cheval et galopa à bride abattue jusqu'à Dreux dont la municipalité lui ouvrit les portes. Il était sauf.

Henri hors de lui enjoignit aux seigneurs qui l'entouraient de le poursuivre et de le ramener mort ou vif, mais ils déclinèrent la commission : « D'aller contre Monsieur son frère, ils savaient bien que le roi leur en saurait un jour mauvais gré. » Ils ne voulaient pas « mettre la main entre deux pierres ». Catherine, dont l'imprudence était à l'origine du drame, donna au duc de Nevers l'ordre de s'emparer de lui par ruse, mais celui-ci se défila. La chose n'était pas praticable et lui non plus, visiblement, ne tenait pas à se lancer dans l'aventure. Entre-temps le prince avait publié une déclaration tonitruante signée « François, fils et frère de roi, duc d'Alençon et premier pair de France », où il déclarait « prendre la cause publique en main » et multipliait les promesses démagogiques, comme la suppression de la taille et autres impôts. Alors la reine décida de payer de sa personne et partit à la recherche du fugitif pour le raisonner. C'est la première fois, ce ne sera pas la dernière qu'on la verra ainsi courir après lui.

Il lui fit faux bond, la lanterna, finit par la rencontrer près de Chambord où se déroula d'abord la comédie des embrassades. Puis ils marchandèrent. Il demanda la libération du maréchal de Montmorency et de son cousin. D'accord, pourvu que le roi puisse monnayer ce geste de bienveillance auprès de Damville : Catherine, en l'emprisonnant, n'avait pas visé d'autre but. Il exigea des places fortes. Au lieu de La Charité-sur-Loire, clef pour le passage du fleuve, elle proposa Blois, de moindre importance stratégique. Les négociations traînaient, parce qu'il lui fallait convaincre Henri du bien-fondé de ses concessions, attendre la réponse de Damville et surtout surveiller les menées de Condé qui mettait sur pied en Allemagne une armée d'invasion. Elle poussa le roi à un accord rapide pour y couper court.

Henri céda de mauvaise grâce. Mais la signature de la trêve de Champigny ne stoppa pas la marche des reîtres de Jean-

Casimir. À Heidelberg ce fils cadet du prince palatin tenait boutique de mercenaires, les louant aux plus offrants, de préférence calvinistes. Jamais gratis. Il fait crédit cependant à ses coreligionnaires, sûr que ses troupes se paieront sur l'habitant, à moins que le roi de France ne préfère les indemniser pour s'en débarrasser. Activité hautement lucrative, sans risques, dans laquelle il est passé maître. Il sait par expérience que sa seule apparition dans les provinces de l'Est lui vaut sans combat des offres avantageuses. Il ne veut pas renoncer à cette nouvelle expédition.

Elle lui coûta pourtant cette fois quelques dizaines de soldats, taillés en pièces par Henri de Guise à Dormans, sur les hauts de Meuse, le 10 octobre. Ce n'était malheureusement que l'avant-garde et le gros de la troupe en réchappa. Le jeune duc y gagna une blessure en travers du visage qui lui valut le surnom de Balafré qu'avait déjà porté son père et une prestigieuse auréole de héros. Le roi n'en dut pas moins accepter les conditions les plus humiliantes. Le traité d'Étigny dit « Paix de Monsieur », conférait à celui-ci un apanage considérable, notamment l'Anjou, dont il devient désormais le duc, la Touraine, le Berry, la place de La Charité. L'édit de Beaulieu, qui l'accompagnait, accordait aux huguenots tout ce qu'ils réclamaient en vain depuis le début du conflit, la liberté presque totale de culte, la restitution de leurs biens, la parité dans les chambres de justice, des hôpitaux, des écoles. Mieux encore : la Saint-Barthélemy y était qualifiée de crime, ses victimes seraient réhabilitées et indemnisées. En garantie, ils recevaient huit places fortes « de sûreté » en plein cœur des provinces méridionales. Quant à Jean-Casimir, il obtenait pour se retirer une indemnité colossale. Il rentra triomphalement à Heidelberg suivi d'un cortège de chariots chargés d'or. Mais comme la France n'avait pu réunir toute la somme nécessaire, il avait pris en otage le surintendant des finances Bellièvre, qu'il se faisait une joie de promener en public.

C'est Catherine qui avait négocié ces accords. Henri les signa le cœur plein de rage et lui en voulut de les lui avoir imposés. Il prit soin de préciser officiellement, dans le préambule, que ce traité était le fruit de « la mûre et grande délibération de la reine, notre très honorée dame et mère ». Il n'y était pour rien.

Il se refusait à admettre qu'il partageait avec elle la responsabilité de cette capitulation. Pour se justifier et pour préserver l'avenir, elle se risqua une dernière fois à dresser un mémoire, bilan de deux ans de règne malheureux et catéchisme de bon gouvernement. Mais le roi avait autre chose en tête. Il méditait une revanche. Et il n'était pas le seul. Pour le coup les catholiques, outrés de voir leurs adversaires rafler la mise sans avoir combattu, décidèrent de prendre en main leur destin et de bâtir une organisation calquée sur celle, si efficace, des huguenots. Le gouverneur de Péronne refusa de livrer sa place à Condé et appela à la formation d'une *Ligue* pour la défense de la foi. Guise vit bientôt quel parti en tirer. Il exhibait sa balafre « très visible », qui lui était une excellente enseigne. Face au contre-pouvoir huguenot, un contre-pouvoir catholique s'installait. Entre les deux, le roi risquait de ne pas peser lourd.

Pour les États Généraux de 1576, les électeurs catholiques s'étaient rendus aux urnes en grand nombre. Leurs députés furent très largement majoritaires. Le roi entoura l'ouverture de la session de cérémonies fastueuses comme il les aimait. Sa femme et sa sœur ruisselaient d'or et de pierreries, sa mère arborait ses voiles de veuve. Il crut habile, pour ne pas être débordé par la Ligue, de s'en déclarer le chef. Et Catherine déplora, sans oser le dire, de le voir faire cause commune avec un parti au lieu de rester au-dessus de tous. Les députés exigèrent un virage à cent quatre-vingts degrés, l'interdiction pure et simple du calvinisme, l'expulsion des ministres réformés, et Henri acquiesça. Sa mère, en privé, désapprouva : « Jamais il n'aurait dû se prononcer d'une manière si absolue. » Le 19 janvier, « elle pleura en son cabinet avec la reine sa fille de [ceux] qui avaient conseillé au roi de faire la guerre ». Comme pour lui donner raison, l'absurdité de cette politique apparut lorsqu'il réclama les crédits nécessaires à la campagne militaire qu'elle impliquait : les députés du Tiers-État jetèrent les hauts cris. Il fallait éradiquer le calvinisme sans impôts nouveaux, donc sans guerre ! Le roi fit à nouveau volte-face et renonça à l'unité de la foi. Il aurait mieux valu n'en jamais parler.

Au lendemain de leur triomphe les huguenots se trouvaient cependant en mauvaise posture. Le sursaut catholique les avait surpris. Les reîtres avaient regagné leurs foyers. Et puis la reine mère, toujours convaincue des vertus de la paix, s'était donné les moyens de la faire prévaloir. Réparant enfin l'erreur commise à Turin deux ans plus tôt, elle était parvenue à détacher Damville du parti réformé. Oh, ses méthodes manquaient de panache. Elle avait fait libérer son frère, elle lui avait ensuite offert le marquisat italien de Saluces, elle avait fait plaider par sa femme, fervente catholique, la cause de la réconciliation. Quant à François, devenu duc d'Anjou, une telle pluie de faveurs et de biens était tombée sur sa tête qu'il n'en demandait pas davantage pour l'instant. Afin de rendre impossible son retour ultérieur au parti adverse, elle le fit charger par le roi de conduire les troupes destinées à disperser ce qui restait de ses alliés de la veille. Il prit d'assaut La Charité-sur-Loire, qui lui avait été attribuée, et il se livra sur les défenseurs d'Issoire à de féroces représailles : ceux qui souhaitaient le compromettre n'auraient jamais osé en espérer tant.

Henri de Navarre, lui, avait contribué indirectement au retour de la paix. Un beau matin du mois de février 1576, sans rien dire à sa femme, il était parti à la chasse et on ne l'avait pas revu. Son évasion, quelques mois après celle de son beau-frère, n'avait pas suscité à la cour la même panique et l'on soupçonna Catherine de l'avoir facilitée, avec l'espoir qu'il sèmerait le désordre dans le camp protestant en disputant à Condé la direction du parti. Mais il avait filé vers son Sud-Ouest natal. Revenu non sans hésitations à la foi réformée, il tentait d'y rétablir l'ordre avec le concours des modérés des deux bords, sur le modèle de ce que faisait en Languedoc Damville, avec qui il entretenait les meilleurs rapports. « La religion se plante au cœur des hommes par la force de la doctrine et persuasion, et se confirme par l'exemple de vie et non par le glaive », proclamait-il au grand scandale de son belliqueux cousin Condé et des pasteurs béarnais. Il reste en marge des combats, ne tire aucun profit des traités, se tient coi. Mais il cultive sa popularité.

Dans ces conditions, la résistance des derniers rebelles est de courte durée. La paix de Bergerac met fin à cette sixième guerre de religion. Comme elle efface l'humiliation subie par Henri III lors de la précédente, elle est dite « paix du roi ». L'édit de Poitiers annule celui de Beaulieu, ramène l'exercice de la religion réformée à ce qu'il était. Il ne contente personne. Ni les huguenots, à qui on retire les privilèges récemment conquis, ni les catholiques, qui ont entrevu une possible victoire. Mais comme personne n'avait le moindre sou pour continuer la lutte, il fallut bien s'en contenter. Le grand gagnant de ce match nul — sur le plan matériel, s'entend, pas sur le plan moral! — est Monsieur, qui en retire un apanage accru, dans des provinces centrales parmi les plus riches du royaume. Henri n'est pas près de s'y résigner.

Une atmosphère empoisonnée

Certes la hache de guerre était apparemment enterrée entre les deux frères. À Blois, en novembre 1576, ils s'étaient embrassés et Catherine avait pu clamer son « contentement » de les voir si bien réconciliés qu'il n'y aurait désormais en eux « qu'une même volonté à la conservation et grandeur de cette couronne ». Et le 15 mai 1577, le roi donna au Plessis-lès-Tours, en l'honneur du vainqueur de La Charité-sur-Loire, une fête dont la licence choqua. Pour les costumes, une couleur imposée, le vert : la couleur des fous, mais on n'était pas en carnaval. Faut-il attribuer ce choix à une arrière-pensée ironique de Henri III, soulignant ainsi l'absurdité de ces retrouvailles ? Le tout se termina en orgie bien faite pour plaire au jeune duc débauché. Trois semaines plus tard, la reine mère, rivalisant avec son fils, donnait à son tour à Chenonceaux une fête plus coûteuse encore, et qui fit scandale : « En ce beau banquet les dames les plus belles et honnêtes de la cour, étant à moitié nues et ayant leurs cheveux épars comme épousées, furent employées à faire le service. » Catherine, si l'on en croit L'Estoile, a donc renoncé aux règles de bonne tenue et civilité qu'elle avait réussi à imposer naguère. Depuis qu'y règne la jeune génération, la cour se dévergonde. Et elle s'abandonne à la violence.

Chaque jour apporte son lot d'intrigues, de ragots, de jalousies, d'insultes, d'affrontements verbaux ou armés. « La cour est plus étrange que vous ne l'ayez jamais vue, écrivait Henri de Navarre à un ami dans l'été de 1575. Nous sommes toujours prêts à nous couper la gorge les uns aux autres. Nous portons dagues, jaques de maille, et bien souvent la cuirassine sous la cape.» On lui en veut de son amitié pour Monsieur, on défend à sa maîtresse de lui parler. «Je n'attends que l'heure de donner une petite bataille, conclut-il, car ils disent qu'ils me tueront, et je veux gagner les devants.» Notre Gascon préfère finalement se mettre à l'abri chez lui en Guyenne. Il n'a pas tort. L'atmosphère à la cour devient de plus en plus irrespirable à mesure que s'aigrissent les relations entre le roi et son frère.

Chaque grand seigneur a ses hommes de main, redoutables : il les recrute exprès. Mais il veille, s'il est sage, à les tenir de près. Ce n'est pas le cas du roi, qui laisse à ses mignons trop aimés la bride sur le cou. Ils occupent le haut du pavé, et ils donnent le ton. Arrogants, insolents, prêts à jouer leur vie pour un mot qui les blesse ou pour un sourire aguicheur, ils cultivent la provocation comme un des beaux-arts, à moins qu'ils ne s'en prennent plus sournoisement à l'adversaire en lui volant épouse ou maîtresse. On s'affronte sur le pré, en combats singuliers ou multiples. On s'attend le soir, au détour d'une rue, à vingt contre un. On aposte des tueurs sous les fenêtres des dames. Paris nocturne devient un coupe-gorge. Et les rumeurs donnent au moindre geste, au moindre mot, une importance démesurée.

La réconciliation forcée de 1576 ayant ramené le duc d'Anjou à la cour, les intrigues reprennent de plus belle. Les deux frères condamnés à une apparente amitié s'affrontent par favoris interposés. La bête noire du roi est Bussy d'Amboise, passé de son service à celui de Monsieur pour l'amour de Marguerite — une trahison. Bussy daube sur ses relations avec ses mignons, «de couchette», affirme-t-il. Il se permet de paraître à la cour «habillé tout simplement et modestement, mais suivi de six pages vêtus de drap d'or frisé, disant tout haut que la saison était venue que les plus bélîtres seraient les plus braves*». Quelques jours plus tard, on put craindre une bataille rangée entre les deux clans et le roi dut intervenir. Quélus échangea publiquement des insultes avec Bussy, puis lui

---

* *Bélitres* = gueux. *Braves* = élégants.

tendit avec ses amis une embuscade dont il réchappa par
miracle. Bussy demanda à en tirer « raison » dans un duel régulier, mais le roi refusa. Fureur du duc d'Anjou.

Catherine très inquiète, intervint, proposa à son dernier fils
une excursion à la campagne. Mieux valait qu'il n'assistât pas
aux noces du favori Saint-Luc. Mais après une journée de
détente dans les bois de Vincennes et de Saint-Maur, François
dut paraître au bal couronnant la cérémonie : son absence eût
passé pour déclaration de guerre. Il y subit de la part des
mignons déchaînés une avalanche de quolibets du plus mauvais
goût, sur sa petite taille, son visage grêlé, son costume, sa
démarche. Ulcéré, il s'en alla se plaindre à sa mère : il était
décidé à quitter la cour.

Catherine s'étant fait fort d'obtenir l'autorisation du roi et
ayant tiré de lui une promesse verbale, le petit duc se mit au
lit, en rêvant à la belle Charlotte de Sauve, qui lui promettait
rendez-vous. Henri, lui, ruminait en compagnie de ses favoris
sur ce projet de départ, qui lui rappelait de mauvais souvenirs.
À une heure du matin, en robe de chambre, il débarqua furieux
chez sa mère suivi de ses compagnons qui n'avaient pas quitté
leur costume de bal, il la tira du sommeil, l'invita à le suivre
pour une perquisition dans la chambre de son frère, dont il
croyait la trahison certaine. Affolée devant ce déchaînement de
rage, elle se précipita sur ses traces en chemise de nuit.

François, mal réveillé, pliait l'échine sous l'algarade pendant
que les gardes emportaient ses coffres et fouillaient son lit. En
vain. Soudain Henri s'aperçut que la main de son frère se cris-
pait sur un morceau de papier. Il le lui arracha, croyant tenir la
preuve d'un complot. C'était un billet galant de Mme de
Sauve. La déconvenue le rendit plus furieux encore. Il passa sa
colère sur les serviteurs de Monsieur, qu'il fit arrêter. Au matin
tout Paris retentissait déjà de l'esclandre.

Catherine s'employa à « rhabiller tout cela ». Elle commençait
à en avoir l'habitude. Elle réunit le Conseil, s'adjoignit le duc
de Lorraine, de passage à Paris, pour raisonner Henri qui,
après une matinée de palabres, finit par admettre vers midi
qu'il était allé trop loin. Elle organisa aussitôt une nouvelle
scène de réconciliation, publique bien entendu, où elle fit
s'embrasser non seulement ses deux fils, mais pour faire bonne

mesure Quélus et Bussy. Ce dernier donna à son adversaire une accolade si vigoureuse et lui planta sur les joues des baisers si sonores, que toute l'assistance se mit à rire. On avait grand faim, il fallait dîner. Tous se retrouvèrent à table.

Le duc d'Anjou n'était pas rassuré pour autant. Il se prépara à la fuite.

Il trompa la surveillance grâce à la complicité de sa sœur. L'histoire de son évasion, romanesque à souhait, n'a pas manqué de séduire Alexandre Dumas, qui la raconte longuement dans *La Dame de Monsoreau*. Il s'échappa de nuit, avec deux compagnons seulement, par la fenêtre de la chambre de Marguerite, grâce à une corde que ses femmes avaient introduite discrètement dans une vieille malle. La jeune femme vit les fuyards s'éloigner, faillit mettre le feu à sa cheminée en brûlant prématurément la corde compromettante, se mit au lit en tremblant. François cependant gagnait l'abbaye de Sainte-Geneviève, y franchissait en rampant le mur d'enceinte par un trou qu'avait percé tout exprès Bussy et chevauchait vers Angers. Lorsqu'on découvrit le lendemain matin qu'il n'était plus là, sa sœur essuya stoïquement la colère du roi, en feignant l'ignorance. Et, tandis que les mignons du roi, privés de leur cible favorite, s'en prenaient imprudemment aux hommes du duc de Guise et payaient leur insolence de leur vie, lors du célèbre duel d'avril 1578, Catherine se préparait de nouveau à courir après son plus jeune fils.

Elle avait grand peur « qu'il ne fît encore le fou ». Mais, pour une fois, elle se trompait. Il lui jura qu'il ne songeait pas à « brouiller » dans le royaume et qu'il avait éconduit les offres de ses anciens partisans.

Il avait d'autres projets. Elle aussi en avait pour lui. Ces projets ne coïncidaient que partiellement, on le verra, mais ils avaient un point commun. Puisqu'il était décidément impossible aux deux frères de vivre côte à côte en bonne intelligence, mieux valait les séparer. Ils s'entendraient moins mal de loin que de près. Il était urgent de détourner les ambitions du duc d'Anjou. Vers l'étranger si possible. Il songeait justement à se tailler une principauté dans les Flandres, qui supportaient de plus en plus mal la tutelle espagnole. Sa mère, elle, penchait pour un bon mariage, assorti d'une principauté ou d'un trône.

Les deux entreprises, conquête des Pays-Bas et négociations matrimoniales, sont de longue haleine. On ne peut en espérer des fruits immédiats, mais en attendant, elles occupent l'esprit tourmenté du duc d'Anjou et le neutralisent.

Catherine respire. Le royaume est en paix, ou à peu près. Sa présence à Paris n'est plus requise pour amortir les chocs entre ses fils. Il y a bien longtemps que les provinces n'ont vu de près leur roi. À défaut de Henri III, qui n'aime pas les voyages, elle décide d'aller les visiter. Elle fera d'une pierre deux coups, elle en profitera pour parachever la remise en ordre familiale en ramenant à son époux Marguerite, trop longtemps gardée en otage. En octobre 1578, elle reprend courageusement le bâton de pèlerin.

Catherine sur les routes

L'itinéraire qu'elle adopte recouvre en sens inverse celui qu'elle avait suivi lors du grand tour de France qui avait marqué le règne de Charles IX. Mais les deux voyages n'ont que peu de similitudes. Elle part cette fois en modeste équipage et adopte un profil plus bas, sans lésiner toutefois sur l'essentiel : des juristes chevronnés et de séduisantes filles d'honneur. Munie de ces atouts, elle pense pouvoir affronter les provinces méridionales où les armes n'ont pas encore été remisées au râtelier.

Elle n'a garde d'épouser les querelles des uns ou des autres. Aux partis affrontés, elle se présente en arbitre et en recours. Bien qu'elle sache user au besoin de la menace, elle lui préfère la persuasion. À Bordeaux elle dissout une confrérie de catholiques exaltés. Ailleurs, elle fait rouvrir un église, sans pour autant fermer les temples, elle rétablit des huguenots dans leurs droits, elle tranche des conflits de pouvoir entre responsables locaux. Raccommodage, ravaudage, rafistolage, rhabillage, travail de ménagère avisée qui convient à sa patience retorse. Elle s'astreint à en informer jour après jour le roi, avec qui elle espère renouer par là une entière confiance.

Ses entretiens avec son gendre, sur lesquels on reviendra, relèvent de la même diplomatie prudente et conciliante. Mais elle est capable, dans une négociation importante, de tenir bon durant des heures, gardant l'œil clair et l'intelligence aux aguets quand ses collaborateurs sont au bord de la syncope, sachant bien que la victoire appartient à celui qui arrache le dernier mot. Intrépide, infatigable, elle promène son catarrhe, sa sciatique, ses coliques et ses rhumatismes sur des chemins impraticables, dans le mistral ou la tramontane, sous les pluies diluviennes des demi-saisons du Midi. Elle troque sa litière contre des chevaux ou des mulets, couche au petit bonheur des gîtes d'étape, s'accommode d'une tente entre les étangs et la mer. Elle lit, écrit, discute, écoute et conserve pourtant l'esprit et le cœur assez libres pour regarder le paysage, humer un parfum, apercevoir dans les champs les fèves en fleurs, les jeunes amandes à la coque déjà durcie et les cerises rougissantes et pour adresser à sa « commère » la duchesse d'Uzès de très spirituels récits. Elle est assez lucide aussi pour mesurer l'épuisement du royaume et pour compatir à la misère des petites gens. Elle ose écrire à son fils : « Cessez de fouler vos peuples, car vous êtes à la veille d'une révolte générale et qui vous dira le contraire ne vous dit pas la vérité. » Parce qu'elle prend la peine de tout observer, elle est capable de tout comprendre.

Les résultats de ces efforts sont inégaux. Tel Sisyphe, elle voit s'effondrer les conventions péniblement échafaudées. Les discordes qu'elle apaise pour un temps renaissent dès qu'elle a tourné les talons. En Provence elle a le plus grand mal à rétablir l'ordre, en Dauphiné elle doit renoncer à faire prévaloir l'autorité royale sur celle des chefs locaux retranchés dans leurs montagnes. Une chose est sûre cependant. Elle y regagne personnellement une part du prestige perdu. Son courage en impose. Elle se présente sans armes, mains nues, aux portes de Montpellier la rebelle, elle s'avance le long du rempart entre deux haies d'arquebusiers hostiles qui ne laissent à son chariot qu'un étroit passage, et les plus récalcitrants s'inclinent : il y aura une messe dans la cathédrale, chaque dimanche, après le culte réformé.

Déjà, en 1577, l'ambassadeur vénitien notait : « Les Français ne voulaient pas d'abord reconnaître son esprit, sa prudence, mais à présent on la regarde comme quelque chose de surhumain. » Et il lui souhaite longue vie, « pour le bien de la France et de toutes les nations chrétiennes ». Deux ans plus tard il confirme : « C'est une princesse infatigable aux affaires, faite à point pour prendre de la peine et pour gouverner un peuple aussi remuant que les Français. Puisqu'ils commencent à connaître son mérite, il faut qu'à leur honte, ils la louent et se repentent de ne pas l'avoir appréciée plus tôt. » Il est vrai que ses fils lui fournissaient d'excellents repoussoirs.

Personne, jamais, ne semble avoir songé à porter la main sur elle. On se régale de pamphlets qui lui souhaitent le sort de Jézabel ou de Brunehaut, mais face à elle, chacun est saisi d'un respect presque superstitieux. Elle est femme, elle est vieille, elle est mère — mère du roi, mère du royaume —, y toucher serait sacrilège. Les théoriciens les plus hardis autorisent le tyrannicide, mais le matricide continue de faire peur. Incarnation d'une autorité venue du fond des âges, elle se présente immuable dans ses voiles noirs, invulnérable, sacrée, et tous s'inclinent. Ensuite, lorsqu'elle est partie, on respire un peu plus librement et l'on recommence à se disputer.

Elle aurait pu passer le reste de ses jours à « remettre paix et union » entre les sujets de son fils, si une grave maladie de Henri III ne l'avait affolée. En septembre 1578, on le croit mourant et la seule idée de le perdre la fait crier de douleur : « C'est ma vie et sans cela je ne veux ni vivre ni être. [...] Quand j'y pense au mal qu'il a eu, je ne sais ce que je suis, je loue mon bon Dieu de me l'avoir redonné et lui supplie que ce soit pour son temps plus que ma vie* et que tant que je vive, ne lui voie mal. Croyez que c'est une extrême peine d'être loin de ce que l'on aime comme je l'aime, et le savoir malade, c'est mourir à petit feu. »

Il est guéri, mais l'alerte risque d'avoir ranimé les intrigues autour de son frère. Elle bâcle en quelques mois le reste de sa mission et se hâte de regagner Paris, pour prendre en main l'avenir du duc d'Anjou.

---

* Qu'il vive plus longtemps que moi.

L'entreprise des Pays-Bas

En jetant son dévolu sur les Pays-Bas, le duc ne montrait pas beaucoup d'imagination. Il ne faisait que reprendre le vieux projet de Coligny, naguère noyé dans le sang de la Saint-Barthélemy. Les circonstances paraissaient un peu plus favorables : en novembre 1576 les provinces du sud, restées catholiques, s'étaient soulevées à leur tour contre la domination espagnole. Les insurgés demandaient des renforts. Fort de l'appui des huguenots français, François d'Alençon se sentait pousser des ailes pour voler à leur secours. Sa sœur Marguerite, sous prétexte d'une cure aux eaux de Spa, lui avait gagné la sympathie d'un important seigneur flamand. Il piaffait d'impatience, mais sa mère, avertie, l'invita à attendre pour se risquer au-dehors que l'intérieur du royaume soit pacifié. Autant dire les calendes grecques. Il ne l'écouta pas. En 1578, il se lança dans l'aventure, subit un échec sérieux à Mons et rentra en France la bourse vide et l'oreille basse.

Depuis le temps de Coligny, Catherine n'avait pas changé d'avis. Elle était d'autant plus réservée sur une intervention aux Pays-Bas risquant de créer un *casus belli* avec l'Espagne que les troubles civils venaient de se réveiller en France dans une énième guerre de religion, qui secouait le Sud-Ouest. Le roi y était également très hostile. Mais il avait besoin, pour traiter avec les huguenots, de l'entremise de son frère. Dans une lettre ostensive destinée aux envoyés flamands, il lui promit de l'assister « jusqu'à sa chemise », mais il lui fit jurer de ne la montrer qu'à eux et le prévint qu'il n'avait aucune aide à attendre de lui. Sur ces bases truquées, le duc d'Anjou n'hésita pas à signer avec les députés des Provinces le traité du Plessis-lès-Tours faisant de lui, dans les Flandres, une sorte de monarque constitutionnel. Son frère cependant s'ingéniait à torpiller l'entreprise : « Je veux conserver mon État et moins le voir ruiner pour lui que pour personne du monde », grondait-il. Comme François s'attaquait ouvertement à Philippe II, il prit peur et Catherine vit le moment où les troupes royales allaient marcher sur celles de Monsieur pour les disperser. Selon son habitude, elle s'entremit, tenta l'impossible auprès de son fils pour l'arrêter et devant son refus elle s'attela à une tâche à peu près insurmontable, qu'on peut résumer en ces termes.

Elle parvint à persuader le roi de faire la part du feu, et de tolérer ce qu'il ne pouvait empêcher que par une guerre fratricide. Le duc serait moins nuisible en guerroyant aux Pays-Bas que s'il était retenu en France de force. Elle se chargea de le soutenir discrètement, de lui faire parvenir quelques fonds et obtint de faire couvrir ses troupes de loin par l'armée royale, pour dissuader les Espagnols de les attaquer. Pendant ce temps, Henri clamait haut et fort qu'il n'était pour rien dans les initiatives de son frère et qu'il souhaitait rester en bons termes avec l'Espagne. Un bel imbroglio, devant lequel les diplomates étrangers perdaient leur latin.

On n'entrera pas ici dans le détail des opérations militaires. Monsieur, après la prise de Cambrai, accumula les échecs. Le roi ne cachait plus sa fureur : « Nous aurons plutôt fait d'entrer en guerre pour ce museau et perdre royaume et honneur et tout. C'est une étrange chose que ce magot nous fasse perdre. » Le projet était chimérique en effet, pour trois raisons majeures, qui apparurent très vite. La première, c'est que l'argent est le nerf de la guerre et qu'en dehors de quelques subsides venus de Londres, les caisses restèrent toujours vides. La seconde, c'est que les Flamands n'avaient aucune envie de remplacer les Espagnols par les Français. Ils voulaient leur liberté. Ils voyaient dans le duc d'Anjou un dangereux protecteur, qu'il fallait tenir à distance, et le duc confirma leurs craintes en essayant de s'emparer par traîtrise des principales villes du pays. Les provinces méridionales catholiques choisirent alors de s'entendre avec le gouverneur espagnol. La troisième raison enfin, c'est que l'Angleterre, toujours disposée à causer des ennuis à Philippe II en soutenant les rebelles calvinistes, ne voulait cependant à aucun prix laisser la France s'implanter aux Pays-Bas. Elle préférait le statu quo : un protectorat chancelant qui tenait l'Espagne en haleine.

Or, comme le duc d'Anjou était alors candidat à la main de la reine Élisabeth, il y avait là matière à un joli jeu de dupes. Ce fut celle-ci qui le mena, de main de maître.

Une idylle à l'anglaise

Lorsqu'en 1571 le futur Henri III avait refusé d'épouser Élisabeth, Catherine de Médicis, on s'en souvient, avait aussitôt proposé son plus jeune fils. François ne partageait pas les dégoûts de son frère. Ni les rumeurs fâcheuses qui couraient sur elle, ni le fait qu'elle avait trente-huit ans et lui seize ne le rebutèrent. Il aurait épousé le diable si le diable lui avait offert une couronne. Le projet avait aussitôt avorté parce que l'Angleterre mettait la barre trop haut en réclamant Calais. Puis Catherine avait massacré ses huguenots, tandis qu'Élisabeth persécutait ses catholiques : le moment était inopportun. Mais François restait un prétendant virtuel. Huit ans plus tard, l'Espagne se faisait si menaçante contre l'Angleterre protestante que celle-ci éprouva soudain le besoin de se chercher des appuis. Élisabeth n'était toujours pas mariée. On renoua les négociations.

Les intérêts en cause dans l'affaire sont très clairs. L'Angleterre souhaite un traité d'alliance avec la France. Donnant, donnant : le traité contre le mariage. Mais qui donnerait le premier ? Henri III voulait que le mariage se fît d'abord, ses partenaires exigeaient par priorité le traité. Faute d'alliance en bonne et due forme, on comptait au moins à Londres que l'annonce des fiançailles brouillerait la France avec Philippe II. Enfin, s'il le fallait, les Anglais se résoudraient à apporter à l'entreprise du duc d'Anjou dans les Flandres un soutien mesuré, lui permettant d'inquiéter l'Espagne mais pas de conquérir le pays. Calculs très ordinaires de politique internationale.

Mais l'histoire de ces trois ans de fiançailles est rendue singulière par le fait qu'Élisabeth y mêla du sentiment. De l'hypocrisie la plus noire aux défaillances d'une femme incapable de commander à ses sens et à ses nerfs, on a tout invoqué pour rendre compte de ses étranges comportements. Il vaut la peine de s'y attarder, car son cas offre un excellent exemple des difficultés que présente pour une femme la condition souveraine.

En digne fille de son père, elle aimait par-dessus tout trois choses : le pouvoir, l'Angleterre et l'amour. Les deux premières étaient aisément compatibles entre elles. La troisième, non.

« En prenant mari vous ne seriez plus que reine, au lieu qu'en
gardant le célibat vous êtes roi et reine tout ensemble. Vous
avez le cœur trop grand pour songer à vous donner un maître »,
lui disait en manière de flatterie un de ses familiers. Elle ne
savait que trop qu'il avait raison. Une vie de femme « normale »,
avec époux et enfants, impliquait un partage et peut-être un
abandon de sa souveraineté. Avec mille inconvénients pour le
royaume. Ses jeunes années avaient été riches de périls et
d'enseignements. Elle avait vu sa demi-sœur Marie Tudor faire
avec Philippe II d'Espagne un mariage très brillant, mais désastreux sur le plan privé, et qui l'avait placée en porte-à-faux
entre les intérêts contradictoires de son pays d'origine et de son
pays d'adoption. Élire un compatriote de rang inférieur ne
valait pas mieux. L'exemple de Marie Stuart lui avait montré,
avec Darnley, qu'un époux non princier pouvait être aussi avide
de pouvoir qu'un autre. Elle faillit épouser Dudley, lorsque la
mort accidentelle de sa femme le rendit libre, trop opportunément ; elle recula devant les rumeurs qui faisaient d'elle la
complice de l'assassinat soupçonné. D'ailleurs, le cher Robert
n'était-il pas beaucoup plus docile dans la fonction de favori ?
Elle se résignait à trouver auprès de lui d'équivoques satisfac-
tions, mais il est probable qu'elle ne prit jamais, quoi qu'on en
ait dit, le risque majeur de donner le jour à un bâtard. Et,
comme elle savait que l'Angleterre ne voulait pas de lui, elle
s'en servit longtemps comme prétexte, comme écran de fumée,
pour décourager les incitations au mariage. Les années
passaient. Elle montait en graine. Elle restait la « reine vierge »
mais point ingénue, friande d'hommages masculins, dont
l'extrême coquetterie commençait à jurer avec sa beauté décli-
nante — si tant est qu'elle eût jamais été belle.

Sa situation inédite — une femme seule sur le trône —
inquiétait ou choquait ses compatriotes. Bien qu'ignorant la loi
salique, ils étaient tout aussi misogynes que les Français, et
comme eux convaincus de l'incapacité congénitale du sexe
faible. Reine ou pas, reine surtout, une femme devait se marier,
abdiquer devant un époux les responsabilités que lui avaient
attribuées les caprices de l'histoire et se borner à donner à la
dynastie de légitimes héritiers. Depuis qu'à l'âge de vingt-cinq
ans elle avait succédé à sa sœur, ses conseillers ne cessaient de

le lui seriner, avec d'autant plus d'énergie que ses droits à la couronne étaient contestés par sa cousine d'Écosse, catholique, qui était aussi sa plus proche parente. Chaque fois qu'elle tombait malade, ce qui lui arrivait souvent, ils avaient des sueurs froides à l'idée des troubles qu'engendrerait un conflit successoral. Qu'elle prenne donc un mari et qu'elle en ait un fils, la question ne se poserait plus.

Ils ne purent jamais dénicher l'oiseau rare. Tous les prétendants possibles offraient des inconvénients rédhibitoires. Aucun des princes étrangers pressentis n'avait dépassé le stade de l'examen préliminaire ni eu l'honneur de se présenter devant la reine. Quant aux Britanniques, mieux valait ne pas penser aux jalousies que susciterait l'élévation de l'un d'entre eux. Vingt ans durant, on agita donc la question, on négocia à droite et à gauche, sans conclure. Elle se garda bien de dire qu'elle voulait rester fille : une prétention aussi monstrueuse chez une femme encore jeune aurait suscité incompréhension et scandale. Le voulait-elle d'ailleurs ? Partagée entre les exigences de sa féminité et la certitude qu'elle devrait y sacrifier le pouvoir auquel elle prenait un goût de plus en plus vif, elle hésitait. Marie Stuart avait prétendu être pleinement femme et pleinement reine et s'y était brûlée. Catherine de Médicis avait été les deux tour à tour ; accédant tardivement à la régence, elle avait décidé de n'être plus qu'une veuve et une mère, sans parvenir d'ailleurs à désarmer tout à fait les préventions masculines. Élisabeth, elle, repousse indéfiniment l'heure du choix, s'installe en un instable équilibre sur la ligne de partage entre les deux rôles. Elle oscille de l'un à l'autre, tantôt charmante, aguichante, filant avec Dudley un amour quasi conjugal, tantôt violente, arrogante, tyrannique, jurant comme un charretier et brutalisant ceux qu'elle caressait la veille, excentrique, pour les plus indulgents, hystérique, pour les plus sévères. Redoutablement lucide, au demeurant, dissimulée et comédienne, au point qu'on peut se demander si elle ne jouait pas délibérément de son hystérie pour se forger une personnalité à part, imprévisible et redoutable, et par là même se protéger de ceux qui voulaient à tout prix la soumettre à la loi commune. Quand elle apparaît au visiteur outrageusement maquillée, ses cheveux roux flamboyants frisés et torsadés de perles, la taille serrée dans un corset rigide et ployant sous le poids des joyaux qui constellent ses vêtements, droite, hiératique, elle a tout d'une idole. Et si elle se met en colère, l'effet peut être terrifiant.

Une idole est difficilement mariable. Les partis se font rares. Elle a maintenant quarante-cinq ans. C'est bien tard pour une première maternité, quoique ses médecins lui garantissent le contraire. Elle maigrit, se dessèche, elle est tout en angles et en saillies, « on pourrait lui compter les os » et sa peau abîmée par les fards se parchemine. Dudley a vieilli, il est moins aimable, et il s'éloigne doucement. Elle a du vague à l'âme, pleure sa jeunesse envolée, rêve de sentiments tendres. Elle est mûre pour une idylle d'arrière-saison — les plus dangereuses souvent.

Celle-ci ne le sera pas. Chez elle l'esprit vigilant surveille le cœur et lui marque les limites à ne pas franchir. Et pour le cas où cette vigilance se laisserait surprendre, la reine dispose d'un garde-fou solide. Lorsqu'elle a fait demander, dès les premières démarches, si son prétendant était prêt à se convertir à l'anglicanisme, Catherine de Médicis a répondu que la chose était impossible à un fils de France. Or dans leur énorme majorité les Anglais, se souvenant de Marie Tudor, sont opposés à un prince catholique que la mort de son frère pourrait faire roi du pays voisin et rival. Elle ne peut aller contre les sentiments de son peuple. Elle n'épousera pas François d'Anjou, elle le sait parfaitement, dès l'abord. À l'abri de cette certitude, elle peut jouer à aimer et à être aimée, s'offrir le luxe de vivre trois ans durant un roman imaginaire, avec entretiens tendres, correspondance amoureuse, échange de présents, promesses et serments, sans jamais perdre le sens des impératifs politiques, assez maîtresse d'elle-même pour lui faire du chantage à la rupture lorsqu'il prétend s'emparer pour de bon des Pays-Bas. Également sincère dans ses épanchements d'amoureuse et dans ses calculs de diplomate, elle a des sincérités non pas successives mais simultanées, non pas contradictoires mais complémentaires, puisqu'elles s'exercent dans deux domaines différents, celui du réel et celui de la fiction.

Du grand art, qui serait odieux si elle s'en prenait à un partenaire franc et candide, lui vouant un amour vrai. Mais François d'Anjou n'en veut qu'à son trône : il ne l'aura pas. Elle sait aussi qu'il est un débauché et cela pimente le jeu que d'obliger à roucouler à ses pieds celui qui ne songe qu'à courir dès qu'il le peut s'encanailler dans les tavernes de Londres. À trompeur, trompeur et demi, et que le plus fin gagne. Ce sera Élisabeth. Pendant trois ans, son insatiable coquetterie aura joui délicieusement de cette idylle avec un prince en âge d'être son fils.

Elle se mit en frais au début de 1579 pour accueillir le gentilhomme que son prétendant lui envoyait en ambassade. Bel homme, élégant, spirituel, Simier cachait son cynisme brutal sous des dehors d'exquise politesse. Nul ne savait comme lui tourner le compliment. Il connaissait par cœur tous les tours et les détours du jardin de Courtoisie. Il lui chuchotait à l'oreille de mystérieuses douceurs qui la faisaient rougir. Il lui vola un mouchoir qu'il fit parvenir à son maître comme gage d'amour. Elle rayonnait, elle avait rajeuni de dix ans. Tant et si bien que ses familiers parlèrent de magie et le soupçonnèrent de lui avoir fait boire un philtre enchanté.

De part et d'autre de la Manche, des juristes furent chargés de dresser contrat. Tâche difficile. L'époux d'Élisabeth porterait-il le titre de roi d'Angleterre, de quelles dotations jouirait-il, qu'adviendrait-il si sa femme mourait avant lui, serait-il autorisé à pratiquer sa religion et, si oui, dans quelles conditions : autant de questions épineuses sur lesquelles elle se montra prête à faire des concessions inattendues. Pas ses conseillers, qui discutaient ferme, tandis que les prédicateurs tempêtaient en chaire. Avant de se décider, elle voulut voir son « fiancé ».

Il arriva le 17 août. La reine, dûment prévenue qu'il était très laid, se dit agréablement surprise. Il était petit, soit, et son nez boursouflé de cicatrices était énorme, mais il était jeune, vif et, comme Simier le lui avait conseillé, jouait à la perfection les soupirants ardemment épris. Elle raffolait des surnoms, elle l'appela sa « Grenouille », il lui offrit une broche où une de ces bestioles, assise sur une feuille d'or, portait gravé sur le dos un portrait de lui en miniature. Dans les jardins du château de Greenwich, où elle passait l'été, on pouvait voir la haute silhouette anguleuse de la reine vieillissante s'accrocher au bras d'un frétillant petit bonhomme trapu. Mais nul n'avait le cœur à en rire, tant étaient importants les enjeux politiques.

Il repartit avec un diamant au doigt et des promesses. Ils

échangèrent quelques lettres passionnées. Puis les juristes se remirent au travail, tandis que déferlaient contre la reine les malédictions tonitruantes des puritains londoniens qui, pour être moins célèbres que John Knox, n'étaient pas moins virulents. L'ambassadeur espagnol Mendoza, qui suivait l'affaire sur place, se sentit tout à fait rassuré : « J'ai toujours été convaincu, écrit-il alors, que l'idée d'un mariage entre la reine et Alençon était une pure invention. Je n'en pense pas moins qu'il continuera d'en être question, et même que l'on finira par s'entendre, mais je crois qu'alors ce sera elle qui refusera. » C'est là, très exactement, ce qui se passa.

Pour l'instant, les Anglais avaient grand besoin de l'amitié française. Philippe II encourageait la révolte des catholiques irlandais, Rome lançait à l'assaut de l'Angleterre des légions de jésuites héroïques, prêts au martyre, qui agitaient les provinces du Nord mal détachées du catholicisme. On réactiva les négociations. Henri III envoya à Londres une forte délégation qui repartit mécontente : mariage puis traité, ou traité puis mariage ? la méfiance régnait. Il fut vexé qu'Élisabeth ne lui expédie, pour renouer le dialogue, qu'un seul ambassadeur, qu'on savait hostile au projet. Le duc d'Alençon furieux menaça de rompre. Élisabeth lui écrivit une lettre tendre accompagnée de trente mille livres d'or pour sa guerre aux Pays-Bas et le convoqua.

Les juristes élaborèrent un nouveau contrat, qui fut signé en juin, après quoi, en novembre 1581, François rejoignit de nouveau sa fantasque fiancée. Dix jours de marivaudage stérile l'exaspérèrent, il s'impatienta. L'ambassadeur de France demanda une réponse. Cette réponse fut stupéfiante. Sous les yeux de ses conseillers abasourdis, elle lui déclara : « Vous pouvez écrire ceci au roi : le duc d'Alençon sera mon époux ! » Puis elle retira une de ses bagues et la donna au petit duc en l'embrassant sur la bouche. Chacun reconnut là le très ancien rite qui, en droit médiéval, suffisait à unir les époux par consentement mutuel. Bien que médusé, il eut la présence d'esprit de lui offrir en retour une de ses bagues. Ils étaient mariés. Les cérémonies officielles ne seraient que formalités. Exultant de joie, il écrivit à son frère qu'Élisabeth était sa femme, aussi vrai que Louise était la sienne.

Mais sur un point essentiel il anticipait un peu. Élisabeth lui refusait la porte de sa chambre. Elle attendait la signature d'un traité d'alliance en bonne et due forme avec la France. « Non, vous êtes à moi, protestait-il, comme je peux le prouver par les lettres et les mots que vous m'avez écrits, que vous avez confirmés en me donnant cet anneau, ce dont j'ai fait part au roi mon frère, à ma mère et aux princes de France. » Humilié, il se mit à tempêter : « Si je ne peux faire de vous ma femme par des moyens honnêtes et par l'affection, je le ferai donc par la force, car je ne quitterai pas ce pays sans vous. » Où donc était passé le soupirant tendre et soumis ? Il prétendait parler en maître. Elle avait savouré jusqu'à la dernière goutte tous les plaisirs que pouvait lui offrir cette comédie. Elle n'avait pas envie d'en vivre les désagréments. Elle se débarrassa de lui en lui offrant une flotte et quelques gentilshommes pour le convoyer jusqu'à la côte de Zélande, où elle l'invita à se couvrir de gloire. En public, elle versa sur leur séparation des flots de larmes, mais chacun comprit qu'elle était secrètement soulagée et qu'en dépit des promesses échangées, elle ne le reverrait jamais.

Il y avait une part de sincérité dans la mélancolie qui s'empara d'elle quand elle vit s'éloigner le navire de son petit fiancé. Elle savait que c'était le dernier. Plus jamais elle ne serait courtisée par un prince de sang royal. Elle avait quarante-huit ans, elle ne pourrait plus jouer les jeunes premières. Elle devrait se contenter de marivaudages factices avec des favoris de moins en moins dociles. Une page était tournée.

Mais elle n'a pas tout perdu, au contraire. Elle a gagné ses galons de souveraine célibataire. Ses sujets ont eu si peur qu'ils renoncent à la marier. Ils accepteront pendant plus de vingt ans encore l'autorité de cette femme seule qui a maintenant pour unique amour son pays : « Un ennemi mortel ne pourrait pas me souhaiter plus grand dommage que de haïr l'Angleterre, et la mort serait bienvenue s'il m'advenait telle infortune. » Elle a fait le bon choix.

Quant à l'épineuse question de sa succession, on verra plus loin comment elle la régla, sans s'encombrer de sentiments.

Un deuil de plus pour Catherine

Catherine, bien qu'elle eût été prête à faire le voyage d'Angleterre s'il eût fallu, n'avait jamais eu beaucoup d'illusions sur les chances de son fils auprès d'Élisabeth. Ses ouvertures diplomatiques n'étaient souvent que ballons d'essai, ou diversions et leurres. Le projet anglais, sur fond de conflits religieux, ne lui souriait guère. Au moins avait-il rempli son office en fixant pour trois ans les ambitions brouillonnes de François. Mais elle connaissait trop bien sa consœur pour croire au miracle. Elle se mit donc en quête, dès l'annonce officielle de la rupture, d'une solution de rechange.

Le mariage qui plaisait à son cœur de mère et de grand-mère était par malheur encore plus irréalisable. Elle aurait voulu unir à son dernier fils la cadette de ses petites-filles espagnoles, et elle caressait l'espoir chimérique que Philippe II doterait le jeune couple d'une principauté aux Pays-Bas. Elle se doutait bien qu'il n'y consentirait pas volontiers. Elle chercha donc les moyens de lui forcer la main. La guerre dans les Flandres en était un. Elle crut en voir un autre dans l'ouverture de la succession de Portugal.

Trois prétendants, dont Philippe II en personne, se disputaient le trône de Lisbonne laissé vacant par la mort du dernier souverain. Catherine se mit sur les rangs, invoquant de prétendus droits remontant à plus de deux cents ans : une femme de sa famille maternelle avait alors été l'épouse d'un roi de Portugal. L'échafaudage juridique édifié sur ces bases était plus que fragile, indéfendable. Mais Catherine assortit ses prétentions d'une expédition militaire sur les Açores, dont la plus grande île, Tercère, refusait de devenir espagnole. Elle se démena pour réunir des fonds, armer une flotte. Henri III, comme pour les Pays-Bas, s'en lavait les mains : la France n'avait rien à voir dans les revendications purement privées de sa mère. Elle ne prétendait certes pas bâtir un empire colonial sur les ruines de celui des Portugais, elle voulait seulement se procurer une monnaie d'échange pour le marchandage qu'elle projetait de mener avec Philippe II. Hélas, l'escadre française se fit battre à plate couture et comme la guerre n'était pas officiellement déclarée entre les deux pays, l'Espagne considéra les prisonniers

comme des francs-tireurs et les massacra. Henri, qui aurait fait
sien un éventuel succès, en voulut à sa mère de cet échec.
Oubliant que les efforts de Catherine visaient aussi à le protéger de son frère, il ne voyait que la sollicitude qu'elle lui portait
et s'en montrait jaloux. Elle s'efforçait envers et contre tout de
les réconcilier, elle eut une fois de plus en février 1584 l'illusion
d'y avoir réussi, ils s'embrassèrent et elle en pleura de joie.

Le destin brusquement se mit de la partie. François, comme
ses aînés, était tuberculeux. Rongé de fièvre, il dépérissait à vue
d'œil. Après quatre mois de crises ponctuées de rémissions, où
l'espoir alternait avec l'inquiétude, berçant Catherine d'illusions,
il s'éteignit en crachant le sang, le 10 juin de cette même année.

Catherine pleura. Elle aimait malgré tout cet insupportable
petit dernier. Comme toutes les mères, elle supportait très mal
de voir disparaître ses enfants. La mort, en les lui enlevant, lui
arrachait une partie de son être. Avec eux, elle mourait un peu
chaque fois. Pleurait-elle sur elle-même ou sur l'enfant perdu ?
Sur les deux à la fois sans doute. On aurait mauvaise grâce à le
lui reprocher, car c'est le cas le plus général.

Élisabeth d'Angleterre, en souvenir de ses longues « fiançailles » avec le défunt, lui adressa une de ces formules théâ-
trales dont elle avait le secret : « Madame, votre regret ne peut
surmonter le mien. Il vous reste un enfant, mais je ne trouve
de consolation qu'en la mort qui, j'espère, me le fera bientôt
rencontrer. » Bientôt ? il s'en fallut de dix-neuf ans !

Des quatre fils qu'avait eus Catherine, un seul désormais
survivait, ses « chers yeux », l'objet de sa prédilection. L'amour
qu'elle lui vouait se fit plus anxieux, plus possessif encore. Et,
comme après chaque deuil, une partie de son affection se
reporta sur ses petits-enfants. Lorsque, quelques semaines plus
tard, Philippe II donna la petite infante qu'elle avait convoitée
pour François au jeune duc de Savoie Charles-Emmanuel —
qu'elle aurait voulu marier à une autre de ses petites-filles,
Christine de Lorraine —, elle se remit vite de sa déception. Elle
était dépourvue de préventions contre la maison de Savoie. Elle
avait beaucoup aimé la duchesse Marguerite, sa belle-sœur. Elle
n'en voulut jamais à Emmanuel-Philibert, fin politique, de
jouer son jeu et de le jouer bien, même si ses intérêts ne coïncidaient pas avec ceux de la France. Il ne lui déplut pas qu'une

de ses petites-filles madrilènes, qu'elle n'avait jamais vues, épousât leur fils. La Savoie était toute proche. Peut-être rencontrerait-elle un jour cette enfant qui, en tout cas, continuerait d'appartenir au cercle familial élargi.

Le bilan de ces dix années n'est pas brillant. Catherine a consacré à neutraliser son dernier fils des efforts qui — elle le montra lors de sa tournée dans les provinces du Midi — auraient été mieux employés ailleurs. Elle procura au roi sept ans de paix relative. Il les mit à profit pour entreprendre de vastes réformes juridiques, une remise en état des institutions du royaume, qui ne purent porter leurs fruits faute de temps. De son côté elle-même continuait aux Tuileries et dans l'Hôtel de la Reine★ son œuvre de bâtisseuse et de collectionneuse d'objets d'art. Mais le prix à payer en fut exorbitant : de désastreuses concessions aux factions intérieures, une politique extérieure incohérente. Le jeune François fut pour le pays une calamité★★. Son évidente médiocrité ne rend pas moins lourde la responsabilité de ceux — et ils furent nombreux — qui encouragèrent ses ambitions. On laissera au lecteur le soin de distribuer blâmes et satisfecit.

Sa disparition ne régla pas, bien au contraire, les difficultés dans lesquelles se débattait Henri III. Et elle ruina l'avenir de sa sœur Marguerite, qui avait imprudemment pris fait et cause pour lui. Avant d'aborder l'histoire de l'agonie de la dynastie des Valois, on nous permettra une incursion du côté de Navarre, pour revivre ces dix années en compagnie d'un couple dont les relations auraient eu tout du vaudeville si l'avenir de la France n'avait été en jeu.

____

★ L'Hôtel de la Reine se trouvait sur l'emplacement de l'actuelle Bourse du Commerce, près du Forum des Halles. Il ne subsiste du bâtiment que la colonne astronomique du haut de laquelle, croit-on, Catherine faisait observer le ciel et surveiller la ville.

★★ Le seul résultat positif de son action fut la conquête de Cambrai. Ce fut sa mère qui en hérita et réussit à la conserver, malgré les protestations espagnoles, en se conciliant la sympathie des habitants.

CHAPITRE DIX

LE COUPLE DE NAVARRE

Marguerite ne se sentait pas fière au début de septembre 1574 lorsqu'elle se retrouva face à son frère Henri, désormais roi de France. Il lui prit « un frisson si grand avec un tremblement si universel » qu'elle faillit se trouver mal. C'est qu'elle a soutenu contre lui leur cadet François et participé au complot qui visait à l'évincer. Il le sait. Elle sait qu'il le sait. Par son favori Du Guast ou par quelque autre importe peu. La seule solution pour elle serait de faire amende honorable et d'implorer son pardon. Mais elle est « fille de Roi, et sœur de Roi, et femme de Roi », elle ne s'abaissera pas à quémander des égards qui lui sont dus, son « honneur » lui interdit de se faire « mendiante des faveurs, des grâces et bienfaits » du souverain.

Les timidités d'adolescente sont loin. Marguerite est orgueilleuse. À cet orgueil de caste, fondé moins sur ses mérites propres que sur la qualité du sang qui coule dans ses veines, elle doit une excessive témérité et une périlleuse confiance dans la grandeur du rôle qui l'attend. Elle a tendance aussi à oublier qu'elle est femme ou plutôt à nier l'infériorité qui s'attache à son sexe. Elle est fille du matriarcat. La seule incarnation de l'autorité qu'elle ait jamais connue est féminine, c'est sa mère, devant qui ses frères et son mari filent doux. Marguerite se considère comme leur égale. La loi salique, qui écarte les femmes du trône, lui paraît une injustice scandaleuse. On sait que la reine mère ne se gênait pas pour dire tout le mal qu'elle pensait de cette loi. Elle y aurait joint, paraît-il, un vif éloge de Marguerite : « Or, si par abolition de la loi salique, le Royaume venait à ma fille par son juste droit, comme aussi autres royaumes tombent en quenouilles *, certes ma fille est aussi bien capable de régner, ou plus que beaucoup d'hommes et rois que je sais, et qui ont été ; et crois-je que son règne serait beau ; et le rendrait pareil à celui du Roi son grand-père et Roi son père, car elle a un grand esprit et de grandes vertus pour ce faire. » On ne sait si Catherine a vraiment prononcé les paroles que lui prête ici Brantôme, mais elles reflètent à coup sûr le point de vue de l'intéressée elle-même : Marguerite se sent vocation de reine. Faute d'accéder au trône, elle croit pouvoir mener sa vie de façon autonome, libre de ses choix politiques et affectifs.

Elle se complique la tâche à plaisir. Tout en s'engageant à fond aux côtés de son cadet, elle met son point d'honneur à ne pas lâcher, politiquement, un époux qu'elle trompe pourtant sans vergogne. La situation serait à la rigueur vivable si les deux hommes faisaient cause commune. Elle s'emploie à les rapprocher, avec un succès inégal. Mais le roi, lui, s'efforce de les séparer. Il apparaît vite que François change de parti comme de chemise et que Henri de Navarre préfère mener son jeu personnel, à l'écart du conflit fratricide. Il ne lui reste alors qu'à seconder les efforts de sa mère pour recoller les morceaux. Elle reçoit des coups de part et d'autre, s'aliène peu à peu les deux rois, son frère et son époux : ils se réconcilieront après la mort de François d'Alençon-Anjou, sur son dos. Un itinéraire ponctué de hauts et de bas la conduit à la rupture.

Un tissu d'intrigues

Henri III, vindicatif, n'est pas près de pardonner à Marguerite. Il pense qu'en la brouillant avec son mari, il coupera court à ses menées politiques. Dès son séjour à Lyon, à l'automne de 1574, il guette les occasions de dénoncer son inconduite. Se promenant un jour dans la ville, voici qu'il remarque le « chariot » doré de sa sœur garé sur une place où se trouvait le logement d'un gentilhomme surnommé « le bel Entraguet ». De

---

* C'est-à-dire échoient à des femmes.

là à soupçonner que la jeune femme est à ses côtés, il n'y a qu'un pas. Le serviteur qu'il envoie s'en assurer ne trouve personne, mais affirme : « Les oiseaux y ont été, mais ils n'y sont plus. » Quand Marguerite rentra chez elle, elle fut accueillie par son mari goguenard qui lui dit : « Allez chez la reine votre mère, et je m'assure que vous en reviendrez bien en colère » et lui refusa toute explication. Le duc de Guise, la croisant en chemin, lui souffla : « Je vous attendais ici pour vous avertir que la reine vous a prêté une dangereuse charité » et il lui expliqua que le roi l'avait accusée, sous prétexte de visite au couvent de Saint-Pierre tout proche, d'avoir rejoint un amant. Marguerite trouva toutes les dames de la cour en effervescence : on savait que Catherine ne tolérait pas les atteintes publiques à la bienséance. Contre le feu de la colère maternelle, elle ne put qu'invoquer le témoignage des six dames d'honneur qui l'accompagnaient et ne l'avaient pas quittée de tout le jour. Il fallut vingt-quatre heures à la reine mère pour mener une enquête qui lui permit d'innocenter sa fille. Elle ne demandait que cela.

Pour une fois, et quoi qu'en aient dit les biographes de la reine Margot, le roi s'était trompé de cible. Rien ne permet de dire qu'Entragues, alors au mieux avec une autre grande dame, ait été l'amant de la reine de Navarre ni à cette date, ni plus tard. Elle reparut la tête haute et Henri dut lui faire des excuses, en mettant son erreur au compte de ses serviteurs. Son mari, très sagement, avait dès le début refusé de prendre l'affaire au sérieux. Il n'avait pas intérêt à un éclat. Mais l'esclandre laissa des traces. Si l'accusation avait commencé par recevoir crédit, c'est que Marguerite n'était pas irréprochable. Un parfum de scandale s'attache à elle, elle attire les galants, elle appelle les ragots. Sa seule présence envenime les intrigues partout où elle passe. Quant à Henri de Navarre, si indifférent qu'il soit à ses infidélités, il les préférerait plus discrètes. Il n'a aucune envie d'endosser le déplaisant personnage de mari cocu et content. Il sait mauvais gré à sa femme de lui en faire courir le risque.

D'autant plus qu'elle tombe peu après — sur ce point tout le monde est d'accord — éperdument amoureuse du fameux Bussy d'Amboise, le « brave Bussy », coqueluche des dames, un

risque-tout policé, galant et brutal, aussi bon helléniste que
brillant escrimeur, qui résumait en sa personne, aux yeux de
l'aristocratie du temps, toutes les perfections masculines. Vingt
ans après, en écrivant ses *Mémoires*, Marguerite, faute d'oser
avouer son amour, laisse déborder son admiration : il n'y avait
« en ce siècle-là, de son sexe et de sa qualité, rien de semblable
en valeur, réputation, grâce et esprit ». La discrétion n'est pas
le péché mignon des hommes de ce genre. « De quoi servirait
à un grand capitaine, dit Brantôme, d'avoir fait un beau et
signalé exploit de guerre et qu'il fût tu et nullement su ? » Il en
allait de même pour les exploits amoureux. Toute la cour apprit
très vite que Bussy était l'amant de la reine de Navarre.

On ne reviendra pas sur la fureur du roi en le voyant passer
au service de son frère et accabler ses mignons d'insultes qui
l'atteignaient lui-même par ricochet. Henri de Navarre, lui, a
pour l'instant la rancune silencieuse. Mais il boude le lit conjugal et bat froid à Marguerite : dans l'été de 1575, reconnaît-
elle, « nous ne couchions plus ni ne parlions plus ensemble ».
On le soupçonne d'avoir trempé dans l'embuscade qui faillit
coûter la vie à Bussy. Et lorsque le roi l'invite à chasser de la
maison de sa femme une de ses suivantes les plus chères,
Gilonne de Thorigny, c'est de très bonne grâce qu'il s'exécute.
Le motif invoqué était « qu'il ne fallait point laisser à des jeunes
princesses des filles en qui elles eussent une particulière
amitié ». La langue du XVIᵉ siècle n'est pas la nôtre. Ne faisons
pas dire à ces phrases ce qu'elles ne disent nullement et ne
prêtons pas à Margot, comme on l'a fait quelquefois, des relations coupables avec sa suivante : « La chère Thorigny, écrit
l'ambassadeur toscan, tenait la main à l'amitié que Bussy avait
avec sa maîtresse. » Elle servait peut-être aussi ses intrigues politiques. Les protestations de Marguerite furent si véhémentes
que le roi, ne voulant pas reculer, étendit la mesure à la maison
de la reine : et c'est ainsi que la pauvre Louise de Lorraine,
comme on l'a vu plus haut, dut à son grand chagrin congédier
quelques-unes des dames de sa suite.

L'évasion du duc d'Alençon, dont elle est complice, rend
plus précaire encore la situation de Marguerite. Tandis que sa
mère court à la poursuite du fugitif, elle est consignée dans sa
chambre au Louvre, dit l'ambassadeur anglais. Comme de

coutume la contrariété se répercute sur sa santé, elle s'alite avec un « grand rhume sur la moitié du visage », une grosse fièvre et beaucoup de douleurs. Au moins avait-elle la satisfaction de savoir son mari et son plus jeune frère dans le même camp.

Elle était encore malade, affirme Brantôme, lorsqu'on lui annonça l'assassinat de Du Guast, principal conseiller de Henri III, au cours d'une séance de sudation où il soignait sa syphilis. Elle avait mille raisons de le haïr, elle imputait à son influence l'animosité que lui portait le roi, il ne se cachait pas de la mépriser, aurait même dit, selon l'ambassadeur florentin, qu'il la tenait pour *la regina delle putane*. On conçoit qu'elle ait salué la nouvelle par des exclamations de joie et une oraison funèbre bien sentie : « Aussi c'était un corps gâté de toutes sortes de vilainies, qui fut donné à la pourriture qui dès long-temps le possédait, et son âme aux démons, à qui il avait fait hommage par magie et toutes sortes de méchancetés. »

Nul, dans l'immédiat, ne lui imputa cette mort. Du Guast avait beaucoup d'ennemis et le suspect numéro un, le baron de Vitteaux, plusieurs bonnes raisons de lui en vouloir. Seul de Thou l'incrimine sans la nommer, mais très clairement, dans son *Histoire Universelle*, qui ne paraît qu'en 1604. Une grande princesse, conte-t-il, se rendit de nuit dans le couvent des Augustins pour y rencontrer Vitteaux, « un homme accoutumé à verser le sang. [...] Elle l'engagea aisément par ses caresses à se faire son vengeur, en vengeant ses propres injures. [...] Éloquente et caressante », elle n'eut pas de peine à persuader « un homme qui trouvait son propre intérêt à se venger d'un ennemi puissant ». Les caresses, dans la langue du XVIᵉ siècle, ce sont le plus souvent des flatteries verbales. Mais la chronique scandaleuse en a tiré plus tard, au prix d'un faux-sens, la superbe scène de mélodrame où la reine paie comptant, de sa personne, à même les dalles de l'église, le prix de la mort de son ennemi.

Rien de cette histoire ne résiste à l'examen. Il est certain, en revanche, que la mort de Du Guast avait violemment irrité le roi et que, même s'il n'en rendait pas sa sœur responsable, il l'englobait dans le ramassis de trublions qui lui menaient la vie dure.

Otage ou médiatrice ?

La fuite de son mari aggrave la situation de Marguerite. Comment, sans avouer leur mésentente, persuader le roi qu'il ne l'avait pas prévenue ? D'autant que le Béarnais facétieux proclamait : « Je n'ai regret que pour deux choses que j'ai laissées à Paris, la messe et ma femme : toutefois pour la messe, j'essaierai de m'en passer ; mais pour ma femme, je ne puis, et la veux ravoir. » Le roi mécontent répondit « qu'il avait donné sa sœur à un catholique, non à un huguenot » — ce qui, stricto sensu, était faux — et qu'il lui fallait, s'il voulait la récupérer, se faire catholique. Et il la garda, étroitement assignée à résidence. Elle trouva en elle-même les ressources pour faire face. Elle aimait les livres, même les plus austères, philosophie et théologie. Elle passa son temps à étudier. Elle fut même tentée, si on l'en croit, par la dévotion.

Un otage n'a de prix que si quelqu'un tient vraiment à le récupérer. Mais quoi qu'il en eût dit, le roi de Navarre, tout heureux de reprendre possession de ses États, se passait fort bien d'elle. Elle ne lui manquait pas, elle lui était plus utile à la cour, d'où elle parvenait malgré la surveillance à lui faire passer des informations. Au fil des semaines, son peu de chaleur à la réclamer devenait déshonorant pour la famille royale, on aurait dit qu'il la répudiait. Le roi était embarrassé. Sa mère lui expliqua que, « comme la prudence conseillait de vivre avec ses amis comme devant un jour être ses ennemis [...], elle ordonnait d'user de ses ennemis comme pouvant être un jour amis », bref qu'il valait mieux se concilier sa sœur et l'utiliser comme médiatrice. D'ailleurs il y a quelqu'un pour plaider sa cause : François d'Alençon, lui, se refuse à traiter tant qu'elle est prisonnière. Elle participe donc aux négociations qui préparent la « paix de Monsieur » et paraît dans une tenue éblouissante — « une robe d'orangé et noir, dont le champ était noir avec force clinquant, et son grand voile de majesté » — à l'ouverture des États Généraux de Blois.

La voici au mieux avec ses deux frères, provisoirement réconciliés. Mais à quel prix ! Ils s'apprêtent à faire ensemble la guerre aux amis de son mari ! Les retrouvailles conjugales seront pour plus tard. En attendant, elle cherche un prétexte pour quitter la cour. On lui suggère d'accompagner la princesse de La Roche-sur-Yon qui s'en va prendre les eaux de Spa. Marguerite se découvre très à propos un érysipèle à un bras, les médecins conseillent une cure, la saison est propice, elle partira. Le roi approuve, il ordonne au gouverneur de Péronne de veiller à ce qu'elle ait un riche équipage : « Il est raisonnable pour ma réputation et pour honorer ma dite sœur [...] qu'elle soit bien suivie. »

Diplomatie et thermalisme

Parti vers la mi-juin, le cortège progresse avec lenteur, faisant étape dans chaque ville traversée. Marguerite se déplace dans « une litière toute vitrée » agrémentée de « quarante devises toutes différentes, avec les mots en espagnol et italien, sur le soleil et ses effets », suivie de dix filles à cheval et de six carrosses ou chariots pour mener le reste des dames. Jamais depuis la visite des Polonais elle n'avait été ainsi louée, admirée, honorée, fêtée. Elle fait du tourisme, se promène d'églises en palais et en jardins, admire les grandes horloges mécaniques animées, s'amuse de la panique que crée la crue soudaine d'une rivière, s'étonne de voir une grande dame nourrir en public son enfant au sein, pleure la mort romanesque d'une jeune fille de sa suite, tuée par un chagrin d'amour. Mais sa tristesse dure peu. Elle est trop heureuse de voir le monde tourner autour de sa personne. Voici enfin qu'on lui prodigue les honneurs dus à une reine.

Elle en a aussi les responsabilités. Elle ne va pas en Flandre pour soigner sa peau, ni même uniquement pour fuir Paris, mais en ambassadrice officieuse chargée de préparer les voies à son plus jeune frère, qui a l'intention d'intervenir aux Pays-Bas. Hostile à ce projet, le roi, on le sait, se résigne à le tolérer à condition de n'y être pas impliqué et il consent à ce que Catherine lui apporte un soutien discret. L'entremise de Marguerite lui convient. Ses récents démêlés avec elle lui permettront, en cas d'incidents, de prétendre ignorer que la cure thermale sert de paravent à une ambassade.

À Cambrai, toutes grâces dehors, elle emploie « tout ce que Dieu [lui] a donné d'esprit à rendre Monsieur d'Inchy » — le gouverneur de la ville — « affectionné à la France ». À Mons elle se lie d'amitié avec la comtesse de Lalaing, intelligente et énergique, par qui elle fait la conquête de son mari. Tâche aisée : il déteste les Espagnols. À Namur, elle est magnifiquement accueillie par Don Juan d'Autriche, qui gouverne les Pays-Bas pour le compte de son demi-frère Philippe II : la France et l'Espagne sont officiellement en excellents termes. Est-ce la faute de l'ambassadrice si Don Juan profite de la diversion créée par les festivités ? Elle vient à peine de tourner les talons qu'il enlève aux bourgeois flamands la citadelle de la ville et la garnit de troupes à lui. Tandis que, installée à Liège dans le palais de l'évêque, elle ingurgite consciencieusement pendant six semaines les eaux de Spa toute proche, les troubles s'étendent dans les Provinces.

Appréhension ? ou au contraire goût du risque et de l'aventure ? plutôt que d'attendre pour rentrer d'avoir reçu des passeports, elle préfère prendre les devants, quitte à jouer les héroïnes. La voici à Namur insurgée qui maintenant l'insulte et braque le canon contre son logis. On la laisse partir, mais plus loin, dans Dinant surexcitée par de récentes élections copieusement arrosées de bière, son cortège est bloqué. Elle se lève debout dans sa litière, ôte son masque*, proclame qui elle est, et elle constate fort étonnée que les Flamands n'ont que faire des rois de France : le nom du comte de Lalaing lui est un sésame plus efficace. Après avoir joué à cache-cache avec les troupes de Don Juan qui lui donnent la chasse, elle atteint enfin la frontière et s'installe vers la mi-septembre à La Fère, où le duc d'Alençon la rejoint pour recevoir des émissaires venus de Mons et de Cambrai.

Il est d'usage chez les historiens de tourner en dérision cette ambassade. Marguerite, nous dit-on, confondait diplomatie et mondanité et s'illusionnait sur l'efficacité politique de ses

---

* Rappelons que les femmes de qualité portaient toujours un masque pour voyager, afin de n'être pas reconnues et importunées, et aussi pour protéger leur teint du soleil et des intempéries.

charmes. Elle n'était pas la seule pourtant à croire, en son temps, aux vertus des festivités princières : c'était un des articles du credo de sa mère. Elle a fort bien rempli la mission dont elle s'était chargée. Quant à l'échec final de l'entreprise, elle n'en est pas responsable, il est dû notamment à la légèreté avec laquelle elle fut conçue et aux dissensions entre les deux frères. On ne saurait lui en faire grief. On peut sourire en revanche de l'autosatisfaction ingénue qui s'étale dans le récit qu'elle fait, quinze ans plus tard, de cette brève période de sa vie où pour une fois la réalité a consenti à coïncider avec ses rêves. On peut aussi s'en attendrir.

Retrouvailles

En France, elle trouve la paix rétablie. Rien ne justifie plus qu'on la retienne à Paris, où elle risque de se remettre à intriguer. Catherine persuade son fils qu'elle peut lui être utile en Guyenne. Maintenant que le roi est réconcilié avec son frère et que les huguenots sont isolés, il reste à obtenir le ralliement du Navarrais. Elle espère que Marguerite l'y aidera.

La reine mère a toujours considéré ses filles comme des instruments au service de sa politique. Elle a d'autant moins de scrupules à faire de celle-ci l'un des agents de son programme du moment que la jeune femme a tout à y gagner. En la ramenant à son mari, elle lui donne une chance de le reconquérir. Elle n'a pas le sentiment de lui porter tort, au contraire. Tel est aussi, quoi qu'on en ait dit, l'avis de Marguerite. Elle a pris goût au métier de reine.

Elle n'arrivera pas les mains vides : on lui réglera enfin sa dot, impayée jusque-là. Faute d'argent liquide, on lui concède l'Agenais, le Rouergue, le Quercy. Un beau cadeau sur lequel on compte, en vain, pour la décider à laisser tomber son plus jeune frère. Si le départ d'abord prévu pour décembre est retardé, elle n'y est pour rien. Catherine cherche des expédients financiers et attend que les derniers soubresauts de la guerre s'apaisent en Poitou et en Guyenne. Mais les incidents violents qui secouent la cour dans les premiers mois de 1578 et l'aide apportée par Marguerite à la seconde évasion de François, qu'on a contée plus haut*, achèvent de la rendre indésirable à Paris. Catherine, assurée du calme de son dernier fils, arrache sa fille à la colère du roi et, au début d'août, l'embarque pour la Guyenne, au grand désespoir de ses compagnons de bal et de ses poètes favoris : la cour, « veuve de sa beauté », « a perdu son soleil ».

Entrées offertes par les villes, discours, hommages : la beauté en question s'achemine en grande pompe vers cet époux qu'elle a décidé de séduire. Les retrouvailles approchent et elle s'y prépare au moyen d'apprêts dont la duchesse d'Uzès fait au roi une description pleine d'humour : « Il y a trois jours qu'elle se tient renfermée et n'a que trois femmes de chambre avec elle, l'une avec le glaive, l'autre avec la pâte et la dernière avec le feu** ; toujours dans l'eau, blanche comme lys, sentant comme baume, se frotte, se refrotte, fait encensements, de sorte que l'on dirait que c'est une sorcière avec charmes. » Lorsqu'on lui demandait en souriant pour qui elle prenait tant de soins, elle se fâchait : « Ce n'était pour plaire à autrui, mais à elle seule. »

Henri de Navarre avait réclamé sa femme, il l'avait. Il ne pouvait se permettre de la bouder. Il partagea son lit dès le premier soir, à La Réole, et l'on signale qu'il fit ici ou là « acte de bon mari ». Mais dans les comptes rendus qui nous sont faits de ces retrouvailles, une chose surprend : c'est la modestie du rôle qu'y joue Marguerite, malgré les efforts de Catherine pour la mettre en avant. Elle a des airs de figurante. Les égards qui lui sont prodigués relèvent de l'apparence, ils sont pure représentation. À l'abri de cette façade se déroulent entre son mari et sa mère des marchandages qui lui échappent.

Catherine s'est mise en route sans être sûre d'être bien reçue. L'entourage du roi de Navarre est très hostile. Les huguenots du Sud-Ouest refusent de rendre les villes qu'ils détiennent, comme l'exige la paix de Bergerac. Henri lui-même, gouverneur nominal de Guyenne, est en conflit aigu avec le lieutenant général du roi à Bordeaux, Biron, qui le traite du haut de son

---

* Voir p. 310.

** Les objets utilisés par Marguerite pour sa toilette (crèmes de beauté, fers à friser ou rasoirs à épiler) sont assimilés plaisamment à ceux qui servent à la préparation d'un sacrifice rituel.

âge, de son expérience et de son catholicisme militant. En échange de sa réconciliation avec sa femme, il entend obtenir des concessions. Il tâte donc le terrain, garde d'abord ses distances, évite de se joindre au cortège des deux femmes, menant en parallèle son propre chemin, en attendant qu'on trouve, non sans peine, un lieu assez neutre pour un séjour commun.

Ce fut Auch. Catherine laissa à sa fille la joie d'inaugurer la fête. L'heure était au divertissement. Un soir, l'on était en plein bal et l'on dansait, toutes confessions confondues, lorsqu'un serviteur vint dire à son maître, à l'oreille, que des catholiques venaient de se saisir de La Réole. Il s'éclipsa, réunit quelques fidèles, sauta à cheval et se rua sur Fleurance, alors tenue par les catholiques, où, très pacifiquement puisque les habitants lui ouvrirent les portes, il n'eut aucun mal à placer une garnison protestante. C'était la réponse du berger à la bergère. Catherine, en femme d'esprit, apprécia. Elle n'en fit que rire ; et, branlant de la tête, elle dit : « Je vois bien que c'est la revanche de La Réole et que le roi de Navarre a voulu faire chou pour chou ; mais le mien est mieux pommé. » Et les deux villes furent échangées l'une contre l'autre.

Catherine connaissait mal son gendre. Elle le retrouve chez lui, parmi les siens, dans ce Sud-Ouest qui lui tient à cœur. Il a mûri. Ce n'est plus le même homme. Elle découvre à quel point il est fin, prudent, réaliste ; il comprend vite et bien, il juge juste et il sait attendre ; et il a, par-dessus le marché, le sens de l'humour. Tous deux ont en commun l'amour de la vie et l'amour de la paix. Elle sait qu'il souhaite comme elle la concorde civile, mais elle est capable de comprendre qu'il n'est pas tout à fait maître chez lui et doit composer avec la turbulence de ses gentilshommes et avec l'opiniâtreté des ministres huguenots. Sans se l'avouer, elle trouve qu'il est bien plus agréable de discuter avec lui qu'avec des impulsifs comme ses fils. Il est dur en affaires, mais avec lui on sait où l'on va. Dommage qu'ils ne soient pas du même bord. Dommage surtout — cette seule idée la met hors d'elle — qu'il ait des droits sur la couronne de France. Au fond, ils étaient faits pour s'entendre. Elle lui laisse en partant Marguerite, mais elle n'est pas tout à fait sûre que celle-ci soit à la hauteur.

Elle compte sur elle pour la tenir informée et pour exercer sa médiation dans les conflits qui ne manqueront pas de surgir. La jeune femme lui promet de la servir « en ce qui ne contreviendra à la grandeur et conservation de [son] mari ». Sur l'objectif majeur elle est d'accord, bien décidée à veiller au respect de la convention qui vient d'être signée à Nérac après des pourparlers laborieux où elle est venue mettre une note apaisante. Elle y a d'ailleurs le plus grand intérêt, car une reprise des hostilités la mettrait dans une situation intenable : « J'aimerais mieux la mort que la guerre. »

Catherine s'en va très satisfaite. Pour elle son gendre s'est fait, les derniers jours, enjôleur, cajoleur, plein d'attentions, charmant. Et quand il lui promet de maintenir la paix, elle veut y voir l'effet des bons offices de son épouse. Sur l'avenir du jeune couple, elle est optimiste : « C'est le meilleur ménage que l'on saurait désirer. » Mais Marguerite, elle, verse des torrents de larmes. Pas plus que ses frères, elle n'a conquis sa pleine autonomie par rapport à leur mère. Malgré les grands airs d'indépendance qu'elle s'est donnés, elle conserve en face d'elle quelque chose de l'adolescente admirative et tremblante qu'elle a été naguère. Elle la redoute, mais apprécie sa protection. À l'idée de la voir partir, de se retrouver seule aux côtés d'un homme dont elle mesure chaque jour davantage la force, la dissimulation, l'égocentrisme, son assurance l'abandonne, elle se sent soudain prise de panique.

Elle n'a pas tout à fait tort. Quelques semaines plus tard le séjour du couple dans la capitale du Béarn, où Henri se devait de présenter son épouse, donne lieu a un incident significatif. Dans les États de Jeanne d'Albret, qui échappent à la juridiction du roi de France, le culte catholique est strictement interdit. On a bien voulu aménager à l'usage de Marguerite une minuscule chapelle dans un recoin du château. Mais lorsqu'à la Pentecôte on s'aperçut que des catholiques locaux s'y étaient glissés, avec son assentiment sans aucun doute, on vint les arrêter sous ses yeux à la sortie de la messe et son mari la laissa insulter par un de ses secrétaires, huguenot intransigeant, préposé aux questions religieuses. L'affaire, aussitôt connue à Paris, souleva une tempête. Le roi de Navarre, qui ne voulait se brouiller ni avec ses sujets ni avec Henri III, prit le parti de quitter Pau. Une grosse fièvre accompagnée de migraine, qui le prit en route et le mit au lit pour dix-sept jours, donna à Marguerite l'occasion de se faire une garde-malade attentionnée et la rapprocha de lui. Elle se jura cependant de ne jamais remettre les pieds dans la « petite Genève » pyrénéenne tant que le catholicisme en serait banni, et elle tint parole.

« Une cour si belle et si plaisante »

En août 1579, ils s'installèrent à Nérac, dans le charmant château lové dans une boucle de la Baïse qui avait fait les délices de sa grand-tante et que Henri venait de faire orner de somptueuses tapisseries prélevées sur les murs de celui de Pau. Marguerite parvint à y créer et à y maintenir tant bien que mal, deux ans et demi durant, une oasis de paix, de civilité, de culture. Laissons-lui ici la parole :

« Notre cour était si belle et si plaisante, que nous n'enviions point celle de France, y ayant madame la princesse de Navarre sa sœur [...] et moi avec bon nombre de dames et filles, et le Roi mon mari étant suivi d'une belle troupe de seigneurs et gentilshommes, aussi honnêtes gens que les plus galants que j'ai vus à la Cour ; et n'y avait rien à regretter en eux, sinon qu'ils étaient huguenots. Mais de cette diversité de religion il ne s'en oyait point parler, le Roi mon mari et la princesse sa sœur allant d'un côté au prêche, et moi et mon train à la messe en une chapelle qui est dans le parc ; d'où comme je sortais, nous nous rassemblions pour nous aller promener ensemble, ou dans un très beau jardin, qui a des allées de lauriers et de cyprès fort longues, ou dans le parc que j'avais fait faire, en des allées de trois mille pas qui sont au long de la rivière ; et le reste de la journée se passait en toutes sortes de plaisirs honnêtes, le bal se tenant ordinairement l'après-dîner et le soir. »

C'est la première fois que Marguerite est maîtresse chez elle. Pour cette cour qui est sienne, elle a visé très haut, dans l'intention avouée de rivaliser avec celle de Paris. Poésie, musique, théâtre, bal : on trouve à Nérac tous les divertissements aristocratiques alors en vogue. Songe-t-elle à concurrencer la fameuse Académie du Palais créée par son frère ? On discutera chez elle de science, de morale et de philosophie. Elle attire tout ce que le Sud-Ouest compte d'érudits, de savants, de poètes. Du Bartas, Pibrac, d'Aubigné logent sur place. L'évêque d'Aire, traducteur d'Euclide et adaptateur des écrits ésotériques d'Hermès Trismégiste, qui fut aussi le premier à faire l'ascension du pic du Midi d'Ossau, peut rencontrer en visite Michel de Montaigne qui vient en voisin. La reine avait lu, lors de sa réclusion forcée au Louvre, la traduction que le magistrat bordelais avait faite de l'œuvre d'un médecin catalan, la *Théologie Naturelle*. Ils en parlèrent et peut-être est-ce à leurs entretiens que nous devons la célèbre *Apologie de Raymond Sebond*, qui formera le plus long chapitre des *Essais*.

Elle veut aussi policer les mœurs. Elle trouve pour ce faire un atout dans les théories néoplatoniciennes de « l'honnête amour », qui, considérant l'amour humain comme un reflet de celui de Dieu et privilégiant l'union des âmes au détriment de celle des corps, permettent de sublimer les relations entre hommes et femmes. Elle se situe là dans la vieille tradition courtoise revue et corrigée à la lumière du *Banquet* de Platon, interprété par Marsile Ficin. En même temps, par l'exaltation de la femme et la discipline exigée de l'homme, elle fait figure de *précieuse* avant la lettre.

Elle apprit à son mari « qu'un cavalier était sans âme quand il était sans amour », ajoutant que le secret en la matière était marque de vice. L'honnête amour ne se cache pas. Chaque gentilhomme à la cour avait donc une dame qu'il « servait » publiquement et il apprenait à goûter les douceurs du marivaudage littéraire. Certes les mauvais esprits ne manquaient pas de dire que c'était là un voile commode pour dissimuler des liaisons. Mais la cour de Nérac y gagnait beaucoup en tenue, en civilité, en décence. Pour complaire à sa femme, le roi lui-même fait un effort, il s'apprivoise, il troque ses tenues de coureur de grand chemin contre des habits de soie et de satin rehaussés d'or, il se tient bien. Pas de conflits, pas de duels, une commune volonté pour des divertissements communs, une réciproque « amitié » entre hommes et femmes également nobles et d'égale culture : Rabelais n'a pas imaginé mieux pour sa fameuse abbaye de Thélème.

Ce bel édifice mit plus de deux ans à se déliter, en dépit des pressions externes et des défaillances internes. Ce n'est pas si mal. Dans un environnement aussi tourmenté, cette cour avait quelque chose d'incongru, d'irréel. Elle laissa chez tous ceux qui y goûtèrent, même les plus haineux comme d'Aubigné, une nostalgie tenace douce-amère. Et sa réputation traversa la Manche : elle est le cadre de rêve dans lequel Shakespeare place la charmante comédie des *Peines d'amour perdues*. Quel meilleur hommage pouvait lui être rendu ?

Quant à la reine, et compte tenu de ce qui suivit, Nérac fait figure à ses yeux de paradis perdu.

Échec politique

En dehors du reproche de corruption, le principal grief des huguenots contre la cour de Nérac est qu'elle démobilise les combattants : « La reine de Navarre eut bientôt dérouillé les esprits et fait rouiller les armes. » D'Aubigné n'a pas tort : c'est en effet la mission de Marguerite. Mais les armes sont encore en état de servir.

En confiant à sa fille le rôle de sentinelle avancée en pays huguenot, Catherine lui a fait un cadeau empoisonné. La proposer comme un recours aux catholiques opprimés, l'inviter à arbitrer les différends qui opposent son mari au maréchal de Biron, c'est lui donner part au gouvernement de la Guyenne. Répéter à son gendre qu'il doit lui communiquer toutes les lettres qu'elle lui envoie, c'est sommer celui-ci de l'associer de très près à ses affaires. Or il n'en a pas la moindre intention. On ne peut, en ces circonstances, ni s'en étonner, ni le lui reprocher. Il joue son jeu, et le joue fort habilement, ne lui disant que ce qu'il veut bien lui dire, se servant d'elle pour persuader la reine qu'il n'a que des intentions pacifiques. Bref, il la manipule.

Elle vient précisément d'écrire à Paris plusieurs lettres où elle se porte garant de lui, malgré une recrudescence de tension, lorsqu'elle découvre au matin du 10 avril qu'il a disparu, lui laissant un mot d'explications embarrassées : « [Je vous prie] de ne trouver étrange une résolution que j'ai prise, contraint par la nécessité sans vous en avoir rien dit. [...] Ce m'est un regret extrême, qu'au lieu du contentement que je désirais vous donner [...], il faille tout le contraire et qu'ayez ce déplaisir de voir ma condition réduite à un tel malheur. [...] Je n'ai pu plus retarder, et suis parti avec autant de regret que j'en saurais jamais avoir, ayant différé de vous en dire l'occasion, que j'ai mieux aimé vous écrire, pour ce que les mauvaises nouvelles ne se savent que trop tôt. »

Henri ne mentait pas lorsqu'il disait se lancer à contrecœur dans une nouvelle prise d'armes. L'initiative ne venait pas de lui, mais de Condé, éternel candidat aux fonctions de chef des huguenots. Mais s'il laissait cette guerre se dérouler sans lui, c'en était fait de son prestige auprès des siens, il perdait toute chance de diriger le parti, il était politiquement coulé. Marguerite s'affola : « Si les huguenots avaient du meilleur *, c'était à la ruine de la religion catholique, de quoi j'affectionnais la conservation plus que ma propre vie. Si aussi les catholiques avaient l'avantage sur les huguenots, je voyais la ruine du roi mon mari. » De Paris la reine mère indignée morigénait son gendre : « Mon fils **, je ne puis croire que vous vouliez la ruine de ce royaume, comme elle sera, et la vôtre, si la guerre recommence, et vous prie considérer ce que vous êtes et quel bien vous peut advenir de la ruine de cet État et que ceux qui vous font faire ces choses si mal à propos ne vous aiment point. » Et auprès de Marguerite, elle insiste : « Il est mal conseillé, dites-le lui, ma fille [...]. Faites-lui connaître le tort qu'il se fait, et mettez peine de rhabiller cette faute, qui est bien lourde. »

L'intéressé, de son côté, sollicitait l'aide de sa femme, pour obtenir la neutralité des villes lui appartenant. Elle tient à lui. Deux mois plus tôt, elle l'a sauvé en l'avertissant d'une embuscade qu'on lui tendait. Mise en demeure de choisir, elle décide de « courre sa fortune ». Le soutien qu'elle lui apporte reste discret cependant. Et elle tente de se dédouaner auprès de sa mère en lui transmettant la fameuse lettre d'excuses du 10 avril. Catherine serait prête à s'en satisfaire, lorsque la prise

---

* L'emportaient.

** *Mon fils* ou ma *fille* sont les termes d'usage pour s'adresser à un gendre ou à une bru.

de Cahors, où Henri de Navarre se montre d'une hardiesse folle et recueille ses premiers lauriers, met Henri III hors de lui. Le roi resta persuadé que le soulèvement était dû aux intrigues de sa sœur, qu'elle et ses suivantes avaient poussé leurs amants à prendre les armes pour venger leur honneur sur lequel on daubait à Paris : d'où le surnom de *guerre des Amoureux* qui resta à cette septième guerre de religion. Et ce lui fut un grief de plus contre elle.

Catherine s'était trompée, ce conflit n'apporta pas à son gendre la ruine annoncée. Sur le terrain, c'est un match nul. La paix de Fleix, que François d'Alençon — mais oui ! — a été chargé de négocier, rétablit, à quelques places fortes près, le statu quo antérieur. Mais dans la lutte pour le pouvoir qui couvait au sein du parti huguenot, Henri de Navarre, qui a fait ses preuves au combat et dans la négociation, rafle la mise. Sa victoire est aussi celle de la tendance modérée sur la tendance dure. Déjà sa vocation de fédérateur se dessine.

Il a, d'un seul coup, changé de stature. Il n'a plus besoin de sa femme comme intermédiaire. Quant à Catherine, elle abandonne l'espoir de voir sa fille l'influencer. Le roi ne décolère pas contre sa sœur. Le bref passage de Marguerite sur la scène politique s'achève sur un fiasco, en même temps que se détériorent les relations conjugales du couple.

Échec conjugal

Le « ménage » de Navarre ne va pas aussi bien que l'imaginait l'optimisme maternel. La tradition veut que les responsabilités de la mésentente soient équitablement partagées entre les époux. C'était vrai à Paris, dans la cour dissolue des dernières années de Charles IX, lorsque Marguerite croyait pouvoir profiter à sa guise des mêmes libertés que son roitelet de mari. Ce ne l'est plus à Nérac, où elle a choisi d'assumer son personnage de reine. Pour imposer de la tenue à tous, ne doit-elle pas donner l'exemple la première ?

Il est très peu probable, en dépit des ragots, qu'elle se soit alors jetée dans les bras du vicomte de Turenne. Bussy, le vaillant Bussy, qu'elle avait aimé, vient de mourir sous les coups d'une escouade de sbires apostés par un mari jaloux. Il s'est battu comme un lion, à quinze contre un, a expédié *ad patres* plusieurs de ses adversaires avant de succomber sous le nombre. Tout Paris s'en émut et le grincheux L'Estoile se fendit pour lui d'une oraison funèbre enflammée : « Telle fut la fin du capitaine Bussy, qui était d'un courage invincible, haut à la main, fier et audacieux, aussi vaillant que son épée [...]. La peur n'avait jamais trouvé place dans son cœur. » Marguerite le pleura-t-elle en secret ? Il était mort pour une autre. Avec l'expérience, un certain désenchantement a fait place chez elle aux emportements d'autrefois. Satisfaire un homme, c'est s'exposer à le perdre vite. Mieux vaut le promener dans les méandres de la métaphysique mystico-sentimentale inspirée du platonisme. C'est sans doute sous cette forme qu'elle répondit aux avances de Turenne — si avances il y eut.

Car depuis son installation à Nérac, elle a une raison d'être sage bien meilleure encore : elle veut un enfant. Et bien entendu, aucun doute ne doit planer sur la légitimité d'un fils de roi. Dès les retrouvailles Paris mettait en chansons ses espoirs de maternité :

> *Marguerite est bien aise d'être*
> *Réalliée à son mari ;*
> *Elle n'a pas le cœur marri*
> *D'être sitôt devenue grosse.*

Ce fut une déception. Le peu d'empressement de son époux la désolait. Était-elle stérile ? ou manquait-il seulement de persévérance ? Comme sa belle-sœur Louise, elle en appela aux sources thermales, que les Pyrénées toutes proches lui offraient généreusement. À sa mère, elle fait part dans ses lettres des bienfaits qu'elle en attend. En vain. Le miracle espéré n'eut pas lieu. Jamais enfant ne s'annonça.

On comprend mieux alors l'amertume que lui inspirent les multiples liaisons de son mari, qui le détournent d'elle. D'une capiteuse beauté brune surnommée Dayelle, venue et repartie avec l'escadron de la reine mère, il était passé à une suivante de sa femme nommée Rebours, qui tomba malade, à la vive satisfaction de celle-ci. Au plus fort de la vogue platonisante, il s'éprend d'une autre suivante, qu'on appelait Fosseuse parce que son père était baron de Fosseux. Aux pieds de cette exquise enfant de quatorze ans à peine, timide et rougissante, et encore « toute bonne », le séducteur impénitent soupire, pris de scrupules. Il la cajole et la bourre de friandises, massepains, confitures de roses et sucre candi.

Mais il n'est pas homme à se contenter de faveurs platoniques et ce qui devait arriver arriva. Des ambitions insoupçonnées viennent alors à la petite. Elle devient arrogante. Face à l'épouse stérile, elle s'enorgueillit d'avoir su donner au roi l'enfant attendu. Pour peu que ce soit un garçon, elle se voit déjà reine. Henri, qu'aucune de ses nombreuses passades n'a encore rendu père, rayonne de fierté : sa virilité n'est pas en cause. On ne sait s'il s'aventura à promettre le mariage, comme il le fit plus tard à plusieurs reprises. En tout cas, Marguerite connut la peur de la répudiation et elle trembla. Elle découvrit aussi, en ces circonstances, à quel degré de goujaterie pouvait atteindre son mari lorsqu'il était amoureux.

Fosseuse entraîna Henri aux Eaux-Chaudes, pour fuir la cour de Nérac où elle craignait les commérages. Et il prétendit convaincre sa femme de leur servir de chaperon. Pour refuser, elle invoqua son serment de ne jamais remettre les pieds dans le très huguenot Béarn et elle se morfondit à les attendre à Bagnères-de-Bigorre, « y versant autant de larmes qu'eux buvaient de gouttes des eaux où ils étaient ». Marguerite proposa ensuite d'installer la jeune fille à l'écart de la cour jusqu'à sa délivrance, mais celle-ci effrayée poussa les hauts cris. Elle ne voulait pas s'éloigner de son amant. Un beau matin, à l'aube, dans la chambre où le couple royal occupait des lits jumeaux, surgit le médecin à la recherche de secours, qui éveille le roi. Celui-ci à son tour tire le rideau de Marguerite : « Mamie, je vous ai celé une chose qu'il faut que je vous avoue. Je vous prie de m'en excuser. [...] Mais obligez-moi tant que de vous lever tout à l'heure *, et aller secourir Fosseuse qui est fort mal. [...] Vous savez combien je l'aime, je vous prie, obligez-moi en cela. » Et l'épouse dévouée fit le vide au château en expédiant tout le monde à la chasse et se transforma en

---

* Tout de suite.

sage-femme auprès de la maîtresse en couches. À la vue de l'enfant, elle poussa un soupir : c'était un fille, mort-née. Le danger était écarté et les apparences sauves. Lorsqu'il lui demanda le lendemain de se rendre au chevet de Fosseuse comme si elle souffrait d'une maladie ordinaire, pour tenter bien inutilement de donner le change, elle l'envoya promener et ils se disputèrent. Elle éprouvait maintenant pour lui quelque chose qui ressemblait à du mépris.

Elle prit soudain Nérac en grippe. Elle accepta, comme sa mère l'y invitait, de faire un séjour à Paris.

Elle emmenait avec elle ses suivantes, parmi lesquelles Fosseuse, dont jasait toute sa cour. La reine mère, ennemie du scandale, lui conseilla de la renvoyer à ses parents, ce qu'elle fit, à la grande fureur de son mari, qui prit la chose comme une injure personnelle et lui expédia un émissaire porteur de menaces : il ne remettrait jamais les pieds à la cour si l'on n'y réintégrait pas sa maîtresse. La réplique qu'il s'attira, de la propre plume de Catherine, est une cinglante leçon de civilité conjugale à l'usage des infidèles : « Vous n'êtes pas le premier mari jeune et non pas bien sage en telles choses, mais je vous trouve bien le premier et le seul qui fasse après un tel fait advenu tenir un tel langage à sa femme*. » Et d'invoquer son propre époux Henri II, qui trouva très bon que l'on renvoyât lady Fleming enceinte de lui et ne cessa pas pour autant de lui témoigner à elle bon visage et bon langage. Comment ose-t-il s'en prendre à la sœur de son roi, qui lui a fait un grand honneur en l'épousant ? « Ce n'est pas la façon de traiter les femmes de bien et de telle maison, de les injurier à l'appétit** d'une putain publique. » Henri n'insista pas, mais il ne revint pas à la cour.

Marguerite regagna seule Paris, achevant de s'éloigner de lui.

---

* Qui lui fasse dire de pareilles choses, après ce qui est arrivé.

** Pour répondre au désir de...

Retour à Paris

Il ne s'agit pas d'un voyage d'agrément, pas plus que Marguerite ne se lance, comme on l'a dit parfois, sur les traces de son dernier amant.

Certes son cœur est pris, comme il ne l'a jamais été. Mais elle n'est plus l'écervelée de naguère. Elle a rencontré, lors des derniers pourparlers de paix, quand son mari était en pleine idylle avec Fosseuse, un homme en qui elle pense avoir trouvé le Parfait Amant. Le grand écuyer du duc d'Alençon, Jacques de Harlay, seigneur de Champvallon, est jeune, beau, respectueux, attentif, soumis. Il partage ses goûts pour la littérature et il est poète à ses heures. Elle l'aima passionnément et devint à coup sûr sa maîtresse, on ne sait quand, quoique d'Aubigné prétende les avoir surpris très vite. Mais ce nouvel amour très cérébral s'accommodait de l'absence. C'est à la jeune femme qu'appartient l'initiative. Elle donne le ton. Elle s'applique à sublimer leurs relations en les plaçant sous le signe de la métaphysique sentimentale qu'elle affectionne. Elle prétend guider son aimé sur les chemins de l'absolu, loin des pièges du désir, qui engendre la satiété. La séparation leur réussit mieux que les retrouvailles. Ils confient leurs effusions à une correspondance dont nous sont parvenues dix-sept lettres d'elle et deux de lui, non datées. On y voit la reine argumenter à longueur de pages, à la manière des débats courtois ou précieux, pour savoir lequel des deux aime le mieux. Réunis, ils s'empêtrent, bien sûr, dans les contradictions.

Ce n'est pas pour le rejoindre qu'elle regagne la capitale au début de 1582 : il n'y est pas, il a suivi le duc d'Anjou en campagne. Si elle est heureuse de quitter Nérac, elle appréhende de se retrouver à Paris dans une cour hostile où règnent les archimignons, qui ne l'aiment pas. Ce voyage est une idée de sa mère, à laquelle une fois de plus elle obéit. Et les motifs en sont, comme d'habitude, politiques.

François d'Anjou guerroie aux Pays-Bas, avec la bénédiction de la reine d'Angleterre, dont on peut croire encore qu'elle va l'épouser. Des gentilshommes gascons l'accompagnent, d'autres sont décidés à le rejoindre. Henri III redoute que le roi de Navarre ne se laisse entraîner dans l'aventure. Il voudrait l'avoir près de lui à Paris, pendant les quelques mois cruciaux où l'issue de l'affaire reste incertaine. Marguerite doit le convaincre de venir. On lui fait des grâces : Catherine va à sa rencontre jusqu'à Poitiers, le roi lui-même promet de se déplacer pour conférer avec lui à Blois. Ce dernier n'aura pas besoin de se déranger : sa mère a trouvé le Béarnais très irrité contre son beau-frère qui lui marchande l'autorité en Guyenne, il est reparti vers ses terres en toute hâte. Il ne viendra pas à la cour. Au moins n'a-t-il pas pris le chemin des Pays-Bas.

Vue à la lumière de ces éléments, l'affaire Fosseuse prend un autre sens. Si seul le souci des bienséances avait été en cause, la reine mère aurait dû la faire renvoyer dès Poitiers. On la garde jusqu'au bout du voyage comme appât, avec l'espoir que son amant la suivra. Une fois à Fontainebleau, il faut se rendre à l'évidence : il lui préfère sa liberté. D'où le renvoi. Catherine passe sur elle sa mauvaise humeur. Par là elle fournit à Henri de Navarre un prétexte pour refuser — c'est chose grave — de se soumettre à l'invitation du roi. L'esclandre provoqué par l'amoureux sert de rideau de fumée à l'indiscipline du feudataire indocile.

Marguerite n'a pas réussi, elle non plus, à entraîner dans son sillage le prudent Béarnais, même en lui faisant miroiter un espoir de grossesse, vite envolé. Dans ces conditions, on n'a que faire d'elle à Paris. D'autant que, tout en filant avec Champvallon un amour de plus en plus tourmenté — il s'est marié sans oser le lui dire —, elle continue de transmettre à son mari des informations et d'intriguer en faveur de son dernier frère. Et elle multiplie les mots d'esprit mordants sur les favoris du roi.

Henri III excédé décide d'en finir. L'affront qu'il lui fit, pour n'avoir pas eu lieu publiquement au cours d'un bal, comme on l'a dit, n'en eut pas moins un extraordinaire retentissement.

L'affront

Il la somma d'abord, comme huit ans plus tôt, de se défaire de ses deux dames d'honneur les plus proches, Mme de Duras et Mlle de Béthune, qui assuraient la liaison avec le duc d'Anjou. Mais en public il incrimina leur « inconduite » et du même coup celle de leur maîtresse. Et il pria sa sœur de regagner ses pénates. Elle n'en fit rien. Il invite alors son beau-frère à faire chasser de chez elle la « vermine très pernicieuse » que sont ces deux dames. Et sans attendre la réponse, il envoie à Marguerite l'ordre exprès de quitter Paris, tandis que des sergents du guet fouillent le domicile de Champvallon à la recherche de l'enfant naturel qu'elle venait, prétendait-on, de lui donner, bien qu'elle n'eût pas cessé de paraître à la cour.

Pour le coup, elle se décida à partir, pas très rassurée. Son équipage croisa par hasard celui du roi à Bourg-la-Reine. Il refusa de la saluer — insulte grave — et, soudain pris de soupçons, il fit bien pis : il envoya une troupe d'archers qui, un peu plus loin, aux approches de Palaiseau, intercepta son convoi, l'obligea à ôter son masque, fouilla sa litière, sans y découvrir d'ailleurs rien de suspect. Pendant qu'elle reprend sa route ses deux confidentes, arrêtées, sont conduites devant le roi qui les interroge en personne. Henri III a déconsidéré sa sœur. L'offense est impardonnable : « Ceux qui connaissent le caractère de cette princesse assurent qu'elle saura bien se venger d'un aussi grand affront. » Mais on se perdait en conjectures sur la réaction du roi de Navarre. Il passait pour indulgent aux infidélités de sa femme et on l'avait vu supporter en silence un certain nombre de quolibets. Avalerait-il cette couleuvre ? Or il décide, très habilement, d'exploiter l'énorme sottise que la colère vient de faire commettre à son beau-frère.

Commence alors entre les deux Henri une partie de bras de fer pendant laquelle la pauvre Marguerite ne peut faire une lieue vers le sud, sur l'ordre de l'un, sans que l'autre lui intime de s'arrêter. Elle restera ainsi huit mois en suspens, entre Poitiers et Agen, comme une balle qu'ils se renvoient. Henri de Navarre prend les devants, en demandant que toute la lumière soit faite. Il ne saurait reprendre chez lui une épouse diffamée. « Si elle a commis une faute digne de l'affront qui lui a été fait, dit à Henri III son envoyé Duplessis-Mornay, il vous en demande justice, comme au maître de maison et au père de la famille. Sinon, Sire, comme il ne le croira que le plus tard qu'il pourra, il vous la* demande, comme à un prince qui en fait profession, des calomniateurs sur le rapport desquels une telle injure aura été précipitée. » Jamais ultimatum ne joignit dans sa formulation tant de rigueur à tant d'élégance. La demande de poursuites judiciaires n'est là que pour la forme. Faute de preuves, qu'on serait bien en peine de lui fournir, le Béarnais entend monnayer au plus haut prix les retrouvailles conjugales. Pour le décider à passer l'éponge, quelques villes fortes stratégiques dans le Sud-Ouest ne seraient pas de trop : tel est le message que d'autres émissaires sont chargés de transmettre à son beau-frère, qui pousse les hauts cris.

Toute la France en faisait des gorges chaudes. Henri III tenta d'abord de le raisonner et de l'intimider par des « paroles piquantes », lui écrivant en guise d'excuses : « Les rois sont sujets à être trompés, et les princesses les plus vertueuses ne sont pas souvent exemptes de la calomnie. Vous savez ce qu'on a dit de la feue reine votre mère, et combien on en a mal parlé. » Sur quoi le roi de Navarre se serait pris à rire, en s'exclamant : « Le roi par toutes ses lettres me fait beaucoup d'honneur ; par les premières il m'appelle cocu, et par les dernières fils de putain. Je l'en remercie. » Vraie ou fausse, l'anecdote prouve au moins qu'il avait su mettre les rieurs de son côté. Et il avait en main les meilleures cartes.

Tandis que la guerre larvée se ranimait en Guyenne, chacun essayant d'accumuler le maximum d'atouts — pardon : de villes — en vue du marchandage final, Marguerite se lamentait, et sa mère tentait vainement d'intervenir. Soudain, l'annonce que François d'Alençon se mourait débloqua la situation. L'héritier du trône est désormais Henri de Navarre. Les intérêts des deux rois, jusque-là divergents, se rejoignent. On bâcle un accord fait de concessions mutuelles et le Béarnais récupère à Agen sa femme, sur la joue de qui il plante un baiser public. Ils s'acheminent ensemble vers Nérac, tandis que partent des messagers porteurs de lettres dans lesquelles l'un et l'autre disent leur satisfaction. Marguerite était-elle en larmes, comme

---

* Le pronom *la* est mis pour le mot *justice*, de même que, un peu plus loin, le pronom *en*. Le sens est : il vous demande de tirer justice des calomniateurs, de les châtier.

l'affirme un témoin ? Et quel sens donner à ces larmes, si elle les a bien versées ? Nervosité, joie, appréhension, crainte pour la santé de son frère, elle avait alors plus d'une raison de pleurer. Elle en aura bientôt davantage encore.

L'irréparable

Son mari l'a reprise, faute de pouvoir se débarrasser d'elle décemment, mais elle ne compte plus pour lui. Il lui bat froid, par rancune peut-être, par indifférence sûrement. Et aussi par politique.

Il a maintenant une maîtresse en titre, d'une autre stature que les gamines qui peuplaient de leurs gentils minois la cour de Nérac. Diane d'Andoins, veuve du comte de Guiche dont elle a eu deux enfants, est à vingt-cinq ans une femme intelligente et cultivée, dans le plein éclat de son austère beauté. Elle partage avec la célèbre favorite dont elle porte le prénom une fierté impérieuse et l'art de se créer un style qui lui soit propre. Pour éviter de lui être assimilée cependant, elle a changé ce prénom en celui plus romanesque de Corisande, une des héroïnes de l'*Amadis de Gaule*. Sortant d'une des plus hautes familles de la région, elle pourrait prétendre à devenir reine de Navarre. En attendant un éventuel divorce, elle joue les princesses hautaines dans son château d'Hagetmau, aux confins du Béarn et de la Chalosse, et si Henri veut la voir, c'est à lui de se déplacer. Singularité supplémentaire : elle est catholique.

Bien qu'elle ait un an de moins que lui, elle prend sur celui qui devient assez vite son amant et qu'elle appelle « petiot » un ascendant exceptionnel. Moins égoïste et moins cupide que Diane de Poitiers, elle devine chez le jeune roi de Navarre des qualités hors du commun, elle croit en sa destinée et choisit de s'en faire l'instrument. Amante, éducatrice, égérie, fée tutélaire, elle s'accommode en souriant de ses foucades tant qu'elles ne l'éloignent pas de lui durablement. Mais le moment venu, elle ne consentira pas sans peine à lui laisser prendre sans elle son essor.

Elle n'eut pas besoin de le mettre en garde contre le boulet que constituait sa femme pour un héritier du trône. Il l'avait compris tout seul. Marguerite traîne après elle un relent de ragots, d'intrigues, de scandales. Le roi vient d'achever de la discréditer. Son image est ternie. Elle n'est ni respectée ni respectable et il est trop tard pour qu'elle remonte la pente. Est-elle digne de devenir, le cas échéant, une reine de France ? Sa stérilité probable vient s'ajouter à sa déplorable réputation pour la disqualifier. Henri songe à coup sûr à se séparer d'elle. Quand ? comment ? ce sera pour plus tard. Mais il se garde bien de redonner vie à cette union moribonde en prenant le risque de lui faire un enfant. On s'en étonne à Paris et l'on invente pour l'expliquer d'absurdes histoires. Elle n'a sûrement pas tenté d'empoisonner son mari, mais il est exact qu'elle était « fort mal contente de [lui], qui la négligeait, n'ayant couché avec elle depuis les nouvelles de l'affront que le roi son frère lui avait fait recevoir en août 1583, [...] la caressant de belles paroles et bon visage, mais de l'autre, point : dont* la mère et la fille enrageaient ».

Catherine crut bon d'adresser à celle-ci des réflexions tirées de son expérience personnelle. Sa fille doit se montrer plus pointilleuse qu'elle ne l'a été elle-même. Elle n'était pas libre, jadis, du choix de ses fréquentations et accepta de subir celles que lui imposèrent tour à tour son beau-père et son époux. Elle leur devait obéissance à tous deux. Mais ils savaient aussi leur devoir et n'auraient jamais osé lui demander les complaisances qu'a eues Marguerite pour Fosseuse par exemple. Devenue veuve, elle n'avait pu, pour des raisons politiques, écarter de la cour toutes les personnes « de mauvaise vie ». Mais son âge et sa réputation lui permettaient de fréquenter n'importe qui. Que Marguerite, elle, tienne à distance celles que courtise son mari, sinon « il pensera qu'elle est bien aise qu'il aime quelqu'un d'autre, afin qu'elle en puisse faire de même ». Qu'elle s'oppose par bienséance à ce qu'il s'en prenne aux femmes de sa maison : il ne saura le trouver que très bon. Et elle avoue garder encore sur le cœur, au bout de vingt-cinq ans, la servilité dont elle dut faire preuve auprès de Diane de Poitiers : « Si je faisais bonne chère à Mme de Valentinois, c'était parce qu'il était le roi, et encore je lui faisais toujours connaître que c'était à mon

---

* Ce dont...

très grand regret : car jamais femme qui aimât son mari n'aima sa putain ; car on ne le peut appeler autrement, encore que le mot soit vilain à dire à nous autres. »

Difficile de passer plus complètement à côté du problème ! Catherine vieillit, sa psychologie est en défaut, elle ne comprend rien aux comportements de la jeune génération, on a presque envie de dire qu'elle radote. Et sa fille mesure qu'elle ne peut attendre d'elle ni conseil, ni soutien moral. Il lui faudra s'habituer à la solitude.

La visite du duc d'Épernon, envoyé par le roi pour suggérer au Navarrais de se convertir, est vécue par elle comme une épreuve intolérable. Elle le soupçonne d'avoir contribué à exciter son frère contre elle lors de la fameuse algarade et ne veut pas le rencontrer. Mari, frère et mère se coalisent pour l'y contraindre : « Ma vie est réduite à la condition des esclaves », gémit-elle. Lors de l'Épiphanie de 1585, Henri est absent, elle lui écrit quelques mots très humbles, derrière lesquels résonne un appel au secours : « La fête se fût pu dire belle, si elle eût eu l'honneur de votre présence. » Mais cette présence se fait de plus en plus rare. Il n'est jamais là.

Alors, deux mois plus tard, le 19 mars, elle ose un geste inimaginable à l'époque : elle s'en va, elle quitte le domicile conjugal, elle claque la porte. Elle se réfugie dans Agen, qui lui appartient et se rallie au parti en lutte contre les deux rois qui l'ont rejetée, à la Ligue. Elle apprendra bientôt que là non plus il n'y a pas de place pour elle.

Épouse et reine en rupture de ban, elle a coupé les ponts derrière elle, elle s'est mise hors la loi. La société du temps lui aurait pardonné beaucoup de choses, mais pas cela, pas cette remise en cause d'un des principes qui la fondent. « Dieu m'a laissé cette créature pour la punition de mes péchés, [...] c'est mon fléau », s'exclame Catherine qui la renie et l'oubliera dans son testament. Il n'empêche : elle est devant Dieu et devant les hommes l'épouse légitime de Henri de Navarre et elle sera bientôt la reine, putative mais non couronnée, de France. Et on la verra un jour tenir entre ses mains, avec la liberté de Henri IV, l'avenir du royaume.

Mais ni sa mère, ni son frère ne seront là pour apprécier cette ultime ironie du sort. La dynastie des Valois agonise.

CHAPITRE ONZE

ÉCHEC ET AGONIE
DE CATHERINE DE MÉDICIS

Le 24 juin 1584, le roi, vêtu d'un grand manteau de dix-huit aunes de serge de Florence violette, ayant la queue plus large que longue, portée par huit gentilshommes, partit du Louvre l'après-dîner, pour aller donner de l'eau bénite sur le corps de son frère, dans l'église de Saint-Magloire au Faubourg Saint-Jacques. Il était précédé de toute la cour en grand deuil et « suivi de la Reine sa femme, seule en un carrosse couvert de tanné *, et elle aussi vêtue de tanné, après lequel suivaient huit coches pleins de dames vêtues de noir ». Le lendemain les armoiries du prince, reproduites à douze cents exemplaires, étaient exposées dans toute la ville et le trajet conduisant à Notre-Dame jalonné de flambeaux. Le roi, exclu du cortège funèbre selon la coutume, « demeura à visage découvert quatre ou cinq heures en la fenêtre d'une maison devant l'Hôtel-Dieu », pour voir l'effigie du défunt, « faite d'après le vif et le naturel », défiler sur un lit de parade entouré de deux cents porteurs de torches. À ses côtés, on remarquait le duc de Guise, pensif.

Ayant trouvé indécent que, sur les quatre favoris de son frère marchant aux quatre coins du cercueil, un seul eût le collier de l'ordre du Saint-Esprit, il le conféra aussitôt aux trois autres. Il put les admirer étincelants d'or le lendemain, au passage du convoi qui s'acheminait vers la nécropole royale de Saint-Denis. Le plus jeune fils de Catherine fut inhumé dans le somptueux mausolée en forme de rotonde qu'elle avait fait bâtir pour abriter les restes de son époux et les siens, ainsi que ceux de

---

* Sorte de drap de couleur brune.

leurs enfants décédés. On déposa dans la crypte, à l'entrée du caveau, les objets — armes, éperons, gantelets, bâton de commandement — qui marquaient son rang et la tombe se referma sur celui dont les menées turbulentes avaient empoisonné dix ans durant le règne de Henri III.

En déployant pour ce frère haï des fastes funèbres spectaculaires, le roi a-t-il conscience, comme on l'a dit, de procéder aux funérailles de la dynastie ? Le fait est que la disparition de François d'Anjou, loin de mettre fin aux troubles qui sapent son autorité, vient les aggraver en ouvrant une crise dynastique sans précédent dans l'histoire de France. Pour y faire face, il est de plus en plus isolé. Lui restent jusqu'au bout, indéfectibles, l'adoration silencieuse de sa femme et l'activité infatigable de sa mère, toutes deux d'un dévouement absolu, total. Cela ne saurait suffire pour le soustraire à l'engrenage tragique qui finira par les emporter tous trois.

La crise dynastique

Henri eut beau déclarer que le problème de sa succession n'était pas à l'ordre du jour puisque son âge et celui de sa femme lui permettaient d'espérer de nombreux enfants, personne n'en crut rien, pas même lui : en 1584, la stérilité du couple royal apparaît définitive. Quant à sa propre santé, elle donne des inquiétudes à répétition. Que se passera-t-il s'il vient à mourir ?

L'ordre de succession au trône est réglé en France par la loi salique, qui ignore purement et simplement les femmes : seuls sont pris en compte les descendants mâles, par ordre de primogéniture. Dans le cas présent Henri de Navarre, qu'elle désigne comme héritier, n'est cousin du roi, par son père*, qu'au vingt-

---

* Si l'on tient compte des femmes, Henri III et Henri de Navarre sont cousins issus de germains, puisque leurs grand-père et grand-mère respectifs, François Ier et Marguerite de Valois-Angoulême étaient frère et sœur. Plus que les autres Bourbon, Henri de Navarre est donc perçu comme membre de la famille royale au sens large. Mais cette parenté n'est évidemment pas prise en considération par la loi salique.

deuxième degré ! Il faut remonter jusqu'au XIIIᵉ siècle pour leur trouver un ancêtre commun. Les Valois descendent du fils aîné de saint Louis, Philippe III, et les Bourbon de son sixième fils, Robert de Clermont. Entre les deux branches, la mort a fait le vide. Enjamber dans l'arbre généalogique un pareil abîme, alors qu'une parenté aussi lointaine n'est même pas reconnue par le droit privé en matière de succession, donne le vertige. Autant remonter jusqu'à Adam et Ève, murmure Catherine, qui pense que « le sang [est] bien morfondu au-delà du sixième degré [...] et qu'il [est] plus naturel de laisser la succession à ses neveux qu'à des gens aussi éloignés ».

La tradition est cependant si forte que personne ne songerait à contester les droits du Béarnais s'il n'était huguenot. Bien que l'adhésion du souverain à la foi romaine ne fasse l'objet d'aucune « loi fondamentale » — pour la bonne raison qu'auparavant la question ne se posait pas —, il est évident que le serment du sacre fait de lui le défenseur de l'orthodoxie religieuse, et que la tutelle que lui confère sur son clergé le Concordat de Bologne implique qu'il soit catholique. Le Roi Très-Chrétien, fils aîné de l'Église, ne saurait être un hérétique.

La solution la plus simple serait évidemment que le Navarrais se convertisse. Henri III le souhaite de toutes ses forces et multiplie les avances en ce sens. Dès qu'il sut le duc d'Anjou condamné, il envoya à Nérac son favori, Épernon, pour lui proposer la reconnaissance officielle de ses droits au trône en échange de sa conversion. La reine mère n'y était pas hostile, au contraire, puisqu'elle intima à sa fille l'ordre de faire bon visage au messager. Première démarche d'une longue série. Toutes se heurtèrent à une fin de non-recevoir. Oh, ce n'est pas par attachement doctrinal à la Réforme que Henri de Navarre se dérobe, mais par lucidité politique. Lui-même est prêt à avouer en privé qu'il ne voit pas entre les deux confessions de différences rédhibitoires. Mais il sait qu'un retour au catholicisme serait désastreux pour lui en ces circonstances. Il a déjà changé cinq fois de religion. Même si l'on écarte ses fluctuations d'enfant, dont il n'est pas responsable, il reste qu'après avoir abjuré le calvinisme, contraint et forcé, au lendemain de la Saint-Barthélemy, il lui est revenu dès qu'il a pu s'échapper de la cour. Il est donc *relaps*, ce qui aggrave son cas aux yeux de Rome. Une palinodie trop visiblement dictée par l'attrait d'un trône le déshonorerait, lui aliénerait tous ses partisans actuels, huguenots et catholiques modérés séduits par la sagesse de ses propos, sans lui concilier pour autant le moindre de ses adversaires. Sans écarter l'idée d'une conversion, il en repousse donc l'échéance. Il ne pourra en venir là que vainqueur, après avoir reconquis la maîtrise de l'État : ce sera alors un acte libre, honorable.

En attendant, il ne facilite pas la tâche à Henri III. Les solutions de rechange envisageables ouvrent un large champ aux ambitions des uns ou des autres. Voici à quoi elles se résument.

Première hypothèse, on conserve la loi salique, en omettant simplement les hérétiques. L'héritier désigné est alors l'oncle du roi de Navarre, le cardinal Charles de Bourbon, frère cadet de son père. Le « vieil bonnet rouge », comme l'appelle par dérision le roi, a soixante et un ans, l'intelligence médiocre, la larme facile, la parole volubile et irréfléchie, mais une vanité sans bornes, qu'il étale avec une réjouissante candeur : c'est à lui, il en est persuadé, que revient légitimement le trône. Comme il est dépourvu de descendants, il ferait tout au plus un souverain de transition, permettant de voir venir. Aussi a-t-il pas mal de partisans. Mais après lui, les branches cadettes de la maison de Bourbon offrent tout un assortiment de catholiques, susceptibles de se mettre sur les rangs : de quoi faire réfléchir les autres candidats.

Seconde hypothèse, on renonce à la loi salique et deux cas de figure se présentent alors. Ou bien les femmes transmettent leurs droits sans avoir elles-mêmes accès au pouvoir, et le trône reviendrait alors à l'unique neveu de Henri III, le jeune marquis de Pont-à-Mousson, fils de sa sœur Claude et du duc de Lorraine Charles III. Ou bien elles jouissent de la plénitude de ces droits, et dans ce cas les infantes d'Espagne, nièces du roi par l'aînée de ses sœurs Élisabeth, auraient la priorité : c'est là l'interprétation de leur père Philippe II.

Troisième hypothèse, on jette par-dessus bord une lignée usée jusqu'à la corde et on change de dynastie. Des généalogistes travaillant pour le compte des Guise ont exhumé une filiation les faisant remonter à Charlemagne. Les usurpateurs capétiens n'auraient alors qu'à restituer aux descendants des Carolingiens l'héritage indûment confisqué. Le duc Henri de Guise se verrait très bien remplacer Henri III.

Citons enfin pour mémoire, parce qu'elles n'ont pas dépassé le stade des écrits polémiques, les thèses révolutionnaires de certains théoriciens des deux camps — huguenots d'abord, puis catholiques — qui proposaient de rendre au peuple ses prérogatives en lui confiant le soin d'élire le souverain et d'en contrôler l'action par les soins d'États Généraux réunis à intervalles réguliers. L'aristocratie, toutes confessions confondues, se coalisera pour torpiller des idées aussi subversives.

Reste donc une multiplicité de prétendants, qui joue plutôt en faveur de l'héritier désigné.

Henri III, très attaché aux formes traditionnelles de la monarchie, n'en démordra jamais : il n'envisage pas d'autre successeur que son cousin de Navarre. Mais également attaché à la défense du catholicisme, il attend et espère son hypothétique conversion. D'où son refus de l'exclure, son attentisme, ses atermoiements, la mollesse qu'il met à le combattre.

Catherine, elle, n'a pas d'idées préconçues. Les lois fondamentales du royaume n'ont rien de sacré à ses yeux : une loi, cela peut se changer, surtout si elle lèse les femmes, comme la loi salique. Elle n'a pas non plus de position arrêtée sur les candidats en course pour la succession. Contrairement à ce qu'on lit çà et là, y compris chez ses contemporains, il est faux qu'elle ait opté pour les Lorrains, par haine de son gendre, et travaillé à la désignation de son petit-fils le marquis de Pont-à-Mousson en favorisant le parti ultra-catholique. Car elle a aussi tenté de négocier avec le Navarrais. C'est devant le refus de celui-ci qu'elle a pu penser que le marquis ferait un héritier acceptable : il était jeune, il laisserait sagement vieillir Henri III sans chercher à le pousser dehors. Et sa candidature, si elle se précisait, pourrait brouiller avec les Guise le duc de Lorraine son père. Elle laisse donc délibérément courir le bruit que cette solution lui agrée. Dans l'immédiat, elle en tire un avantage considérable : elle conserve avec tous les Lorrains d'excellentes relations et, en leur donnant l'illusion d'un désaccord entre elle et le roi sur ce point, en leur faisant croire même qu'elle leur est favorable, elle brouille le jeu et endort leur méfiance. Mais elle a en réalité un objectif prioritaire, et un seul, préserver l'autorité de son fils, puis, devant la montée des périls, sauver sa vie. Quant à savoir qui lui succédera sur le trône, elle s'en soucie alors comme d'une guigne.

Montée des périls : la Ligue

Henri III et sa mère mirent un certain temps à se rendre compte que le danger qui les menaçait avait changé de nature. À l'automne de 1584, seule l'agitation sporadique dans le Midi inquiète la reine. Quand on lui parle des intelligences que les Espagnols ont nouées en France, elle hausse les épaules en affirmant qu'ils prennent leurs désirs pour des réalités ; il n'y a de troubles qu'en Languedoc, mais elle compte « y voir bientôt les choses réduites en une bonne pacification, au lieu d'une guerre que l'on y a voulu allumer ». *On* ? qui *on* ? Les huguenots, bien sûr, et leurs alliés les Politiques, qu'elle s'efforce depuis des années de ramener à l'obéissance. Elle comprit seulement au début de 1585 qu'elle devait désormais faire face à une subversion catholique de grande envergure.

La perspective de voir sur le trône un roi huguenot inspire à beaucoup de catholiques une inquiétude bien compréhensible. Son premier soin ne sera-t-il pas d'imposer à toute la France la religion qui est la sienne et qui seule a droit de cité dans sa vicomté de Béarn ? L'exemple anglais est là pour alimenter une crainte qu'enveniment à plaisir des prédicateurs fougueux brûlant de reconquérir sur l'hérésie le terrain perdu. Des bruits alarmants circulent, prophétisant une Saint-Barthélemy à l'envers. Le menu peuple catholique, qui souffre de la guerre, de la disette et de la crise économique, regrette le bon vieux temps d'avant la Réforme et voit en elle la cause de tous ses maux. Il fournira des troupes à quiconque prendra la peine de l'encadrer.

Un double mouvement se dessine, encouragé par l'excommunication pontificale qui frappe Henri de Navarre à l'automne de 1585. Dans les villes et notamment à Paris, des associations de défense se forment autour de clercs ou de magistrats, issus de la moyenne bourgeoisie, et qui ont fait leurs les idées naguère diffusées par les « monarchomaques » protes-

tants sur l'origine populaire de la souveraineté : contrôle de
l'administration du royaume par des représentants élus, droit
de déposer un roi qui trahirait ses devoirs de souverain, légitimité du tyrannicide s'il devient hérétique ou « fauteur »
d'hérésie, on aperçoit dans ces revendications un radicalisme
révolutionnaire qu'on ne reverra pas en France avant 1789.
Parmi les dirigeants de ces associations figurent au départ des
gens de bonne volonté sincèrement attachés au catholicisme. Ils
seront vite débordés par les fanatiques ou les pêcheurs en eau
trouble.

Les grands seigneurs catholiques se rassemblent d'autre part
autour du duc de Guise, animés de motifs moins désintéressés.
Beaucoup d'entre eux sont amers. Quoiqu'ils aient dans les
dernières guerres largement payé de leurs personnes et de leurs
biens et remporté de multiples victoires, ils ont vu les faveurs,
les gouvernements, les places aller soit aux ennemis de la veille
que le roi tente de rallier, soit aux archimignons chers à son
cœur. La défense de la religion et le souci du bien public recouvrent chez eux des appétits plus terre à terre : ils veulent le
pouvoir pour eux et leur clientèle, selon un scénario vingt fois
répété depuis que la monarchie s'est imposée sur les débris de
la féodalité moribonde.

De la fusion des deux mouvements naît « la Sainte Ligue
offensive et défensive et perpétuelle pour la seule tuition*,
défense et conservation de la religion catholique, apostolique et
romaine » et l'extirpation de l'hérésie en France et aux Pays-
Bas : c'est ainsi qu'elle se définit dans la proclamation du
16 janvier 1585. Henri III et sa mère prennent aussitôt la
mesure du danger : aux côtés des princes et des bourgeois parisiens figure parmi les signataires le roi d'Espagne en personne.

Philippe II garde sur le cœur les multiples ennuis que lui a
valus la politique française depuis dix ans. Maintenant qu'il est
maître du Portugal et que les provinces flamandes méridionales
ont choisi de lui rester fidèles, il a tout le loisir de songer à la
vengeance. Son intérêt lui conseille aussi d'écarter du trône de
France un prétendant huguenot, qui ne manquerait pas de

---

* Protection.

soutenir les rebelles néerlandais. Il est riche de tout l'or des Indes, qu'il croit encore inépuisable. Il peut se permettre de financer généreusement la subversion. C'est lui qui orchestre la rébellion catholique contre Henri III, en commande les phases, en contrôle le déroulement, par l'intermédiaire de ses agents infiltrés dans tous les milieux.

Les Guise, grassement subventionnés, seront le fer de lance de la Ligue. Ils sont aussi nombreux, aussi puissants, aussi soudés qu'à la génération précédente. À la tête du clan, trois frères, Henri, l'héritier du titre ducal, porteur d'une balafre plus célèbre encore que celle de son père, son frère Louis, évêque et cardinal comme naguère son oncle, et le troisième, Charles, duc de Mayenne, moins brillant, moins belliqueux, plus diplomate. L'âge venant, l'aîné maigrit, se dessèche et son visage prend des allures de lame de couteau, tandis que le troisième engraisse jusqu'à une difformité qui le paralyse. À côté d'eux, les femmes, non moins intelligentes et énergiques : leur mère Anne d'Este, remariée au duc de Nemours, leur sœur Catherine, épouse puis veuve du duc de Montpensier. À l'arrière-plan, une nuée de collatéraux, cousins et alliés, dont le propre frère de la reine Louise. S'y ajoute la protection discrète du chef de la branche aînée de Lorraine, le duc Charles III, prêt à offrir ses bons offices en cas de difficultés.

L'objectif de la Ligue est d'imposer à Henri III la mise hors la loi des huguenots et la guerre à outrance contre leur parti : une politique à laquelle il répugne et qu'il tient pour impraticable, à moins de causer dans le royaume d'effroyables ravages. Il tente de résister, et très vite l'idée vient à ses adversaires qu'il serait plus simple de se débarrasser de lui en le déposant et de le remplacer par celui qui présente toutes les qualités requises d'un souverain défenseur de la foi, le duc de Guise, grand, fort, énergique, intrépide, couvert de gloire et follement populaire. Le roi découvre brutalement, dans le flot de haine qui déferle soudain sur lui, qu'il en va de son trône, de sa liberté et peut-être de sa vie. Sa réaction ne sera pas celle que sa mère attendait.

Une conscience tragique

Catherine est inquiète. Qu'arrive-t-il donc à son fils très aimé ? Depuis la mort de son frère, il n'est plus le même. Comme si le cordon ombilical avait été brusquement coupé lorsqu'il s'est retrouvé seul survivant de la nichée des Valois, en charge des destinées de la dynastie mais incapable de la perpétuer, stérile. Psychologiquement, il s'éloigne de sa mère à toute vitesse. Non pas qu'il s'applique à l'écarter, comme naguère. Il lui échappe parce qu'il est ailleurs, dans un univers mental auquel elle n'a pas accès. Elle en vient à regretter le temps où il ruait dans les brancards. Car cette façon de se détourner d'elle est pire. Elle, qui s'est acharnée toute sa vie à prévenir ses désirs, à réaliser ses vœux, à aplanir le chemin sous ses pas, se voit soudain impuissante devant la profondeur d'une détresse qu'elle perçoit, mais ne peut partager. Il souffre, il se perd, il se détruit, et elle n'y peut rien, sinon pleurer en compagnie de la reine Louise.

Prenez, par exemple, les dévotions. Quelques pèlerinages, pour demander à la Vierge de lui envoyer des enfants, c'est bien. Mais point trop n'en faut. Et ils ne doivent pas détourner un souverain de sa tâche, qui est de gouverner : « La dévotion est bonne et le roi son père en a fait des voyages à Cléry et à Saint-Martin-de-Tours, mais il ne laissait rien de ce qu'il fallait pour faire ses affaires. » Comment comprendrait-elle que la prière et la pénitence sont pour Henri le moyen de désarmer la colère divine dont les malheurs qui l'affligent sont l'évidente manifestation, et qu'il attend de Dieu seul la solution des conflits dans lesquels il se débat ? Superstitieuse, elle croit certes que les astres influent sur nos destinées, mais ce déterminisme cosmique exclut toute responsabilité morale de notre part. On peut essayer d'en détourner le cours au moyen de quelques talismans, sûrement pas en se retirant dans une cellule monastique. Pour l'essentiel, son credo est simple, c'est : Aide-toi, le ciel t'aidera. Or voici que son fils, lui, tourne au mysticisme. À partir de 1582 et de plus en plus jusqu'à la fin du règne, il se livre à des manifestations de piété répétées que son tempérament excessif incline à l'outrance. Il crée des confréries de pénitents, édifie dans l'ancien prieuré de

Vincennes un Oratoire à sa convenance où il installe des frères Minimes, participe sous la cagoule à des processions publiques et s'astreint à partager lors de retraites toutes les pratiques de la vie conventuelle.

Il passa chez les Capucins les fêtes de Noël 1585, huit jours d'affilée, « vêtu d'un habit très semblable à celui des religieux, mais toutefois de rasette* blanche, consacrant cinq heures à chanter l'office divin, quatre aux oraisons mentales ou à haute voix. Le reste du temps a été occupé à réciter les litanies au cours de processions et à écouter la prédication du père Edmond Auger jésuite, sur la grandeur du Seigneur et sur sa passion. [...] La prédication terminée, le roi a ordonné que toutes les lumières fussent éteintes, étant le premier à se donner la discipline avec force tout en invitant les autres membres de la compagnie à suivre son exemple avec la même ferveur. [...] Sa Majesté a observé, lors du dîner, une grande abstinence, en ne mangeant rien d'autre, en guise de jeûne, qu'une poire cuite. [...] Avant de s'asseoir comme en se levant de table, le roi embrassait la terre comme le font les capucins. Durant tout le temps de son séjour, Sa Majesté a voulu encore dormir sur la paille, celle-ci recouverte seulement d'une étoffe verte et lui-même d'une couverture ordinaire, tout en ne reposant de cette manière pas plus de quatre heures. » Avant de quitter le monastère, il compara la discipline dont il se servait ordinairement à la cour avec celle d'un moine, trouva la sienne trop douce et l'échangea.

Jeûne, veilles, flagellations : il n'a pas la santé requise pour supporter pareil régime. Sa mère et sa femme ont quelques raisons de trembler. Elles tremblent aussi devant les effets politiques dévastateurs de cette dévotion incompatible avec l'exercice de ses fonctions. Les pamphlets se déchaînent. Les plus féroces ne croient pas à la sincérité de sa foi, crient à l'hypocrisie. Bien qu'il ait réformé ses mœurs et renoncé depuis la mort de son frère aux mascarades du carnaval, ils ne voient dans ses gestes de piété spectaculaires que simagrées : tour à tour travesti en femme ou en pénitent encagoulé, il s'aban-

---

* Tissu d'apparence satinée.

donne selon eux à un exhibitionnisme impie. D'autres trouvent qu'une procession sous la pluie battante est peu de chose pour expier le gaspillage des deniers publics :

> *Après avoir pillé la France*
> *Et tout son peuple dépouillé*
> *Est-ce pas belle pénitence*
> *De se couvrir d'un sac mouillé ?*

Les plus indulgents dénoncent une démission coupable, une fuite du roi devant les tâches qui lui incombent. « Le dernier jour de novembre [1584] », raconte L'Estoile, « le Roi prenant plaisir à faire voltiger et sauter un beau cheval sur lequel il était monté, et ayant avisé un gentilhomme qui était au duc de Guise, lui dit : "Mon cousin de Guise a-t-il vu en Champagne des moines comme moi, qui fissent ainsi bondir leurs chevaux ?" Cela disait le Roi, parce qu'il lui avait été rapporté que M. de Guise avait dit, étant en Champagne : "Le Roi fait la vie d'un moine, et non pas d'un roi." » Et le conteur d'ajouter : « À la vérité ce bon prince eût mieux fait de monter plus souvent à cheval, et de dire moins ses heures. » Car, comme il le souligne ailleurs, « le pis de tout cela était que le roi était à pied et la Ligue à cheval ; et que son sac de pénitent n'était à l'épreuve comme la cuirasse des Ligueurs ».

Peut-on être à la fois roi et moine au XVIᵉ siècle ? Charles Quint pensait que non. Pour se retirer au monastère de Yuste, il avait abdiqué. Le duc de Guise suggère à Henri III d'en faire autant. S'il n'y consent pas, on le poussera de force dans un cloître, comme l'a fait jadis Pépin le Bref avec le dernier des Mérovingiens. Déjà la duchesse de Montpensier affûte les ciseaux d'or qu'elle porte à sa ceinture : elle s'en servira pour imposer au dernier des Valois la tonsure le vouant à la vie monacale. Son successeur est prêt.

Le déferlement de mépris et de haine, les humiliations répétées sont pour Henri III, si avide d'être compris et aimé, une épreuve insoutenable. Disons-le à sa décharge, il y avait de quoi déstabiliser n'importe qui. Rien d'étonnant donc que son équilibre psychique en soit affecté. La certitude d'un péché à expier, qui animait d'abord son désir de pénitence, fait place au sentiment d'injustice : a-t-il vraiment mérité tant d'ignominie ?

Sa foi n'en est pas atteinte, mais sa capacité à lutter est entamée. Il passe par des alternatives d'exaltation et de dépression, il a ses sursauts de révolte et ses heures d'abandon, où il se résigne à ce que la volonté de Dieu soit faite. Lorsqu'il n'en peut plus, il s'enfuit parmi les moines en quête de paix. Il songe à la mort. N'est-elle pas refuge suprême et promesse d'un jugement équitable ? L'excès de macérations qu'il s'impose est désir d'autodestruction. Lorsqu'il revient à lui, il jette sur le monde un regard d'une lucidité désespérée. Et il tient à marquer qu'il n'est pas dupe. Distanciation, dérision : les manigances qui mènent le monde ne sont plus son fait.

Il a inversé l'ordre des priorités. Quand sa mère lui parle politique, il répond morale. Elle l'incite à des concessions diplomatiques, mais il ne supporte plus de mentir : « Je ne veux, sinon la vérité. » Elle dit : « Je sais bien que, ayant le cœur qu'il a, c'est une dure médecine à avaler, mais il est encore plus dur de se perdre et l'on loue ceux qui savent céder au temps pour se conserver. » Lui proclame : « J'aime mieux perdre la vie que l'honneur. » Il ne supporte plus les baisers hypocrites et les réconciliations menteuses, et il s'arrange pour provoquer, d'un mot cinglant, ceux que sa mère vient de lui jeter dans les bras. Nul n'échappe aux traits de son ironie, pas même lui, lorsqu'il a honte de plier l'échine sous les avanies. Incapable de concevoir une politique de rechange — y en a-t-il une ? —, il laisse Catherine pratiquer en son nom celle qui a toujours été la sienne : feindre de ne pas voir les insultes, louvoyer, temporiser, ne heurter personne, attendre que les ennemis s'entre-détruisent. Mais il lui en veut de ne pas lui prêcher la résistance, comme le fait son favori Épernon. C'est que la résistance comporte des risques. Il est disposé à les affronter : sa vie ne vient pour lui qu'en troisième lieu, après son salut éternel en l'autre monde et la préservation de sa dignité en celui-ci. Pour Catherine au contraire, sa vie passe avant toute chose. Comprenons-la. Elle a sa fierté, pas plus que lui elle ne goûte les démarches humiliantes, les rebuffades, le mépris. Mais elle l'aime. Elle acceptera pour lui plus qu'elle n'accepterait peut-être pour elle-même. Hélas ! il est solidaire de tout ce qu'elle fait en son nom et il s'en exaspère sans pouvoir faire mieux. Elle entreprend de le sauver malgré lui, en lui imposant, face aux exigences de la Ligue, des capitulations qui lui font horreur. Le fossé qui les sépare s'élargit, entre eux s'installent incompréhension et rancœurs.

Si encore les faits donnaient raison à Catherine, si la victoire finale venait récompenser une longue suite de replis tactiques, il pourrait lui pardonner. Mais au moment précis où il rejette, pour des raisons de principe, le pragmatisme amoral que professe depuis toujours sa mère, les armes traditionnelles de celle-ci — négociations, marchandages, calculs, temporisation — se montrent inopérantes. Tous ses efforts se heurtent à la détermination d'un parti décidé à vaincre, à vaincre vite, et qui s'en est donné les moyens. L'habileté politique de la reine mère connaît alors un échec sans précédent.

Faillite politique

La France est divisée en deux blocs. Le Midi et l'Ouest sont dominés par les huguenots et les catholiques modérés. Le reste, et notamment Paris, est aux mains de la Ligue. Entre les deux camps, rien n'est négociable. La Ligue s'est juré de restaurer en France l'unité religieuse en éliminant les « hérétiques », ceux-ci luttent maintenant pour leur survie et pour la coexistence pacifique des deux religions. Henri III répugne profondément à une nouvelle campagne contre les huguenots. Il se sait incapable de les vaincre avec ses propres forces et il se refuse à recourir à celles du roi d'Espagne : ce serait la ruine et l'asservissement du pays. D'un autre côté, sa foi profonde et sincère le place en porte-à-faux. Il s'est engagé par le serment du sacre à défendre la religion. A-t-il le droit de s'opposer à ceux qui s'en déclarent les champions ? Ses confesseurs lui en font scrupule. Catherine, elle, a la conscience moins chatouilleuse et elle a toujours été, si l'on excepte le drame de la Saint-Barthélemy, une adepte convaincue de la pacification. Sur l'essentiel, tous deux sont d'accord : il faut éviter la guerre. Quant à la tactique à suivre, Henri s'en décharge d'abord comme d'habitude sur sa mère.

Dès les premiers mois de 1585, il devint évident que quelque chose se préparait. À Paris, les prédicateurs dénonçaient violemment l'amitié franco-anglaise, dans les provinces de l'Est on rassemblait des soldats et des armes. Catherine, faisant celle qui ne comprend pas, écrivit au duc de Guise qu'elle était « autant marrie qu'ébahie » des bruits qui couraient et ne voulait pas croire qu'il fût la cause de ces « remuements ». Les Ligueurs jetèrent alors le masque. La déclaration publiée à Péronne le 31 mars et signée du cardinal de Bourbon critiquait sévèrement le gouvernement de Henri III et proposait pour remédier aux maux du royaume l'interdiction du culte réformé, le renvoi des favoris, le rétablissement de la noblesse dans ses anciennes dignités et l'allégement des impôts. Elle se terminait par un appel à Catherine, « notre très honorée dame, sans la sagesse et prudence de laquelle le royaume serait dès pièça* dissipé et perdu » : on l'invitait à mettre au service de la Ligue le crédit qu'elle avait auprès du roi, un crédit, ajoutait-on perfidement, dont on espérait que ses « ennemis » ne l'avaient pas dépouillée. Traduisons : on tentait de jouer de sa mésentente avec le duc d'Épernon pour la détacher de son fils.

Elle se garda de détromper les auteurs de cette manœuvre : ses négociations s'en trouveraient facilitées, pensait-elle. Elle avait décidé d'aller affronter le duc de Guise dans son fief de Champagne. Installée à Épernay, elle invitait les Ligueurs à venir parlementer.

Depuis quelque temps, sa santé est mauvaise. Son « catarrhe » devient chronique, elle tousse, elle respire difficilement. Les rhumatismes et la goutte la torturent. Elle est souvent fiévreuse et dort très mal. Et elle se ronge d'inquiétude. Guise n'est pas pressé de répondre à son appel : il la laisse se morfondre plus de dix jours avant de se présenter enfin le 9 avril. Avec cet homme qu'elle a connu au berceau, qui a partagé l'enfance de ses fils, elle choisit de jouer les grands-mères grondeuses. Embarrassé par cet accueil, il feint la tristesse, verse quelques larmes de convenance et choisit de se dérober derrière le rideau de fumée que lui fournit « la défense de la religion », tout en hâtant ses préparatifs militaires. Elle a compris, elle incite son fils à en faire autant. « Bâton porte

---

* D'ores et déjà.

paix » : en d'autres termes, si tu veux la paix, prépare la guerre. Qu'il réunisse au plus vite de l'argent et des troupes.

Elle n'a pas renoncé à négocier cependant, elle s'accroche, fait intervenir des tiers, et attend. Elle est au lit, avec une douleur au côté, toussant de plus en plus, on craint une pleurésie, on l'abreuve d'un sirop de séné et de manne, on lui tire huit onces de sang. « J'ai si grand mal au cœur que je ne vous puis écrire », dit-elle à son fils en lui écrivant quand même. Et elle garde assez de présence d'esprit pour soustraire aux rebelles l'argent de la recette royale de Reims, qu'elle fait expédier à Paris.

Le 29 avril, elle voit enfin débarquer les deux chefs de la Ligue, le duc de Guise et son frère le cardinal, flanqués de leur homme de paille, le vieux cardinal de Bourbon. Ce dernier pleurniche, « montre regret de se voir embarqué » dans cette folie. Les deux autres ne cèdent pas d'un pouce. Elle décide le roi, acculé, à promulguer un édit interdisant tout exercice du culte réformé. Mais cette concession, loin de désarmer les Ligueurs, accroît leurs exigences. Voici maintenant qu'ils revendiquent des « places de sûreté ». Évidemment on en avait bien concédé aux huguenots ; mais il s'agissait en principe de les mettre à l'abri des violences catholiques. Nulle violence huguenote ne pèse sur les villes dont les Ligueurs réclament le gouvernement. C'est du roi qu'ils se méfient et contre lui qu'ils veulent se prémunir. Ils cherchent à le priver de ses derniers fidèles, autant dire à se faire livrer toutes les clefs du royaume.

Catherine, indignée, puis désespérée, comprit que tous ses efforts seraient vains : les Guise l'avaient entretenue et abusée longuement, pendant qu'ils renforçaient leurs positions sur le terrain. Ils s'étaient moqués d'elle et, à travers elle, ils s'étaient moqués du roi. Elle commence à trembler pour la vie même de son fils, l'engage à se garder des attentats. Et elle s'efforce de le persuader que, dans l'immédiat, il n'y a d'autre ressource que de céder. Il céda. Le traité de Nemours, qu'il signa les larmes aux yeux et la rage au cœur, était une capitulation totale en même temps qu'un aveu d'impuissance. Il se voyait engagé contre les huguenots dans une guerre sans merci dont il portait la responsabilité théorique, mais dont la direction, pour l'essentiel, lui échappait. Tel était le pitoyable résultat des trois mois de négociations de Catherine. À l'évidence les bonnes vieilles recettes ne marchaient plus. Car pour négocier un marché, il faut avoir quelque chose à offrir. Elle n'a plus rien. Le roi est seul, nu, exposé aux coups des deux partis qui se partagent la France.

Henri de Navarre, lorsqu'il connut les clauses du traité de Nemours, vit la moitié de sa moustache blanchir en une nuit. Après quoi il s'occupa d'organiser la résistance. Le roi s'efforça de lui faciliter la tâche. Pour opérer dans l'Ouest, il adjoignit au duc de Mayenne, médiocre stratège, des troupes commandées par Matignon, bien décidé à traîner les pieds. Aussi les opérations du printemps de 1586 restèrent-elles indécises. Un espoir de paix, peut-être ? La reine mère décida d'aller essayer à nouveau ses talents de négociatrice auprès du Béarnais. Il lui fallait un solide courage et une grande puissance d'illusion.

De son château de Chenonceaux, où elle s'était installée pour passer l'été, elle fit dire à Henri de Navarre qu'elle souhaitait le rencontrer. Il se déclara d'accord pour discuter avec elle de la pacification, mais il ne cherchait en réalité qu'à gagner du temps. L'hiver venant, elle ne l'avait toujours pas vu. Elle se mit en route au mois de novembre, cahin-caha, cahotée dans sa litière pleine de courants d'air, d'auberge en auberge, dans des provinces livrées au brigandage. Elle traînait à sa suite deux seigneurs catholiques fidèles, quelques conseillers, des dames d'honneur et sa petite-fille Christine de Lorraine dont elle avait pris en charge l'éducation à la mort de sa mère. Elle poursuivit longtemps son insaisissable gendre, l'attendit en vain quinze jours à Saint-Maixent, finit par le rejoindre à Saint-Brice, près de Cognac, en plein pays huguenot.

Les deux interlocuteurs, ne voulant pas se découvrir, rivalisèrent de patelinades. « Eh bien, mon fils, ferons-nous quelque chose de bon ? — Il ne tiendra pas à moi, c'est ce que je désire. — Il faut donc que vous nous disiez ce que vous désirez pour cela. — Mes désirs, Madame, ne sont que ceux de Vos Majestés. — Laissons ces cérémonies et me dites ce que vous demandez. — Madame, je ne demande rien, et ne suis venu que pour recevoir vos commandements. — Là, là, faites quelque ouverture. — Madame, il n'y a point ici d'ouverture pour moi. » Elle se fit un mérite de la peine qu'elle se donnait et il lui répliqua en riant : « Madame, cette peine vous plaît et vous nourrit ; si vous étiez en repos, vous ne sauriez vivre longuement. » Il était aussi fin qu'elle, il savait bien qu'elle n'avait rien à offrir. Elle crut avoir un dernier atout dans sa manche : on annulerait son mariage avec Marguerite et on lui donnerait en échange, pour prix de sa conversion, la main de Christine de Lorraine. Elle avait oublié de consulter Henri III, qui mit son veto. Et il en aurait fallu bien davantage pour décider son gendre à changer de camp. Elle s'en retourna les mains vides après un dernier rendez-vous manqué. Henri de Navarre, tout comme Henri de Guise, s'était moqué d'elle. La vieille dame a fini son temps, son âge la protège personnellement des avanies, mais elle a perdu tout crédit. Une ultime et vaine tentative auprès des Guise, au printemps suivant, vient le lui confirmer. Adieu les négociations. Ce sera la guerre.

L'organisation de la campagne militaire de 1587 porte encore sa marque. Elle a trouvé des fonds, Henri III a réuni des troupes. Dans l'Est, les Guise se sont renforcés, mais un fort contingent de reîtres et de Suisses s'apprête à franchir la frontière pour rejoindre les huguenots. Le roi répartit les tâches de façon machiavélique. Son favori, Joyeuse, affrontera en Poitou Henri de Navarre, tandis que les Guise se chargeront d'arrêter les reîtres. Étant donné le rapport des forces, il espère que le premier sera vainqueur, les autres battus, et que, à la tête de l'armée du centre, il retrouvera sa position d'arbitre. Il laisse à Paris « la reine sa mère et la reine sa femme pour gouverner en son absence ».

Dans le rôle de munitionnaire et d'ingénieur militaire, Catherine se surpasse. Elle trouve de l'argent, veille au paiement des soldes, aux approvisionnements, fait fortifier les points menacés, surveiller le passage des rivières, occuper les châteaux de la côte normande pour prévenir une invasion anglaise. La reine Louise ne sait que prier et communier tous les trois jours pour le salut de son époux. Mais, du fait de ses liens familiaux avec les Lorrains, sa fidélité au roi a valeur de symbole.

Malheureusement, les hasards de la guerre déjouèrent tous les calculs. Joyeuse se fit battre par Henri de Navarre à Coutras et avec lui périt la fleur des gentilshommes fidèles au roi. Et

Guise, victorieux des reîtres et des Suisses, fut accueilli en triomphateur dans la capitale surexcitée. Seule satisfaction pour Catherine, elle avait pu obtenir, moyennant finances, que les mercenaires survivants rentrent chez eux. Mais la politique de bascule qui lui avait si longtemps réussi avait fait faillite. Ce qui restait encore au roi de pouvoir et de prestige sombrait dans l'aventure. Abandonné par les grands ralliés aux Guise, il voyait monter contre lui la haine, les prédicateurs vitupéraient en chaire, les pamphlets redoublaient de violence pour le traîner dans la boue.

Il commençait à apercevoir l'ampleur des projets de Philippe II. Restaurer partout en Europe le catholicisme, imposer partout le protectorat espagnol, tel était l'objectif qui paraissait maintenant accessible au roi d'Espagne. L'assassinat de Guillaume d'Orange, commandité par lui trois ans plus tôt, avait porté une rude coup à la rébellion néerlandaise. Avant de terminer la reconquête par la France, il lui fallait abattre la reine Élisabeth, qui subventionnait les combattants avec l'argent des galions d'Amérique arraisonnés par ses corsaires et qui venait d'oser un acte inouï : faire condamner à mort et exécuter la prétendante catholique à sa succession. Faute d'avoir réussi à renverser de l'intérieur la « criminelle Anglaise », il préparait contre elle la plus formidable expédition navale de tous les temps. En attendant l'estocade finale, la mort de Marie Stuart servait de machine de guerre contre Henri III et sa mère, accusés de l'avoir insuffisamment défendue.

À tort : ils ne pouvaient pourtant rien pour elle. Et elle était largement responsable de son destin.

La mort de Marie Stuart

Dix ans après le débarquement intempestif de Marie en Angleterre, la reine Élisabeth la maintenait toujours en résidence surveillée, faute de savoir comment s'en débarrasser. Sa condition, à vrai dire, était douce et, mis à part le fait qu'elle ne pouvait quitter les domaines successifs dans lesquels elle était consignée, elle jouissait d'une certaine liberté de mouvement, pouvait entretenir une modeste cour, recevoir des visites,

aller à la chasse ou en cure thermale dans des stations voisines.
Elle avait des secrétaires, un ambassadeur en France, des
correspondants un peu partout, avec qui elle échangeait des
lettres au moyen d'un chiffre qu'elle croyait impénétrable. Elle
lisait, brodait, écoutait de la musique, cancanait sur le dos de
sa cousine de Londres et s'ennuyait ferme en regardant passer
les saisons. En somme sa vie n'était pas très différente de celle
qu'elle aurait menée en tant que reine douairière oubliée dans
quelque château du Val de Loire ou retirée comme telles de ses
pareilles dans un monastère d'Autriche ou d'Espagne.

Le problème, c'est qu'elle n'avait rien appris, rien oublié, et
qu'elle ne renonçait à aucune de ses prétentions. Elle avait
révoqué l'acte d'abdication signé sous la contrainte à Lochleven
et elle contestait à son fils le titre de roi d'Écosse. La seule reine
légitime, c'était elle, et celui qu'elle n'appelait que « le prince »
lui devait obéissance. Quant à ceux qui gouvernaient au nom
du petit Jacques, ils n'étaient que des rebelles bons à pendre.
Elle n'avait pas davantage consenti à traiter de ses droits à la
couronne d'Angleterre : elle revendiquait hautement la succession d'Élisabeth. Elle ne cessait de faire des projets, d'appeler
au secours, de mener auprès de ses anciens sujets ou des puissances catholiques des intrigues contradictoires, avec une duplicité candide qui tenait beaucoup de l'inconscience. Dans ces
conditions, c'eût été folie de la remettre en liberté.

À vrai dire, vers 1570, personne en Europe ne se souciait
vraiment de prendre les armes pour la rétablir. La France avait
bien trop besoin de l'alliance anglaise, qu'elle tentait de concré-
tiser par un mariage. Comme elle était moralement tenue de
s'intéresser au sort d'une de ses anciennes reines, Catherine de
Médicis envoyait de temps à autre un ambassadeur réclamer
pour elle « bon traitement et commodité ». Londres promettait,
et on en restait là. Philippe II, vers qui Marie ulcérée se retour-
nait, ne faisait pas grand fond sur elle ; il avait alors d'autres
préoccupations. Les principaux soucis d'Élisabeth venaient
d'Écosse, où un parti « marianiste » pro-français soutenait les
droits de la reine déchue, et de Rome, où le Saint-Siège venait
de fulminer contre elle-même, « cette servante de toute iniquité,
soi-disant reine d'Angleterre », une bulle d'excommunication.
Un complot organisé en 1570 par un agent pontifical, Ridolfi,

coûta sa tête au duc de Norfolk, un des plus grands seigneurs anglais, que la perspective d'épouser la prisonnière et de monter avec elle sur le trône d'Écosse avait poussé à des folies. Élisabeth n'osa s'en prendre à Marie, malgré l'insistance de ses ministres. Mais elle s'employa à neutraliser ses partisans à Édimbourg et au début de 1572, elle reconnut Jacques VI comme roi d'Écosse, se conciliant ainsi ceux qui tenaient en main le pays. Elle y gagna huit ans de tranquillité.

Dans les années 1580, tout change, lorsque s'accentue le mouvement de reconquête catholique, et que les provinces du nord de l'Angleterre, travaillées par les missionnaires jésuites, commencent de s'agiter. Marie Stuart occupe désormais un rôle central dans tous les plans destinés à abattre la souveraine hérétique. Oubliés, les soupçons déshonorants qui pesaient sur elle, la mort de Darnley et le scandaleux mariage avec Bothwell selon le rite réformé. Elle est maintenant la princesse captive victime d'un honteux déni de justice, l'héroïne catholique persécutée qu'il faut délivrer et placer sur le trône des deux royaumes pour la plus grande gloire de la vraie foi. Elle y gagne beaucoup d'amis, de dangereux amis prêts à se servir d'elle pour le triomphe d'une cause dans laquelle elle n'est qu'un pion. Et elle devient pour Élisabeth une réelle menace, plus redoutable de jour en jour.

On ne racontera pas ici tous les avatars successifs de ce que les catholiques anglais en exil nommèrent l'Entreprise avec une majuscule. Ils se ramènent tous à un seul et unique schéma : débarquement d'une armée d'invasion dirigée par l'Espagne, soulèvement des coreligionnaires restés sur place, libération de Marie Stuart, déposition et éventuellement mise à mort de « l'usurpatrice », qu'on remplacerait par sa cousine, élimination de l'hérésie en Grande-Bretagne et par voie de conséquence aux Pays-Bas et en France. Si par malheur un geôlier consciencieux expédiait la pauvre Marie d'un coup de poignard avant l'arrivée des libérateurs, Philippe II avait une solution de rechange : il réclamerait pour lui-même le trône d'Angleterre au nom d'une lointaine parenté exhumée tout exprès par ses généalogistes.

Élisabeth prit peur. La vague d'angoisse alimentée par les prophéties dans toute l'Europe déferlait sur l'Angleterre. Le moindre phénomène naturel, la moindre conjonction astrale passaient pour signe de calamités à venir. Des rumeurs alarmantes couraient sur la mort prochaine de la reine, sur la venue de troubles, de guerres, de famines. On tenta de l'assassiner. Son principal ministre chargé de la police, Walsingham, un protestant convaincu, renforça son réseau d'informateurs, multiplia les contrôles et les exécutions pour l'exemple. Devant l'agression étrangère cependant, les gestes de soutien à la souveraine se multipliaient. Une association se créa, spontanée ou téléguidée, dont les membres s'engageaient par serment à la défendre et, s'il le fallait, à la venger, en punissant non seulement « toute personne qui commettrait, tenterait ou conseillerait » un acte lui portant atteinte, mais aussi « toute personne en faveur de qui cet acte détestable serait entrepris ou tenté ». C'était rendre la reine d'Écosse responsable de tous les complots échafaudés en son nom, avec ou sans son consentement. Le Parlement, malgré les réserves des légistes, entérina. La condamnation de Marie devenait juridiquement possible.

Élisabeth prit soin, au préalable, de s'assurer la neutralité de Jacques VI. Le problème successoral anglais n'était pas sans analogies avec celui qui se posait en France : un souverain de même religion que la majorité de ses sujets, mais dépourvu d'enfants ; un héritier désigné appartenant à la confession minoritaire et donc rejeté par le plus grand nombre. La différence — essentielle —, c'est que l'héritière, catholique, avait un fils qui, lui, était réformé. Ayant atteint l'adolescence, il prétendait maintenant gouverner l'Écosse dont il était le roi. Il pardonnait mal à sa mère de lui dénier ce titre, de le traiter d'usurpateur. Comment l'aurait-il aimée ? Il n'avait que dix mois quand il l'avait vue pour la dernière fois, il ne la connaissait pas, il ne savait d'elle que ce que lui en avaient dit les puritains qui l'élevaient : c'était une hérétique, une épouse adultère, criminelle, qui avait été complice de la mort de son père — si tant est qu'il ne fût pas le « fils de David », l'Italien Riccio, auquel cas adieu les ambitions royales. Non, il ne lui devait rien, au contraire.

Lorsque les Écossais tentèrent de dénouer la situation en proposant un partage du pouvoir entre eux deux, elle se montra d'une insigne maladresse, orgueilleuse, exigeante, le prenant de haut. Il rompit la négociation et conclut avec Élisabeth une alliance qui lui procurait dans l'immédiat de substantiels avantages et lui laissait espérer sa succession dans l'avenir. « Je serais stupide si je préférais ma mère à mon trône », dira-t-il crûment. Il ne restait à Marie que ses yeux pour pleurer et sa voix pour maudire le « fils dénaturé, ingrat, perfide et désobéissant » qui l'avait trahie. Dans sa fureur, elle le déshérita et légua secrètement à Philippe II ses prétendus droits sur l'Écosse et l'Angleterre. Les Anglais, eux, étaient soulagés de savoir le trône promis à un protestant.

Pour assurer définitivement son autorité et ancrer son pays dans la Réforme, Élisabeth était tentée d'éliminer le maillon superflu de la chaîne successorale, celle dont la seule existence aiguillonnait les adversaires de l'Angleterre hérétique. Plus ses défenseurs étrangers s'agitaient pour Marie, plus ils la compromettaient. Elle était devenue un porte-drapeau, un étendard, un symbole, « l'espoir de tous les idolâtres », « le serpent caché dans l'herbe » des vertes prairies anglaises — bref une épée de Damoclès suspendue sur la tête de sa cousine. Celle-ci avait donc, d'un pur point de vue politique, les meilleures raisons de la supprimer. Mais les moyens employés furent d'un machiavélisme qui scandalise encore les historiens.

Les récents complots pour libérer Marie avaient conduit Walsingham à la faire surveiller plus étroitement et à couper ses communications avec l'extérieur. Il se rendit compte assez vite qu'il se privait ainsi de toute charge solide contre elle. Pour pouvoir la faire condamner, il fallait prouver sa complicité, donc la prendre sur le fait. Sa détention fut adoucie, elle fut transférée dans une résidence moins rébarbative. Elle vit soudain débarquer un ami inconnu porteur de lettres, qu'il se chargeait de lui faire parvenir dans des tonneaux de bière, ainsi que les réponses. Un gentilhomme catholique nommé Babington s'apprêtait à la tirer de prison, à la rétablir sur le trône. La conspiration, semble-t-il, était authentique, mais l'« ami » trop ingénieux était un agent infiltré, au service de Walsingham. Marie se montra d'une invraisemblable légèreté. Elle se croyait experte en messages chiffrés, en acheminements clandestins. Depuis si longtemps coupée du monde, elle avait un peu perdu le sens des réalités. Et la prudence n'avait jamais été son fort.

Sans méfiance, elle répondit aux avances qu'on lui faisait. L'organisateur du piège fut bientôt comblé : un lot de lettres compromettantes lui tomba entre les mains. Dans l'une d'elles, Marie approuvait explicitement un projet d'assassinat d'Élisabeth*. Tous les participants, arrêtés et torturés, parlèrent. L'issue du procès auquel elle fut soumise ne faisait pas de doute.

Devant le tribunal parut une femme prématurément vieillie, malade, pouvant à peine se soutenir. Mais sa fierté était intacte. Elle s'enferma dans des dénégations hautaines : elle ne savait rien ; elle ne relevait pas d'un tribunal humain ; en tant que reine, elle ne devait de comptes qu'à Dieu. Elle se disait victime de la malignité hérétique qui sanctionnait en elle sa fidélité à l'Église romaine. Comme prévu, elle fut condamnée, mais plusieurs semaines s'écoulèrent, pendant lesquelles on put douter de l'exécution. Attente horrible. Préférant se passer de prêtre que de consentir à la présence d'un anglican, elle fit face à l'épreuve seule, soutenue par une foi devenue ardente. Elle monta sur l'échafaud sans un soupir, en héroïne de tragédie qu'elle était, plus faite pour les instants sublimes que pour la vie de tous les jours. En entrant dans la légende par la plus grande porte, celle du martyre, elle inaugurait une nouvelle carrière. À l'énigmatique devise qu'elle s'était choisie — « En ma fin est mon commencement » — le destin se chargeait de donner un sens imprévu.

Dans l'hypocrisie et les faux-fuyants, Élisabeth, elle, s'était surpassée. Superstition ou scrupules véritables à l'idée de faire mettre à mort une autre reine, sa cousine, fausse honte à l'égard des autres souverains européens ? Elle hésitait à assumer la condamnation. Elle fit même suggérer au geôlier de Marie qu'il comblerait ses vœux en lui procurant au fond de sa prison

---

* Lors du procès, Marie nia l'avoir écrite, de même qu'elle nia, contre toute évidence, avoir eu connaissance du complot. Comme cette lettre ne nous est connue que par une copie, les apologistes de Marie Stuart, qui tiennent à préserver son « innocence », en contestent l'authenticité. Mais étant donné la psychologie du temps et les griefs que Marie nourrissait alors contre sa cousine, il est presque naturel qu'elle ait souscrit à ce projet.

une fin discrète. Le rude puritain Amyas Paulet était un cerbère impitoyable, pas un assassin. Il se récusa, laissant la reine devant ses responsabilités. Elle se décida, feignit d'avoir signé par mégarde, fit mine de vouloir donner un contrordre alors qu'il n'en était plus temps, versa sur sa victime quelques larmes de crocodile.

Jacques VI, apprenant le complot, s'était désintéressé du sort de sa mère : « Qu'elle boive la bière qu'elle a brassée. » Il ne croyait alors qu'à une peine d'emprisonnement. Lorsqu'il sut que c'était la mort, il émit une protestation de convenance, puis, devant la colère d'Élisabeth, il se tut. Il serait seize ans plus tard Jacques Ier d'Angleterre.

En France l'exécution de Marie, connue le 1er mars 1587, eut un retentissement considérable. Pour Henri III, elle tombait très mal. Il avait tenté de la sauver, mais le surintendant Bellièvre, envoyé tout exprès pour plaider sa cause, s'était entendu répondre que la sécurité d'Élisabeth exigeait sa mort : en l'épargnant, la reine eût été « cruelle pour elle-même ». Le roi de France était trop peu maître chez lui pour se faire respecter à l'extérieur. Qu'aurait-il pu pour la malheureuse ? Il se borna à faire dire à sa mémoire une messe à laquelle il assista, entouré des deux reines et de ce qui lui restait de cour. Il en aurait fallu davantage pour satisfaire les Ligueurs. Marie était Guise par sa mère, ils ne l'oubliaient pas. Ils accusèrent le roi d'avoir « vendu le sang de sa belle-sœur », de l'avoir « trahie ». Le martyre de Marie Stuart, exalté par les prédicateurs, devint un des points forts de la propagande catholique et sa fin tragique, qu'elle avait largement cherchée, vint alimenter le fanatisme qui flambait alors en France.

Barricades

De sombres prophéties annonçaient pour 1588 une avalanche de calamités, peut-être même la fin du monde. Henri III voyait son trône vaciller. Il était comme assiégé dans le Louvre. Certes, dans la crainte d'un attentat, il s'était procuré des gardes du corps, une équipe de Gascons dévoués et hardis, les Quarante-Cinq, prêts à jouer du poignard sans poser de questions. Ils ne pouvaient cependant suffire à le protéger contre un assaut concerté. Il disposait bien de quatre mille Suisses récemment recrutés, mais ils cantonnaient dans les faubourgs, car la ville était interdite aux soldats. Seules les milices municipales avaient le privilège d'y assurer le maintien de l'ordre et ces milices avaient été noyautées par les Ligueurs. Le roi n'avait pas tort de se sentir en danger.

Au printemps de 1588, il put échapper, grâce à un espion infiltré chez l'ennemi, à deux tentatives d'enlèvement. Du coup, les plus compromis des Ligueurs parisiens craignirent des représailles, ils appelèrent au secours le duc de Guise : sa présence dans la capitale les protégerait. Le roi lui envoya le surintendant Bellièvre pour lui signifier son interdiction expresse. Désobéir serait un crime de lèse-majesté.

Or le 9 mai, peu après midi, Catherine, qui logeait alors dans l'hôtel somptueusement décoré, dit *de la Reine,* qu'elle s'était fait bâtir près de Saint-Eustache, se reposait dans sa chambre lorsque sa naine favorite, jetant un coup d'œil par la fenêtre, s'écria : « Voici que le duc de Guise est là, à la porte ! » Elle répliqua qu'il fallait « bailler le fouet à cette naine qui mentait ». Mais quand elle reconnut que la naine disait vrai, elle trembla, frissonna et changea de couleur, « toute sens dessus dessous ». Il était bien là en effet, on l'introduisait auprès d'elle. Elle eut tout juste le temps de se composer une contenance pour l'accueillir.

Il fut dit à l'époque et répété ensuite par presque tous les historiens que son trouble fut de joie. Elle aurait elle-même, à ce qu'on prétend, convoqué le duc à Paris malgré les ordres du roi, pour lui faire jouer entre celui-ci et le peuple le rôle de médiateur. C'était tout de même prendre un grand risque pour un bénéfice incertain, jeter de l'huile sur le feu dans l'intention de l'apaiser : car l'arrivée du héros provoquait dans la foule un enthousiasme inquiétant. Depuis quelque temps, Catherine sentait monter la violence chez son fils et elle en avait peur. Se serait-elle exposée à le mettre en fureur sans de solides raisons ? Et comment le prudent Bellièvre, dûment averti de l'importance qu'il attachait à la chose, aurait-il accepté de délivrer une seconde commission contredisant la première ? Le plus probable est que Guise est venu de lui-même, pour ne pas décevoir l'attente de ses partisans. S'il a choisi de se présenter d'abord chez la reine mère, qui n'a jamais rompu avec lui, c'est qu'il compte sur elle pour amortir la réaction du roi : ce qu'elle ne manqua pas de faire.

Elle fit prévenir son fils. Puis elle commanda sa chaire à bras* et se fit porter au Louvre, suivie à pied par le duc de Guise dont le passage déchaînait des salves d'applaudissements. Le roi les attendait dans la chambre de la reine Louise, assis au chevet de sa femme alitée. Il ne répondit pas au salut du visiteur. Il refusa d'entendre ses explications et lui reprocha violemment d'avoir contrevenu à son interdiction formelle. Il était blême de fureur. Catherine le connaissait bien. Elle devina. Dans un cabinet guettait en effet le colonel d'Ornano, prêt à arrêter Guise ou à l'égorger. Dans la ville surexcitée, il y avait de quoi provoquer une émeute et un bain de sang. Catherine s'interposa, prétendit avoir elle-même mandé le duc, « pour le mettre bien auprès du roi comme il avait été toujours et pacifier toute chose ». Le motif pour une arrestation tombait. Henri dut feindre de prendre cette réponse pour argent comptant. La reine Louise, volant au secours de sa belle-mère, engagea la conversation avec son cousin. Lorsque la décence permit enfin à Guise de se retirer, il respira. Il quittait le Louvre libre, et sauf.

Les trois jours suivants se passèrent en entretiens tendus, en échanges de propos aigres-doux, ironiques ou insolents, dans une ville en ébullition. Le roi ne décolérait pas, mais parvenait à se maîtriser. Le duc remplissait avec une servilité affectée ses fonctions de grand maître en lui présentant sa serviette lors de ses repas. Les deux partis s'organisaient. Dans la nuit du 11 au 12, Henri III, sans en avertir sa mère, fit entrer dans la ville ses gardes françaises et ses régiments de Suisses, qui prirent position aux points stratégiques. La ville ressentit comme une agression cette entorse à ses privilèges, qui jeta tous les indécis dans les bras de la municipalité ligueuse. Des bruits alarmistes se mirent à courir : le roi voulait punir Paris, il fallait l'en empêcher. Le Quartier latin fut le premier à prendre les armes, puis

---

* Chaise à porteurs.

la Cité suivit, la basoche se joignit aux étudiants et le mouvement fit tache d'huile. Les boutiques se fermèrent. Dans les rues, on tendit les chaînes destinées à entraver la circulation nocturne, on les renforça de tonneaux, de pavés, de matériaux divers : on édifia les premières barricades de l'histoire de France.

S'étant mis ainsi en état de défense, les Parisiens en appelèrent alors au duc de Guise, qui pria le nonce Morosini de s'entremettre pour obtenir le retrait des troupes. Celui-ci, éconduit par le roi, se rabattit sur Catherine. Il la trouva désolée d'avoir été tenue dans l'ignorance et désapprouvant ce qu'elle considérait comme une initiative dangereuse. Elle se préparait comme toujours à négocier, lorsque l'événement prit tout le monde de court. Les soldats royaux, paralysés dans leurs mouvements, privés de ravitaillement et de munitions, dépourvus de consignes face à une situation imprévue, étaient pris au piège. Le roi accepta de les retirer. Accident ou provocation : comme les Suisses abordaient le pont Notre-Dame au milieu d'une foule menaçante, un coup de feu éclata, tuant un tailleur du voisinage. Le peuple se rua sur eux, en massacra une vingtaine. Un peu plus tard, un nouvel accrochage, né de la peur réciproque, coûta la vie à cinquante d'entre eux. Pour apaiser l'émeute et prévenir un carnage, il ne restait au roi qu'à se plier à une humiliation de plus : solliciter l'intervention de Guise. Lorsque parut le duc en pourpoint de satin blanc, son chapeau à la main, sans armes, précédé de deux pages qui portaient l'un son épée et l'autre son bouclier, le trouble s'apaisa comme par enchantement, dans les acclamations et les cris de joie. Les Suisses délivrés se jetèrent à genoux en l'appelant leur sauveur, les gardes françaises se découvrirent pour défiler devant lui. Le troupeau des vaincus fut rabattu vers les faubourgs, tandis que l'auteur du miracle regagnait son hôtel en triomphe. Et dans la foule, quelques voix murmuraient : qu'attendait-on pour extirper du Louvre ce bougre de roi indigne et pour faire sacrer à sa place, à Reims, le défenseur de la foi et le libérateur de Paris ?

Le peuple passa la nuit sur les barricades, dans la crainte d'un assaut le lendemain. Au Louvre, Henri III disposait encore d'un contingent de Suisses et de gardes françaises et il avait appelé des renforts de Picardie. Sa mère le rejoignit, au matin du 13 mai, accompagnée de représentants du Parlement et de la municipalité, pour le convaincre de renoncer à un affrontement. Et à nouveau, il recula, acceptant de renvoyer toutes ses troupes. Catherine y gagna un regain de popularité qu'elle mit aussitôt à profit.

Émeute ou pas, elle ne changea rien à ses habitudes et décida de sortir pour aller entendre la messe à la Sainte-Chapelle comme chaque jour. Elle partit donc en compagnie de sa bru, malgré son âge et sa maladie. À chaque barricade, on déplaçait un tonneau pour livrer passage aux deux reines et on le remettait en place derrière elles. La vieille dame devait alors quitter sa chaise, marcher à pied, enjamber des tas de pavés, traverser des caniveaux boueux. Elle supporta l'épreuve, sereine, impavide, « montrant un visage riant et assuré, sans s'étonner de rien ». Elle attendit d'être de retour chez elle pour laisser paraître son chagrin. Mais alors, « tout le long de son dîner*, elle ne fit que pleurer ». Elle avait pu constater, de ses propres yeux, que les positions ligueuses tenaient le Louvre pratiquement encerclé.

Le roi devait-il s'enfuir ? Avant de se résoudre à cette solution de désespoir, Catherine était d'avis d'épuiser tous les recours. Dans l'après-midi, elle reprit sa chaise pour se rendre à l'hôtel de Guise en franchissant une fois de plus les barrages, dont elle repérait l'emplacement et évaluait la solidité. Le duc la reçut très mal. Il n'avait plus envie de jouer les intercesseurs, il déclara que les mutins étaient aussi impossibles à maîtriser que des « taureaux échauffés » et refusa d'aller au Louvre s'exposer à la colère du souverain qu'il bravait. Ses exigences étaient plus exorbitantes que jamais. Sur un mot de la reine le secrétaire d'État, Pinart, partit enjoindre à son fils de quitter Paris au plus vite.

Celui-ci était prêt au départ : d'autres avis lui étaient parvenus, on avait saisi une lettre très explicite où Guise écrivait : « Les chemins sont libres.[...] J'ai défait les Suisses, taillé en pièces une partie des gardes du roi et tiens le Louvre investi de

---

* Le dîner, équivalent de notre déjeuner, se prenait vers midi.

si près que je rendrai bon compte de ce qui est dedans. Cette victoire est si grande qu'il en sera mémoire à jamais. » Le duc se trompait : la porte Neuve n'était pas gardée. Déjà Henri l'avait franchie pour gagner les Tuileries, quand le messager de sa mère l'atteignit. À cinq heures, il galopait vers Chartres où il se retira en sécurité, avec une soixantaine de compagnons — tout ce qui lui restait de sa « maison ».

La vieille reine se trouvait encore à l'Hôtel de Guise lorsque la nouvelle y fut annoncée. Partagée entre la joie de savoir son fils sauvé et la crainte de le voir totalement discrédité par cette fuite, elle se composa un visage. « Madame, se serait écrié le duc, me voilà mort ! Tandis que Votre Majesté m'occupe ici, le roi s'en va pour me perdre. » L'authenticité de cette exclamation prémonitoire n'est pas certaine. Mais on peut être sûr qu'il était en fureur.

Et il y avait de quoi. Catherine avait bien manœuvré. Elle avait fait diversion, retardé l'assaut final contre le Louvre. En parlementant, elle avait paralysé Guise. Celui-ci, qui croyait la connaître, pensa qu'elle espérait encore « rhabiller » la situation. Il n'imagina pas un instant que le roi avait pour consigne de fuir au premier signal, abandonnant à Paris sa mère et sa femme. Les quelques heures ainsi gagnées n'avaient pas de prix.

L'histoire de ces trois jours tragiques se résume, pour un Parisien facétieux que cite L'Estoile, à un chassé croisé d'occasions manquées : « Les deux Henri avaient tous deux bien fait les ânes, l'un pour n'avoir pas eu le cœur d'exécuter ce qu'il avait entrepris, en ayant eu tout loisir et moyen de le faire jusques à onze heures passées du matin dudit jour des barricades, et l'autre pour avoir le lendemain laissé échapper la bête qu'il tenait en ses filets. » Celle qui avait empêché le roi d'abord, le duc de Guise ensuite, de succomber à la tentation du pire, c'était Catherine de Médicis, en sachant être où il fallait, quand il fallait.

Ce n'était que partie remise. L'affrontement décisif entre les deux adversaires supposait l'éviction de l'infatigable médiatrice. Ce sera chose faite après une ultime « réconciliation ».

« J'embrasse mon rival.... »

Toutes les barricades avaient disparu aussitôt après le départ du roi : le fauteur de troubles, n'était-ce pas lui ? Il avait eu peur, il s'était enfui. Le pacificateur de la capitale et bientôt du royaume, c'était Guise, auréolé de « l'infaillible protection de Dieu ». Il s'était fait livrer la Bastille, l'Arsenal et la forteresse de Vincennes, il avait fait élire une nouvelle municipalité à sa dévotion et trier sur le volet les capitaines de la milice. Il était maître de Paris. Et il détenait deux otages, en la personne des deux reines.

En fait, il ne savait que faire de sa victoire. Il était trop imbu des préjugés de sa caste pour accepter d'être porté au pouvoir par une insurrection populaire. Il ne se sentait pas vocation à devenir le roi des Halles ou de la basoche. Ce qu'il voulait, c'était exercer le pouvoir sous l'autorité nominale d'un monarque potiche, réduit à des fonctions de pure forme, ou bien obtenir de celui-ci une abdication légale en faveur du cardinal de Bourbon par exemple, le temps de recourir à des États Généraux qui rendraient la monarchie élective avec l'assentiment de tous les corps constitués. Mais s'il se dressait ouvertement contre un roi qui venait de déclarer la guerre aux huguenots, il jetterait le masque, se priverait de son principal argument, la défense de la religion. Il savait qu'il perdrait l'appui de la plupart de ses pairs. Il savait aussi que ses commanditaires, le roi d'Espagne et le pape, également hostiles à toute forme de subversion, ne lui pardonneraient pas de donner sur ce point le mauvais exemple. Il était condamné à se réconcilier d'apparence avec Henri III.

Il multiplia donc les proclamations de loyauté, s'assura l'aval de la reine mère pour toutes ses innovations administratives et s'efforça de faire disgracier le duc d'Épernon, qui encourageait le roi à la résistance. Les deux reines, « demi-prisonnières », assignées à résidence, ne sont pas à proprement parler en danger. Mais elles ne sont respectées « que par beaux semblants,[...] bonnetades et baisemains ». De liberté, pas question. On se sert d'elles quand il en est besoin. On éveille Catherine en pleine nuit pour inciter à l'obéissance le premier président du Parlement. On la contraint d'entériner la nomination des nouveaux responsables municipaux. On leur soumet à toutes deux, pour approbation, un texte à imposer au roi, qui est une véritable transmission de pouvoir aux Ligueurs. Elles discutent, protestent et comme Henri III refuse d'obtempérer, Guise les assiège de pressions, de menaces, au point de faire sortir de ses gonds la très discrète Louise, qui lui reproche en face sa rébellion. Catherine, se disposant à aller à la messe aux Capucins, se heurte un jour à une porte fermée et, comme le duc répond que la serrure est cassée, elle fait vérifier que ce n'est pas vrai et pousse les hauts cris, menace : elle sortira de force, au risque de se faire tuer, et sa mort retombera sur lui.

Il fallut cependant céder. Le roi dut signer un énième édit, dit d'*Union*, qui ajoutait aux mesures précédemment décrétées contre les huguenots l'amnistie pour tous les participants au soulèvement parisien, la publication en France des décrets du concile de Trente, la nomination du duc de Guise comme lieutenant général du royaume et la désignation du cardinal de Bourbon comme héritier du trône, avec en prime, le renvoi du duc d'Épernon. Henri III était dépossédé de tout pouvoir. Les deux reines durent assister, à Notre-Dame, au *Te Deum* qui célébrait cette nouvelle capitulation.

Après quoi, rendues à la liberté, elles rejoignirent à Chartres le roi, à qui Guise vint rendre un hommage hypocrite. Les deux ennemis s'embrassèrent, sous l'œil désabusé de la reine mère. Pendant son dîner, le roi demanda à boire au duc de Guise, « puis lui dit : "À qui boirons-nous ? — À qui vous plaira, Sire, répondit le duc ; c'est à Votre Majesté d'en ordonner. — Mon cousin, dit le roi, buvons à nos bons amis les huguenots. — C'est bien dire, Sire, répondit le duc. — Et à nos bons barricadeux, va dire le roi ; ne les oublions pas." À quoi le duc se prit à sourire », ajoute L'Estoile qui rapporte ce dialogue, « mais d'un ris qui ne passait pas le nœud de la gorge ; mal content de l'union nouvelle que le roi voulait faire des huguenots avec les barricadeurs ».

Henri III en voulait en effet mortellement aux Parisiens de l'affront qu'ils lui avaient infligé. Il ne consentit pas à revenir dans sa capitale. Comme Catherine l'en priait, à la requête de Guise, et s'étonnait de son refus : « Serait-il bien possible qu'eussiez changé tout d'un coup votre naturel, que j'ai toujours connu si aisé à pardonner ? — Il est vrai, Madame, ce que vous dites, répondit le roi ; mais que voulez-vous que j'y fasse ? C'est ce méchant d'Épernon qui m'a gâté, et m'a tout changé mon naturel bon. » Son ironie prenait désormais pour cible sa propre mère, qu'il avait jusque-là épargnée. Le dernier édit qu'elle avait négocié pour lui avait fait déborder la coupe de l'amertume. Il s'éloigna d'elle définitivement.

L'éviction de Catherine

Au cours de l'été de 1588, il advint un événement international aux conséquences incalculables. La glorieuse Armada avait quitté Lisbonne forte de cent trente navires, tant de guerre que de commerce, armés pour la circonstance. Les grandes voiles blanches frappées d'une croix écarlate — celles mêmes dont les caravelles de Christophe Colomb ont immortalisé l'image — faisaient d'elle l'armée du Christ partant en croisade contre l'hérésie. La victoire de Philippe II ne faisait de doute pour personne. Catherine en était persuadée et c'est pourquoi elle était d'avis de s'incliner devant ses associés les Ligueurs. Henri III, lui, voulait croire à un échec. Non qu'il fût mieux informé qu'elle. Mais c'était sa seule chance de salut.

Or le sort lui donna raison. Les vaisseaux espagnols, lourds et peu maniables, se virent refuser une bataille rangée où le nombre les aurait servis. Les bâtiments anglais, plus légers, se contentèrent de les harceler, de les incendier en lançant sur eux des brûlots, de les disperser. La tempête se mit de la partie et les chassa par-delà le pas de Calais jusque dans la mer du Nord, où les éléments se chargèrent de parachever le désastre. Plus de la moitié se perdirent corps et biens. Aucun soldat ennemi ne mit le pied en Angleterre. Le 22 septembre, lorsque les navires rescapés atteignirent Santander en piteux état, toute l'Europe était déjà au courant. Dieu aurait-il changé de camp ? Les protestants triomphaient. La Ligue baissait le ton. Henri III vit dans la défaite de l'Armada le signe qu'il attendait.

Il avait convoqué les États Généraux à Blois pour la mi-octobre. Il s'y installa au début de septembre et effectua brusquement, à la surprise générale, une révolution ministérielle. Sans préavis, tous les anciens serviteurs, le chancelier Cheverny, le surintendant des finances Bellièvre, les secrétaires d'État Villeroy, Brûlart et Pinart, reçurent une lettre les invitant sèchement à se retirer. À leur place il nomma des inconnus sans attaches, si l'on excepte deux sympathisants de la Ligue pour servir de couverture. Nul n'y accorda d'importance. On crut à un caprice, à un mouvement d'humeur contre la reine mère, dont les partants étaient les créatures. Personne ne mesura, en dehors d'elle, le sens véritable de cette rupture. Il ne lui avait rien dit. Elle en fut profondément blessée et il y avait de quoi. Elle lui demanda des explications. Il fut brutal, presque insultant, si l'on en croit l'ambassadeur espagnol : les disgraciés n'étaient que des incapables ou des canailles. C'était rendre toute discussion impossible. Plus que leur renvoi lui-même, qui pouvait à la rigueur se justifier, la forme de ce renvoi en disait long sur ses intentions. Henri III s'affranchissait de sa mère, il se débarrassait des artisans de sa politique de conciliation, de temporisation, de demi-mesures. C'est donc qu'il avait d'autres projets. Catherine en déduisit qu'il s'apprêtait à défier la Ligue et les Guise. Elle trembla.

Il l'entoura lors de la réunion des États Généraux des honneurs accoutumés. Il lui décerna au début de sa harangue inaugurale un vigoureux éloge : ses services la rendaient digne d'être nommée non seulement « mère du roi, mais aussi mère de l'État et du royaume ». Mais il enchaîna aussitôt : « Je suis votre roi, donné de Dieu, et je suis le seul qui le puisse véritablement et légitimement dire. » L'avalanche de fleurs enrobait un congédiement poli. Tous comprirent que le règne de la vieille dame était terminé. Le reste du discours témoignait d'une volonté de reprise en main. Décidé à ne plus souffrir désormais de ligues et associations dans son royaume, il consentait dans sa très grande bonté à « mettre sous le pied » le passé — entendez à oublier les barricades —, mais déclarait « pour l'avenir atteints et convaincus du crime de lèse-majesté ceux de [s]es sujets qui ne s'en départir[aient] ou qui y tremper[aient] sans [s]on aveu ». C'était ordonner aux Guise et à leur parti de se saborder. Leur indignation fut telle qu'il dut faire disparaître cette dernière phrase du texte imprimé. Mais il l'avait prononcée, publiquement, devant les représentants de la France entière. Seuls une exceptionnelle suffisance et le mépris dans lequel il tenait le roi firent méconnaître au duc le danger couru. Aux multiples avis lui enjoignant de se garder, il n'opposait qu'une réponse hautaine : « Il n'oserait. » Mais la fureur de Henri III était maintenant telle qu'il était prêt à tout oser.

Au château de Blois, en cet automne de 1588, la tension était à son comble. Le fait que le roi se contînt, endurât sans protester les revendications des États, échangeât avec Guise des mots aimables et des dragées au chevet de la reine mère n'était pas fait pour rassurer celle-ci. À l'évidence, il dissimulait. Le compte à rebours était commencé.

L'unique rayon de soleil fut pour Catherine la signature du contrat de mariage de sa petite-fille préférée, Christine de Lorraine, avec le grand-duc de Florence Ferdinand de Médicis. Elle lui donna tous ses biens en Toscane, deux cent mille écus d'or et la précieuse suite de tapisseries représentant les fêtes à la cour des Valois, qu'on peut voir aujourd'hui au musée des Offices. Elle offrit en son honneur un dernier bal et lui murmura à son départ, en l'embrassant, qu'elle avait bien de la chance de partir vers une contrée paisible, sans assister à la ruine de ce pauvre royaume.

À près de soixante-dix ans, l'infatigable vieille dame baisse soudain les armes. Elle est malade, fiévreuse, déchirée d'une toux que rien ne parvient à apaiser. Le pressentiment d'une catastrophe imminente la mine. Fait-elle un retour en arrière sur ses choix politiques, se demande-t-elle si elle porte une part de responsabilité dans la crise qui menace d'emporter la monarchie ? Se souvient-elle de la Saint-Barthélemy et de ce qu'il lui en a coûté politiquement pour avoir cédé un jour à la tentation criminelle ? On ne sait. Elle ne s'est confiée à personne sur ce point. Mais il est sûr qu'elle est atteinte à la fois dans son amour pour son fils, qui l'a rejetée et qu'elle voit courir à l'abîme, et dans son attachement à la France, à ce royaume qu'elle a fait sien, qu'elle voulait pacifique et prospère et qui n'a connu sous son règne que déchirements : un double échec, le désaveu de toute son action. De quoi lui ôter le goût de lutter encore, le goût de vivre. Maintenant que l'espoir lui est ôté, les misères physiques qu'elle surmontait par le mépris

l'accablent, elle se sent malade pour de bon, plus que malade :
finie.

La fin de Catherine

Elle dormit très mal dans la nuit du 22 au 23 décembre. Ses
poumons engorgés sifflaient, elle étouffait. Au petit matin, elle
ne put pas ne pas entendre, au-dessus de sa tête, un grand
fracas ponctué de bruits de bottes, de cliquetis d'épées, de voix,
de cris. L'étage supérieur comportait les appartements du roi,
la salle du Conseil, sa chambre, ses deux cabinets de travail.
C'est chez lui que se déroulait un drame. Mais elle ne posa pas
de questions. À quoi bon ? elle savait déjà. Elle se réfugia dans
la somnolence que lui procura le sirop administré par son
médecin italien, Cavriana. C'est par ce dernier qu'on connaît
la scène qui suivit.

Le premier soin du roi, après avoir contemplé le cadavre de
son rival et constaté, selon un mot consacré par l'histoire, qu'il
« était encore plus grand mort que vivant », fut de se rendre
auprès de sa mère par l'escalier intérieur qui reliait leurs deux
chambres. Elle le vit soudain surgir à son chevet. Il était d'un
calme surnaturel, terrifiant. Il lui dit, glacial : « Bonjour,
Madame, je vous prie de me pardonner. M. de Guise est mort
et l'on n'en parlera plus. Je l'ai fait tuer, je l'ai prévenu dans le
dessein qu'il avait conçu contre moi. Je ne pouvais tolérer son
insolence, quoique j'eusse bien essayé de la supporter pour ne
pas souiller mes mains de son sang. » Il rappela les offenses
pardonnées en vain et les attaques répétées contre son pouvoir,
son État et sa vie. « Mais puisque ma patience ne me valait que
honte et dommage, ajouta-t-il, que chaque jour j'étais irrité et
offensé par de nouvelles perfidies, Dieu est venu à mon secours
et m'a finalement inspiré et aidé. Je vais présentement à l'église
pour le remercier au cours du sacrifice de la messe. » Il ne
voulait aucun mal à la famille des victimes. « Mais, conclut-il,
je veux être roi et non prisonnier et esclave comme je l'ai été
depuis le 13 mai jusqu'à présent, où je commence de nouveau
à être roi et maître. » Il affirma cependant vouloir poursuivre
l'extirpation de l'hérésie.

Il débita tout d'une traite, comme un texte préparé, ce réquisitoire qui, par-delà les Guise, visait aussi Catherine : qui, sinon elle, lui prêchait une patience stérile ? qui l'avait empêché, une première fois, de faire tuer son rival ? Si Cavriana omet de rapporter la réponse de la reine, c'est sans doute qu'elle ne répondit rien, parce qu'il n'y avait rien à répondre. Son fils daignait l'informer de ses actes, mais il récusait désormais ses avis. Quoi qu'aient pu croire les Ligueurs parisiens, il ne l'avait pas mise dans le secret du guet-apens, parce qu'il savait qu'elle aurait tenté de l'en détourner. Et il ne l'avertit qu'après coup de la mise à mort du cardinal de Guise, le lendemain matin, dans la prison où celui-ci était détenu.

Il était tentant de suppléer à son silence : une scène d'une telle intensité dramatique appelle les mots historiques. S'est-elle contentée d'approuver en disant : « Mon fils, cela me fait plaisir, pourvu que ce soit pour le bien de l'État. Du moins je le désire ardemment » ? Lui a-t-elle demandé « s'il avait bien pensé et pourvu à tout ce qui lui en pourrait arriver » et pris les résolutions nécessaires ? A-t-elle dit, en termes plus imagés : « C'est bien coupé, maintenant il faut recoudre » ? On ne sait. Très vraisemblable en revanche est la réflexion qu'elle confia un peu plus tard, le jour même de Noël, à un moine : « Ah ! le malheureux, qu'a-t-il fait ? Priez pour lui, qui en a plus besoin que jamais et que je vois se précipiter à sa ruine, et je crains qu'il ne perde le corps, l'âme et le royaume. » Cette « si violente et périlleuse action » lui faisait tout craindre. Les regrets qu'elle exprima à la duchesse de Nemours, mère des Guise, dans sa lettre de condoléances, étaient sincères. Car dans la mort des deux frères, c'est celle de son propre fils qu'elle voyait inscrite en filigrane.

La visite de celui-ci l'avait laissée dans un état d'extrême faiblesse. Le médecin crut qu'elle allait passer, emportée par une « terrible bourrasque de mal ». Elle trouva cependant la force de se lever, le 1er janvier, pour aller rendre visite en sortant de la messe au cardinal de Bourbon emprisonné, qui tremblait pour sa vie. Elle avait conservé pour le vieux prélat, en dépit de son adhésion à la Ligue, une affection cimentée par les années : ils étaient les derniers survivants d'une même génération, largement entamée par la mort. Elle lui apportait sa grâce, elle voulait entreprendre avec lui le recollage des morceaux brisés. Mais il l'accueillit très mal. C'est elle, lui reprocha-t-il, qui, avec sa manie des réconciliations menteuses, avait endormi la méfiance des Guise et les avait attirés dans le piège où ils avaient péri. Il se prit de colère : « Votre parole, Madame, nous a ainsi tous conduits à la boucherie. » Là non plus, elle ne trouva rien à dire. Elle s'enfuit, « saisie de mélancolie et de regret », en larmes. Décidément, elle ne pouvait plus rien. Contre l'irréparable sa force de persuasion était vaine.

Elle avait eu tort de sortir au cœur de l'hiver. Elle reprit froid, s'en fut se recoucher, grelottant de fièvre et toussant à s'en arracher les bronches. On diagnostiqua une pleurésie, nous dirions plutôt une congestion pulmonaire. Devant l'inutilité d'une dernière saignée, elle prit ses dispositions, se confessa, reçut les sacrements, dicta son testament. Comme elle demandait qui était le prêtre inconnu que lui envoyait le hasard, il répondit qu'il s'appelait Julien de Saint-Germain. Elle se rappela : une prophétie, qu'elle avait toujours mal interprétée, lui prédisait qu'elle mourrait « près de Saint-Germain ». Elle avait fui en vain les lieux portant ce nom, et voici qu'elle le rencontrait chez un homme. Elle s'écria : « Je suis morte. » Son heure était venue. Sans révolte, elle s'inclina. Elle se sentait si fatiguée. Et elle n'avait pas envie de voir ce qui allait suivre.

Elle perdit peu à peu l'usage de la parole et mourut le 5 janvier à une heure de l'après-midi. À l'autopsie, on lui trouva le poumon abîmé et un abcès sanguinolent dans la cervelle. On mit son corps dans un cercueil de plomb, puis on exposa, quatre semaines durant, son effigie de cire revêtue des vêtements d'apparat qui avaient déjà servi pour Anne de Bretagne dans les mêmes circonstances. Elle eut droit, lors de ses obsèques dans l'église Saint-Sauveur de Blois, à une belle oraison funèbre où l'orateur la compara à toutes les femmes célèbres de la Bible et de la mythologie : la chaste Suzanne, la magnanime Judith, la patiente Sarah, la sage Pénélope et même la « tant renommée Didon », dont on se demande ce qu'elle venait faire là. À Paris, du côté des Ligueurs, on évoquait plutôt Jézabel. Mais, par-delà les réactions ambiguës, hésitant entre blâme et louange, dominait dans le royaume le sentiment que disparaissait en elle un intercesseur, un recours et que l'avenir était désormais gros de tous les orages. Le peuple apeuré murmurait : « Nous n'aurons plus de reine mère pour nous faire la paix. » Et l'historien de Thou écrivait : « Ce n'est pas une femme, c'est la royauté qui vient de mourir. »

La guerre civile interdisait de la conduire à Saint-Denis. On la laissa donc à Blois et, comme l'étanchéité du cercueil se montra déficiente, il fallut l'ensevelir à la hâte, en pleine terre, sans inscription funéraire, ce qui fit dire qu'on « n'en faisait pas plus de cas que d'une chèvre morte ». Elle resta plus de vingt ans dans cette tombe de fortune. C'est grâce à Diane d'Angoulême, la fille bâtarde de Henri II et de sa maîtresse piémontaise d'un soir, qu'elle put enfin, en 1610, rejoindre son époux au tombeau d'apparat où le ciseau de Germain Pilon les a doublement fixés dans le marbre. Des deux enfants survivants de Catherine, aucun n'avait eu le loisir ou le désir d'y songer.

Par testament, elle léguait, on l'a dit, ses biens florentins à Christine, ses biens auvergnats au fils naturel de Charles IX et de Marie Touchet. Chenonceaux allait à la reine Louise, qu'elle avait beaucoup aimée. D'innombrables legs plus modestes venaient récompenser des serviteurs et des maisons religieuses. Rien pour l'indocile Marguerite et son intraitable époux. Le reste allait à son fils Henri III. Mais l'inventaire révéla qu'il ne restait rien. Le passif de la succession l'emportait sur l'actif. On dut mettre à l'encan l'Hôtel de la Reine, ses collections, ses joyaux, qui ne suffirent pas à combler le déficit. Catherine de Médicis la magnifique n'aimait l'argent que pour le dépenser, au service du culte monarchique, dans un grand chatoiement de soie, de marbre et d'or.

Elle était morte dans l'angoisse de ce qui allait advenir. Ses craintes ne furent justifiées qu'à demi. Son fils, on va le voir, perdit la vie dans la tourmente, mais le royaume ne sombra pas. Henri de Navarre le sauva, en imposant à chacun des deux partis le respect de l'autre : il reprenait à son compte ce qui avait été l'idée fixe de la vieille reine. Il réussit là où elle avait échoué. Il en retira la gloire. Elle, au contraire, vilipendée par les pamphlétaires des deux camps, marquée par le sang de la

Saint-Barthélemy, servit de bouc émissaire. Il n'entre pas dans notre propos d'apprécier son rôle dans l'histoire, ni de porter sur elle, dans l'absolu, un jugement moral nécessairement mitigé. Aux vers de circonstance recueillis par L'Estoile, qui souhaitent contradictoirement « enfer et paradis » à cette reine « ange et diable », « toute pleine de blâme et pleine de louange », on préférera ici, pour terminer, une réflexion de Henri IV, concrète, réaliste, à ras de terre, humaine. Comme quelqu'un lui faisait observer, beaucoup plus tard, à la veille de son mariage avec Marie de Médicis, qu'une autre Florentine avait été naguère la cause de tous les malheurs de la France, il répliqua :

« Mais je vous prie, qu'eût pu faire une pauvre femme ayant par la mort de son mari cinq petits enfants sur les bras, et deux familles en France qui pensaient d'envahir la couronne, la nôtre* et celle de Guise ? Fallait-il pas qu'elle jouât d'étranges personnages pour tromper les uns et les autres et cependant garder, comme elle a fait, ses enfants, qui ont successivement régné par la sage conduite d'une femme si avisée ? Je m'étonne qu'elle n'a pas encore fait pis. »

C'était marquer, on ne peut plus clairement, l'étroitesse de sa marge de manœuvre, les limites de son pouvoir. C'était dire, aussi, que les responsabilités dans la guerre civile étaient très largement partagées et qu'il en prenait sa part.

---

* C'est-à-dire la famille de Bourbon.

CHAPITRE DOUZE

LOUISE L'INCONSOLÉE

En choisissant une femme « de sa nation », Henri III se souvenait-il de celle de son frère Charles, la pauvre Élisabeth d'Autriche, perdue dans une cour qui lui resta toujours étrangère ? Il avait voulu la sienne aussi proche de lui que possible par la langue, la sensibilité, les attaches familiales. Elle pourrait le comprendre et l'aimer. Elle échapperait aux déchirements qui étaient le fruit des mariages politiques : elle ne serait pas une de ces reines otages, garants d'une réconciliation fragile entre belligérants et condamnées en cas de reprise des combats à ne plus savoir de quel côté tourner leurs vœux. Le duché de Lorraine gravitait depuis si longtemps dans l'orbite française, il était lié à la France par tant de liens, qu'on le regardait à Paris comme une sorte de protectorat. Louise n'aurait pas à choisir entre ses deux familles, ses deux patries : elles n'en faisaient qu'une.

La guerre civile devait, hélas ! lui infliger bien pis.

Présence de Louise

Louise porte le nom de Lorraine : la chose implique, à l'époque, certaines solidarités. Parce qu'elle tenta, comme Catherine, de plaider l'apaisement, on la soupçonna, comme elle, de sympathies secrètes pour le parti de l'Union. Sans plus de fondement. Ceux qui, dans le camp ligueur, crurent pouvoir compter sur ses attaches familiales pour la faire entrer dans leur jeu en furent pour leurs frais. Elle se montra consternée quand toute sa parentèle prit le parti de la subversion. Son plus grand chagrin lui vint de voir son frère, le duc de Mercœur, y adhérer et en devenir un des combattants les plus convaincus, sinon les plus efficaces. Par bonheur pour elle, il se battit surtout dans son gouvernement de Bretagne et n'eut pas l'occasion, comme Guise, d'affronter le roi face à face. Elle essaiera vainement de l'en détourner et travaillera plus tard à son retour en grâce. Tous les autres, en revanche, sont à ses yeux d'impardonnables rebelles : entre son époux et ses cousins de Guise, son cœur, sans la moindre hésitation, a choisi. Elle est présente aux côtés du roi pendant les mois dramatiques où se noue son destin.

Présente en esprit, toujours, présente physiquement, le plus souvent. Si l'écrasante personnalité de Catherine de Médicis n'occupait presque continûment le devant de la scène, rejetant dans l'ombre tout l'arrière-plan, chroniqueurs et historiens auraient davantage pris garde à cette présence et à la signification qu'on peut lui prêter.

Revenons un peu en arrière. Le 9 mai, quand le roi envisage d'arrêter le duc de Guise entré dans Paris malgré son interdiction expresse, où choisit-il de le recevoir ? dans la chambre où sa femme, souffrante, est alitée. A-t-il pu dissimuler à celle-ci sa décision, lui cacher qu'il rassemblait ses gardes et les installait à pied d'œuvre, dans la coulisse, pour une intervention qui risquait d'être sanglante ? Il eût été plus simple, dans ce cas, de recevoir le duc ailleurs. Il est donc probable qu'il l'a informée et qu'elle a souscrit au projet, avec les dangers qu'il comportait. Respectée et aimée de tous, liée de parenté avec les Guise, elle pourrait de plus lui servir de caution morale et témoigner que tout s'était bien déroulé dans les formes légales : accusation de lèse-majesté, arrestation et, en cas de résistance — Henri ne pouvait s'empêcher de l'espérer —, mise à mort immédiate. La parole de la reine ferait foi. Et s'il fallait envisager le pire, si la foule en furie submergeait ensuite le Louvre, il la savait prête à mourir avec lui. Tel était sans doute le scénario prévu, que fit échouer Catherine.

Douce, Louise ? Timide ? Autant en emporte le vent des épreuves. Retenue à Paris par la force, elle se montre courageuse au contraire, et hardie, aux côtés de sa belle-mère, lorsqu'il s'agit de franchir les barricades. Elle ose affronter Guise et lui demander en face ce qu'il a dans la tête en refusant toutes les offres du roi : veut-il donc lui faire la guerre ? Elle prie et communie beaucoup plus que Catherine, mais il semble qu'elle pleure moins. Et elle en oublie d'être malade. Quand elle peut, enfin libérée par le traité d'Union, rejoindre son mari, elle le suit, de Chartres à Mantes, puis à Blois, et le soutient de son amour. Jamais, au témoignage des contemporains, on ne les a sentis aussi proches l'un de l'autre.

Elle vécut comme Catherine, à travers le fragile écran d'une cloison ou d'un plafond, le drame qui se joua dans la nuit du 22 au 23 décembre. Mais elle en eut une perception différente. Le roi avait tendu son piège avec un soin méticuleux. Il avait fait condamner certaines portes, de manière à créer une sorte de souricière conduisant à sa chambre, et fait installer dans les combles des cellules prétendument destinées à des moines, pour y cacher ses hommes de main. Il convoqua pour le 23 décembre à huit heures un Conseil auquel il invita le duc de Guise à assister. Pour donner un motif plausible à une agitation matinale insolite, il parla tour à tour d'un départ pour Cléry ou d'une visite à une maison qu'il possédait dans la forêt. Vers minuit, il congédia ses familiers et s'en alla se coucher, non dans sa chambre, qui devait servir de théâtre à la mise à mort, mais auprès de Louise, comme presque tous les soirs.

Il ne ferma pas l'œil. Il était éveillé lorsque son valet, Du Halde, vint gratter discrètement à la porte, comme convenu, à quatre heures du matin. La dame de Piolans, première femme de chambre de la reine, l'entrouvrit sans bruit. « Dites au roi qu'il est quatre heures. » Tandis qu'elle hésitait à déranger ses maîtres, le roi intervint. Il avait entendu. « Sire, c'est monsieur Du Halde qui dit qu'il est quatre heures. — Piolans, çà mes bottines, ma robe et mon bougeoir ! » demanda-t-il très bourgeoisement. Il s'habilla en hâte et disparut de la pièce, « laissant la reine », dit son médecin Miron, « dans une grande perplexité ».

De ce que Louise a pu savoir, deviner, entendre, nous n'avons pas la moindre idée. Et il n'y avait personne auprès d'elle pour écouter et rapporter les explications que lui donna son mari. Mais il a passé dans le même lit qu'elle une des nuits les plus effroyables de son existence, car il savait qu'il jouait sa vie. S'il échouait, si son rival tentait de s'emparer de lui, il le répétait depuis six mois : « Jamais je ne me rendrai vivant entre ses mains, je veux mourir en roi de France.» Il s'apprêtait à le redire aux Quarante-Cinq en leur donnant ses ordres : « Il m'a réduit en cette extrémité qu'il faut que je meure ou qu'il meure, et que ce soit ce matin.» Il est impossible que la femme qui l'aimait n'ait pas senti cette angoisse et ne l'ait pas partagée. Le plus probable est qu'elle ne posa pas de questions. Elle croyait en lui, et cette confiance abandonnée avait plus de prix que n'importe quels encouragements. Arrêtons ici cette tentative de reconstitution psychologique : on va dire que nous romançons. Ce qui est sûr, en tout cas, c'est qu'elle se refusa toujours à le blâmer, à le juger même. Elle consacrera des années à défendre sa mémoire.

Solitude du roi

En ce début de janvier 1589, une fois retombée la formidable tension qui le soutenait depuis qu'il avait pris sa décision, Henri III se sent assez désemparé, aboulique : réaction bien compréhensible chez un hypernerveux. Mais, pour retrouver son équilibre, il lui faudrait être en paix avec lui-même, et en paix avec les autres. Or le moins qu'on puisse dire est qu'il ne l'est pas. Psychologiquement et moralement, il est ébranlé jusqu'au fond de l'être. Politiquement, il sait bien que la disparition des Guise n'a rien résolu. De « valet » qu'il était, il affirme qu'il est redevenu « maître ». Maître de quoi ? et à quel prix ?

Henri de Guise est mort et, dans la foulée, Catherine est morte. Non, il ne l'a pas tuée. Le poids des années, les malheurs du royaume, la ruine de toutes ses espérances ont contribué, autant que la désaffection de son fils, à la pousser dans la tombe. Ils se sont séparés en bons termes et il l'a beaucoup pleurée. Il n'a pas à avoir de remords à son égard. Mais à trente-sept ans, soudain privé d'une tutelle contre laquelle il s'est tant débattu, il se sent adulte, et orphelin. On ne se libère pas aisément d'une mère pareille.

La concomitance de ces deux morts n'est pas fortuite, et elles se conjuguent pour créer autour du roi un vide immense. L'un et l'autre, chacun à sa manière, par douceur ou par violence,

lui imposaient leur volonté, se substituaient à lui, le dépossé-
daient de son être. C'est pourquoi il les associait dans une
même rancune, soupçonnant injustement Catherine de pactiser
contre lui avec les Ligueurs. C'est pourquoi, en annonçant à
l'une qu'il venait de tuer l'autre, sa voix avait résonné d'un tel
accent de défi. Elle l'en avait empêché, une première fois. La
seconde tentative, réussie, était aussi une victoire sur elle. Et
voici qu'à son tour, en moins de quinze jours, elle était morte.
Le double joug qui lui pesait tant était levé. Il était libre. Mais
la disparition des deux êtres contre qui il tentait de s'affirmer
le laissait sans appui, sans repères, livré à une vertigineuse solitude. Une solitude existentielle, contre laquelle l'amour de
Louise ne pouvait être un rempart suffisant.

Il en souffrait d'autant plus que sa conscience n'était pas en
paix.

On se condamne à ne rien comprendre au drame de Blois si
l'on voit en lui un homme délibérément machiavélique. Malgré
l'extraordinaire puissance de dissimulation dont il fait preuve
dans la préparation du guet-apens, il n'a rien d'un assassin
endurci. Il ne s'est résolu qu'en désespoir de cause à choisir ce
qu'il croit être le moindre mal, mais il reste dévoré de scrupules
et avide de se justifier. En bravant ouvertement son autorité, en
organisant la subversion contre lui, le duc de Guise avait cent
fois mérité la mort. En droit monarchique, le souverain était
habilité à le condamner de son propre chef, sans recourir à un
tribunal, et à faire appliquer aussitôt la sentence. Aussi Henri
prit-il soin d'employer le terme d'exécution* pour qualifier
cette mise à mort. Mais il était trop bon juriste, et trop bon
chrétien aussi, pour ne pas mesurer les faiblesses de ce raisonnement. Car si la peine prononcée était parfaitement légitime,

---

* C'est le terme qu'ont choisi d'employer aujourd'hui les historiens,
soucieux à juste titre de réhabiliter Henri III injustement vilipendé par
leurs prédécesseurs. Et il est vrai que l'expression traditionnellement
retenue d'*assassinat du duc de Guise* implique une réprobation et qu'elle
évoque fâcheusement les thèses ligueuses. Mais parler simplement
d'exécution, c'est faire bon marché de l'impression ressentie par les
contemporains et des scrupules du roi lui-même. Alors comment désigner
la chose ? Pourquoi pas par les mots plus neutres de *mise à mort* ?

les circonstances dans lesquelles elle fut appliquée ne répondaient guère à l'idée qu'on se faisait de la justice royale.

Preuve qu'il se sentait coupable : il sollicita le pardon du pape. Comme l'ambassadeur soutenait la thèse de l'exécution, Sixte Quint, pour une fois assez neutre malgré ses sympathies pro-espagnoles, répliqua avec bon sens : « Si à la journée des barricades, le roi eût fait tuer le duc et jeter son corps par les fenêtres, tout le monde l'en eût loué ; mais le mettre à mort après s'être réconcilié avec lui, c'est homicide et non pas justice. » C'est bien là en effet que le bât blessait. Le 9 mai 1588, Henri III disposait d'un flagrant délit, le crime de lèse-majesté était patent. Mais l'occasion dont l'intervention de sa mère l'avait privé ne s'était jamais représentée : il lui en avait terriblement voulu. Il avait dû user de la ruse, inviter son rival au Conseil, l'attirer dans sa propre chambre sous prétexte de le consulter, et le faire assaillir au coin du corridor par une quinzaine d'hommes de main tapis dans l'ombre. Le lendemain matin, « l'exécution » avait pris des allures de boucherie quand, tirant le cardinal de Lorraine Louis de Guise de la chambre où on le retenait prisonnier, on l'avait froidement abattu à coups de hallebardes. Après quoi, on les avait coupés en morceaux tous deux et brûlés dans une cheminée du château et on avait répandu leurs cendres au vent, pour empêcher leurs partisans d'en faire des reliques. Certes le démembrement des cadavres de condamnés était d'usage à l'époque : on les exposait aux carrefours à titre d'exemple dissuasif. Et il arrivait quelquefois qu'on les brûlât. Des pauvres gens le plus souvent. Les grands seigneurs, même passant par la main du bourreau, avaient droit à quelques égards*. Le traitement ignominieux infligé aux corps des princes Lorrains, le refus de les rendre à leur mère, la privation de sépulture fournirent à la propagande ligueuse un thème de choix. De tout cela, le roi, après coup, ne pouvait pas être très fier.

D'autre part, il se savait en rupture de légalité sur un point. Il avait le droit de condamner le duc de Guise, mais pas son

---

* On n'avait pas empêché, par exemple, les amis de Coligny de récupérer discrètement son corps au gibet de Montfaucon.

frère. En tant que cardinal, celui-ci échappait à sa juridiction, il ne relevait que du Saint-Siège. Son exécution sommaire, dans les conditions qu'on a dites, souleva la réprobation du monde catholique. Sixte Quint ne manqua pas d'en prendre avantage. Il ne brandit pas pour autant les foudres de l'excommunication, pas tout de suite. Contrairement à ce qu'on lit souvent, elle intervint un peu plus tard et pour d'autres raisons. Il préféra d'abord spéculer sur la mauvaise conscience du roi pour exiger de lui la poursuite de la politique anti-réformée.

C'était l'inviter à faire face, avec ses ressources propres — autant dire rien —, à deux partis hostiles, l'un à qui il avait officiellement déclaré la guerre, l'autre dont il venait de mettre à mort les chefs. Politiquement, il était difficile d'être plus seul.

Il détenait cependant, en dépit de son dénuement, quelque chose d'infiniment précieux, la légitimité, petite flamme vacillante et fragile autour de laquelle beaucoup de Français, écœurés par trente ans de guerre civile, ne demandaient qu'à se rassembler.

Les retrouvailles du Plessis-lès-Tours

Il eut du mal à se réveiller, à retomber sur la terre, à regarder en face une situation quasi désespérée. Tous les contemporains furent frappés de l'apathie qui le saisit alors et de son incapacité à exploiter sa victoire en menant contre les rebelles une action rapide et vigoureuse. Une guerre civile n'est pas un duel. À la Ligue décapitée de nouvelles têtes ne repousseraient que trop vite. Pourquoi libérait-il soudain une partie des meneurs qu'il avait fait emprisonner à Blois ? Pourquoi ne volait-il pas au secours de la citadelle d'Orléans assiégée ? Il se reprit, convoqua la noblesse restée fidèle, tenta de faire lever des mercenaires en Allemagne et en Suisse. Il sentait l'étau se resserrer autour de lui et il hésitait encore. Mais il savait qu'il lui faudrait faire un choix. Il tenta de négocier concurremment avec les deux partis, et la décision vint, non de lui, mais d'eux.

À Paris comme dans la plupart des grandes villes, le fanatisme battait son plein. Les frères de Guise avaient rejoint Marie Stuart au martyrologe. On réafficha au cimetière des

Innocents les images terrifiantes des supplices infligés aux catholiques anglais par Élisabeth. Les prédicateurs désignaient à la vindicte populaire le *Vilain Hérode* — anagramme de Henri de Valois —, qui trahissait sa foi au profit du prétendant hérétique. Et les envoûteurs faisaient fortune en modelant des figures de cire à sa ressemblance, qu'on piquait d'aiguilles aux endroits appropriés. Les doublons d'Espagne, répandus à flot, stimulaient le zèle des agitateurs. La municipalité avait divisé la ville en seize quartiers, organisés militairement, d'où le nom de *Seize* qui fut bientôt donné à leurs dirigeants. Il ne faisait pas bon, à Paris, n'être pas Ligueur.

Pendant ce temps le duc de Mayenne, promu chef de la cause après la mort de ses frères, patrouillait en Vendômois, pillant et ravageant sans vergogne, à la recherche de l'armée royale. Louise de Lorraine intervint auprès de lui en tant que parente, pour tenter un accommodement. Peine perdue. Elle se retira à Chenonceaux tandis que son mari guerroyait au jour le jour, sur la défensive.

Henri de Navarre au contraire a compris, avec son intelligence politique très aiguë et son humanité profonde, que son heure est venue. Il piaffe d'une impatience qu'a bien de la peine à tempérer son très sagace confident, Duplessis-Mornay. Il sait trouver les mots qu'il faut pour s'adresser à « tous les bons Français, fidèles au roi, amateurs de leur patrie et zélateurs des bonnes lois ». Il dénonce les horreurs de la guerre, s'indigne que nul n'ait osé, aux États Généraux de Blois, « prononcer ce mot sacré de paix, ce mot dans l'effet duquel consiste tout le bien du royaume ». Il en appelle à la raison, en même temps qu'à la fraternité : « Nous avons été quatre ans ivres, insensés et furieux, n'est-ce pas assez ? »

Les villes, les châteaux s'ouvrent ou se ferment au gré des sympathies de leurs possesseurs. Mais en général, on préfère avoir affaire aux huguenots, qui tiennent mieux leurs troupes. Louise les a-t-elle accueillis de bonne grâce à Chenonceaux ? À la mi-février, ils campent sur son domaine et, en bonne châtelaine, elle tente de protéger ses sujets. Le 18, elle écrit à Henri de Navarre une lettre pour se plaindre de Rosny — le futur Sully — qui s'est logé sur ses terres et y commet des dommages, « avec ses artilleries, gens d'armes, soudards et autres maléfices de guerre ». Elle traite son interlocuteur en arbitre, pas en ennemi.

Entre les deux Henri, des négociations discrètes se sont nouées. L'un des artisans les plus efficaces de leur rapprochement est une femme, Diane de France, la demi-sœur bâtarde du roi, veuve du maréchal de Montmorency, une amie de la reine Louise. Elle a ouvert au Béarnais sa bonne ville de Châtellerault. C'est elle que le roi charge des premiers contacts, fin février. Deux mois de suspens encore : il ne se décide pas à sauter le pas. Battu par Mayenne près d'Amboise, acculé, il n'a finalement d'autre ressource que de se jeter dans les bras de son cousin. Rendez-vous est pris pour trois jours plus tard, aux portes de Tours. Avant de s'y rendre, il fait un détour par Chenonceaux, pour voir Louise. Il a besoin de son approbation. Il est permis de penser qu'elle la lui a donnée de grand cœur.

L'entrevue des deux rois dans le parc du Plessis, le 30 avril, a beau avoir été cent fois racontée, elle reste chargée d'une émotion inépuisée. Les appréhensions partagées de part et d'autre, l'attente, et soudain les deux hommes face à face, « se tendant les bras sans pouvoir se toucher tant la foule était grande », jetant un pont sur treize ans de séparation, de malentendus, d'affrontements, de guerres. En un geste d'hommage, le Navarrais se jette aux genoux de son souverain, qui le relève et l'embrasse. Cette scène célèbre peut aussi être lue à l'envers. À dater de ce jour, c'est Henri de Navarre qui relève, redresse, remet d'aplomb, sur pied, le roi exténué, qui lui insuffle son énergie, le soulève et l'entraîne avec lui jusqu'aux abords de la capitale. L'alliance du Plessis-lès-Tours, c'est la conjonction de la légitimité avec la force. L'effet psychologique en fut foudroyant. La Ligue hurla à la mort et c'est alors que le pape se décida à excommunier Henri III, pour collusion avec l'hérétique, sanctionnant aussi rétroactivement le meurtre des Guise. Mais il en aurait fallu davantage pour enrayer la vague d'espérance qui soulevait la majorité des Français.

Vivent les deux rois ! Auprès d'eux les ralliements se multiplient, avec d'autant plus de rapidité que leurs adversaires se discréditent à plaisir. L'ensemble de la noblesse et la plupart des notables voient d'un mauvais œil le contre-gouvernement installé dans Paris, une sorte de commune auto-proclamée, qui

règne par la délation et la terreur et lève ce que nous appellerions un « impôt révolutionnaire ». Le pape, en se mêlant
d'arbitrer la question successorale française, réveille les suscep-
tibilités gallicanes du clergé et de la magistrature. L'intervention de l'Espagne, dont la Ligue apparaît comme le bras armé,
suscite un sursaut du sentiment patriotique. « Mieux vaut être
espagnol qu'huguenot », clamaient naguère les prédicateurs.
Beaucoup commencent à penser que c'est mal poser la question, qu'on peut être à la fois catholique et français et qu'une
solution nationale au problème religieux est possible.

Les places fortes tombent une à une comme des châteaux de
cartes. Main dans la main les deux rois progressent. Les voici
installés, en juillet, sur les hauteurs de Saint-Cloud d'où on
peut observer la grande ville terrifiante et terrifiée, qui
s'enfonce dans l'hystérie collective. Henri de Navarre bataille
dans les faubourgs. Henri III, dans le château d'un écuyer de
sa mère, Jérôme de Gondi, réfléchit à des plans pour l'assaut
qui n'est plus désormais qu'une affaire de jours. Il s'apprête à
rentrer en maître dans la capitale qui l'a chassé quinze mois
plus tôt.

La dernière couronne

Aux alentours du 4 août, un messager hors d'haleine arriva
à Chenonceaux où la reine demeurait à l'écart, pendant la
durée des opérations militaires : le roi avait été victime d'un
attentat ; il n'était pas en danger, puisqu'il lui écrivait. La lettre
qu'on remit à Louise, bien qu'elle se voulût rassurante, lui fit
grand peur.

Voici le récit du drame, tel qu'il le fit à l'intention de l'épouse
qu'il aimait :

« M'amie, après que mes ennemis ont vu que tous leurs arti-
fices s'en allaient dissipés par la grâce de Dieu et qu'il n'y avait
plus de salut pour eux qu'en ma mort, sachant bien le zèle et
la dévotion que je porte en ma religion catholique, apostolique
et romaine, et l'accès et libre audience que je donne à tous religieux et gens d'Église quand ils veulent parler à moi, ils ont
pensé n'avoir point de plus beau moyen pour parvenir à leur

malheureux dessein que sous le voile et l'habit d'un religieux, en cette maudite conspiration, violant toutes les lois divines et humaines et la foi qui doit être en l'habit d'un ecclésiastique*. Ce matin, étant à mes affaires et le sieur de Bellegarde seul en ma chambre, mon procureur général m'a amené, par mon commandement, un jeune jacobin, qui disait avoir lettres du premier président de ma cour de Parlement, et à me dire quelque chose de sa part. Après m'avoir salué et baillé des lettres fausses dudit premier président, feignant d'avoir à me dire quelque chose de secret**, j'ai fait retirer le dit sieur de Bellegarde et mon procureur général : lors ce méchant et malheureux m'a donné un coup de couteau, pensant me tuer ; mais Dieu, qui est protecteur des rois et qui n'a pas voulu que son très humble serviteur perdît la vie, sous la révérence qu'il a portée à l'habit*** de ceux qui se disent voués à son service, me l'a conservée par sa sainte grâce et tellement détourné le coup que, grâce à Dieu, ce n'est rien, et que j'espère dans peu de jours recouvrer ma santé, tant par le sentiment que j'en ai en moi-même que par l'assurance des médecins et chirurgiens qui m'ont pansé et reconnu n'y avoir aucun danger, dont j'ai bien voulu vous avertir aussitôt, afin que vous ne soyez point en peine, pour les bruits que l'on pourra faire courir au contraire. Priant Dieu vous avoir en sa sainte et digne garde, étant au pont de Saint-Cloud, le 1er jour d'août 1589. »

La plume avait été tenue, comme de coutume, par un secrétaire, mais Henri avait ajouté un bref post-scriptum de sa main :

« M'amie, j'espère que je me porterai très bien ; priez Dieu pour moi et ne bougez de là. »

Louise voulut se précipiter à Saint-Cloud. On la retint. Le médecin qui avait sondé la plaie n'avait pas dit l'exacte vérité au roi : l'intestin était perforé. On le savait condamné. Et le

---

* La bonne foi qu'implique le fait de porter un habit ecclésiastique, c'est-à-dire d'être prêtre ou moine.

** Comme il feignait...

*** Pour avoir porté respect, pour s'être fié à l'habit... L'« humble serviteur » est le roi.

courrier, au moment où il délivrait son message, se doutait qu'il était déjà mort.

Le matin du 1er août en effet, comme le jacobin Jacques Clément insistait pour lui transmettre une information secrète et urgente, il l'avait fait introduire dans sa chambre vers huit heures. Sortant du lit, installé sur sa chaise percée pour y faire « ses affaires »*, il n'était pas encore habillé et mal protégé contre le coup que le moine lui porta au bas-ventre avec un long couteau. La blessure étant peu douloureuse, il la crut d'abord sans gravité. On dressa un autel dans sa chambre et il assista à la messe, puis il dicta la lettre à sa femme. Lorsqu'arriva Henri de Navarre, vers onze heures, il commençait à souffrir et à comprendre qu'il était perdu. « La justice, lui dit-il, veut que vous succédiez après moi en ce royaume, dans lequel vous aurez beaucoup de traverses si vous ne vous résolvez à changer de religion. » À l'intention de tous les assistants, il évoqua le drame de Blois : il n'avait pas agi par vengeance personnelle, mais pour défendre une couronne dont il n'était que le dépositaire. « J'ai été contraint d'user de l'autorité souveraine qu'il avait plu à la divine Providence de me donner sur eux ; mais comme leur rage ne s'est terminée qu'après l'assassinat qu'ils ont commis en ma personne, je vous prie comme mes amis et vous ordonne comme votre roi, que vous reconnaissiez après ma mort mon frère que voilà... » Et il leur fit prêter serment de fidélité à celui qui allait devenir Henri IV.

Malgré la douleur, une sorte de paix, de sérénité l'a envahi. Du guet-apens de Blois, il conservait, en dépit de toutes les justifications possibles, un remords. Lorsqu'il cherchait à abattre le duc, il était obsédé par l'idée de sa propre mort. Il répétait qu'il était prêt à payer de sa vie l'élimination de Guise. Il y était parvenu sans aucun dommage, avec une surprenante facilité. Il s'aperçoit maintenant que le moment de s'acquitter n'était que différé. Le sang appelle le sang : c'est pour venger Guise que Paris en colère a suscité ce moine assassin. Mais le sang rachète aussi le sang et efface le péché. Vie pour vie. Au

---

* Les « affaires » en question n'exigeaient pas comme de nos jours l'intimité absolue et il n'était pas anormal que le roi reçoive un visiteur tout en s'y consacrant.

moment d'entrer dans l'éternité, Henri se sent quitte. Et la balance même penche plutôt en sa faveur, puisqu'il n'a pas bénéficié de son acte, qu'il a travaillé pour son successeur et pour le salut du royaume. Tout est bien. Lorsqu'il reçoit vers minuit les derniers sacrements, avant que la péritonite ne l'emporte, il pardonne du fond du cœur à ses ennemis et implore leur pardon en retour, avec la ferme espérance que la troisième couronne, celle qu'évoque sa devise — *Manet ultima caelo* — l'attend désormais au ciel.

La reine blanche

Louise fut inconsolable. Elle prit le deuil en blanc, comme le voulait l'usage, et s'installa à Chenonceaux qu'elle aimait. Elle y mena « plutôt une vie de dame privée que de reine et de religieuse que de veuve ». Il est vrai que la dureté des temps incitait au repli sur soi. La mort du roi et l'avènement de son successeur hérétique avaient ressuscité les terreurs populaires et ranimé la flamme ligueuse. Henri IV dut conquérir son royaume pied à pied et ne fut en mesure de soumettre Paris qu'après cinq ans de combats sévères. Louise n'était pas seule, en ces années tourmentées, à se renfermer dans sa coquille.

Elle choisit une chambre donnant sur la rivière, d'où elle apercevait les frondaisons. Un emploi du temps strictement réglé faisait alterner les promenades, les séances de broderie et les lectures de Vies des Saints : parmi ses femmes, c'est une demoiselle de La Béraudière qui lisait le mieux. Chaque semaine, elle allait assister à l'office dominical dans l'église du petit village de Francueil, empruntant pour s'y rendre la grande allée du parc, qui prit alors le nom d'allée de la Reine-Blanche. Bref on trouve sous la plume de ses biographes tous les éléments obligés d'un portrait de pieuse reine retirée du monde après son veuvage.

La personnalité de Louise offre heureusement quelques aspects qui tranchent sur cette fadeur convenue et qui la singularisent. Sa piété, certes sincère, est inséparable du culte passionné qu'elle voue à son époux disparu. Celui-ci dispute à Dieu la première place dans son cœur. Héritière de son goût pour le symbolisme macabre, elle a donné à sa chambre un décor de cénotaphe. Sur la cheminée, un portrait de Henri accompagné d'une devise : *Saevi monumenta doloris**. Aux murs, des emblèmes divers, évocateurs d'amour et de mort. Des buis, des myrtes, arbustes que la mythologie associe à Vénus, avec une légende latine : *Nostra, sed in tumulo***. Des cordelières de veuve, des torches enflammées, des tibias disposés en croix. Le tout sur fond de velours noir ponctué de larmes d'argent. Soyons juste : il y avait aussi deux grands crucifix d'ivoire. La chapelle qui jouxtait sa chambre était tendue de soie noire et portait les mêmes ornements. Entre les deux pièces elle fit ouvrir une petite fenêtre qui lui permettait d'entendre la messe de son lit.

Le mysticisme du roi, en revanche, avait eu peu de prise sur elle. La magnanimité dont il fit preuve à son lit de mort lui est étrangère. Pardonner ? il n'en est pas question. Louise est terrestre et c'est sur cette terre qu'elle veut que justice soit rendue. Un mois après le drame, sa réponse à la lettre de condoléances du nouveau roi est, en même temps qu'un cri de douleur, un furieux appel à la vengeance : elle « ne désire plus de vie que pour voir la punition faite de ceux qui la [lui] rendent si misérable ». Dieu ne permettra pas, elle en est sûre, que cette « énorme et exécrable méchanceté » échappe à une punition exemplaire.

Le moine illuminé auteur du coup de couteau ayant été massacré sur place, Louise pensait aux vrais responsables, ceux qui avaient armé son bras, les chefs de la Ligue. Mais en 1589, ils étaient hors de portée. On trouva cependant une victime expiatoire en la personne d'un comparse. Parmi les prisonniers raflés par les royaux dans les faubourgs de Paris se trouvait un jacobin***, le père Bourgoing, prieur du couvent auquel appartenait Jacques Clément. Peut-être avait-il poussé celui-ci

---

* « Monuments commémoratifs d'une douleur cruelle. »

** « Ils sont nôtres, mais dans la tombe. »

*** *Jacobins* était le nom qu'on donnait alors en France aux dominicains. On se souviendra ici que leur ordre, fondé pour lutter contre l'hérésie, avait ses racines en Espagne.

au meurtre. En tout cas il s'était publiquement réjoui en chaire de l'assassinat du roi. Il fut condamné à mort, écartelé, ses restes brûlés et ses cendres jetées au vent, à la grande satisfaction de Louise, dont la douceur légendaire appelle décidément bien des retouches.

Elle ne renonça pas pour autant à obtenir plus haute vengeance, mais pendant cinq ans, elle mit une sourdine à ses plaintes, consciente qu'il n'y avait plus personne pour les entendre. Henri IV avait d'autres chats à fouetter. Sa victoire et sa conversion, comblant les vœux les plus chers de son époux, la réjouirent. N'ayant pu se rendre, pour raisons de santé semble-t-il, à la cérémonie de l'abjuration, elle sollicita une audience. Il la reçut à Mantes au début de janvier 1594, la prit par la main, l'embrassa, la combla d'honneurs. Mais quand elle fit présenter par son procureur une requête exigeant le châtiment des instigateurs du régicide, il éluda. Sa politique de réconciliation nationale impliquait l'oubli d'un passé que la reine blanche, figée dans l'attitude de la statue du Commandeur, venait inopportunément rappeler. À la fin de l'entrevue elle s'évanouit, épuisée, et l'on s'empressa de la ramener à Chenonceaux.

Deux ans plus tard, le roi, au moment de publier solennellement un édit de grâce, prend la peine de lui écrire pour lui expliquer qu'il est obligé d'absoudre le duc de Mayenne et les princesses lorraines, faute de preuves matérielles et parce que l'intérêt du royaume l'exige. Elle refuse de s'incliner, donne pouvoir à sa belle-sœur Diane de France pour y faire opposition en son nom. Baroud d'honneur : l'édit fut enregistré le 9 août. Mais elle ne pardonna jamais à Mayenne et refusa de le revoir. Il fallut, on le verra, le difficile accommodement de son frère, le duc de Mercœur, pour tempérer sa soif de vengeance.

Elle n'eut guère plus de succès du côté du Saint-Siège, en s'acharnant à remuer des cendres que tous voulaient voir éteintes.

En 1589, elle envoie son premier écuyer à Rome pour demander la réhabilitation de son mari et la condamnation morale des Jacobins, dont les prédications furieuses avaient encouragé le meurtrier. Ses prétentions étaient grandes. Elle ne demandait pas la levée de l'excommunication du roi, qu'elle tenait pour nulle et non avenue, puisque cette mesure n'avait jamais été acceptée en France. Ce qu'elle attendait du pape, c'était une sorte d'amende honorable globale de l'Église pour tout ce qui avait été fait contre Henri III. Elle voulait une déclaration pontificale déplorant l'assassinat du roi, une cérémonie funèbre à Rome en son honneur, des prières publiques pour son âme, l'interdiction à tout membre du clergé de dire du mal de lui, et l'obligation pour les couvents jacobins de Paris et de Sens d'invoquer sa mémoire au cours de la messe et de célébrer tous les ans un service expiatoire.

Inutile de dire que Sixte Quint congédia sans ménagements son émissaire. En partant celui-ci confia les instructions de la reine à un prêtre gascon, Arnauld d'Ossat, alors chargé à Rome des affaires de France, avec qui elle entretint pendant dix ans une correspondance régulière. Le temps passait, on changea plusieurs fois de pape. Il y avait toujours plus important à traiter que la réhabilitation de Henri III. À partir de 1593, c'est celle de Henri IV qu'il est urgent de négocier. Le roi de France, au moment de se convertir, doit être sûr que l'Église lèvera toutes les interdictions fulminées contre lui. Le nouveau pape serait prêt à y consentir, mais Philippe II, mécontent de voir triompher en France sur le terrain celui qu'il a toujours combattu, menace Rome de représailles. D'Ossat, parmi d'autres, joua dans l'accommodement un rôle essentiel, qui lui valut le chapeau de cardinal. Et il obtint pour la veuve du feu roi une demi satisfaction : le pape abolit rétroactivement l'excommunication et proclama que Henri III était mort en paix avec l'Église. Mais il refusa d'imposer pénitence aux Jacobins.

Le combat a usé Louise, le temps écoulé l'a rendue moins vindicative. Comme tous les Français, elle aspire à la paix. Ses dernières années, mélancoliques, sont marquées de détachement.

« Il faut laisser maisons et vergers et jardins... »

Ainsi chantait Ronsard en se sentant mourir. Hélas ! Louise n'en était pas là lorsqu'il lui fallut, en 1599, quitter son refuge de Chenonceaux. L'arrachement la toucha au vif.

Par testament, Catherine de Médicis lui avait légué le château et ses dépendances et le roi avait ratifié cette donation et déclaré cette terre « franche et quitte de toutes dettes, obligations et hypothèques ». Tel ne fut pas l'avis des hommes de loi chargés de régler la succession de la vieille reine. Le passif était si lourd qu'à la mort de Henri III, son successeur renonça à tous les droits qui auraient pu lui en venir et laissa la justice régler les litiges entre créanciers. Louise se vit donc condamnée, si elle voulait conserver Chenonceaux, à payer sa part des dettes de sa belle-mère. Elle n'en avait pas le premier sou, était elle-même aux abois car son douaire ne lui avait pas été versé : les rois, pas plus que les simples particuliers, n'échappent aux plaies d'argent, « douleur non pareille » si l'on en croit Rabelais. En décembre 1593, il fut décidé que le domaine serait vendu aux enchères.

La bataille de procédure fut longue et, si la reine perdit, le château évita cependant la mise à l'encan, grâce aux tractations qui accompagnèrent la rentrée en grâce du duc de Mercœur. Ce demi-frère de Louise avait au moins un point commun avec elle, c'est l'entêtement et la suite dans les idées. Il avait été un des ligueurs les plus ardents et lorsque ses amis, un à un, se rallièrent à Henri IV victorieux, il s'obstina. La négociation pour son accommodement dura quatre ans et fut difficile, malgré les efforts déployés par Louise et par l'habile conseiller du roi, Duplessis-Mornay. Il finit par se soumettre en 1598, mais refusa d'entrer au service de celui qu'il avait tant combattu et s'en alla se faire tuer dans la guerre contre les Turcs.

Il n'avait qu'une fille unique, et une fortune considérable. Henri IV venait d'avoir de la maîtresse qu'il aimait avec passion, Gabrielle d'Estrées, un fils prénommé en toute simplicité César et titré duc de Vendôme. La jeune femme raffolait de Chenonceaux et pour elle le roi savait toujours trouver de l'argent. Elle racheta les droits des autres créanciers sur le domaine, organisa, malgré la répugnance des Mercœur, le mariage des deux enfants, céda alors Chenonceaux à Louise à condition que celle-ci en fît don aux jeunes mariés. Dont acte, le 15 octobre 1598. Ils étaient encore au berceau, ils pouvaient attendre. Louise disposait de l'usufruit. Mais elle préféra céder la place à Gabrielle. Chenonceaux resta ainsi propriété de la famille royale, mais la reine blanche se résigna à quitter, à l'automne de 1599, ce lieu qui, dix ans durant, avait abrité son chagrin. Elle partait les mains vides, ayant décidé de ne rien emporter de ses souvenirs.

On lui attribua comme douaire une partie du Berry, avec la ville de Romorantin, et le duché de Bourbonnais, dont la capitale, Moulins, lui servit de résidence. Elle s'y livra aux habituelles œuvres de charité et aux fondations pieuses. Elle dépérissait à vue d'œil. Elle prit froid en écoutant un sermon, le 3 décembre 1600, dans une église glaciale, s'alita et mourut le 29 janvier suivant, pieusement, bien sûr, en prononçant, dit-on, le nom de Jésus. Si l'on en croit Brantôme, qui ne tarit pas d'éloges sur ses vertus, elle avait fait apporter sa couronne au chevet de son lit, et « ne voulut qu'elle ne bougeât d'auprès d'elle tant qu'elle vivrait et, après sa mort, qu'elle fût couronnée et tant qu'elle durerait sur terre ». Ce qui était une manière de se déclarer, pour l'éternité, l'indéfectible épouse de Henri III.

À la différence de Catherine de Médicis, elle avait consenti, pourtant, à une séparation posthume. Elle souhaitait être ensevelie à Bourges dans un couvent de Capucines qu'elle voulait fonder. Mais on l'installa dans celui de Paris, au faubourg Saint-Honoré. Puis elle gagna de là la nouvelle église des Capucines, près de la place Vendôme, fut transportée au Père-Lachaise pendant la Révolution et n'accéda enfin à Saint-Denis qu'en 1817. À cette date la tombe de son époux, entré dans la nécropole royale en 1610, avait été violée et ses restes jetés avec les autres à la fosse commune. De sorte que Louise de Lorraine est la seule, de tous les rois dont le souvenir hante l'abbatiale, à occuper vraiment la tombe qui porte son nom.

Le dernier fils de Catherine de Médicis est mort sans descendance et après lui agonise ce siècle ensanglanté par les guerres de religion. C'est à un Bourbon, Henri IV, qu'il appartient de restaurer l'ordre monarchique et d'inaugurer la transformation de la France en un État moderne fort et centralisé. Il lui faudra au préalable, afin de faire souche d'une lignée nouvelle, rompre le dernier lien, stérile, qui l'unit encore à la dynastie moribonde : son épouse Marguerite. Avec le « démariage » du couple de Navarre s'achèvera alors l'histoire de nos reines au XVIe siècle.

CHAPITRE TREIZE

LE « DÉMARIAGE » DE MARGUERITE

« Je n'attends que l'heure d'ouïr dire que l'on aura envoyé étrangler la feue reine de Navarre. Cela, avec la mort de sa mère, me ferait bien chanter le cantique de Siméon », écrivait à Corisande le futur Henri IV en apprenant le coup de théâtre de Blois. Ce n'est qu'une plaisanterie pour souligner le caractère stupéfiant de la nouvelle, mais elle en dit long sur ses désirs : il voudrait voir sa femme dans la tombe ! Or la mort, si prévenante pour lui depuis longtemps, si empressée à faire disparaître au moment opportun ennemis, rivaux, amis susceptibles de freiner son ascension, et qui pousse la complaisance jusqu'à exaucer la seconde partie de son vœu en emportant Catherine quinze jours après les Guise, refusera obstinément de se charger de Marguerite. Henri est condamné à s'entendre avec elle pour une séparation à l'amiable. Elle en profitera pour faire, après des années de rejet, un rétablissement spectaculaire.

La fugitive

En quittant Nérac pour Agen à la mi-mars de 1585, Marguerite semblait se conformer à l'habitude qu'elle avait prise d'aller faire ses Pâques dans une cité catholique. Son époux soupçonna vite qu'elle n'avait pas l'intention de revenir, mais il en fut plutôt satisfait. À Paris, Henri III et Catherine mirent un certain temps à comprendre, avant de contre-attaquer.

En s'installant à Agen, elle ne croit pas se lancer dans l'inconnu. Faisant partie des territoires qui lui ont été attribués en paiement de sa dot, la ville et sa région lui appartiennent.

Elle en est très officiellement comtesse. Elle pense y mener la vie d'un seigneur provincial indépendant. Les considérations politiques ont eu peu de part à sa décision. Certes elle hait le roi son frère, qu'elle tient pour responsable de ses récents malheurs ; mais elle n'est pas assez sotte pour prendre violemment position contre lui. Certes elle est sincèrement catholique, mais couper la route du trône au prétendant huguenot n'est pas pour elle une priorité. Ce qu'elle veut, après avoir été si longtemps un jouet entre les mains de sa mère, de ses frères, de son mari, c'est être enfin maîtresse d'elle-même. Elle est avide de liberté. Elle se voit déjà souveraine d'Agen, réunissant autour d'elle une cour sur le modèle de celle de Nérac, mais bien à elle, une société choisie de fidèles à sa dévotion, sur laquelle elle régnerait sans partage. Et pourquoi ne serait-elle pas appelée à jouer dans ce Sud-Ouest agité par la guerre civile un rôle de médiatrice ?

Elle va déchanter très vite.

Dans l'immédiat il lui faut se protéger de la colère probable de son frère. Elle s'emploie donc, comme tous les petits potentats locaux qui bravent le pouvoir royal, à faire de sa ville une place inexpugnable. Et elle se cherche des partenaires. Elle se comporte comme un homme, à la grande stupéfaction de sa mère, qui le découvre peu à peu et s'en indigne.

Le maréchal de Matignon, qui tenait Bordeaux pour le compte du roi, lui envoya d'abord deux compagnies de gendarmes pour sa sécurité : faisant d'une pierre deux coups, il la surveillerait tout en protégeant la ville contre les incursions huguenotes. Mais elle ne s'en contente pas et recrute un régiment entier à sa solde. Elle accumule des armes, des munitions. Le 15 mai, elle réunit les autorités municipales, leur déclare que Matignon la trahit — ce qui n'est pas faux — et exige que les clefs de la ville lui soient remises. Elle complète ce petit coup d'État en remplaçant les responsables civils et militaires par des lieutenants à elle. Après quoi elle entreprend de faire renforcer les remparts et construire une citadelle.

Elle le reconnaîtra elle-même plus tard : on ne s'improvise pas gouverneur d'une place forte en temps de guerre. Elle n'en soupçonnait pas le coût. Elle eut très vite de gros problèmes financiers. Et Catherine, qui s'était d'abord laissé attendrir en

apprenant qu'elle n'avait pas les moyens « d'avoir de la viande *
pour elle », lui coupa tous les crédits quand elle sut qu'il s'agissait de fournitures militaires. Les campagnes étaient ruinées, les
revenus ne rentraient pas, la confiance faisait défaut. Révoltée
contre son frère et son mari, elle n'avait guère le choix de ses
alliés : elle se tourna du côté de la Ligue, vers qui penchaient
aussi les Agenais, fervents catholiques. Elle prit langue avec le
duc de Guise, à qui elle promit son soutien militaire en échange
de subsides qu'il fut incapable de lui procurer : le bailleur de
fonds du parti, Philippe II, n'était pas disposé à gaspiller ses
doublons pour une auxiliaire d'un poids aussi médiocre. Guise
lui-même la tenait pour quantité si négligeable qu'il ne prit pas
la peine de la faire mentionner comme détentrice de la place
d'Agen lors de la signature du traité de Nemours. Elle en fut
ulcérée.

Elle mesurait mal sa situation. Même une femme vraiment
libre et indépendante, autrement dit une veuve, n'aurait pas
obtenu aisément d'être considérée comme un seigneur à part
entière avec qui on accepte de négocier. À plus forte raison, une
reine en rupture provisoire de statut conjugal comme Marguerite, qui reste l'épouse et la sœur de deux rois, n'est pas
crédible. Ses interlocuteurs demeurent circonspects. En
prenant parti pour ou contre elle, ils songent surtout au bénéfice qu'ils en tireront auprès des rois en question et l'incertitude des temps fait de ce choix un pari sur l'avenir bien
hasardeux. Certains s'y risquent, mais les plus prudents préfèrent s'abstenir. Moins ils se mêleront de ses affaires et mieux
ils se porteront. Qu'elle aille exercer ailleurs ses activités
brouillonnes.

Avec les Agenais, les choses se gâtèrent en six mois. Après
avoir augmenté les impôts et exigé le logement des garnisons,
voilà-t-il pas qu'elle faisait démolir pour édifier sa citadelle tout
un quartier de la ville, où se trouvaient les plus beaux hôtels
particuliers, en oubliant d'indemniser les propriétaires, et
qu'elle prétendait réquisitionner pour son chantier tous les
habitants ! Il suffira à Matignon de s'entendre avec quelques-

---

* Le mot *viande* désigne la nourriture en général.

uns de ceux-ci. Le 25 septembre, ils se soulèvent, organisent une échauffourée, un obus met le feu au couvent qu'elle avait transformé en dépôt de munitions. Explosion, incendie. Elle s'enfuit par une porte pendant que Matignon entre par l'autre. Bon prince, il lui laissa le loisir de dîner et se garda bien de la poursuivre lorsqu'elle s'élança vers le nord, réduite à chevaucher en croupe sur la monture d'un de ses écuyers, en compagnie d'une petite escorte. Il ne se souciait pas de s'encombrer d'elle. Pour Marguerite, c'était une déroute, en même temps qu'une rupture grave avec les siens.

Si elle se dirige vers les montagnes, c'est que toutes les autres routes lui sont fermées. L'un de ses partisans, François de Lignerac, lieutenant de la Haute-Auvergne, a proposé le château de Carlat*, où commande son frère et qui comme Agen fait partie de l'apanage de la reine de Navarre. Va pour Carlat. Les fugitifs accomplirent en cinq jours, par de rudes chemins, un trajet de près de deux cents de nos kilomètres. Une partie de ses meubles et de ses bagages suivit, cahin-caha, à bref délai.

Elle s'installa dans ce nid d'aigle, perché sur le replat d'une coulée basaltique, qui avait déjà abrité la révolte de Jacques d'Armagnac contre Louis XI et dont le connétable de Bourbon voulait faire sa base retranchée lorsqu'il se rebella contre François Ier. Le vieux château médiéval, avec ses remparts flanqués de tours surplombant un à-pic escarpé, passait pour imprenable. Laissé à l'abandon depuis plus d'un demi-siècle, il avait perdu tous les éléments de confort qui en avaient fait la splendeur. Il lui restait ses murs, ses bastions, ses caves voûtées et une source d'eau douce qui, si l'on avait emmagasiné des provisions en suffisance, garantissait la survie en cas de siège. De là Marguerite pensait pouvoir narguer sa mère, qui lui offrait une hospitalité plus confortable, mais dûment surveillée, dans son manoir d'Ibois, aux portes d'Issoire : « Je n'en ai, Dieu merci, point de besoin, étant en une très bonne place qui est à moi, assistée de beaucoup de gens d'honneur et y vivant très honorée et en toute sûreté. [...] Quant à ce qu'il vous a plu [...] me dire

---

* À une douzaine de kilomètres au sud-est d'Aurillac.

que ce n'était à moi à faire la guerre, ç'a bien été, Madame, à moi de me garder. » Aussi ne s'y est-elle résolue, continue-t-elle, que « pour ne retomber en la puissance de ceux qui [lui] ont voulu ôter le bien, la vie et l'honneur ».

Elle passa à Carlat une année entière, qui dut lui paraître longue, malgré les quelques relations qu'elle put entretenir avec la noblesse du voisinage. Elle manquait cruellement d'argent, empruntait à qui voulait lui faire crédit, luttait contre l'ennui et contre les bronchites. Des dissensions domestiques empoisonnaient le climat autour d'elle. Parmi les gentilshommes qui l'accompagnaient, un cadet sans fortune, Jean de Lart de Galard, seigneur d'Aubiac était devenu son amant. L'ambassadeur de Toscane le dit fort beau, les pamphlets le décrivent comme un homme « chétif, rousseau, plus tavelé qu'une truite » : on en conclura que c'était un blond marqué de taches de rousseur, ce qui n'excluait pas qu'il fût séduisant. Elle l'aima passionnément, d'un amour renforcé par la solitude et le sentiment d'abandon. Lui, de son côté, aurait dit en la voyant pour la première fois, qu'il voudrait « avoir couché avec elle à peine d'être pendu ». Comme c'est précisément ce qui lui arriva, cette réflexion vraie ou supposée ne manqua pas d'apporter à la sulfureuse légende de la reine Margot une pierre de plus.

Un incident scandaleux contribua à ternir encore davantage sa réputation. Son lieutenant Lignerac poignarda le fils de l'apothicaire du château. Le drame se déroula dans la chambre même de la reine, qui fut éclaboussée de sang. Il est bien tentant d'imaginer autour d'elle une meute d'hommes prêts à s'entre-déchirer pour la posséder. À Paris, on n'hésite pas à attribuer à la jalousie le geste meurtrier, « la reine mère en meurt de douleur et le roi la hait à mort », et on voit là de quoi justifier pour Henri de Navarre une demande d'annulation. Sans vouloir sous-estimer la puissance des charmes de Marguerite, il est permis de penser que la passion amoureuse déçue n'est pas seule responsable du climat qui règne à Carlat.

En prenant un amant parmi ceux qui la servent, elle indispose tous les autres, sans pour autant qu'ils soient épris d'elle. Elle modifie les équilibres à l'intérieur de la micro-société formée par eux, de la même manière, toutes proportions gardées, que son frère, en violant pour ses mignons l'ordre hiérarchique nobiliaire, déclenchait la fureur des exclus. Les préventions contre sa liberté de mœurs aidant, nul ne la respecte plus. Le secrétaire Choisnin gifle l'huissier qui protégeait sa porte, l'insulte publiquement, puis s'en va abreuver Paris d'anecdotes sur la pétaudière de Carlat. Lignerac, furieux qu'elle ait confié à son inférieur Aubiac le commandement des troupes, s'estime lésé. À l'automne, tandis que la peste fait rage, elle découvre qu'il s'apprête à la trahir. Il a reçu des offres de la part du roi, maintenant décidé à s'emparer de sa sœur. Pour rester à son service, il fixe ses conditions : qu'elle sacrifie son favori — il suffira de le précipiter du haut du rocher — et il continuera de gouverner le château en son nom. Elle refusa, bien sûr. Les historiens sentimentaux aiment à penser que ce fut seulement par amour. Mais quelle sécurité aurait-elle pu trouver auprès de l'homme qui avait osé lui proposer un tel marché ? En fuyant, elle cherchait d'abord son propre salut.

Elle quitta Carlat le 14 octobre, non sans avoir dû laisser à son ex-lieutenant félon, pour s'acquitter de ses emprunts, l'argent et les bijoux qui lui restaient. Comme au départ d'Agen, Aubiac la portait en croupe sur son cheval, mais l'équipage est cette fois encore plus restreint. Ses fidèles ne sont plus qu'une quarantaine.

La prisonnière

Où aller ? La décision de Marguerite est surprenante. Certes les refuges possibles étaient rares. Mais n'était-ce pas se jeter dans la gueule du loup que de se rendre à Ibois, dans le château que lui avait proposé Catherine quelques mois plus tôt ? Ce choix signifie qu'elle n'a pas perdu espoir de voir intervenir celle-ci dans le conflit qui l'oppose à Henri III, sinon par affection maternelle, du moins par crainte du scandale. Autrement dit, elle est lasse de sa vie de hors-la-loi, a envie de rentrer en grâce et elle juge préférable de prendre l'initiative. Ibois pourrait lui offrir le havre d'un purgatoire.

Elle traversa le massif des Plombs du Cantal, par des pistes de montagne, plus souvent en char à bœufs ou à pied qu'à cheval, exposée aux intempéries, aux attaques des brigands et

des gens de guerre. Pour qu'elle parvînt saine et sauve aux rives
de l'Allier, il fallait, s'exclama sa mère, que quelque esprit
aérien l'eût transportée sur son aile. Faute d'oser s'aventurer
sur le pont d'Issoire, qui était gardé, elle passa la rivière à gué,
de nuit, et arriva à destination trempée, fourbue, après quatre
jours d'un voyage exténuant. Elle trouva les portes ouvertes.

À peine était-elle installée que survint le marquis de Canillac,
un important gentilhomme auvergnat qui rejoignait ses foyers
après avoir servi dans l'armée de Joyeuse. Il savait le prix
qu'attachait Henri III à la capture de sa sœur, il l'avait prise en
chasse et il la bloqua dans son nouveau gîte. Résolue à une
défense désespérée, elle écrivit une lettre pathétique non pas à
Catherine, mais à son maître d'hôtel — avec l'espoir qu'il lui
donnerait le maximum de publicité : « Puisque la cruauté de
mes malheurs et de ceux à qui je ne rendis jamais que services
est si grande que, non contents des indignités que depuis tant
d'années ils me font pâtir, [ils] veulent poursuivre ma vie
jusqu'à la fin, je désire au moins, avant ma mort, avoir ce
contentement que la reine ma mère sache que j'ai eu assez de
courage pour ne tomber vive entre les mains de mes
ennemis [...]. Assurez-l'en et les premières nouvelles qu'elle
aura de moi sera ma mort. » Très inspirée par la lecture des
classiques, elle posait visiblement pour la postérité.

Mais la réalité prit un tour moins héroïque. Dans la place il
n'y avait ni vivres ni munitions et, après avoir tenu deux jours
le ventre creux, les soldats lui imposèrent une reddition sans
gloire. Le vainqueur se garda bien de lui infliger « une honteuse
et cruelle mort ». Il avait trop besoin d'elle comme monnaie
d'échange auprès du roi.

Pour l'instant, celui-ci exulte d'une satisfaction féroce. Qu'on
l'enferme, qu'on saisisse ses bagages, qu'on suspende le verse-
ment de ses revenus, qu'on chasse ses serviteurs. Et qu'on
pende Aubiac sous ses yeux. Ce sera fait quelques jours plus
tard, mais à l'écart, pour éviter d'alimenter les rumeurs. Le
13 novembre la fugitive se retrouve incarcérée entre les murs
d'Usson, autre forteresse médiévale plus inexpugnable encore
que Carlat, et que Louis XI tenait pour la plus sûre des prisons
d'État. Elle s'attend à partager le sort de son amant, elle écrit
à sa mère comme on fait son testament : puisque son malheur

veut que celle-ci souhaite la voir morte, qu'au moins on ne prenne pas pour la faire périr de prétexte déshonorant ; qu'on ne l'accuse pas, dit-elle entre les lignes, d'avoir mis au monde des bâtards. Quand elle théâtralise ainsi la situation, comme de coutume, se rend-elle compte qu'elle court un véritable danger et qu'à Paris, beaucoup la tiennent pour virtuellement condamnée, promise non à un procès en forme, mais à une exécution discrète au fond d'un cachot ?

En décembre 1586, sa mère est à Saint-Brice, auprès du roi de Navarre qu'elle incite à se convertir. Elle lui offre, on l'a vu, une épouse de rechange en la personne de sa petite-fille Christine de Lorraine. Mais pour cela, il faut écarter Marguerite. La mort de celle-ci arrangerait tout le monde. Justement elle est malade, d'une de ces maladies psychosomatiques dans lesquelles elle se réfugie pour digérer ses chagrins : pendant près de deux mois, les médecins la croient perdue. Catherine a sans aucun doute pris en compte sa probable disparition, mais on répugne à penser, comme quelques contemporains l'ont cru, qu'elle ait envisagé froidement de la faire périr. Il serait bien temps, si le Béarnais mordait à l'hameçon et si elle survivait, de s'occuper ensuite des modalités pratiques — l'internement dans un couvent par exemple. En attendant, la situation était périlleuse pour elle, car il ne manquait pas de gens prêts à rendre à sa famille le service de la pousser vers la tombe.

Henri III, à la différence de sa mère, ne comptait guère sur les arguments matrimoniaux pour convertir son cousin et ces marchandages lui déplaisaient. Après la carotte, il invita Catherine à manier le bâton. « Il ne faut pas qu'il attende de nous que nous la traitions inhumainement ni aussi qu'il la puisse répudier pour après en épouser une autre. Je voudrais qu'elle fût mise en un lieu où il la pût voir quand il voudrait pour essayer d'en tirer des enfants. Il faut qu'il se résolve de n'en épouser jamais d'autre tant qu'elle vivra et que, s'il s'oubliait tant que de faire autrement, outre qu'il mettrait sa lignée en doute pour jamais, il m'aurait pour ennemi capital. » Sous cette apparente bénignité pour sa sœur perce l'amertume de l'homme souffrant d'un mariage stérile qu'il ne se croit pas autorisé à dissoudre : pourquoi aiderait-il son beau-frère à échapper au sien ?

Mais il n'eut pas le loisir d'imposer à Marguerite cette forme originale de réclusion. Car en trois mois son geôlier volontaire avait retourné sa veste. Certains ont été d'autant plus portés à voir là un miracle opéré par les attraits de la jeune femme que la rhétorique y trouvait ample matière à s'exercer : « la seule vue de l'ivoire de son bras triompha de lui », dit l'un ; « celui qui la tenait prisonnière en devint prisonnier dans peu de temps », dit l'autre, car c'est une gageure impossible que de vouloir garder captive « celle qui, de ses yeux et de son beau visage, peut assujettir en ses liens et chaînes tout le reste du monde comme un forçat ». La vérité est plus prosaïque. Elle avait négocié avec le marquis de Canillac et su faire vibrer en lui la corde de l'amour-propre et celle de l'intérêt. Furieux que le roi, en dépit des avertissements de sa mère, ait négligé de lui donner la récompense escomptée, il se montra tout disposé à passer au service de la Ligue, qui avait à cette date le vent en poupe. Il quitta Usson en remettant à Marguerite les clefs de la place et l'entière autorité sur ses défenseurs.

La voici libre et, comme à Carlat, en possession d'une place forte. Tandis qu'elle se débat dans les difficultés quotidiennes et mendie une aide financière jusqu'en Autriche auprès de sa belle-sœur Élisabeth, qui lui concède la moitié de son douaire, les événements se précipitent. La scène politique se vide successivement des deux Guise, de Catherine et de Henri III lui-même. Entre Marguerite et son époux, les intermédiaires ont disparu. C'est à eux et à eux seuls qu'il appartient de régler leur différend. Il est désormais roi de France, ou du moins il essaie de s'imposer comme tel. Elle sait parfaitement qu'elle a perdu toute chance d'occuper le trône à ses côtés et il n'est pas certain qu'elle en ait envie. Sa vie conjugale lui a laissé de trop mauvais souvenirs, elle tient le mariage pour responsable de tous ses malheurs et voit en lui « le seul fléau » de son existence. Elle a aussi de bonnes raisons de se croire stérile. Elle envisage donc volontiers une séparation qui lui permettrait de retrouver un statut social honorable et lui garantirait des moyens d'existence conformes à son rang.

Tout paraît relativement simple. Rien de comparable avec le cas de Louis XII et de Jeanne de France, puisqu'ici les conjoints sont d'accord sur le principe. Il leur faudra pourtant dix ans pour en venir à bout, dix ans pendant lesquels Marguerite reste châtelaine d'Usson. La forteresse qu'on lui avait assignée comme prison est devenue pour elle « une arche de salut » et pendant les périodes de troubles une place de sûreté d'où elle peut servir le parti de son choix. Elle finit par s'accommoder de la vie qu'elle y mène, solitaire, mais libre, de plus en plus confortable à mesure que s'améliore sa situation financière, consacrant son temps à la rédaction de ses *Mémoires*, à la lecture, à l'étude. Elle n'est pas pressée. Comme on va le voir, c'est son mari qui est demandeur, et c'est d'elle que dépend la décision. Elle a les plus gros atouts en main. Elle ne lui accordera sa liberté qu'au prix fort.

Un difficile « démariage »

Henri de Navarre, devenu roi de France, souhaitait se séparer de Marguerite pour des raisons qui n'étaient pas toutes d'ordre privé. Sa position politique ne serait vraiment solide que le jour où il aurait un fils, sans quoi le problème successoral se poserait une fois de plus, dans des conditions encore plus fâcheuses. Car en l'absence d'un dauphin, l'héritier désigné du trône, selon la loi salique, était son petit-cousin, le prince de Condé, un bébé au maillot marqué par un drame. La mort brutale de son père en 1588 avait entraîné l'arrestation de sa mère, qu'on accusait de l'avoir empoisonné. Il était né en prison. On avait relâché la princesse et abandonné les poursuites faute de preuves, mais des doutes subsistaient sur la légitimité de l'enfant. Et par-dessus le marché, il était élevé en Saintonge dans la plus stricte obédience huguenote. C'était bien la peine, pensaient les catholiques intransigeants, d'avoir tant lutté pour maintenir intactes les règles de succession au trône : on tombait de Charybde en Scylla. Ils en tiraient un argument supplémentaire pour refuser de reconnaître Henri IV.

Afin de procréer au plus vite, celui-ci devait donc impérativement divorcer — ou plus exactement obtenir l'annulation de son mariage — et convoler à nouveau en justes noces.

Les arguments juridiques ne manquaient pas. Rassemblons ici ceux qui furent envisagés tour à tour. La stérilité de l'épouse

n'était pas un élément recevable à Rome. On pouvait difficilement plaider l'adultère sans un scandale retentissant : Marguerite protesterait. La non-consommation ? les connaissant l'un et
l'autre, on leur aurait ri au nez. On songea à se rabattre sur les
vices de forme. Dieu sait s'il y en avait eu dans cette cérémonie truquée entre conjoints de confessions différentes ! Mais
était-il opportun, au moment où Henri rentrait dans le giron de
l'Église, d'attirer l'attention sur ce point délicat ? On avait fait
croire à Rome qu'il acceptait lors de son mariage de se
soumettre au rituel catholique : il ne pouvait décemment invoquer cet artifice comme facteur de nullité. On se souvint alors
qu'ils étaient cousins et que la dispense pontificale pour leur
consanguinité n'était pas arrivée le jour des noces ; l'évêque de
Paris affirma même que nul n'en avait vu la moindre trace. On
prétendit aussi que le roi Henri II, père de la mariée, avait été
par personne interposée le parrain du petit prince de Béarn.
C'étaient là des motifs d'empêchement. Mais leur fragilité
sautait aux yeux. Restait un seul argument irréfutable, décisif
aux yeux de l'Église : l'absence de consentement chez Marguerite. On ne demandait qu'à la croire si elle affirmait avoir été
mariée de force. Elle y était toute disposée, mais pas sans
compensations. Disons crûment qu'elle réclamait ce que nous
appellerions une confortable pension alimentaire.

Les choses traînèrent à la fois du côté de Rome et de son
côté à elle. Il y avait à ce retard d'excellentes raisons.

Les papes successifs s'étaient longuement battus pour empêcher le roi de Navarre d'accéder au trône. Il leur fallait maintenant refaire dans l'autre sens le chemin parcouru. Ils ne s'y
résolvaient qu'à tout petits pas. Henri IV avait multiplié en vain
les gestes à l'adresse de Rome. Son abjuration, longuement
préparée, a donné lieu à Saint-Denis, le 25 juillet 1593, à une
émouvante cérémonie devant une foule d'assistants en larmes.
Mais les évêques de France y ont fait procéder sans l'aveu du
Saint-Siège. Clément VIII refuse de recevoir l'ambassadeur
chargé de lui en faire part : il tient encore le roi de France pour
un hérétique. Dans ces conditions aucun dignitaire ecclésiastique ne peut s'aventurer à prononcer la dissolution de son
mariage. Ce serait une provocation inutile, car aucune princesse catholique ne voudrait de lui. Il lui faut donc patienter,

commencer par se réconcilier avec le pape, obtenir de lui la levée de l'excommunication, être pleinement réhabilité aux yeux de l'Église. C'est chose acquise le 30 août 1595. La voie est libre à Rome pour une annulation.

Marguerite, pendant ce temps, menait les discussions avec l'habileté d'une femme d'affaires consommée. Avant de lui jeter la pierre, qu'on se rappelle qu'elle a été privée de tous ses revenus, qu'elle survit depuis des années à coups d'expédients financiers et qu'elle peut à juste titre se sentir lésée. Pourquoi aurait-elle des scrupules lorsqu'elle voit le roi acheter à coups de gratifications, de gouvernements, de bénéfices le ralliement de ceux qui lui ont fait la guerre à mort ? Elle demande qu'on lui maintienne la pension de cinquante mille livres que lui servaient ses frères et que son ex-mari lui en accorde une autre équivalente. Plus deux cent mille écus pour régler ses dettes. Il promet, de très bonne grâce. Mais elle sait trop bien qu'il est enclin à oublier ses promesses et que les solliciteurs sont trop nombreux pour qu'il puisse complaire à tous. Il lui faut conserver des moyens de pression pour se faire payer. Elle signe donc des procurations où elle se dit d'accord pour entamer une procédure d'annulation, dont elle se réserve de contrôler le déroulement. Elle obtient en échange l'assurance que ses revenus lui seront rendus aussitôt. Mais pour activer ses démarches, elle attendra de les avoir effectivement touchés. Elle adresse à Henri des lettres où à la flatterie, à la soumission, aux protestations affectueuses, à un soupçon de regret pour les erreurs passées se mêlent adroitement les revendications d'ordre financier. N'est-ce pas d'ailleurs « l'honneur du roi et du royaume qu' [elle] maintienne un train digne de [sa] naissance » ? Catherine de Médicis en personne n'aurait pas dit mieux. Elle y gagne au fil des ans une amélioration très appréciable de sa condition. Au moment où les obstacles sont levés à Rome, elle serait prête à libérer enfin son mari. Mais il se livre alors à des imprudences qui retardent de cinq ans le dénouement.

Henri est amoureux. La chose n'est pas nouvelle. Depuis qu'il s'est éloigné de son Béarn et de Corisande, il a beaucoup papillonné. Mais cette fois il semble pris, et bien pris. L'heureuse élue, Gabrielle d'Estrées, est une blonde et fraîche fille de vingt ans, dodue à point, le regard bleu, rieuse, assez sotte, charmante. La famille, peu à cheval sur les bonnes mœurs, la lui a jetée dans les bras malgré sa préférence pour le Grand Écuyer, le beau Roger de Bellegarde, avec qui elle ne se gêne pas pour le tromper. Il l'a d'abord mariée, pour sauver les apparences. Puis il la démarie, pour pouvoir reconnaître les enfants qu'elle lui donne. Il la couvre de titres et de biens et la traite en reine. Il l'affiche à ses côtés. Elle assiste à son abjuration à Saint-Denis et lors de son entrée solennelle à Paris, le 15 septembre 1594, elle se pavane dans une litière, ruisselante de perles et de diamants, et le peuple se transmet l'information de bouche à oreille : « Qui est-ce ? — C'est la putain du roi. » Il en est si fou qu'il songe à l'épouser. Voici pour le trône de France des héritiers tout trouvés : une fois légitimés, ses deux fils, César et Alexandre — tout un programme ! — pourraient y prétendre.

À quoi pense-t-il ? Dans tout le royaume, dans toute l'Europe la réprobation est unanime. Il se déshonore, il va se perdre. Et le spectre des troubles civils se profile de nouveau à l'horizon. À Rome, on soupçonne que les démarches faites pour obtenir la main d'une princesse florentine, Marie de Médicis, ne sont qu'un rideau de fumée : une fois l'annulation obtenue, il épousera Gabrielle. Le pape fait donc la sourde oreille, il ne lui rendra pas le mauvais service de lui accorder sa liberté. Marguerite réagit de même. Afin de se concilier le roi, il lui était arrivé de prodiguer quelques amabilités épistolaires à celle qu'elle tenait pour une simple favorite, mais elle n'est pas d'accord pour faciliter ce honteux mariage. « La reine a révoqué sa procuration, s'excusant auprès de Sa Majesté de ne pouvoir faire autrement sans grave surcharge de sa conscience. Elle a consulté des personnes doctes et prudentes ; finalement elle estime qu'elle met son âme en danger manifeste et que, si le roi est maître de sa vie, elle implore de n'être pas forcée dans des choses qui compromettent le salut de son âme. » Ah ! qu'en termes galants elle savait enrober les choses ! En privé elle ne se gênait pas pour dire qu'elle refusait de céder la place à une « bagasse ».

On affirme que cette volte-face ne fâcha pas le roi. Il avait bien conscience de faire une folie. Qu'espérait-il ? Que le destin prendrait la décision à sa place ? Le destin a rarement de ces complaisances, et c'est pourtant bien ce qu'il fit. Deux mois plus tard, à la veille de Pâques, Gabrielle accoucha prématurément d'un enfant mort-né et expira dans une crise d'éclampsie dont les manifestations spectaculaires terrifièrent les assistants *. Henri pleura. Puis, très vite, il prit une autre maîtresse et expédia un ambassadeur à Rome pour réactiver la procédure, avec l'accord de Marguerite. Le 31 août de la même année 1599, le pape admit le principe d'une annulation canonique, il envoya une commission pour interroger le roi et la reine. Celle-ci déclara sans hésiter qu'elle avait été contrainte de se marier contre sa volonté : rétrospectivement, elle en était tout à fait convaincue. On trouva aisément des témoins pour évoquer ses pleurs, dire que sa mère l'avait menacée, certifier qu'elle n'eut jamais pour son mari que de l'aversion. La sentence fut rendue le 17 décembre. Les époux terribles étaient libres.

Ils échangèrent de fort belles lettres, dont la lecture leur tira des larmes. « Ma sœur, disait Henri, si Dieu a permis que le lien de notre conjonction ait été dissous, sa justice divine l'a fait autant pour notre particulier repos que pour le bien public du royaume. » Et elle lui répondait : « Il faut déférer à Dieu la gloire des heureux événements.[...] Il m'envoie sa bénédiction en me donnant votre paix, en laquelle Votre Majesté fait reluire sa clémence... » Il était entendu qu'elle conserverait le titre de reine, en même temps qu'elle serait duchesse de Valois. Elle était rétablie dans ses droits, elle aurait la jouissance des apanages et pensions qu'elle revendiquait. Belle revanche, pour celle qui dix ans plus tôt courait à pied les routes d'Auvergne en rupture de ban avec deux rois.

Quant à lui, un an plus tard, il épousait Marie de Médicis.

L'héritage de Catherine

Marguerite cependant restait à Usson. Que faire d'autre ? Elle n'avait pas le choix. Certes, son château devint le rendez-

---

* On parla, bien sûr, d'empoisonnement. C'est possible, mais pas certain.

vous de toute la noblesse locale et sa réputation d'amie des
lettres et des arts y attira, comme jadis à Nérac, poètes, romanciers, érudits : c'est alors qu'Honoré d'Urfé la connut et qu'il
fit d'elle, pour son *Astrée,* le modèle de la reine Galathée. Mais
elle rêvait d'en sortir, sans savoir comment. Les agissements du
comte d'Auvergne lui en fournirent bientôt le moyen.

Charles de Valois, alors âgé de vingt-sept ans, était le fils
naturel de Charles IX et de Marie Touchet. Il était beau
comme un jeune dieu, courageux, brillant. Henri III, qui ne
décolérait pas contre sa sœur, avait poussé Catherine mourante
à déshériter celle-ci au profit de ce neveu qu'il tenait pour un
fils. La vieille reine lui avait légué par testament tous les biens
propres auvergnats lui venant de sa mère. Marguerite, lésée et
blessée, ne s'en consolait pas. Elle fit d'abord contre mauvaise
fortune bon cœur. Son neveu vivant non loin d'Usson, elle
prétend chercher « son amitié ». Mais entre eux le conflit est
latent. Il sait bien qu'elle guette l'occasion de faire casser le
testament et que son divorce amiable risque de lui faciliter la
chose.

Or Henri IV traverse dans les toutes premières années du
siècle une période difficile. Autour de lui, les mécontentements
grondent. Il n'a pu satisfaire tout le monde. Chacun s'estime
mal récompensé, s'agite, réclame, intrigue, trahit. Des conjura-
tions se nouent parmi ses familiers, ses proches, moins pour
l'évincer du trône que pour lui extorquer, les armes à la main,
charges et faveurs. Le jeune comte d'Auvergne se laissa entraîner dans celle de Biron, en 1601, et n'échappa à la condamnation que parce que sa demi-sœur, Henriette d'Entragues, était
la maîtresse du roi. Il récidiva en 1604, lorsque celle-ci, forte
d'une promesse de mariage écrite, s'en prit à la légitimité de la
reine Marie de Médicis et de ses enfants. Le complot, très
étendu, avait des ramifications jusqu'en Espagne. Les
coupables sauvèrent leur tête d'extrême justesse, Charles de
Valois vit sa peine commuée en prison à vie et passa douze
années à la Bastille.

Au milieu de tous ces remous, Marguerite se montre parfai-
tement loyale à l'égard de son ancien mari. Dans cette
Auvergne travaillée par les conjurés, elle tient fermement
Usson, qui commande Issoire et la plaine de l'Allier : elle n'en

veut être, pour le compte du roi, que « le capitaine et le concierge ». Elle surveille pour lui les mouvements qui se font alentour et elle l'en informe. Soutien matériel, soutien moral surtout, qui est précieux à Henri IV en ces temps de traîtrise. Il trouve en elle, désormais, la plus sûre des alliées.

Elle ne perd pas pour autant le sens de ses intérêts. Elle a toujours besoin d'argent. Ses dépenses croissent à proportion de ses revenus, l'écart entre les uns et les autres également. Mais, contrairement aux trublions qui agitent alors le royaume, elle a l'honnêteté de lier ses demandes d'argent à des services réels et solides. Et elle trouve le moyen de faire de la récupération de son héritage un acte politique de première importance au service du roi.

Avant même la première incartade du comte d'Auvergne, elle fit attaquer par un biais le testament de Catherine de Médicis, en visant un domaine particulier, le Lauragais, qui prêtait à contestation. Elle eut gain de cause en 1601. Un peu plus tard, au lendemain de l'arrestation du comte, elle annonça qu'elle demandait à être rétablie en son bien, insolemment usurpé par celui qu'elle se refusait à appeler son neveu, puisqu'il s'était montré ennemi de Sa Majesté, un « méchant homme », qu'il fallait priver, lui et ses enfants, « peut-être un jour semblables à lui », des châteaux forts commandant l'Auvergne. C'était là suggérer que le roi était personnellement intéressé à l'affaire. À la mort de Marguerite en effet, qui, sinon lui, pourrait prétendre à sa succession ?

Juridiquement, ces revendications semblaient difficiles à soutenir : lors de son mariage, la reine de Navarre avait renoncé, en échange de sa dot, à toute prétention sur les biens de ses père et mère. Mais on exhuma le propre contrat de mariage de Catherine, rédigé en un temps où son fiancé n'était pas destiné à régner. Les deux époux s'y faisaient une donation réciproque de leurs biens, qui passeraient ensuite automatiquement à leurs fils, par ordre de primogéniture, puis, s'ils étaient sans descendance, à leurs filles. Ce document plus ancien primait sur tous les autres. Marguerite, seule survivante des enfants du couple, en était la seule héritière. Le procès traîna longtemps, car il y avait matière à ergoter. Elle emporta la décision, grâce à un geste spectaculaire. Un fils, un dauphin, le futur Louis XIII, était venu en 1601 combler les vœux du roi. Elle lui fit donation de tous ses biens, dont elle se réservait seulement l'usufruit. Les magistrats du parlement de Paris n'hésitèrent plus, alors, à lui attribuer le comté d'Auvergne.

C'était un très grand service qu'elle rendait là à Henri IV. Un double service, matériel et moral. Elle assurait le retour à la couronne d'une province importante, sinon riche, qu'il valait mieux ne pas laisser entre les mains de féodaux indociles. Et en adoptant le dauphin comme héritier, elle, l'ancienne épouse répudiée, donnait un brevet de légitimité au nouveau mariage du roi. Elle, la dernière des Valois, transmettait aux Bourbons, bien plus que leur fortune, leur héritage spirituel. Cette reconnaissance assurait la continuité entre les deux dynasties.

En échange, elle comptait bien retrouver dans le royaume une place officielle, conforme à son rang. Elle y parvint, en réussissant à établir avec son ancien mari une relation fraternelle.

« Vous m'êtes et père, et frère, et roi »

Depuis longtemps Marguerite tente de faire de la terminologie imposée par le protocole une réalité : elle se veut pour Henri une sœur. Être la sœur du roi, tel a été son lot, presque aussi loin que remontent ses souvenirs. Mais elle avait plusieurs frères, dont certains furent rois tour à tour, et elle fut enveloppée dans leurs conflits. Tous sont morts. Le roi actuel, qu'elle n'a pu supporter comme mari, a pris leur place sur le trône et dans son cœur elle est prête à chercher en lui le frère qu'elle n'a pas eu, affectueux, tutélaire, qui la laisserait mener à sa guise une vie de liberté protégée. C'est comme sœur du couple royal qu'elle entreprend de se faire accepter à la cour.

Henri IV n'était pas très chaud pour son retour. Il l'aurait bien laissée en Auvergne. Mais il ne pouvait guère lui refuser l'autorisation de venir à Paris pour les besoins de son procès. C'est donc avec son agrément qu'elle y fait au mois de juillet 1605 une apparition discrète. Elle s'installe non dans la capitale, mais au château de Madrid, dans le bois de Boulogne. Il envoie pour l'accueillir son fils légitimé, le petit César de

Vendôme, onze ans. Ne nous y trompons pas, c'est un honneur qu'il lui fait. Elle s'aventure jusqu'au cloître Notre-Dame, chez son chancelier, et y reçoit la visite protocolaire, dûment autorisée, de la Municipalité. Le roi hésite : sa venue aura-t-elle sur l'opinion des effets fâcheux ou bénéfiques ? Il est sûr de sa bonne volonté, il se décide : il la verra. Il se rendit à Boulogne, d'où il ne rentra qu'à dix heures du soir, nota un ministre étonné. Ce qu'ils se dirent, nul ne le sut, mais le roi revint très content. Rendez-vous était pris pour une visite de Marguerite au dauphin.

La rencontre eut lieu le 6 août, à Saint-Germain, dans le château qui avait abrité sa propre enfance. Devant ce petit garçon de quatre ans, câlin mais impérieux, et conscient déjà du rang qui est le sien, elle se sent fondre de tendresse. Repoussant les suggestions maternelles, il décrète soudain, en lui souhaitant la bienvenue, qu'il l'appellera *Maman ma fille* ! Avec Marie de Médicis, tout va bien, pas l'ombre de jalousie de part et d'autre. L'ancienne épouse s'installe dans son rôle de tante ou grand-tante gâteau complaisante aux moindres désirs du bambin. Et le médecin Héroard surprend un jour la famille royale dans une pose à séduire un peintre : la reine couchée sur son lit, le roi assis dessus à ses pieds, Marguerite agenouillée contre les montants et le dauphin jouant par terre à côté d'elle. On pense déjà à faire de celle-ci une marraine : elle portera en effet sur les fonts la petite Henriette, future reine d'Angleterre.

Elle est reçue au Louvre, elle entretient avec Henri une correspondance familière, simple et gaie. Elle n'avait pas voulu croire à la gravité d'une épidémie de peste, écrit-elle à l'automne de 1606, mais il lui a bien fallu, en « punition de [s]on incrédulité », « tenir la campagne à la façon des Tartares, toujours changeant de lieu, ayant séparé tout [s]on train par bandes ». En octobre elle est au lit, avec ce qu'elle appelle une pleurésie : « On m'a tiré tant de sang que je crois que, quand j'aurai l'honneur de baiser les mains à Votre Majesté, vous me prendrez pour une anatomie*, ayant à cette heure le nez aussi long que le roi mon grand-père. » Elle a pour ses incartades

---

* Un squelette. Le grand-père en question est François Ier.

sentimentales une indulgence de connaisseur. Bref ils ne se sont jamais sentis aussi proches que depuis qu'ils sont séparés.

Rien ne s'opposait donc à ce qu'elle s'installe dans Paris. Henri lui offre l'Hôtel de Sens, au bord de la Seine, près du pont Marie. Ravie, elle y entreprend des réparations, s'aperçoit qu'elles coûtent plus cher que prévu, vient mendier des subsides. Le roi paie. Encouragée, elle aménage sur les hauteurs d'Issy une maison de campagne avec un jardin rafraîchi d'eaux courantes dont la beauté charma les poètes. Saisie par la même passion que sa mère pour les bâtiments, elle acquiert en 1606 un vaste terrain sur la rive gauche, en face du Louvre. Elle y fait bâtir à sa convenance l'Hôtel des Augustins, où elle mène un train presque royal.

Elle a gagné la partie. Elle a réussi à se faire attribuer, dans cette société si fortement codifiée, un statut original, unique. Elle a été reine de Navarre, elle a failli être reine de France. Elle n'est plus reine de nulle part. Aucune des déterminations accolées au nom de reine ne lui convient : elle n'est reine ni régnante, ni mère, ni douairière. Son titre n'est pas lié à un territoire, à un époux, à un fils, mais attaché à sa personne. Elle est « la reine Marguerite » et occupe à la cour une place sans équivalent. Il lui arrive même d'y organiser comme jadis une fête ou une réception. Mais elle est libre, indépendante, et dirige sa vie comme elle l'entend.

Une vieille dame excentrique

Vingt-deux ans passés depuis que son frère l'avait chassée de Paris, un gros succès de curiosité l'y attendait à son arrivée. Elle avait maintenant la cinquantaine. Si l'on en croit la rumeur publique, il aurait fallu beaucoup de saignées pour la transformer en squelette ! Car elle était devenue « horriblement grosse » et faute de pouvoir amincir sa taille, elle élargissait ses hanches avec des vertugadins de fer blanc si volumineux qu'il y avait « bien des portes où elle ne pouvait passer ». Quoiqu'elle eût les joues un peu pendantes et l'ovale du visage très affaissé, elle continuait de se farder, de se friser, de se pommader et elle arborait des décolletés à faire rougir une honnête femme, avec une prédilection pour des modes désuètes teintées d'un léger ridicule.

Mais elle est généreuse, compatissante, libérale en aumônes pour les pauvres gens. Un peu dévote, à l'occasion, mais pas trop. Juste ce qu'il faut pour se faire pardonner le reste. Elle élève une chapelle aux Augustins pour accomplir un vœu formulé lors d'une mutinerie à Usson. Elle a beaucoup d'esprit et peu de préjugés, un franc-parler tempéré d'un humour souriant. Elle répugne aux contraintes, se plie mal aux horaires trop stricts. Si un livre lui plaît, « tant grand et long soit-il, elle ne laisse ni s'arrête jamais, tant qu'elle en ait vu la fin, et bien souvent en perd le manger et le dormir ». Elle obéit à sa fantaisie. « On disait qu'à son arrivée le roi l'avait requise de deux choses : l'une, que pour mieux pourvoir à sa santé, elle ne fît plus comme elle avait de coutume, la nuit du jour et le jour de la nuit ; l'autre, qu'elle restreignît ses libéralités et devînt un peu ménagère *. Du premier, elle promit au roi d'y apporter ce qu'elle pourrait pour contenter Sa Majesté ; [...] mais qu'au regard de l'autre, il lui était du tout impossible, ne pouvant jamais vivre autrement, et tenant cette libéralité de race. »

Ses mœurs sont une cible de choix pour les pamphlétaires. Car elle n'a pas renoncé à séduire. « Jamais il n'y eut une personne plus encline à la galanterie. » Elle y met cependant quelque discernement : « Elle a des hommes tant qu'elle veut et elle les choisit. » Il n'est pas sérieux de voir en elle, comme l'auteur du *Divorce satyrique* **, une nymphomane asservie à sa luxure. Certes elle ne peut se passer d'hommages masculins, tribut rendu depuis toujours à sa royale personne. Mais il serait imprudent de confondre ceux qui s'adressent à la reine et ceux qui s'adressent à la femme. Et dans cet encens souvent versifié qui accompagne ses pas, il est difficile de distinguer le réel du jeu littéraire, les amoureux comblés des chevaliers servants de

---

* Économe.

** Ce très violent pamphlet, publié en 1607 sans nom d'auteur et attribué à d'Aubigné, lui prête des amants par milliers. Au-delà de la reine elle-même, il cherche surtout à atteindre le roi, dans le rôle ridicule de mari trompé, complaisant et lâche.

courtoisie. Plus elle vieillit et plus elle se berce de ces louanges fictives, dont elle sait bien, au fond d'elle-même, qu'elle ne les mérite plus.

Restent les favoris. À Usson, puis à Paris, elle en a constamment un auprès d'elle, un seul à la fois, aussitôt remplacé quand il disparaît. Ce ne sont pas, quoi qu'on en ait dit, des gens du peuple, mais des garçons de petite ou moyenne noblesse, jeunes et sans fortune, qui occupent dans sa maison des emplois intermédiaires comme maître de musique ou secrétaire. Ils sont très probablement ses amants. Mais elle en attend aussi de l'affection. Et comme naguère Henri III avec ses mignons, elle les forme, les pousse, les dote, les marie. Elle ne cherche pas à dissimuler la tendresse qu'elle leur porte : au point où en est sa réputation, elle n'a plus grand-chose à perdre. Lorsque Gabriel Dat de Saint-Julien est assassiné, à la portière de son carrosse, par le fils d'une de ses anciennes dames d'honneur*, tous ses familiers sont appelés à la déploration du « bel Atys », comme elle le nomme elle-même :

> *Atys, de qui la mort attriste mes années,*
> *Atys, digne des vœux de tant d'âmes bien nées,*
> *Que j'avais élevé pour montrer aux humains*
> *Une œuvre de mes mains !*

Le successeur du défunt se nomme Bajaumont, il est baron. Elle a près de soixante ans et il est tout jeune. Elle le soigne maternellement lors d'une maladie et le sauve, en dépit des médecins. Il mourra prématurément lui aussi, on ne sait dans quelles circonstances. Elle le pleura, mais s'attacha ensuite à un chanteur nommé Villars, qui semble cette fois lui avoir survécu.

La satire avait fini par se lasser. On acceptait la vieille dame telle qu'elle était, avec ses favoris, son fou et ses pauvres, sa coquetterie intempestive, ses excentricités et son petit grain de déraison. Car elle régnait sur les lettres et les arts et sa maison, face à la cour du Louvre à la fois pingre et rustaude, était devenue le rendez-vous de tous les esprits curieux et cultivés.

---

* On ne connaît pas la cause exacte de ce meurtre. Il n'est pas sûr que ce soit la jalousie.

« *Une maison vouée à Apollon et aux Muses* »

Y aurait-il quelque souvenir de Rabelais dans la manière dont elle organise sa vie quotidienne ? Le temps des repas, comme pour le bon géant Gargantua, associe la nourriture du corps et celle de l'esprit. Tandis que ses gentilshommes lui présentent un à un les mets, à plats couverts, avec toute la solennité requise, « elle a ordinairement quatre hommes près de soi » à qui elle soumet pour examen « telle proposition qui lui plaît ». « Chacun desquels ayant déduit sa râtelée, ou pour, ou contre, et étant de fois à autre par elle contredit, comme elle est pleine d'entendement, [elle] leur fait perdre souvent le pied, n'étant marrie d'être par eux contrôlée, mais que ce soit avec bonnes et valables raisons. » Les sujets proposés étaient des plus sérieux — théologie, philosophie — et les interlocuteurs choisis parmi « des personnes de rare savoir ». Les interventions de la reine faisaient voir « combien elle avait profité aux bonnes Lettres et aux Sciences, et que son éloignement de la cour lui avait acquis plus qu'elle n'avait perdu ». Un peu pédante, la chère Marguerite, un peu bas bleu ? Elle a conservé, malgré son amitié pour l'auteur des *Essais*, la fringale de savoir encyclopédique qui marquait ses aînés et leur propension à en faire étalage. Longtemps frustrée, elle ne veut rien perdre de ce que peut lui apporter la société d'esprits choisis. Elle a bien des excuses. Et peut-être d'ailleurs ces témoignages d'Étienne Pasquier et de Scipion Dupleix en disent-ils plus long sur leur propre cuistrerie que sur celle de la reine. L'élégance et l'humour, qu'elle a reçus en partage, ne sont pas forcément le lot de tous ses commensaux.

Tous écrivaient des vers, sérieux ou légers, sur l'union platonicienne des âmes ou la beauté d'un jardin. On pétrarquisait, à la manière de Ronsard et de la Pléiade, et l'on débattait inlassablement des questions d'amour dont se délecteront les lecteurs de l'*Astrée*. Mais on estimait aussi Malherbe, dont le purisme sourcilleux donnait matière à querelles homériques entre partisans et adversaires des confrères qu'il éreintait.

Autant que la poésie, Marguerite goûtait la musique, qu'elle fût profane ou religieuse. Elle eut à son service des instrumentistes et des chanteurs. Elle avait toujours aimé les livres. Elle enrichit sa bibliothèque et en confia le soin à la « fille d'élection » de Montaigne, Marie de Gournay. On ne s'étonnera donc pas que la Querelle des Femmes, longuement poursuivie depuis deux siècles, ait trouvé chez elle une caisse de résonance et qu'un féminisme de bon aloi y soit à l'ordre du jour. La cour de Marguerite n'offre-t-elle pas la preuve vivante que la femme, inférieure à l'homme pour la force physique, se montre son égale par la culture, l'intelligence, le goût ?

En ce début du XVIIᵉ siècle où la vie mondaine est morte, tuée par trente ans de guerres civiles, où le roi, peu soucieux des choses de l'esprit, a renoncé à pratiquer le mécénat, il appartint à Marguerite de patronner, d'encourager et d'aider les artistes. Dans la cour raffinée qu'elle réunit autour d'elle fut préservé quelque chose de ce qui avait fait la grandeur et le rayonnement de celle des Valois. Non contente de livrer aux Bourbons l'héritage matériel de Catherine de Médicis, Marguerite leur transmet son héritage culturel, son sens du faste, de la fête, son goût du beau, du luxe, du décorum, inséparables témoignages de la majesté royale. La leçon, avec quelques années de décalage, sera parfaitement reçue.

La fin de la vie de Marguerite fut assombrie par l'assassinat de Henri IV, dont elle ne se consola pas. Elle soutint fidèlement Marie de Médicis dans les conflits de la régence, mais la lassitude la prenait. Elle n'était plus qu'une survivante, en sursis. Elle tomba malade au printemps de 1615, se prépara chrétiennement à la mort et expira le 27 mars. Elle n'avait rien souhaité d'autre, en guise de cérémonie, que « les prières des gens de bien ».

Elle avait été une femme rebelle à sa condition. En un temps où la sujétion conjugale était la destinée normale de toute princesse, elle avait rué dans les brancards et osé s'en plaindre. La faute n'en était pas au mari, avec qui elle s'entendit bien quand elle cessa de lui être liée, mais à l'institution. Fille et sœur de rois, elle se suffisait à elle-même et ne cherchait qu'en elle-même son accomplissement : « Je n'ai point d'ambition et n'ai pas besoin d'en avoir, étant ce que je suis. » Mais elle crut, à tort, que son rang lui donnait accès au pouvoir sans contrepartie. Au jeu périlleux de l'amour et de la politique elle se fit piéger. Elle paya très cher son insubordination et sa liberté de mœurs. Le redressement qu'elle opéra n'en est que plus remarquable.

Elle ne fit pas école : les risques étaient trop grands. On l'oublia. Ou plutôt on oublia ce qu'elle avait voulu être et la légende s'empara vite d'une existence riche en épisodes dramatiques ou scabreux. Marguerite devint Margot, la scandaleuse, objet de fascination et de réprobation mêlées. L'on a le droit de déplorer que celle-ci ne soit que la caricature de l'autre. Mais elle ne vivrait pas aussi intensément dans notre imaginaire si la vraie Marguerite, la reine de Navarre, n'avait pas fait voler allégrement sa couronne, en même temps que son bonnet, pardessus les moulins.

ÉPILOGUE

UN SIÈCLE DE FEMMES

Au XVIᵉ siècle, l'histoire regorge de figures féminines. L'itinéraire des dix reines qui ont occupé le trône de France aux côtés de leur mari ou de leurs fils croise celui de quelques femmes qui ont rempli mêmes fonctions sans en avoir le titre, de quelques autres qui ont exercé dans des États voisins un pouvoir souverain ou délégué, de douairières aussi qui ont dirigé d'une main énergique les plus hautes maisons nobiliaires. Elles apparaissent complémentaires. Leur commune participation aux affaires, même lorsque la politique les oppose, renforce leur importance. Elles parviennent à créer, en dépit des préjugés misogynes, une situation de fait. Dans la société du XVIᵉ siècle, les femmes comptent, et on compte avec elles. Pas toutes. Affaire de personnalité et de circonstances.

Les événements jalonnant la vie privée des rois et des reines — mariages, maternités, entente ou dissensions entre époux, entre frères et sœurs, entre mères et fils — tiennent dans ce livre une place considérable. Au détriment de la politique, penseront certains. Ils ont tort : la vie privée et la politique ne font qu'un. La société d'alors est un groupement de familles et non, comme la nôtre, une juxtaposition d'individus. En ce qui concerne les rois, la famille a nom dynastie et elle est sacrée, exigeant des nouvelles venues une solidarité sans faille. Le destin d'une reine est fonction de la place qu'elle occupe dans une famille dont elle est un élément rapporté, mais essentiel.

Si Claude de France ou Louise de Lorraine, l'une par droit de naissance et l'autre par amour, y entrent de plain-pied, d'autres éprouvent pour s'y intégrer difficultés et résistances. Qu'elles soient françaises, francophones, ou franchement étrangères n'est pas déterminant. Il y faut surtout le temps et la volonté. L'un et l'autre firent défaut à Marie d'Angleterre, qui ne songeait qu'à rentrer chez elle pour épouser son amant. Anne de Bretagne eut tout le temps nécessaire, mais pas la volonté : elle resta bretonne de cœur, soucieuse de soustraire sa province natale à l'annexion française. Si Élisabeth d'Autriche demeura une étrangère à la cour de Charles IX, elle le doit à son éducation morale et religieuse très stricte plus encore qu'à l'obstacle linguistique : elle n'avait pas plus envie de se modeler sur son entourage que d'apprendre le français. La bonne volonté était entière chez Éléonore, mais dix-sept ans d'efforts ne purent vaincre l'indifférence de François Ier, qui ne lui donna pas d'enfants : elle repartit pour l'Espagne. Le destin ne laissa pas à Marie Stuart l'occasion de faire ses preuves comme reine de France, mais l'on peut penser que sa double ou triple couronne, jointe à ses attaches lorraines, ne lui aurait pas facilité la tâche. Quant à Jeanne et à Marguerite, l'accession au trône de leurs maris respectifs entraîna leur mise à l'écart : victimes l'une et l'autre d'une rupture dans la continuité dynastique leur donnant à l'improviste le statut de reine, pour lequel elles étaient par ailleurs disqualifiées. Le seul exemple de transplantation et d'intégration réussies — ô combien ! — est celui de Catherine de Médicis. Elle bénéficia au plus haut point de la volonté et de la durée.

Le premier devoir de la reine a toujours été et continue d'être la procréation, pour assurer l'avenir de la dynastie. Il s'y ajoute au XVIe siècle une fonction nouvelle, de représentation, qui acquiert au fil des années une importance croissante. Anne de Bretagne a créé la cour, Catherine de Médicis l'a portée à son plus haut degré d'éclat. L'institution monarchique en tire un surcroît de splendeur. La reine, à titre personnel, y gagne encore davantage. La cour est pour elle instrument de pouvoir, elle lui permet de plier les hommes à la civilité, de façonner les esprits, les imaginations, les cœurs, de régner sur les modes, les mœurs, les goûts, de patronner et donc d'orienter les lettres et les arts : magistère culturel aux ramifications infinies, qui accroît son influence et modifie son image.

Les éloges et les oraisons funèbres témoignent d'une évolution, ou du moins d'une hésitation dans l'idée qu'on se fait d'une parfaite reine. Le modèle traditionnel, correspondant à l'enseignement de l'Église sur la femme, y est concurrencé par un autre, qui porte la marque de la Renaissance. D'un côté la reine douce, pieuse, charitable, regorgeant de vertus, bonne épouse et tendre mère, n'ayant jamais fait le moindre mal à personne, insignifiante jusqu'à la transparence : une sorte de sainte laïque prête à rejoindre dès son veuvage le couvent qui l'attend de toute éternité. De l'autre la reine éblouissante de beauté, parée comme une déesse, fière, courageuse, parangon de culture, protectrice des arts, ambassadrice de charme au service d'une monarchie soucieuse de séduire l'ensemble de ses sujets et de s'attacher une aristocratie turbulente. Entre les deux, le cœur de Brantôme n'hésite pas : quelques lignes émues pour Claude de France, prématurément tuée par ses grossesses répétées, ou pour la très religieuse Élisabeth d'Autriche, mais des dizaines de pages enthousiastes pour Anne de Bretagne ou Marguerite de Valois.

Pour celles dont la piété ne suffit pas à combler le cœur, les honneurs attachés à leur condition sont un puissant remède contre les déceptions sentimentales.

Toutes sont femmes. Jeunes, elles ont rêvé d'amour, malgré les mises en garde que leur prodiguait l'éducation. Le mariage est pour quelques-unes d'entre elles le deuil d'une idylle. Elles s'en consolent presque toutes aisément, tant les fascine le titre de reines. Elles offrent loyalement, du meilleur cœur, à leur royal époux un amour dont elles savent bien qu'il ne pourra jamais s'adresser à un autre. L'inconduite masculine n'est pas une excuse : pas question pour une reine de tromper sa faim en acceptant d'être la « mie » d'un soupirant, même platonique. Dépositaire de la légitimité dynastique, elle doit rester inaccessible, sacrée. Bien peu osent enfreindre cet interdit, à leurs risques et périls. Marguerite le fit en un temps où elle ne se savait pas destinée à être reine de France et compromit ainsi ses chances de le devenir. Et Marie Stuart fournit à Élisabeth d'Angleterre, avec son remariage scandaleux, un admirable prétexte pour détourner un temps de sa cause toutes les cours européennes. Mais face aux infidélités conjugales, la plupart d'entre elles se résignent et certaines, comme Catherine de Médicis, reportent sur leurs enfants l'amour dont leur mari n'a pas voulu. La potion est moins amère cependant si les apparences sont sauves et si elles conservent publiquement la prééminence.

La cour leur est pour cela d'un grand secours. Anne de Bretagne, qui la créa, y régna sans partage et ni Charles VIII, ni Louis XII, ne se seraient risqués à y introduire une maîtresse. Leurs frasques avaient lieu au-dehors : une marque de déférence que François Ier conserva à l'égard de Claude. C'est seulement du temps d'Éléonore qu'il installa ouvertement auprès de lui la duchesse d'Étampes. Henri II revint avec Diane de Poitiers à une forme de réserve, hypocrite certes, mais appréciable, en faisant passer pour courtoise amitié les relations qui la liaient à lui. Et par la suite, Catherine de Médicis invita ses fils à « aller au change » hors du cadre officiel des palais royaux. Elle a sur la question des idées bien arrêtées : on ne reproche pas aux bâtards leur naissance, on les recueille, on les élève, on les dote, mais on écarte leur mère et nul ne songerait à leur ouvrir l'accès au trône. Il faudra attendre le début du XVIIe siècle pour voir Henri IV afficher sans pudeur son double ménage, épouse et maîtresse mettant au monde en parallèle des enfants élevés ensemble. Et c'est Louis XIV qui donnera à la polygamie royale sa consécration officielle. Ni Anne de Bretagne, ni Catherine de Médicis, pourtant si vilipendée pour les mœurs de ses filles d'honneur, n'auraient toléré pareille indécence : la reine devait être respectée, et d'abord par son seigneur et maître le roi.

Qu'elles se conforment à l'un ou l'autre modèle, les reines du XVIe siècle ne sortent pas des fonctions normalement dévolues à leur sexe. On n'aime pas les femmes qui oublient qu'elles le sont et imitent dans leur vie privée les comportements des hommes : témoin Marguerite de Valois. Ce n'est pas en jouant les amazones mais en usant de leurs armes propres que les plus marquantes parviennent à se glisser au pouvoir. Elles n'y réussissent qu'avec la venue de la maturité. L'âge, qui est l'ennemi des maîtresses, est leur meilleur allié. Il finit par les soustraire aux maternités. Il crée entre elles et leur mari une complicité faite d'accoutumance et de communauté d'intérêts. Il leur donne auprès de leurs enfants grandissants un rôle d'éducatrice. Il peut les faire veuves et régentes, au nom d'un fils mineur.

Constatation banale : dans presque toutes les sociétés, le pouvoir d'une femme est mieux accepté si le vieillissement l'a soustraite aux convoitises masculines. La matrone jouit d'une autorité refusée aux plus jeunes. On obéit de meilleure grâce à celle en qui on discerne une image maternelle. Mère du roi, mère du royaume : Catherine de Médicis se sait plus forte sous sa coiffe de veuve et dans ses voiles noirs ; le renoncement à la parure, aux attributs de la féminité, est le prix qu'elle consent volontiers à payer pour régner.

Reste qu'il y faut aussi la complicité des événements.

Le XVIe siècle est l'âge d'or des reines, des régentes, des gouvernantes de toutes sortes. Presque toujours des veuves. Dans l'Europe entière, un fort contingent d'énergiques douairières est en charge d'une large part de pouvoir. Elles occupent en bataillons serrés les galeries de portraits, les journaux et les chroniques. Elles le doivent à leurs qualités personnelles, mais aussi à des causes extérieures.

Un peu partout, de grands États modernes sont en train de se constituer. Mais les souverains n'y disposent pas d'une administration permanente sur laquelle se reposer. Ils ne peuvent pas compter non plus sur les grands féodaux, mal consolés d'avoir perdu leur indépendance et toujours prêts à la révolte. Mères et sœurs, en revanche, leur sont pleinement dévouées. C'est à sa mère que François Ier laisse la régence en partant pour Pavie. C'est à leurs sœurs ou à leurs tantes que les rois d'Espagne confient le gouvernement des Pays-Bas. Dans ce rôle de substitut du roi empêché ou absent, les femmes sont pour un temps irremplaçables. Et Catherine de Médicis a beau jeu de clamer que ses fils, face aux appétits des ambitieux de tout bord, ne sauraient avoir de meilleur soutien que leur mère.

D'autre part, dans la seconde moitié du siècle surtout, les caprices de la mortalité, plus sévère aux garçons qu'aux filles, les ravages de la maladie — tuberculose et syphilis — , la guerre civile ou étrangère, grande dévoreuse d'hommes, obligent les

fortes femmes des maisons royales et princières à combler les
vides, à prendre le relais pour défendre leur famille, leur parti,
leur fief ou leur royaume. Veuve, la reine de Navarre Jeanne
d'Albret, âme de la résistance huguenote. Veuves, les trois
duchesses de Guise successives dont le rôle est décisif dans la
politique familiale. Veuve, Catherine de Médicis, mère de trois
rois trop jeunes, qu'elle domine de toute la hauteur de son
intelligence et de son expérience. Qui sait ce qu'elle aurait été
si son fils aîné, au lieu d'être un semi-débile, avait ressemblé à
François Ier ou si les autres s'étaient montrés sains, vigoureux,
équilibrés, capables ? C'est la carence masculine qui, comme
toujours, conduit les femmes au pouvoir.

Concession toute provisoire. On ne recourt à elles que
comme un pis-aller. Elles continuent, en dépit de tous leurs
mérites, d'avoir mauvaise réputation. On ne comptabilise guère
que leurs erreurs. Appelées au pouvoir par des troubles civils,
elles leur restent associées dans la mémoire collective, elles
passeront bientôt pour les avoir causés. Une régence de femme
est promesse de calamités, affirme-t-on, oubliant que le vrai
danger réside dans l'autorité contestée d'un roi trop jeune.
Après deux minorités assorties de régences féminines, le XVIIe
siècle verra se réduire comme une peau de chagrin le peu de
pouvoir laissé aux reines. Un règne d'une exceptionnelle
longueur, un grand roi, appuyé sur un appareil d'État efficace
et doté d'une épouse falote : on aura oublié, sous Louis XIV,
que la reine pouvait servir à autre chose qu'à lui donner des
enfants.

La cour même, dont la création revient à Anne de Bretagne
et l'épanouissement à Catherine de Médicis, cesse d'être l'écrin
où brillaient les reines. Louis XIV, lorsqu'il en hérite, l'organise
autour de sa propre personne, il s'approprie l'instrument de
prestige et d'influence dont celles du XVIe siècle s'étaient servies
pour gouverner les hommes. Tout le bénéfice n'en est pas
perdu pour autant. La cour des Valois a fourni un modèle
culturel, a créé une forme de vie sociale dont le rayonnement
s'est répandu dans les milieux aristocratiques, eux-mêmes
imités ensuite par la bourgeoisie. Les salons sont enfants de la
cour et une longue vie leur est promise. L'art de la conversation, le goût des divertissements pris en commun, l'habitude

donnée aux hommes et aux femmes de se fréquenter dans un cadre choisi, l'amour de la littérature et des arts, tout cela venu d'Italie, est passé dans les mœurs françaises où il en subsiste encore quelque chose qu'on ne rencontre pas ailleurs. Mais les reines ont cessé d'en être le moteur.

De l'avancée considérable faite par elles au XVIe siècle dans la sphère politique, de leur participation active aux destinées de la France, la cour est le seul acquis notable qui perdure — en dehors d'elles. Mais le pouvoir, de plus en plus, leur sera refusé. La fin du XVIIe siècle, puis le XVIIIe les relèguent au second plan. Par leur médiocrité, elles se font souvent complices de cette éviction. Jamais plus on ne reverra aux leviers de commande un tel nombre de femmes aux dons exceptionnels. Jamais aucune n'approchera, dans le meilleur comme dans le pire, Catherine de Médicis, qui à elle seule joua tous les rôles, incarna tour à tour les visages opposés de l'épouse docile et de la mère terrible et mena trente ans durant une action qui prête encore à controverses passionnées.

À partir de la Fronde et jusqu'à nos jours, l'histoire de France devient une histoire d'hommes.

Exclusivement.

ANNEXES

REPÈRES CHRONOLOGIQUES

1517 Martin Luther publie ses thèses contre les indulgences. Débuts de la Réforme.

1518 28 avr. *Mariage de Laurent de Médicis et de Madeleine de La Tour d'Auvergne.*

1519 31 mars *Naissance du second fils de François Ier, le futur Henri II.*

  13 avril *Naissance de Catherine de Médicis.*
  Mort de ses parents.

1521 Excommunication de Luther.
  Début de la lutte entre la France et la maison d'Autriche.

1533 28 oct. *Mariage de Catherine de Médicis avec Henri, second fils de François Ier.*

1534 Par l'Acte de Suprématie, Henri VIII consacre la rupture de l'Église d'Angleterre avec Rome.

  17-18 oct. Des placards attaquant violemment la messe sont affichés un peu partout en France, entraînant une répression sévère.

1536 Août Mort du dauphin François. Son frère Henri devient dauphin et Catherine de Médicis dauphine.
  Publication à Genève de l'*Institution de la religion chrétienne* par Jean Calvin.

1538 *Mariage de Jacques V d'Écosse et de Marie de Guise.*
  Excommunication de Henri VIII.

1540		Édit de Fontainebleau pour la répression de l'hérésie.
1541		L'échec de la diète de Ratisbonne consacre la partition religieuse de l'Allemagne.
1542	8 déc.	*Naissance de Marie Stuart.*
	14 déc.	Mort de Jacques V. Marie Stuart reine d'Écosse.
1544	19 janv.	*Naissance du premier enfant du dauphin Henri et de Catherine de Médicis, le futur François II.*
1545-1546		Ouverture du concile de Trente. Massacre des Vaudois en Provence. Persécutions religieuses en France contre les réformés et contre le groupe de Meaux.
1546	2 avr.	*Naissance d'Élisabeth de France, future reine d'Espagne.*
1547	27 janv.	Mort de Henri VIII d'Angleterre. Avènement de son fils Édouard VI.
	31 mars	**Mort de François Iᵉʳ. Avènement de Henri II. Catherine de Médicis reine de France.**
	12 nov.	*Naissance de Claude de France, future duchesse de Lorraine.*
1548	Août	*Arrivée en France de Marie Stuart.*
	20 oct.	*Jeanne d'Albret épouse Antoine de Bourbon.*
1550	27 juin	*Naissance de Charles-Maximilien, le futur Charles IX.*
1551	20 sept.	*Naissance d'Édouard-Alexandre, le futur Henri III.*
1553		Mort d'Édouard VI d'Angleterre. Avènement de Marie Tudor, qui rétablit le catholicisme par la force. Elle épousera l'année suivante Philippe, l'infant héritier d'Espagne.
	14 mai	*Naissance de Marguerite de France, future reine de Navarre et de France.*
	13 déc.	*Naissance à Pau du futur Henri IV.*

1555	18 mars	*Naissance d'Hercule, futur François d'Alençon, puis d'Anjou, dernier fils du couple royal.*
1556	25 oct.	Abdication de Charles Quint qui se retire au monastère de Yuste. Reprise de la guerre franco-espagnole.
1557		Défaite française à Saint-Quentin.
1558	Janv.	François de Guise reprend Calais aux Anglais.
	24 avr.	*Mariage de Marie Stuart et du dauphin François.*
	17 nov.	Mort de Marie Tudor. Avènement de sa sœur Élisabeth, qui révoque les lois restaurant le catholicisme en Angleterre.
1559	2-3 avr.	Traité du Cateau-Cambrésis, mettant fin à la guerre franco-espagnole. *Mariage d'Élisabeth de France avec Philippe II d'Espagne et de sa tante Marguerite de France avec le duc Emmanuel-Philibert de Savoie.*
	10 juill.	**Mort de Henri II. Avènement de François II. Marie Stuart reine de France.**
	Août-déc.	En France, persécutions contre les réformés.
1560	Mars	Échec de la conjuration d'Amboise. Répression.
	Août	En Écosse, un édit interdit le catholicisme. La religion officielle devient le presbytérianisme.
	5 déc.	**Mort de François II. Avènement de Charles IX. Catherine de Médicis au pouvoir.**
1560-1	Déc.-janv.	Réunion des États Généraux à Orléans. Suspension des poursuites contre les hérétiques.
1561	Août	*Retour de Marie Stuart en Écosse.*
	9 sept.-9 oct.	Colloque de Poissy, réuni à l'initiative de Catherine de Médicis, et qui se termine sur un échec.

1562	17 janv.	Édit de Saint-Germain, dit de janvier, autorisant le culte réformé en dehors des villes.
	1er mars	Massacre de Vassy. Début de la première guerre de religion en France.
	Oct.	Siège de Rouen. Mort d'Antoine de Bourbon, roi de Navarre.
	19 déc.	Bataille de Dreux, gagnée grâce à François de Guise.
1563	24 févr.	Assassinat de François de Guise par Poltrot de Méré.
	19 mars	Édit de pacification d'Amboise, réglementant plus strictement l'exercice du culte réformé. Fin de la première guerre de religion.
	30 juill.	Reprise du Havre aux Anglais.
	17 août	**Charles IX est déclaré majeur, à treize ans.**
1564	Janv.	Départ de la cour pour le grand tour de France.
	11 avr.	Traité de Troyes, qui donne Calais à la France.
1565	15 juin-2 juill.	Entrevue de Bayonne entre Catherine de Médicis et sa fille Élisabeth, reine d'Espagne.
	29 juill.	*Marie Stuart épouse Henry Darnley.*
	Sept.	Les Espagnols massacrent les colons français en Floride.
1566	9 mars	*Assassinat à Édimbourg du secrétaire de Marie Stuart, Riccio.*
	1er mai	Retour de la cour de France à Paris.
	19 juin	*Naissance du fils de Marie Stuart, Jacques.*
	Août	Soulèvement des Pays-Bas contre la domination espagnole.

1567	10 févr.	*Assassinat de Darnley à Kirk O'Field.*
	15 mai	*Mariage de Marie Stuart avec Bothwell.*
	29 juill.	Abdication de Marie Stuart en faveur de son fils.
	26-28 sept.	« Surprise de Meaux ». Nouvelle prise d'armes des protestants en France et 2e guerre de religion.
	10 nov.	Combat de Saint-Denis. Mort du connétable de Montmorency.
	12 nov.	Henri d'Anjou est nommé lieutenant général du royaume.
1568	23 mars	Paix de Longjumeau. Fin de la 2e guerre de religion.
	16 mai	Marie Stuart, vaincue, se réfugie en Angleterre.
		Répression à Bruxelles. Exécution des comtes d'Egmont et de Horn.
	Août	Début de la 3e guerre de religion en France.
	3 oct.	*Mort d'Élisabeth de France, reine d'Espagne.*
1569	13 mars	Victoire de Henri d'Anjou sur les protestants à Jarnac. Mort du prince Louis de Condé.
	3 oct.	Victoire de Henri d'Anjou à Moncontour.
1570	Janv.-juill.	« Anabase » de Coligny, qui vient menacer Paris.
	25 févr.	Excommunication d'Élisabeth d'Angleterre.
	8 août	Paix et édit de Saint-Germain. Fin de la 3e guerre de religion. Les protestants obtiennent des places de sûreté.
	26 nov.	*Mariage de Charles IX et d'Élisabeth d'Autriche.*
1571	7 oct.	Victoire navale des Espagnols, des Vénitiens et du Saint-Siège sur les Turcs, à Lépante.

1572		Coligny tente d'engager Charles IX à intervenir aux Pays-Bas.
	9 juin	*Mort de Jeanne d'Albret, reine de Navarre.*
	18 août	*Mariage de Marguerite de Valois avec Henri de Navarre.*
	22 août	Attentat manqué contre l'amiral de Coligny.
	24 août	Massacre de la Saint-Barthélemy à Paris.
1573	Fév.-juill.	4ᵉ guerre de religion. Siège de La Rochelle par les troupes royales.
	11 mai	Henri d'Anjou élu roi de Pologne.
	6 juill.	Levée du siège de La Rochelle. Édit de Boulogne et fin de la 4ᵉ guerre de religion.
	Août-sept.	Réception des ambassadeurs polonais à Paris.
	2 déc.	Henri d'Anjou quitte la France pour la Pologne.
1574	22-23 févr.	Complot « du mardi gras ». Exécution de La Mole et de Coconnas.
	30 mai	**Mort de Charles IX. Avènement de Henri III.**
	Juin-août	Retour en France de Henri III.
	Août	Début de la 5ᵉ guerre de religion.
	30 oct.	*Mort de Marie de Clèves, princesse de Condé.*
	26 déc.	*Mort du cardinal de Lorraine.*
1575	12 janv.	Alliance de Montmorency-Damville, chef des Politiques, avec les protestants.
	13 févr.	Sacre de Henri III à Reims.
	15 févr.	*Mariage de Henri III avec Louise de Lorraine-Vaudémont*
	20 févr.	*Mort de Claude de France, duchesse de Lorraine.*
	15 sept.	François d'Alençon – « Monsieur », frère du roi – s'évade de la cour et prend la tête des opposants. Catherine de Médicis part à sa poursuite.
	10 oct.	Le jeune Henri de Guise bat les reîtres à Dormans et y gagne le surnom de Balafré.

1576	3 févr.	Henri de Navarre s'enfuit de la cour et retourne à la foi réformée.
	6-7 mai	Traité d'Étigny, dit « Paix de Monsieur » et Édit de Beaulieu, très favorable aux protestants. Fin de la 5ᵉ guerre de religion.
	Juin	Formation à Péronne de la première *Ligue* catholique.
	6 déc.	Ouverture des États Généraux de Blois, qui réclament le rétablissement de l'unité religieuse.
1577	Mars-sept.	6ᵉ guerre de religion. terminée par le traité de Bergerac et l'Édit de Poitiers, plus restrictif que le précédent.
	Juin-nov.	*Voyage en Flandres de Marguerite de Valois.*
1578	14 févr.	François d'Alençon-Anjou s'évade à nouveau de la cour.
	27 avril	Duel meurtrier entre les mignons du roi et ceux du duc de Guise.
	Juillet	Intervention de François d'Anjou aux Pays-Bas.
	Août.	Catherine de Médicis s'en va pour ramener sa fille à son mari et tenter de pacifier le Midi.
	2 oct.	*Retrouvailles, à La Réole, de Henri de Navarre et de sa femme Marguerite.*
1579	Janvier	Éclatement des Pays-Bas espagnols. Les provinces du Sud, catholiques, restent liées à l'Espagne. Celles du Nord, protestantes, font sécession.
	28 févr.	Traité secret de Nérac.
	Août	*Première entrevue de François d'Alençon-Anjou et de sa « fiancée » Élisabeth d'Angleterre.*
1580	Avril	7ᵉ guerre de religion, dite « des Amoureux ».
	19 sept.	Traité du Plessis-lès-Tours entre Monsieur et les Pays-Bas.
	26 nov.	Paix de Fleix, fin de la 7ᵉ guerre.

1581	24 sept.	*Mariage du duc de Joyeuse avec la sœur de la reine Louise.*
	Nov.	*Nouvelles négociations matrimoniales franco-anglaises, suivies de rupture.*
1582	10 févr.	Installation de François d'Alençon-Anjou aux Pays-Bas.
1583	Janvier	Échec de François d'Alençon-Anjou aux Pays-Bas.
	Août	*Algarade de Henri III envers sa sœur Marguerite.*
1584	13 avril	*Henri de Navarre ramène son épouse à Nérac.*
	10 juin	Mort de François d'Alençon-Anjou. Ouverture de la crise successorale en France.
	10 juill.	Assassinat de Guillaume d'Orange.
	31 déc.	Traité de Joinville entre la Ligue et Philippe II.
1585	19 mars	*Fuite de Marguerite de Valois.*
	31 mars	Manifeste de la Ligue à Péronne. Début de la 8e guerre de religion.
	Juillet	Traité de Nemours entre le roi et la Ligue et révocation de tous les édits autorisant le culte réformé.
1586	Déc.	Entretiens de Saint-Brice entre Catherine de Médicis et Henri de Navarre.
1587	18 févr.	Exécution de Marie Stuart à Fotheringay.
	20 oct.	Victoire de Henri de Navarre à Coutras sur les troupes royales. Mort de Joyeuse.
	Oct.-nov.	Victoires de Henri de Guise sur les reîtres protestants.
1588	11-13 mai	Journées des barricades ligueuses à Paris. Fuite du roi.
	21 juill.	Édit d'Union imposé au roi par les catholiques.
	Août-sept.	Désastre de l'Invincible Armada.
	8 sept.	Renouvellement complet du ministère par le roi.
	23-24 déc.	À Blois, le duc et le cardinal de Guise sont mis à mort sur l'ordre du roi.

1589	5 janv.	Mort de Catherine de Médicis.
	30 avril	Entrevue du Plessis-lès-Tours entre Henri III et Henri de Navarre. Alliance des « deux Henri ».
	Mai	Le pape excommunie Henri III et le déclare déposé.
	1er août	**Assassinat de Henri III par Jacques Clément à Saint-Cloud.**
1589-1593		Henri IV doit conquérir son royaume les armes à la main.
1593	25 juill.	Abjuration de Henri IV à Saint-Denis.
1594	27 févr.	Sacre de Henri IV à Chartres.
	22 mars	Paris ouvre ses portes à Henri IV. Fin de la 8e guerre de religion.
1595	30 août	Absolution de Henri IV par le pape.
1598	13 avril	Édit de Nantes.
1599	10 avril	*Mort de Gabrielle d'Estrées.*
	17 déc.	*Annulation du mariage de Henri IV avec Marguerite de Valois.*
1600	17 déc.	*Célébration à Lyon du mariage de Henri IV et de Marie de Médicis.*
1601	29 janv.	*Mort de Louise de Lorraine.*
	27 sept.	*Naissance du futur Louis XIII.*
1605		*Réinstallation de Marguerite de Valois à Paris.*
1610	**14 mai**	**Assassinat de Henri IV. Avènement de Louis XIII.**
1615	27 mars	*Mort de Marguerite de Valois.*

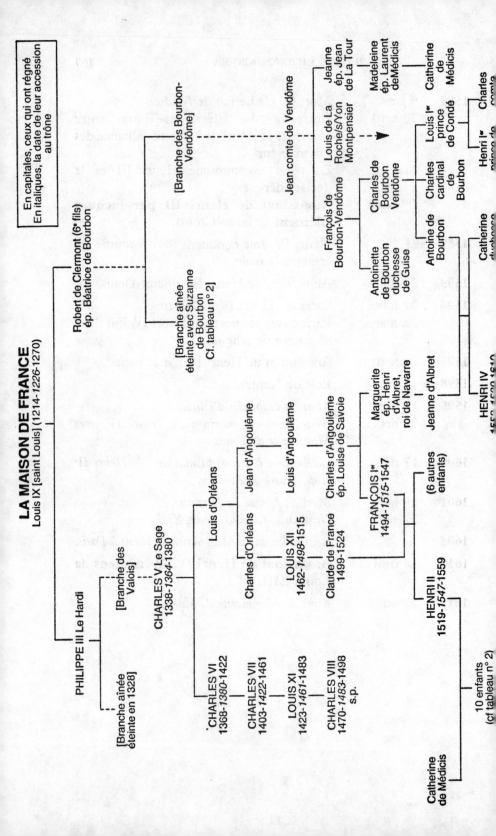

LA MAISON DE FRANCE
Louis IX [saint Louis] (1214-*1226-1270*)

En capitales, ceux qui ont régné
En italiques, la date de leur accession
au trône

PHILIPPE III Le Hardi

[Branche aînée éteinte en 1328]

[Branche des Valois]

CHARLES V Le Sage
1338-*1364-1380*

CHARLES VI
1368-*1380-1422*

CHARLES VII
1403-*1422-1461*

LOUIS XI
1423-*1461-1483*

CHARLES VIII
1470-*1483-1498*
s.p.

Louis d'Orléans

Charles d'Orléans

Jean d'Angoulême

Louis d'Angoulême

LOUIS XII
1462-*1498-1515*

Claude de France
1499-1524

Charles d'Angoulême
ép. Louise de Savoie

FRANÇOIS Iᵉʳ
1494-*1515-1547*

(6 autres enfants)

Marguerite
ép. Henri
d'Albret,
roi de Navarre

HENRI II
1519-*1547-1559*

Catherine
de Médicis

10 enfants
(cf tableau n° 2)

Robert de Clermont (6ᵉ fils)
ép. Béatrice de Bourbon

[Branche aînée éteinte avec Suzanne
de Bourbon
Cf. tableau n° 2]

[Branche des Bourbon-Vendôme]

Jean comte de Vendôme

François de
Bourbon-Vendôme

Louis de La
Roche/s/Yon
Montpensier

Jeanne ép. Jean
de La Tour

Madeleine
ép. Laurent deMédicis

Catherine
de Médicis

Antoinette
de Bourbon
duchesse
de Guise

Charles de Bourbon
Vendôme

Charles
cardinal
de Bourbon

Louis Iᵉʳ
prince
de Condé

Charles
comte

Antoine de Bourbon

Jeanne d'Albret

Catherine
duchesse

HENRI IV
1553-*1589-1610*

Henri Iᵉʳ
prince de

LA POSTÉRITÉ DE FRANÇOIS Iᵉʳ

FRANÇOIS Iᵉʳ (1494-*1515-1547*)
ép. en 1514 Claude de France (1499-1524)

- Louise (1515-1518)

- Charlotte (1516-1524)

- François (1518-1536) s.p.

- HENRI II (1519-*1547-1559*) ép. en 1533 Catherine de Médicis (1519-1589)
  - FRANÇOIS II (1544-*1559-1560*) ép. Marie Stuart s.p.
  - Elisabeth (1545-1568) reine d'Espagne → 2 filles
  - Claude (1547-1575) duchesse de Lorraine → 6 enfants
  - Louis (1549-1550)
  - CHARLES IX (1550-*1560-1574*) ép. Elisabeth d'Autriche
    - Marie morte à cinq ans
  - HENRI III (1551-*1574-1589*) ép. Louise de Lorraine s.p.
  - Marguerite (1553-1615) ép. Henri roi de Navarre, puis de France (HENRI IV) s.p.
  - Hercule-François (1554-1584) s.p.
  - Victoire et Jeanne jumelles nées et mortes en 1556

- Madeleine (1520-1537) reine d'Ecosse s.p.

- Charles (1522-1545) duc d'Orléans s.p.

- Marguerite (1523-1574) duchesse de Savoie → 1 fils

LA SUCCESSION ANGLO-ÉCOSSAISE

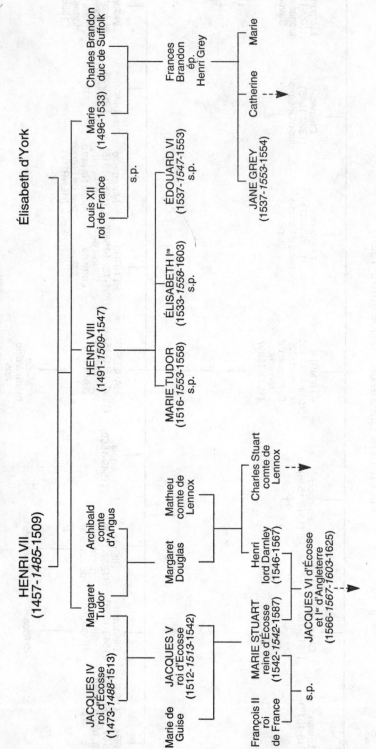

N.B. : en capitales ceux qui ont régné sur l'Écosse ou sur l'Angleterre.
La date de leur accession au trône est en italiques.
S.p. : sans postérité.

LA MAISON DE HABSBOURG

Philippe « le Beau », archiduc d'Autriche (1478-1506)

ESPAGNE — **AUTRICHE**

Jeanne dite « la Folle » (1479-1555)

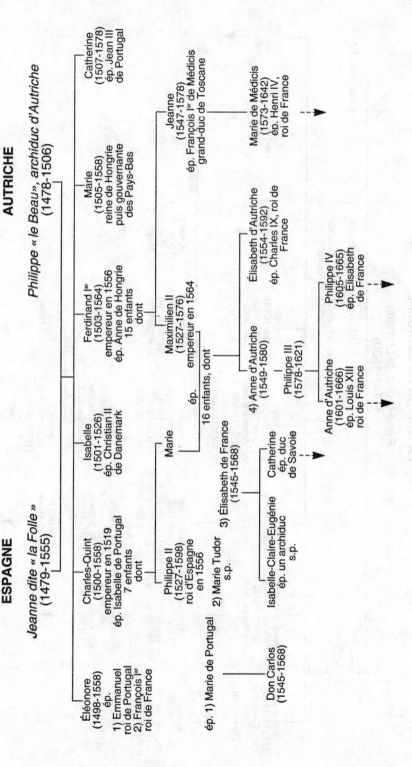

Éléonore (1498-1558)
ép.
1) Emmanuel roi de Portugal
2) François Ier roi de France

Charles-Quint (1500-1558)
empereur en 1519
ép. Isabelle de Portugal
7 enfants dont

Isabelle (1501-1526)
ép. Christian II de Danemark

Ferdinand Ier (1503-1564)
empereur en 1556
ép. Anne de Hongrie
15 enfants dont

Marie (1505-1558)
reine de Hongrie
puis gouvernante des Pays-Bas

Catherine (1507-1578)
ép. Jean III de Portugal

Philippe II (1527-1598)
roi d'Espagne en 1556

ép. 1) Marie de Portugal
2) Marie Tudor s.p.
3) Élisabeth de France (1545-1568)

Don Carlos (1545-1568)
ép. 1) Marie de Portugal

Isabelle-Claire-Eugénie
ép. un archiduc
s.p.

Catherine
ép. duc de Savoie

Maximilien II (1527-1576)
empereur en 1564

ép. **Marie**

16 enfants, dont

Anne d'Autriche (1549-1580)

Élisabeth d'Autriche (1554-1592)
ép. Charles IX, roi de France

Jeanne (1547-1578)
ép. François Ier de Médicis
grand-duc de Toscane

Philippe III (1578-1621)

Marie de Médicis (1573-1642)
ép. Henri IV, roi de France

Anne d'Autriche (1601-1666)
ép. Louis XIII roi de France

Philippe IV (1605-1665)
ép. Élisabeth de France

LA MAISON DE LORRAINE

René II, duc de Lorraine
(1451-1508)

```
                        René II, duc de Lorraine (1451-1508)
                                      |
        +-----------------------------+-----------------------------+
        |                                                           |
   Antoine                                                    Claude, 1er duc de Guise
  (1489-1544)                                                     (1496-1550)
        |                                                    ép. Antoinette de Bourbon
        |                                                         12 enfants dont
```

Branche d'Antoine

- **François** (1517-1545) ép. Christine de Danemark
  - **Charles III** (1543-1608) ép. Claude de France — 6 enfants, dont
    - **Henri II** (1563-1624) → **Ducs de Lorraine**
    - **Christine** (1565-1637) ép. Ferdinand de Médicis → **Grands ducs de Toscane**
    - **Louise** (1553-1601) ép. Henri III roi de France – s.p.

- **Nicolas**, comte de Vaudémont (1524-1577) — 14 enfants, dont

- **Marie** (1515-1560) ép. Jacques V d'Écosse
  - **Marie Stuart** (1542-1587) ép. 1) François II 2) Darnley 3) Bothwell
    - **Jacques VI** d'Écosse et Ier d'Angleterre (1566-1625)
      - **Charles Ier** (1600-1649) → **Dynastie britannique des Stuart**

Branche de Claude, 1er duc de Guise

- **François**, 2e duc de Guise (1519-1563) ép. Anne d'Este fille de Renée de France — 7 enfants, dont
  - **Henri**, 3e duc de Guise (1550-1588) « Le Balafré », dont — 14 enfants, dont
    - **Charles** (1571-1640) 4e duc de Guise — 10 enfants, dont
      - **Henri**, 5e duc de Guise (1614-1664)
      - **Louis** (1622-1664) → **Ducs de Guise**
  - **Catherine** (1552-1596) duchesse de Montpensier s.p.

- **Charles** (1524-1574) cardinal de Lorraine

- **Claude** duc d'Aumale →
  - **Charles** (1554-1611) duc de Mayenne →
  - **Louis** (1555-1588) cardinal de Guise

- **Louis** cardinal de Guise

- **René** marquis d'Elbeuf →

(autres enfants)

ORIENTATION BIBLIOGRAPHIQUE

On n'a fait figurer ici que les principaux ouvrages consultés. Les lecteurs désireux de pousser plus loin leurs recherches sont invités à recourir aux bibliographies détaillées figurant à la fin des ouvrages spécialisés dont ils trouveront ici les références.

I — OUVRAGES ANCIENS.

– Tous les mémorialistes du XVIe siècle, qu'on peut lire soit dans la Collection Petitot, 1re Série (1820-1829), soit de préférence dans la Collection Michaud et Poujoulat (1836-1839). Parmi eux, notamment : Tavannes, Vieilleville, Castelnau, Turenne-Bouillon, Villeroy, Cheverny, Palma Cayet, L'Estoile et, bien entendu, Marguerite de Valois.

Les ouvrages de ces deux derniers ont fait l'objet d'éditions séparées :
– MARGUERITE DE VALOIS, *Mémoires*, publ. par Guessard, Paris 1842 (autres éditions : Bonnefon, 1920, Cazaux, 1987, et S. Rozenker, éd. Ombres, 1994).
– L'ESTOILE (Pierre de), *Mémoires-Journaux (1574-1611)*, éd. collective en 12 vol., Paris, Lemerre, 1875-1896. En cours de publication, nouvelle éd. par M. Lazard et G. Schrenck.

On leur ajoutera :
– AUBIGNÉ (Théodore Agrippa d'), *Oeuvres complètes*, éd. Réaume et Caussade, 6 vol. Paris, Lemerre, 1873-1892.
– BRANTÔME (Pierre de Bourdeille, abbé de), *Oeuvres complètes*, éd. Lalanne, 12 vol., Paris, Renouard, 1864-1896.

Édition partielle du recueil des *Dames* par E. Vaucheret, Paris, Gallimard (Pléiade), 1991.

  – CATHERINE DE MÉDICIS, *Lettres*, éd. H. de La Ferrière et G. Baguenault de Puchesse, 11 vol., Paris, Imprimerie Nationale, 1880-1909.

  – COSTE (Hilarion de), *Les Éloges et les Vies des Reines...*, 1630.

  – *Discours merveilleux de la vie, actions et déportements de la reine Catherine de Médicis*, pamphlet anonyme, 1575.

  – *Le Divorce satyrique*, pamphlet anonyme, recueilli parmi les *Œuvres* de d'Aubigné.

  – HENRI III, *Lettres d'Henri III, roi de France*, Paris, Klincksieck, éd. en cours, commencée en 1959.

  – HENRI IV, *Recueil des lettres missives de Henri de Navarre*, éd. J. Berger de Xivrey, 9 vol., Paris, Imprimerie royale, 1843-1876.

  – MATTHIEU (Pierre), *Histoire de France*, revue par son fils, 2 vol., 1631.

  – TALLEMANT DES RÉAUX, *Historiettes*, éd. A. Adam, 2 vol., Gallimard (Pléiade), 1960-1961.

  – THOU (Jacques-Auguste de), *Histoire Universelle*, Paris, 1604-1620, traduction française, Londres (Paris), 1734.

  – THOU (Jacques-Auguste de), *Mémoires*, 1620 (en latin), trad. fr., 1711, rééd. dans les coll. Petitot et Michaud.

II — OUVRAGES MODERNES.

  – BABELON (Jean-Pierre), *Henri IV*, 1982.

  – BABELON (Jean-Pierre), *Marguerite de Valois*, 1965.

  – BAILLON (comte de), *Histoire de Louise de Lorraine, reine de France (1553-1601)*, 1884.

  – BALZAC (Honoré de), *Sur Catherine de Médicis*.

  – BARBICHE (B.), BERCÉ (Y.-M. et Fr.), BUISSERET (D.-J.), *La France des guerres de religion (1550-1650)*, 1971.

  – BAUDOIN-MATUSZAK (M.-N.), *Paris et Catherine de Médicis*, ouvrage collectif publié par la délégation à l'action culturelle de la Ville de Paris, s.d.

  – BEAURIEZ (L. de), *Élisabeth d'Autriche*, 1884.

– BLUCHE (François), *L'Ancien Régime. Institutions et Société*, Livre de Poche, 1993.

– BOUCHER (Jacqueline), *La Cour d'Henri III*, 1986.

– BOURGEON (Jean-Louis), *L'Assassinat de Coligny*, Genève, Droz, 1992.

– BOURRASSIN (E.), *Charles IX*, 1986.

– BROWN (Mary Croom), *Mary Tudor, a Queen of France*, London, 1911.

– CASTELOT (André), *La Reine Margot*, 1993.

– CAZAUX (Yves), *Jeanne d'Albret*, 1973.

– CHAUSSINAND-NOGARET (Guy), *La Vie quotidienne des femmes du Roi, d'Agnès Sorel à Marie-Antoinette*, 1990.

– CHÉRUEL (Adolphe), *Marie Stuart et Catherine de Médicis*, 1858.

– CHEVALLIER (Pierre), *Henri III*, 1985.

– CLOULAS (Ivan), *Catherine de Médicis*, 1979.

– CLOULAS (Ivan), *Philippe II*, 1992.

– COCULA (Anne-Marie), *Brantôme*, 1986.

– CONSTANT (J.-M.), *Les Guise*, 1985.

– CRÉTÉ (Liliane), *Coligny*, 1985.

– CROUZET (Denis), *La nuit de la Saint-Barthélemy. Un rêve perdu de la Renaissance*, 1994.

– DELUMEAU (Jean), *La Civilisation de la Renaissance*, 1967.

– DUBY (Georges) et PERROT (Michelle), *Histoire des Femmes*, T.3, XVIe-XVIIIe siècles, 1991.

– DUCHEIN (Michel), *Élisabeth Ire d'Angleterre*, 1992.

– DUCHEIN (Michel), *Marie Stuart*, 1987.

– ERICKSON (Carolly), *Élisabeth Première*, 1983, trad. fr., 1985.

– ERLANGER (Philippe), *La Saint-Barthélemy*, 1965.

– ESPEZEL (Pierre d'), *Les Reines de France*, ouvrage collectif, 1947.

– FRASER (Antonia), *Marie Stuart, reine de France et d'Écosse*, 1969, trad. fr., 1973.

– GARRISSON (Janine), *Henri IV*, 1984.

– GARRISSON (Janine), *Marguerite de Valois*, 1994.

– GARRISSON (Janine), *La Saint-Barthélemy*, 1976.

– JOUANNA (Arlette), *Le devoir de révolte : la noblesse française et la gestation de l'État moderne (1559-1661)*, 1989.

– LE ROY LADURIE (Emmanuel), *L'État royal, 1460-1610*, 1987.

– MARIÉJOL (Jean-H.), *Catherine de Médicis*, 1919, rééd. 1979.

– MARIÉJOL (Jean-H.), *La Vie de Marguerite de Valois, reine de Navarre et de France, 1553-1615*, 1928.

– MICHELET (Jules), *Histoire de France, Renaissance et Réforme*, rééd., 1982.

– MIQUEL (Pierre), *Les Guerres de religion*, 1980.

– MOUSNIER (Roland), *Histoire générale des civilisations*, t. IV, *Les XVIᵉ et XVIIᵉ siècles (1492-1715)*, P.U.F., 1954.

– MOUSNIER (Roland), *Les Institutions de la France sous la monarchie absolue*, 2 vol., 1974 et 1980.

– ORIEUX (Jean), *Catherine de Médicis*, 1986.

– PRESCOTT (H.F.M.), *Spanish Tudor : the life of « Bloody Mary »*, Londres, 1953.

– RICHET (Denis), *La France moderne, l'esprit des institutions*, 1973.

– ROELKER (Nancy), *Queen of Navarre : Jeanne d'Albret, 1528-1572*, Cambridge (Mass.), 1968, trad. fr. 1979.

– SOLNON (Jean-François), *La Cour de France*, 1987.

– SUTHERLAND (Nicola-Mary), *The Massacre of St Bartholomew and the European Conflict*, Londres, Mac Millan, 1973.

– VIENNOT (Éliane), *Marguerite de Valois. Histoire d'une femme, histoire d'un mythe*, 1993.

– YATES (Frances A.), *The Valois Tapestries* (Studies of the Warburg Institute, vol. 23), Londres, 1959.

– ZWEIG (Stefan), *Marie Stuart*, trad. fr., 1936.

INDEX

Nota : On a exclu de cet Index d'une part Dieu, le Christ, la Vierge, les personnages bibliques et les saints – sauf ceux qui interviennent personnellement dans les événements racontés –, d'autre part les personnages mythologiques, légendaires ou littéraires.

N

TABLE DES ILLUSTRATIONS

Page 3   Le Colloque de Poissy en 1561. Au fond, le roi et la reine mère entourés de la cour, à gauche le cardinal de Lorraine, à droite, les deux secrétaires, par derrière, d'autres cardinaux. Au premier plan, debout, de dos, les ministres réformés. (B.N., Cabinet des Estampes.)
En bas, la fête nautique donnée à l'occasion de l'entrevue de Bayonne (détail). On aperçoit, au centre, la baleine mécanique soufflant de l'eau et au-dessous, un bateau chargé de grandes dames. (Tapisseries des Valois, Florence, Musée des Offices.)

Page 4   Les fils de Catherine de Médicis.
– François II. (B.N., Cabinet des Estampes.)
– Charles IX, à l'âge de 23 ans, d'après François Clouet. (Chantilly, Musée Condé. Cliché Bulloz.)
– Le duc d'Anjou, futur Henri III, vers 1570. (B.N., Cabinet des Estampes.)
– François, duc d'Alençon, puis d'Anjou, vers 1582, défiguré par la petite vérole. (B.N., Cabinet des Estampes.)

Page 5   Les couples royaux.
De gauche à droite et de haut en bas, on reconnaît François II et Marie Stuart, Philippe II d'Espagne et Élisabeth de France, Charles IX et Élisabeth d'Autriche, Henri de Navarre et Marguerite de Valois.
(Miniatures du *Livres d'Heures* de Catherine de Médicis, B.N., Manuscrits français.)

Page 6   Marie Stuart jeune. (B.N., Cabinet des Estampes.)
En bas, sa mère Marie de Guise, reine d'Écosse, (B.N., Cabinet des Estampes.)

Page 13   Portrait de Jeanne d'Albret par François
                   Clouet. (Chantilly, Musée Condé. Cliché Bulloz.)
                   En bas, en médaillon, son fils Henri de Navarre,
                   futur Henri IV, à l'époque de son mariage avec
                   Marguerite de Valois. (B.N., Cabinet des Estam-
                   pes.)

Page 14   *De droite à gauche et de haut en bas :*
                   – Marguerite de Valois vers cinq ou six ans.
                   (B.N. Cabinet des Estampes.)
                   – Henri de Guise jeune, au temps où il courti-
                   sait Marguerite. (B.N., Cabinet des Estampes.)
                   – Bussy d'Amboise. (B.N., Cabinet des Estampes.)
                   – Marguerite de Valois jeune femme. (Dessin.
                   B.N., Cabinet des Estampes.)

Page 15   Le château d'Usson en Auvergne, où Margue-
                   rite séjourna dix-huit ans. Gravure ancienne.
                   (B.N., Cabinet des Estampes.)
                   En bas, portrait de Marguerite âgée, gravé à
                   l'occasion de sa mort. (B.N., Cabinet des
                   Estampes.)

Page 16   Statues de Henri II et de Catherine de Médicis
                   en orants, par Germain Pilon, figurant à la
                   partie supérieure de leur tombeau, dans la Basi-
                   lique royale de Saint-Denis. (Cliché Bulloz.)
                   En bas, médaille frappée à l'effigie de Catherine
                   de Médicis. (B.N., Cabinet des Médailles. Cliché
                   Roger- Viollet.)

TABLE DES MATIÈRES

ANNEXES

PAO éditions
Achevé d'imprimer sur presse CAMERON
dans les ateliers de la S.E.P.C.
à Saint-Amand-Montrond (Cher)
en septembre 1994

N° d'édition : 213 N° d'impression : 2121
Dépôt légal : Septembre 1994

Imprimé en France